Zur Koordinierung der Schuldenstrukturpolitik in Europa

Europäische Hochschulschriften

Publications Universitaires Européennes
European University Studies

Reihe V
Volks- und Betriebswirtschaft

Série V Series V
Sciences économiques, gestion d'entreprise
Economics and Management

Bd./Vol. 3057

PETER LANG
Frankfurt am Main · Berlin · Bern · Bruxelles · New York · Oxford · Wien

Volker Anhäuser

Zur Koordinierung der Schuldenstrukturpolitik in Europa

PETER LANG
Europäischer Verlag der Wissenschaften

Bibliografische Information Der Deutschen Bibliothek
Die Deutsche Bibliothek verzeichnet diese Publikation in der Deutschen Nationalbibliografie; detaillierte bibliografische Daten sind im Internet über <http://dnb.ddb.de> abrufbar.

Zugl.: Köln, Univ., Diss., 2003

D 38
ISSN 0531-7339
ISBN 3-631-51425-5

www.peterlang.de

Meinen Eltern

Geleitwort von Prof. Dr. Wolfgang Kitterer

Fragen der Staatsverschuldung haben durch die Gründung der Europäischen Währungsunion sowohl innerhalb der finanzwissenschaftlichen Forschung als auch innerhalb der Finanzpolitik an Aufmerksamkeit gewonnen. Lange Zeit konzentrierte sich allerdings das Augenmerk auf Aspekte, die in Zusammenhang mit der Höhe der Staatsverschuldung stehen. Gerade wegen ihres hohen Niveaus ist jedoch auch die Struktur der Staatsverschuldung, insbesondere die Laufzeit der ausgegebenen Staatsschuldtitel, relevant. Dies gilt einerseits für die Finanzpolitik, weil z.B. die Frage auftritt, ob eine eher kurz- oder langfristige Laufzeitenstruktur der Staatsverschuldung die Ausfallrisiken mindern und die marktbasierte Schuldnerdisziplinierung verbessern kann. Aber auch die Geldpolitik ist betroffen, stellt sich doch das Problem, daß die Schuldenstruktur, je nachdem, ob sie stärker zu kurzen oder langen Fristen neigt, die Währungsstabilität in unterschiedlicher Weise beeinflussen kann. Es ist daher zu begrüßen, daß das Interesse an Fragestellungen der Schuldenstruktur in den letzten Jahren wieder zugenommen hat.

Bisherige Arbeiten zur Schuldenstruktur litten häufig darunter, daß in der modelltheoretischen Behandlung fast stets nur die institutionellen Gegebenheiten eines Nationalstaats abgebildet wurden. Seit dem 1. Januar 1999 bilden allerdings elf europäische Länder eine Währungsunion. Diese Länder teilen sich eine gemeinsame Zentralbank, eine gemeinsame Geldpolitik und einen gemeinsamen Kapitalmarkt. Trotz der weitgehenden Autonomie nationaler Finanzpolitiken kann gerade in einer Währungsunion die Frage auftauchen, ob ein gewisses Maß an Koordinierung notwendig ist, um Rückwirkungen nationaler Schuldenstrukturpolitiken auf die gemeinschaftliche Geldpolitik unter Kontrolle zu halten bzw. ob eine einheitliche oder länderspezifische Koordinierung der Schuldenstrukturen vorzuziehen ist. Die vorliegende Arbeit ist damit nach Huber (1998) einer der ersten Ansätze, welcher die institutionellen Gegebenheiten der Europäischen Währungsunion in die Debt Management Forschung einführt und der die spezifische Problematik der Schuldenstrukturpolitik in einer Währungsunion untersucht.

Wie diese Arbeit zeigt, kommt der Stellung der Zentralbank entscheidende Bedeutung für die Schuldenstrukturpolitik in einer Währungsunion zu. Anhäuser wählt daher zwei unterschiedliche Ansätze, die verschiedene Annahmen hinsichtlich der Geldpolitik treffen. In einem ersten Teil folgt er angelsächsischen Arbeiten, in denen die Zentralbank als Agent zur Erfüllung der Regierungsziele angesehen wird und modelliert den Wirkungszusammenhang Schuldenstrukturpolitik und Inflationsrate. Hier zeigt er, daß aufgrund negativer Externalitäten dezentralisierte Entscheidungen der Schuldenstrukturpolitik in einer Währungsunion nicht zu einem Wohlfahrtsoptimum führen, daß aber eine gemeinschaftliche Optimierung der Schuldenstruktur bei nationalen Unterschieden in der Schuldenhöhe auf den Widerstand der hochverschuldeten Länder stößt.

In einem zweiten Teil blendet er die Inflationswirkungen der Schuldenstruktur durch die Annahme einer unabhängigen Zentralbank aus und konzentriert sich auf den Zusammenhang zwischen Schuldenstrukturpolitik und der Funktionsweise von Kapitalmärkten. Hier stehen die Kapitalmarktrisiken, die sich aus Rückzahlungsverpflichtungen und Revolvierungsnotwendigkeiten ergeben, im Vordergrund. Es wird gezeigt, daß die Gefahr eines Zahlungsausfalls nicht nur durch die absolute Höhe der Schuld, sondern auch wesentlich durch die Fristigkeit ihrer Finanzierung beeinflußt wird. Anhand einfacher wohlfahrtstheoretischer Modelle leitet der Verfasser das Ergebnis ab, daß die gemeinschaftliche Verlängerung der Schuldenlaufzeit in einer Währungsunion die Wohlfahrt der Teilnehmerstaaten erhöhten kann.

Trotz der im Maastrichter Vertrag vereinbarten Defizit-Obergrenzen hat der Abbau der Staatsverschuldung in Europa, wenn man von einzelnen positiven Beispielen wie Irland absieht, bisher noch nicht den anzustrebenden Erfolg erzielt. An die Schuldenstrukturpolitik werden daher angesichts der vorliegenden Schuldenhöhe besondere Anforderungen gestellt. Die vorliegende Arbeit unterstreicht die Bedeutung einer verantwortungsvollen Schuldenstruktur- wie Schuldenniveaupolitik im Rahmen der Europäischen Währungsunion. Ihr ist daher eine breite Aufmerksamkeit zu wünschen.

Köln, im Januar 2004

Vorwort

Die vorliegende Arbeit beschäftigt sich mit der Koordinierung der Schuldenstrukturpolitik in Europa. Sie wurde im Dezember 2003 von der Wirtschafts- und Sozialwissenschaftlichen Fakultät der Universität zu Köln als Dissertation angenommen.

Das Thema der Arbeit geht zurück auf eine Anregung meines Doktorvaters Herrn Prof. Dr. Wolfgang Kitterer, dem ich den Hinweis auf den großen Forschungsbedarf im Bereich des Debt Managements verdanke. Für seine vorbildliche Betreuung während der Anfertigung dieser Arbeit, zahlreiche Gespräche und Diskussionen und viele hilfreiche Hinweise bin ich ihm zu großem Dank verpflichtet.

Besonders herzlich danken möchte ich auch Herrn Prof. Dr. Clemens Fuest für seine Bereitschaft, das Zweitgutachten für diese Arbeit zu übernehmen, und für die zahlreichen Hinweise und Anregungen, die ich ihm verdanke. Seine Diskussionen meiner Ideen im finanzwissenschaftlichen Oberseminar waren stets wertvoll, hilfreich und ermutigend für mich. Herrn Prof. Dr. Ralph Anderegg danke ich für seine spontane Bereitschaft, als dritter Prüfer in der Disputation zu fungieren, und für die anregende Diskussion in seinem Oberseminar, die mir wertvolle Hinweise gegeben hat.

Sehr großer Dank gebührt auch Herrn Ulrich Burgtorf vom finanzwissenschaftlichen Seminar der Universität zu Köln, der mir durch zahlreiche Gespräche half, Gedanken weiterzuentwickeln und Ideen kritisch zu hinterfragen. In diesen Dank möchte ich alle anderen Teilnehmer des finanzwissenschaftlichen Oberseminars der Universität zu Köln und unsere liebe Lehrstuhlsekretärin Frau Isabella Grimm einschließen. Frau Grimm danke ich insbesondere für die wunderschöne Promotionsfeier, die sie für mich ausgerichtet hat.

Für Informationsgespräche und anregende Diskussionen zur Schuldenstrukturpolitik danke ich ferner sehr herzlich Herrn Dr. Andreas Ricker und Herrn David Derwis von der Bundesrepublik Deutschland Finanzagentur GmbH. Für Informationsgespräche und Auskünfte zur marktbasierten Schuldnerdisziplinierung danke ich sehr herzlich Herrn Dr. Burkhard Ziegenhorn von der Deutschen Bank AG sowie Herrn Dr. Friedrich Heinemann vom Zentrum für Europäische

Wirtschaftsforschung. Zu Dank verpflichtet bin ich auch den hilfreichen Mitarbeiterinnen der Fachbibliothek der Deutschen Bundesbank.

Großer Dank gebührt zahlreichen Freunden, denen ich menschlich wie fachlich viel verdanke und die mich während meines Studiums und während meiner Promotion begleitet haben. Ihre Namen und Verdienste hier aufzuzählen, hieße den Umfang eines Vorworts weit zu überschreiten: Namentlich nennen möchte ich dennoch: Andrea Löffler, Janet Senkel, Bettina Langer, Annette Kirsten, Jörg Dilger, Dirk Walther, Thorsten Rachvoll, Jan-Mirko Lange, Svetlana Paperno, Arne Schneider, Christina Raasch, Georg Roderburg, Sabine Züger, Hartmut Wahl, Maria Münster, Martin Strickmann, Anja und Friedrich Bischoff und Michael Vormann.

Besonderer Dank gilt meiner Schwester Petra Anhäuser und meinem Großvater Günter Anhäuser, die mein Promotionsvorhaben stets aufmerksam und interessiert verfolgt haben. Der allergrößte Dank aber gebührt meinen Eltern, die mich während meines Studiums und meiner Promotion nach Kräften unterstützt und gefördert haben. Ihnen verdanke ich die Freiräume und den notwendigen Rückhalt, die bzw. der für ein erfolgreiches Studium erforderlich sind. Sie sind die allerbesten Menschen, die man sich vorstellen kann. Ihnen ist diese Arbeit gewidmet.

London, den 11. Januar 2004

Inhaltsübersicht

Inhaltsverzeichnis

Abbildungsverzeichnis

Tabellenverzeichnis

Abkürzungsverzeichnis

BdB	Bundesverband deutscher Banken
BIS	Bank for International Settlements [Bank für internationalen Zahlungsausgleich]
BMF	Bundesministerium der Finanzen
BSV	Bundesschuldenverwaltung
BWPV	Bundeswertpapierverwaltung
c.p.	ceteris paribus [unter sonst gleichen Bedingungen]
Ed.	Editor
EG	Europäische Gemeinschaft
EMI	European Monetary Institute [Europäisches Währungsinstitut]
EU	Europäische Union
et al.	und andere
EWS	Europäisches Wechselkurssystem
EWI	Europäisches Währungsinstitut
EZB	Europäische Zentralbank
GmbH	Gesellschaft mit beschränkter Haftung
Hrsg.	Herausgeber
IMF	International Monetary Fund [Internationaler Währungsfonds]
i.V.m.	in Verbindung mit
Jg.	Jahrgang
max.	maximal
NBER	National Bureau of Economic Research
No.	Number [Nummer/Ausgabe/Heftnummer]
OECD	Organisation for Economic Co-operation and Development
o.V.	ohne Verfasser
u.a.	unter anderem
u.a.O.	und andere Orte
SVR	Sachverständigenrat zur Begutachtung der gesamtwirtschaftlichen Entwicklung
Vergl.	Vergleiche
Vol.	Volume [Band]

Wiss. Beirat	Wissenschaftlicher Beirat
Zugl.	Zugleich

Symbolverzeichnis

griechisch

α	Gewichtungsparameter Inflationsaversion
β	Gewichtungsparameter Wohlfahrtsverlust durch Besteuerung
γ	Zeitpräferenz
δ	Parameter Risikozuschlag
ϕ	Schuldenstrukturparameter (durchschnittliche Laufzeit oder Anteil der kurzfristigen Verschuldung an der Gesamtverschuldung)
θ	Durchschnittszinssatz
Ω	Wohlfahrtskonstante
π	Inflationsrate
π^e	erwartete Inflationsrate
τ	Steuersatz
ψ	Substitutionsvariable

lateinisch

a	Wahrscheinlichkeit eines Haftungseintritts (*bail-out*)
b	Anteil von Land 1 an der Gesamtschuld zweier Länder
B	Schuldenhöhe
B^K	kurzfristige Verschuldung
B^L	langfristige Verschuldung
BW^{real}	realer Barwert einer Forderung oder Verbindlichkeit
c	Abstand zwischen den kurz- und langfristigen Zinsen
$\breve{e}$	größtmöglicher Ausgabenschock, bei dem es nicht zum *default* kommt
g	Staatskonsum
i	nominaler Zinssatz
K	*default*-Kosten
l	Laufzeit der Staatsanleihen
$\breve{l}$	minimale Laufzeit, bei der es nicht zu einem Zahlungsausfall kommt

m	Schuldenstrukturparameter (Maß für die Entwertbarkeit der Schuld durch Inflation)
$\hat{m}$	optimale Schuldenstruktur
n	Zahl der Staaten in der Währungsunion
N	nominaler Wert einer Forderung oder Verbindlichkeit
r	realer Zinssatz
r_k	kurzfristiger Zinssatz
r_l	langfristiger Zinssatz
p	Rückzahlwahrscheinlichkeit einer Schuld
q	Ausfallwahrscheinlichkeit einer Schuld
s	Risikozuschlag
t	Periodenindex
V	Verlustfunktion
V^D	Verlustfunktion *default*
V^S	Verlustfunktion bei Rückzahlung der Schuld durch Besteuerung
w_i	Periodenwohlfahrt
W	Wohlfahrt bzw. Wohlfahrtsfunktion
$\breve{W}$	Wohlfahrt bei quadratischen Wohlfahrtsverlusten der Besteuerung
$\widetilde{W}$	Wohlfahrtssumme
$\widetilde{W}^U$	Wohlfahrtssumme (unkoordinierter Laufzeitenwahl)
$\widetilde{W}^S$	Wohlfahrtssumme (koordinierte, länder-spezifische Laufzeitenwahl)
$\widetilde{W}^E$	Wohlfahrtssumme (koordinierte, einheitliche Laufzeitenwahl)

Subscript "i" kennzeichnet Land Nummer "i".
Subscript "k" bzw. "l" kennzeichnen "kurzfristig" bzw. "langfristig".
Superscript "U", "E" und "S" kennzeichnen das jeweilige Koordinierungsregime: unkoordiniert, einheitlich koordiniert bzw. länderspezifisch koordiniert.

1. Einleitung

1.1. Das Anliegen dieser Arbeit

Zu den klassischen Kompetenzbereichen eines Nationalstaates zählte im 20. Jahrhundert neben der Fiskalpolitik das Notenemissionsmonopol.[1] Elf europäische Staaten bilden allerdings seit dem 1. Januar 1999 eine Währungsunion.[2]

Europa befindet sich damit in der Situation, daß die Entscheidungen über die Geldversorgung der Wirtschaft dem Kompetenzbereich der nationalen Regierungen und Parlamente entzogen sind und von einer supranationalen, vorrangig dem Ziel der Geldwertstabilität verpflichteten Institution wahrgenommen werden. Die Entscheidungen über die Einnahmen und Ausgaben des Staates verblieben dagegen weitgehend im Zuständigkeitsbereich der nationalen Parlamente und Regierungen.

Die Frage, ob eine Währungsunion mit weitgehender finanzpolitischer Autonomie ihrer Mitgliedsstaaten vereinbar ist, wird von der Finanzwissenschaft seit langem kontrovers diskutiert. Hinsichtlich der Schuldenniveaupolitik haben die europäischen Staaten im Maastricht-Vertrag und im sogenannten Stabilitäts- und Wachstumspakt verbindliche Vorschriften und Kontrollverfahren eingeführt, welche die Höhe der Verschuldung begrenzen sollen (Vergl. Fuest, 1993a). Hinsichtlich der Schuldenstrukturpolitik, welche durch die Auswahl der einzusetzenden Verschuldungsinstrumente und Emissionsverfahren die Aufteilung der Staatsschuld auf Laufzeitenbereiche, Währungen und Gläubigergruppen bestimmt, existieren keine vergleichbaren Vereinbarungen. Dies ist erstaunlich, da zahlreiche theoretische Modelle zeigen, daß auch die Schuldenstruktur eine gefährliche Quelle von Inflationsanreizen sein kann.[3] Muß der EG-Vertrag daher um Schuldenstrukturvorschriften ergänzt werden? Und wenn ja, wie müßten diese Vorschriften aussehen?

Für eine Währungsunion identischer Staaten zeigte Huber (1998), daß eine Koordinierung der Schuldenstrukturpolitik die Wohlfahrt der Teilnehmerstaaten

1 In der Geschichte hat es allerdings immer wieder Beispiele für eine private Notenemission gegeben. Vergl. Selgin/White (1994, S. 1730ff.).

2 Griechenland ist zum 1. Januar 2001 als zwölftes Mitglied beigetreten.

3 Vergl. Rossi (2002).

erhöhen kann. Allerdings bestehen trotz der vereinbarten Schuldenniveaukriterien in Europa beträchtliche Unterschiede in der Schuldenhöhe, von denen Huber (1998) abstrahiert.

Ein wesentliches Anliegen dieser Arbeit wird daher sein, die Implikationen der Schuldenniveauunterschiede für den Koordinierungsbedarf der Schuldenstrukturpolitik herauszuarbeiten. Wie sehen optimale Schuldenstrukturvorschriften bei Unterschieden in der Schuldenhöhe aus? Welchen Einfluß hat die Schuldenhöhe auf die Schuldenstruktur? Dies werden wichtige Fragen der vorliegenden Arbeit sein.

Außer durch die Beeinflussung der Inflationsrate kann ein Koordinierungsbedarf der Schuldenstrukturpolitik auch aus der Interaktion mehrerer Schuldenmanager auf einem gemeinsamen Kapitalmarkt erwachsen. Während die Konkurrenz mehrerer Emittenten in einem großen Kapitalmarkt prinzipiell dazu geeignet sein sollte, eine effiziente Kapitalallokation herbeizuführen, sind in einer Währungsunion, die von den Kapitalmärkten als Haftungsverbund wahrgenommen wird, erhebliche Fehlanreize für die Schuldenpolitik denkbar. Die umfangreiche Literatur zu den Fiskalkriterien des Maastricht-Vertrags hat diese Gefahrenquellen für den Bereich der Schuldenniveaupolitik deutlich herausgearbeitet.[4] Ob vergleichbare Gefahrenquellen auch für den Bereich der Schuldenstrukturpolitik existieren und, falls ja, ob sie durch verbindliche Schuldenstrukturvorschriften beseitigt werden können, will diese Arbeit modelltheoretisch untersuchen.

1.2. Forschungsstand

Erste Arbeiten zur Schuldenstrukturpolitik finden sich in der finanzwissenschaftlichen Literatur des späten 19. und frühen 20. Jahrhunderts.[5] Diese frühen Arbeiten beschäftigen sich vor allem mit den Vor- und Nachteilen einzelner Anleihearten sowie der Frage, was als "solide" Finanzierung der Staatsschuld anzusehen sei (Vergl. Laird, 1963, S. 7f.).

4 Vergl. Issing (1993), Beetsma/Bovenberg (1995), Beetsma/Bovenberg (1997) und Chari/Kehoe (1998).

5 Laird (1963, S. 8) zitiert finanzwissenschaftliche Lehrbücher von Adams (1893), Bastable (1903) und Shirras (1936), die für eine möglichst langfristige Staatsfinanzierung zu festen Zinssätzen plädieren.

Die Weltwirtschaftskrise und die Arbeiten von Keynes führen in den 30er und 40er Jahren des 20. Jahrhunderts zu einer großen Zunahme der Zahl der Arbeiten und zu einem inhaltlichen Paradigmenwechsel. In das Zentrum der Debt-Management-Forschung rückt die Frage, ob das Debt Management in Unterstützung der Schuldenniveaupolitik einen Beitrag zur Stabilisierung der gesamtwirtschaftlichen Nachfrage leisten könnte. Diese Nachfragesteuerung mit Mitteln der Schuldenstrukturpolitik, die sich nach Auffassung ihrer Befürworter vor allem in einer aktiven Laufzeitenpolitik äußern sollte, wurde bis Mitte der 70er Jahre von der Mehrzahl der Autoren unterstützt. Durch eine Verlängerung der Anleihelaufzeit in der Hochkonjunktur sollte der Wirtschaft Liquidität entzogen, durch eine Verkürzung der Laufzeiten im Abschwung sollte Liquidität zurückgegeben werden.

Das Ausbleiben der angestrebten Erfolge der antizyklischen Schuldenstrukturpolitik, neue theoretische Erkenntnisse wie rationale Erwartungen und die Berücksichtigung von Wirkungsverzögerungen sowie nicht zuletzt die starke Zunahme der Staatsverschuldung ließen in den 80er und frühen 90er Jahren den Gesichtspunkt der aktiven Konjunkturpolitik durch Debt Management zunehmend in den Hintergrund des wissenschaftlichen Interesses treten. Der Schwerpunkt der Debt-Management-Forschung verlagerte sich auf die Analyse der Bedeutung der Schuldenstruktur für die Inflationsrate, für die Zinskostenminimierung sowie für das Entstehen von Schuldenkrisen. Große Bedeutung erlangte auch die Risikominimierung über verschiedene *states of nature*.

Heute läßt sich die vorhandene Debt-Management-Literatur in drei große Bereiche einteilen, die sich mit den Zielen und dem institutionellen Aufbau des Debt Managements, seinen Wirkungen auf die Volkswirtschaft sowie der Frage nach der optimalen Schuldenstruktur beschäftigen. Einen Überblick über diese Aspekte gibt Tabelle 1 (S. 28).

Im folgenden werden ein kurzer Überblick über die wichtigsten Arbeiten der Debt-Management-Literatur seit dem Zweiten Weltkrieg gegeben sowie ausgewählte Lücken der Forschung thematisiert. Aus einer dieser Forschungslücken, der mangelnden Berücksichtigung der spezifischen Gegebenheiten von Währungsunionen und föderalen Staaten, leitet sich das Thema der vorliegenden Arbeit ab. Eine Darstellung des Aufbaus sowie der Methodik der Untersuchung schließen die Einleitung ab.

Tabelle 1: Aspekte der Debt-Management-Literatur

Debt-Management-Literatur		
Zieldiskussion	**Wirkungsanalyse**	**Wohlfahrtsanalyse**
Was sind die Ziele des Debt Managements? Welcher institutionelle Aufbau ist am besten geeignet, diese Ziele zu erreichen?	Welche Auswirkungen hat die Schuldenstruktur auf die Inflationsrate, Zinsstrukturkurve und langfristige Tragbarkeit der Staatsverschuldung? Welche Faktoren bestimmen die Stärke dieser Auswirkungen?	Wie sieht – gegeben ein bestimmtes Ziel – die optimale Schuldenstruktur aus?

Quelle: Eigene Darstellung.

1.2.1. Die ältere angelsächsische Literatur

Die angelsächsische Debt-Management-Literatur nach 1945 ist geprägt von der Auseinandersetzung um die Ziele der Schuldenstrukturpolitik. Während keynesianisch beeinflußte Ökonomen wie Tobin (1963), Beard (1963/64), Rolph (1957) und Musgrave (1957) durch eine systematische Veränderung der Anleihe-Laufzeiten die gesamtwirtschaftliche Nachfrage stabilisieren wollten, sprachen sich Ökonomen wie Stein (1958) und Smith (1960) für eine Laufzeitenvariation mit dem Ziel der Zinskostenminimierung aus. Gaines (1962), Wallich (1946) und insbesondere Friedman (1959, 1960) lehnten dagegen eine zielgerichtete Variation der Laufzeitenstruktur völlig ab, da sie das Debt Management weder für geeignet hielten, die Konjunktur zu glätten noch die Zinsbelastung zu verringern. Diese Autoren forderten stattdessen die Ausrichtung der Schuldenstrukturpolitik an den Grundsätzen der Berechenbarkeit, Transparenz und Marktkonformität. Zahlenmäßig dominierten in den 40er bis 70er Jahren die keynesianischen Ökonomen, deren Positionen nachhaltig in die Empfehlungen verschiedener Regierungskommissionen eingeflossen sind, die u.a. britische und amerikanische Regierung einsetzten, um Fragen des Debt Managements zu untersuchen.[6] Einen ausgezeichneten Überblick über die Entwicklung der Lehr-

6 Zu nennen sind hier insbesondere folgende Kommissionen: Committee for Economic Development, Radcliffe Commission, Commission on Money and Credit sowie Committee on the Working of the Monetary System.

meinungen auf dem Gebiet des Debt Management von 1880 bis 1960 bietet Laird (1963). Einen kurzen Überblick über die Ziele, Handlungsempfehlungen und Prämissen der wichtigsten Debt-Management-Schulen, so wie sie von Andel/Kostitsis (1982) charakterisiert wurden, gibt Tabelle 2.

Tabelle 2: Konzeptionen der Schuldenstrukturpolitik nach Andel/Kostitsis (1982)

	fiskalische Konzeption	**diskretionär-antizyklische Konzeption**	**neutrale Konzeption**
bedeutende Vertreter	W. L. Smith, H. Stein, B. U. Ratchford, US-Schatzamt	J. M. Culbertson, Th. R. Beard, Commission on Money and Credit	M. Friedman, T. C. Gaines
ökonomisches Weltbild	Neo-Klassik	Keynesianismus	Monetarismus
Annahmen über die Volkswirtschaft	Märkte sind weitgehend effizient und stabil. Der Schuldenmanager kann die Zinsentwicklung zutreffend prognostizieren.	Die immanenten Instabilitäten des Privatsektors können durch staatliches Handeln beseitigt werden.	Märkte sind effizient und stabil. Wegen der langen und variablen Wirkungsverzögerungen schadet diskretionäre Stabilisierungspolitik mehr als sie nützt.
Wirksamkeit der Schuldenstrukturpolitik	Die gesamtwirtschaftlichen Auswirkungen der Schuldenstrukturpolitik sind relativ klein.	Die Sch. ist ein wirksames Instrument und kann zur "Feinsteuerung" der Konjunktur eingesetzt werden.	Die Schuldenstrukturpolitik hat Wirkungen, die aber politisch nicht nutzbar sind.
Verhältnis zur Geldpolitik	Klare Trennung	Enge Koordinierung	Klare Trennung
Handlungsempfehlungen an das Debt-Management	1. Variation der Laufzeiten, um die Zinskosten zu minimieren. 2. Sicherung einer angemessenen Fälligkeitsstruktur, um Refinanzierungsrisiken zu vermeiden.	1. Variation der Laufzeiten, um die Liquidität mit dem Ziel zu steuern, die gesamtwirtschaftliche Nachfrage zu stabilisieren. 2. Unterstützung der Laufzeitenvariation durch Veränderungen in der Gläubigerstruktur.	1. Einfachheit der Schuldformen: Begrenzung auf eine 3-monatige und 10-jährige Anleihe. 2. Berechenbarkeit des Emissionsverhaltens: Anleihen periodisch in gleichen Mengen emittieren.

	3. Angebot einer breiten Palette von Schuldformen, um Zinsvorteile zu realisieren (marktadaptive Politik).		3. Versteigerung: Die Emission soll als wettbewerbliche Auktion ablaufen.
Ziele der Schuldenstrukturpolitik	Minimierung der staatlichen Finanzierungskosten.	Vollbeschäftigung, angemessenes Wachstum, außenwirtschaftliches Gleichgewicht.	Transparenz der Schuldenaufnahme, Stabilität des Kapitalmarktes, Berechenbarkeit staatlichen Handelns.

Quelle: Eigene Darstellung aufgrund der Charakterisierung von Andel/Kostitsis (1982, S. 743ff.).

Neben der Zieldiskussion ist die ältere amerikanische Literatur reich an empirischen Untersuchungen. Zahlreiche Autoren überprüften die Voraussetzung eines antizyklischen Debt Managements. Ihre Ergebnisse sind allerdings ebenso widersprüchlich und uneindeutig wie die vertretenen Zielvorstellungen. Holland (1969) und Pierson (1970) glauben, Veränderungen in der amerikanischen Zinsstruktur durch Veränderungen der staatlichen Schuldenstruktur erklären zu können, Meiselmann (1962) hingegen kann keinen solchen Zusammenhang finden. Malkiel (1962), Okun (1964) und Modigliani/Sutch (1967) wiederum sehen Anzeichen für einen schwachen Zusammenhang, bei dem allerdings unsicher ist, ob er sich für Zwecke der Konjunktursteuerung nutzen ließe. Auch die Effekte der Schuldenstrukturpolitik auf die gesamtwirtschaftliche Liquidität sind nach einer Untersuchung von Horne/Bowers (1967/68) verschwindend klein. Unabhängig von der Nachfragestabilisierung diskutiert Cohen (1951b) Verfahren zur Zinskostenminimierung. Simons (1944) und Musgrave (1949) gehen auf die Bedeutung der Schuldenstrukturpolitik für die Inflationsbekämpfung ein.

1.2.2. Die ältere deutsche Literatur

In Anlehnung an die amerikanischen Arbeiten wurde auch in der deutschen Literatur die Diskussion um die Ziele der Schuldenstrukturpolitik intensiv geführt.[7]

7 Einen guten Überblick über die amerikanische Debatte bieten im deutschen Schrifttum Milbradt (1975) sowie Andel/Kostitsis (1982), die eine sehr lesenswerte Gesamtdarstellung des Debt Managements geben.

Die Zielsetzung einer keynesianischen Feinsteuerung der Konjunktur mit Mitteln der Schuldenstrukturpolitik unterstützen dabei zahlreiche Autoren wie Milbradt (1975), Klein (1971) und Jurke (1972). Eine Außenseiterposition in der Zieldiskussion nimmt Sievert (1981) ein, welcher der These vom Konflikt zwischen dem fiskalischen Ziel und dem Stabilisierungsziel widerspricht.[8] Seiner Auffassung nach ist auch ein fiskalisch ausgerichtetes Debt Management mit einem Stabilisierungsziel vereinbar, wenn nur die Politik der Zentralbank auf eine konsequente Sicherung der Geldwertstabilität ausgerichtet ist.

Von den Anhängern der keynesianischen Debt-Management-Zielsetzung wird vor allem die gezielte Beeinflussung der Zinsstrukturkurve als geeignetes Instrument der Konjunktursteuerung angesehen. Jurke (1972) vergleicht daher für unterschiedliche Modelle der Zinsstrukturkurve die Wirkungen von Debt-Management-Operationen auf die Zinsstrukturkurve. Sie erkennt große Schwierigkeiten bei der Quantifizierung der Effekte, kommt aber zu der Auffassung, daß sich die Richtung der jeweiligen Effekte klar bestimmen läßt (Vergl. Jurke, 1972, S. 132). Den gesamtwirtschaftlichen Zielsetzungen steht das fiskalische Ziel des Debt Managements gegenüber. Hansmeyer/Mackscheidt (1970) erörtern, wie die Schuldenstrukturpolitik durch eine Strategie der Anpassung an die Anlegerpräferenzen zu einer Verringerung der Zinskosten beitragen kann.

Eine zentrale Stellung in der älteren, deutschen Debt-Management-Literatur nimmt das Gutachten des wissenschaftlichen Beirats beim Bundesfinanzministerium zur Schuldenstrukturpolitik des Staates ein (Vergl. Wiss. Beirat BMF, 1979). Es kann als gemäßigt keynesianisch beschrieben werden. Der Beirat äußert sich in seiner Mehrheit zurückhaltend bis skeptisch bezüglich der Feinsteuerung der Zinsstrukturkurve (ebenda, S. 42ff.). Er mißt auch dem fiskalischen Ziel eine gewisse Bedeutung bei (S. 20). Grundsätzlich bejaht aber das Gutachten die gesamtwirtschaftlichen Steuerungsaufgaben des Debt Managements (S. 24) und regt an, über eine Koordinationsfunktion der Bundesbank bei der Laufzeitenpolitik nachzudenken (S. 135f.). Die Integration der Schuldenstrukturpolitik in die Bundesbank verneint das Gutachten aber wegen der Konfliktgefahr mit dem Ziel der Geldwertstabilität (S. 133ff.). In der Literatur wurde das Gutachten

8 Der Konflikt zwischen dem fiskalischen Ziel und dem Stabilisierungsziel entsteht nach Auffassung der keynesianischen Ökonomen dadurch, daß eine Politik der Zinskostenminimierung in der Rezession eine Laufzeitenverlängerung erfordert, um die in der Rezession aufgrund der geringen allgemeinen Kapitalnachfrage typischerweise niedrigen Zinsen langfristig zu sichern, während ein antizyklisch ausgerichtetes Debt Managementeine Laufzeitenverkürzung erfordern würde, um die Liquidität der Wirtschaftssubjekte zu erhöhen. Vergl. zur Mechanik des antizyklischen Debt Managements Milbradt (1975, 1979, 1981).

kontrovers diskutiert. Tremer (1979) kritisiert, daß es die Zins-Steuerungsmöglichkeiten der Schulden-Manager trotz aller Zurückhaltung immer noch überschätze. Ähnlich äußert sich Leibfritz (1980), der angesichts der großen Unsicherheit bezüglich der zukünftigen Konjunkturentwicklung erhebliche Schwierigkeiten für den gezielten antizyklischen Einsatz des Debt Managements sieht.

Einen besonderen Schwerpunkt der älteren deutschen Literatur bildet neben der Ziel-Diskussion die Beschäftigung mit der Geldpolitik. Hügle (1966, S. 137), Willms (1968, S. 410) und Milbradt (1975, S. 187ff.) fordern die Zusammenlegung von Geld- und Schuldenstrukturpolitik. Milbradt (1976, S. 632) geht dabei so weit, auch die Schuldenstrukturpolitik der Länder auf die Bundesbank übertragen zu wollen. Gandenberger (1977, S. 173), der die Arbeit von Milbradt rezensiert, tritt der geforderten Integration des Debt Managements in die Deutsche Bundesbank entschieden entgegen, da dies seiner Auffassung nach zu einem Zielkonflikt mit der Sicherung der Geldwertstabilität führen würde.

Die Wirkungskanäle eines monetär ausgerichteten Debt Managements werden von Klein (1971) und vor allem Caspritz (1972) näher untersucht, während Kern (1981) die Auswirkungen einer hohen Staatsverschuldung für die Geldpolitik aufzeigt und daraus Empfehlungen für das Debt Management ableitet. Auch Raida (1975) beschäftigt sich neben allgemeinen Fragestellungen mit den Wirkungen des Debt Managements auf die Geldpolitik und weist darauf hin, daß kurzfristige Kreditlaufzeiten zu hohen Brutto-Kreditaufnahmen führen. Die daraus resultierende Abhängigkeit des Schuldners von der aktuellen Liquidität und Zinshöhe am kurzen Kapitalmarkt-Ende könne nach Raida (1975, S. 696f.) die öffentliche Hand leicht in Konflikt mit der Bundesbank bringen.

Bezüglich umfassender Darstellungen von weiteren Einzelaspekten der Schuldenstrukturpolitik sind in der älteren deutschen Literatur zu nennen: Koch (1972), der Bedeutung, Möglichkeiten und Grenzen einer gezielten Auswahl der Gläubiger herausarbeitet, Dill (1981), der auf das spezielle Instrument der Schuldscheindarlehen eingeht, Dieckheuer (1984), der sich modelltheoretisch mit den Wirkungen der Auslandsverschuldung auseinandersetzt sowie Hardys (1970), der die Emissionsverfahren des amerikanischen Schatzamts und hier insbesondere das *advance refunding* beschreibt.[9] Die Schuldenstrukturpolitiken der Länder USA, Großbritannien, Frankreich und Schweiz werden einschließlich ihrer Rechtsgrundlage, Aufgabenverteilung, eingesetzter Instrumente und Beteiligung der Notenbank vom Bundesfinanzministerium (BMF 1968) umfang-

9 Bei einem *advance refunding* werden fällige Anleihen bereits vor ihrer Fälligkeit durch neue Anleihen ersetzt, um die Refinanzierungsrisiken für den Schuldner zu minimieren.

reich beschrieben. Den Einfluß des Wechselkursregimes auf die Fähigkeit des Debt Managements, zu einer Konjunkturstabilisierung bzw. einer Zinskostenminimierung beizutragen, diskutieren Koch/Schäfer (1976). Sie weisen darauf hin, daß Debt-Management-Operationen bei freier Kapitalmobilität und festen Wechselkursen nur schwer die kurzfristigen Zinsen beeinflussen können, da internationale Zinsdiskrepanzen sofort Kapitalströme in Bewegung setzen würden, welche den vom Debt Management intendierten Veränderungen der Zinsstrukturkurve entgegen liefen (Vergl. Koch/Schäfer, 1976, S. 3 ff. und S. 14ff.).

In den Überblicksartikeln von Ullmann (1968) und Irmler (1977) stehen die speziellen Instrumente und Abläufe des deutschen Debt Managements im Vordergrund. Pieske (1983) beschreibt ebenfalls die Praxis des deutschen Debt Managements und geht auf die Kreditaufnahme in Ölförderländern ein. Die Rechtsgrundlagen des deutschen Debt Managements behandeln Koch (1971b) und Ebert (1976). Irmler (1976) umreißt die Leistungen, welche die Deutsche Bundesbank als *fiscal agent* für den Bund erbringt.

1.2.3. Die neuere internationale Literatur

Seit den späten 80er Jahren kann man eine große Zunahme der wissenschaftlichen Veröffentlichungen zum Thema Debt Management beobachten. Konzepte zur Zinskostenminimierung sowie der Zusammenhang zwischen Inflationsrate und Schuldenstruktur und die Untersuchung einzelner Verschuldungsformen hinsichtlich ihrer Eignung, die Steuersätze über verschiedene *states of nature* zu glätten, stehen dabei im Mittelpunkt der Forschung. Große Aufmerksamkeit wurde auch auf den Zusammenhang zwischen der Laufzeit der Staatsverschuldung und der Anfälligkeit für Schuldenkrisen sowie Auktionsverfahren gelegt. Vermutlich führte der starke Anstieg der Staatsverschuldung nach den beiden Ölpreisschocks in den 70er Jahren, die Phase relativ hoher Inflationsraten in zahlreichen OECD-Staaten sowie die zunehmende Abwendung von gesamtwirtschaftlichen Stabilisierungsansätzen zu dieser Themenverschiebung.

Von Missale stammt, was man am ehesten als eine Gesamtdarstellung der Debt-Management-Theorie in ihrer modernen Fassung bezeichnen kann. Missale (1999) spart die älteren, keynesianischen Arbeiten und Ansichten zum Debt Management als Instrument der Stabilisierungspolitik aus und gibt einen umfangreichen Überblick über theoretische Modelle und empirische Untersuchungen bezüglich des Beitrags des Debt Managements zur Minimierung der Zinskosten, der Zinsänderungsrisiken und der Steuersatz-Fluktuationen.

Mit dem Zusammenhang zwischen Schuldenhöhe und Schuldenstruktur beschäftigen sich Missale (1992) und Missale/Blanchard (1994). Die Tendenz hoch verschuldeter Länder, sich kurzfristig zu verschulden, erklären sie aus dem Bemühen dieser Länder, die Inflationsanreize zu vermeiden, die einer langfristigen Nominalschuld innewohnen. Mandilaras/Levine (2001) untersuchen in einem vergleichbaren Modellrahmen den Einfluß der Inflationserwartungen auf die optimale Schuldenstruktur. De Broeck (1997) untersucht das Zeit-Inkonsistenzproblem für 15 OECD-Staaten empirisch und bestätigt seine Relevanz für hoch verschuldete Staaten. Der trade-off zwischen indexierter und nominaler Schuld sowie die optimale Laufzeit wird von Calvo/Guidotti (1990, 1992, 1993) modelltheoretisch analysiert und von Calvo/Guidotti/Leiderman (1991) empirisch getestet.

Bohn (1990), Missale (1997) und Barro (1995, 1997) untersuchen die Eignung der langfristigen Nominalverschuldung zur Glättung der Steuersätze. Während die konventionelle tax-smoothing-Literatur die Verschuldung zur intertemporalen Glättung der Steuersätze einsetzen will, arbeitete die Debt-Management-Literatur und hier insbesondere die genannten Autoren die Vorzüge der langfristigen Nominalverschuldung für die Glättung der Steuersätze zwischen verschiedenen *states of nature* heraus. Missale (2000) zeigt, daß die Schuldenstrukturpolitik so auch einen Beitrag zur Einhaltung des Maastricht-Defizit-Kriteriums leisten kann.

Breite Aufmerksamkeit genießt auch die Bedeutung der Laufzeitenstruktur für die Anfälligkeit gegenüber Schuldenkrisen. Alesina/Prati/Tabellini (1990) sowie Giavazzi/Pagano (1990) zeigen, daß die Eintrittswahrscheinlichkeit und die Kosten einer Schuldenkrise um so größer sind, je kürzer die Laufzeit der Staatsschuld ist. Calvo (1988) erklärt Schuldenkrisen in Analogie zu dem von Diamond-Dybvig (1983) aufgestellten Bankenkrisenmodell aus sich selbst erfüllenden Erwartungen. Drudi/Giordano (2000) bestimmen die optimale *default*-Quote eines Staates in einem intertemporalen Optimierungsmodell.

Mit der Bedeutung der Notenbankunabhängigkeit für die Zusammensetzung des optimalen Schulden-Portfolios beschäftigen sich Missale/Falcetti (2000). Balino (1995) und der Sammelband von Sundararajan/Dattels/Blommestein (1997) gehen auf die Koordinierung von Geldpolitik und Debt Management ein. Einen guten Überblick über die Zusammenhänge zwischen Schuldenstruktur und Geldpolitik bieten Chrystal/Haldane/Proudman (1999).

Auch die internationalen Finanzorganisationen und verschiedene staatliche Stellen widmen dem Debt Management große Aufmerksamkeit. So empfehlen IMF und Weltbank (2001) ihren Mitgliedsländern Richtlinien für ein verantwortungsvolles Debt-Management. Leong (1999) stellt Aufgaben und Instrumente sowie aktuelle Fragen aus Sicht des britischen Schatzamtes zusammen. Einen Überblick über die Ziele und Veränderungen in den Schulden-Instrumenten und Emissionsverfahren der OECD-Länder gibt Bröker (1993). Mylonas et al. (2000) diskutieren aktuelle Fragen des amerikanischen, europäischen und japanischen Debt Managements. Peng (2002) geht auf die Verschuldung zu variablen Zinssätzen ein. Praxisnahe Darstellungen des Schuldenmanagements in ausgewählten Ländern finden sich in Sundararajan/Dattels/Blommestein (1997). Favero/Missale/Piga (2000) zeigen, daß die Schuldenstrukturen innerhalb der Europäischen Währungsunion noch sehr unterschiedlich sind.

An herausragenden Arbeiten zu Einzelaspekten des Debt Managements sind zu nennen: Missale/Giavazzi/Benigno (1997), die den Einsatz der Laufzeitenstruktur als Signal untersuchen, durch das die Regierung die Anleger von der Ernsthaftigkeit ihrer Stabilisierungspolitik überzeugen will, sowie Piga (2001), der einen umfassenden Überblick über die Einsatzmöglichkeiten von Finanzinnovationen im staatlichen Debt Management gibt.

Mit konzeptionellen Fragen beschäftigen sich Giovannini (1997) und Piga (1998). Giovannini spricht sich gegen übertriebenen Aktivismus in der Schuldenstrukturpolitik aus, während Piga (1998) modelltheoretisch die Vorteile eines festen Emissionskalenders gegenüber einer diskretionären Politik herausarbeitet.

1.2.4. Die neuere deutsche Literatur

Auch die deutschsprachige Debt-Management-Literatur hat in den 80er und 90er Jahren den Paradigmenwechsel weg von der keynesianischen Konjunktursteuerung vollzogen. Sie beschäftigt sich seitdem vor allem mit den Einsatzmöglichkeiten neuer Finanzinstrumente wie Swaps und Optionen sowie den institutionellen Veränderungen im Bereich des deutschen und österreichischen Debt Managements. Daneben wird die Bedeutung der Schuldenstrukturpolitik für die langfristige Tragbarkeit der Staatsverschuldung untersucht und der Einfluß der Notenbankunabhängigkeit auf die optimale Schuldenstruktur herausgearbeitet.

Der Frage nach den Einsatzmöglichkeiten neuer Finanzinstrumente widmen sich die Doktorarbeiten von Berger (1990), Brücker (1993), Pampel (1993) und Ritscher (2001) sowie der Aufsatz von Rickert/Müller (1996). Während Pampel (1993) die Zinskostenminimierungspotentiale von Swaps und Optionen und die mit dem Einsatz dieser Instrumente verbundenen Risiken für das staatliche Debt Management diskutiert, analysiert Brücker (1993) die Einsatzmöglichkeiten dieser Finanzinnovationen im Rahmen des kommunalen Schuldenmanagements. Berger (1990) beschäftigt sich mit dem Verschuldungsproblem von Entwicklungsländern und untersucht, wie sogenannte *debt-equity-swaps* oder *debt-for-nature-swaps* hoch verschuldeten Ländern helfen können, ihre Auslandsverschuldung abzubauen. Ritscher (2001) trägt den jüngsten institutionellen Veränderungen im deutschen Debt Management Rechnung. Die Gründung der Bundesrepublik Deutschland Finanzagentur GmbH und die Übertragung weitreichender Kompetenzen aus dem Bundesfinanzministerium und der Deutschen Bundesbank an diese im Bundesbesitz befindliche GmbH wird von Juchem (2001) erläutert und von Fleck (2000) kritisch kommentiert.

Eine vergleichbare institutionelle Veränderung wurde in Österreich bereits 1992 vollzogen. Kernbauer (1997) stellt die Ziele und Kompetenzen der 1992 gegründeten Bundesfinanzagentur der Republik Österreich dar, während Mooslechner (1991) versucht, Kriterien zu entwickeln, um die fiskalische bzw. stabilitätspolitische Effizienz des österreichischen Schuldenmanagements zu messen.[10]

Die Frage, welche Ziele die Schuldenstrukturpolitik tatsächlich verfolgt, versucht Graap (1997) am Beispiel Hamburgs empirisch zu analysieren. Sie kommt zu dem Ergebnis, daß sich dieser Stadtstaat weitgehend von einer einzelwirtschaftlichen Minimierung der Finanzierungskosten leiten läßt.[11] Von Scheven (1989) stellt die Ziele und Instrumente des Bundes-Schuldenmanagements vor der Gründung der Bundesrepublik Deutschland Finanzagentur GmbH dar. Den in jüngerer Zeit viel diskutierten Zusammenhang zwischen Schuldenhöhe, Schuldenstruktur und Notenbankzielsetzung analysiert Rossi (2002) theoretisch. Seine empirischen Untersuchungen zeigen, daß der Zusammenhang zwischen Inflationsrate und Schuldenstruktur durch eine unabhängige Zentralbank gebrochen werden kann. Wenn die Zentralbank unabhängig ist, kann die Schul-

10 Mooslechner (1991) enthält ferner umfangreiche Tabellen über die Entwicklung der österreichischen Schuldenstruktur seit 1970.

11 Wegen des geringen Anteils Hamburgs an der gesamten Verschuldung in Deutschland wäre eine gesamtwirtschaftliche Zielsetzung auch sehr überraschend gewesen. Eine gesamtwirtschaftliche Zielsetzung könnte allenfalls gemeinsam mit anderen Gebietskörperschaften verwirklicht werden. Eine solche u.a. von Danne (1964, S. 120ff.) geforderte Koordinierung existiert aber in der Bundesrepublik nicht; vermutlich, weil die Gebietskörperschaften die Einschätzung des Verfassers teilen, daß diskretionäre Schuldenstrukturpolitik keinen wirksamen Beitrag zur Glättung des Konjunkturzyklusses leisten kann.

denpolitik durch eine Verlängerung der Laufzeiten eine mit dem *tax-smoothing*-Ansatz kompatible "Versicherung" gegen exogene Schocks schaffen, ohne Inflation zu erzeugen. Wiese (2000) zeigt durch numerische Simulationen am Beispiel verschiedener europäischer Länder, daß die Schuldenstruktur eine wichtige Determinante der langfristigen Tragbarkeit der Staatsverschuldung ist.[12] Rehm (2001) gibt eine praxisnahe Gesamtdarstellung der Schuldenstrukturpolitik von Bund, Ländern und Gemeinden, welche auch die gängigen Verschuldungsformen vorstellt.

1.3. Desiderata der Debt-Management-Forschung

1.3.1. Schuldenstrukturpolitik in Währungsunionen

Wie der vorstehende kurze Überblick bereits zeigte, blieben die Auswirkungen, die sich aus der fortschreitenden europäischen Integration und insbesondere aus der Gründung der Europäischen Währungsunion für das nationale Schuldenmanagement ergeben, von der theoretischen Debt-Management-Forschung bisher weitgehend unberücksichtigt. Missale (2000) sowie Gennari/Giordano (2001) analysieren zwar die Möglichkeit, durch geschicktes Schuldenmanagement zur Erfüllung der Defizit-Obergrenzen des Europäischen Stabilitäts- und Wachstumspakts beizutragen. Die wichtige Frage, ob in einer Währungsunion ein Koordinierungsbedarf für die Schuldenstrukturpolitik besteht, ist von der Debt-Management-Literatur – sieht man von Huber (1998) ab – bislang noch nicht untersucht worden.

Wiese (2000) gibt zwar einen umfassenden Überblick über die Debt-Management-Ziele, die eingesetzten Verschuldungsinstrumente sowie die unterschiedlichen Gläubiger- und Laufzeitenstrukturen in den Ländern der Europäischen Union. Er konzentriert sich jedoch anschließend auf die wichtige Frage, wie sich diese Strukturunterschiede auf die langfristige Tragbarkeit der Staatsverschuldung auswirken. Ob ein Koordinierungs- oder Harmonisierungsbedarf

12 Der Einfluß der Laufzeitenstruktur auf die Tragbarkeit rührt dabei von ihrem Einfluß auf die Durchschnittsverzinsung der Staatsschuld her. Bei als konstant angenommenen kurz- und langfristigen Zinssätzen ist die Durchschnittsverzinsung der Staatsschuld eine direkte Funktion der Schuldenstruktur. Die zur Stabilisierung der Schuldenquote erforderlichen Primärüberschüsse sind bei gegebenem Wachstum des Sozialprodukts wiederum eine direkte Funktion der Durchschnittsverzinsung und damit der Laufzeitenstruktur der Staatsschuld (Vergl. Wiese, 2000).

besteht, spricht er nur in seinem Schlußkapitel kurz an, ohne diese Frage modelltheoretisch oder empirisch zu untersuchen (Vergl. Wiese, 2000, S. 268-270). Auch Ritscher (2002), der darauf hinweist, daß die Gründung der Europäischen Währungsunion die Verfolgung konjunktureller Stabilisierungsziele durch das nationale Debt Management erschwert, untersucht nicht, ob sich aus der von ihm festgestellten Stärkung des fiskalischen Ziels in Europa ein Koordinierungs- oder Zentralisierungsbedarf für das Debt Management ergibt (Vergl. Ritscher, 2002, S. 90-100).

Allein Huber (1998) entwickelt und diskutiert ein formales Modell bezüglich des Koordinierungsbedarfs der Schuldenstrukturpolitik in einer Währungsunion. In Hubers Modell wählen die einzelnen Mitgliedsländer einer Währungsunion autonom ("unkoordiniert") zwischen nominalen und indexierten Anleihen. Es zeigt sich, daß ein Anreiz zu übermäßiger Nominalverschuldung besteht, da die einzelnen Nationalstaaten nur einen Teil der von ihrer jeweiligen Schuldenstrukturpolitik verursachten "Inflationskosten" selbst tragen. Huber demonstriert, daß – vom unkoordinierten Gleichgewicht ausgehend – eine gemeinsame Reduktion des Anteils der Nominalverschuldung die Wohlfahrt aller Teilnehmerstaaten steigert. Um die Geldwertstabilität in Europa zu sichern, spricht sich Huber daher für verbindliche Schuldenstrukturvorschriften aus, welche die langfristige Nominalverschuldung begrenzen sollen (Vergl. Huber, 1998, S. 246). Hubers Modell geht allerdings von einer Währungsunion identischer Staaten aus, so daß es die beträchtlichen Unterschiede, die bezüglich der Schuldenhöhe zwischen den einzelnen Mitgliedsländern der Europäischen Währungsunion bestehen, nicht abbilden kann.[13]

Auch die umfangreiche Literatur zum Fiskalföderalismus bietet keine Hilfe. So beschäftigt sich zwar Danne (1964) am Beispiel der deutschen Gemeinden, Bundesländer und der Zentralregierung mit der Koordinierung der Schuldenpolitik der verschiedenen Ebenen eines föderalen Staates. Er verzichtet in seiner Arbeit allerdings auf eine formale Modellierung und bezieht sich vor allem auf die Schuldenniveaupolitik bzw. die Wahl des Emissionszeitpunktes. Aspekte der Schuldenstruktur klammert Danne (1964) weitgehend aus. Diese Schwerpunktsetzung ist auch in der neueren finanzwissenschaftlichen Literatur weit verbreitet.

Obwohl der Schuldenstruktur sowohl wegen ihres Einflusses auf die langfristige Tragbarkeit der Staatsverschuldung (Vergl. Wiese, 2000) als auch wegen

13 Die Modellierung einer Währungsunion unterschiedlicher Staaten wird ein wichtiges Anliegen dieser Arbeit sein. Vergl. hierzu die Kapitel 2.4. und 2.5.

ihrer Eigenschaft, eventuell die Inflationsrate mit zu determinieren,[14] eine große Bedeutung zukommt, stehen in der Literatur zum fiskalpolitischen Koordinierungsbedarf in Währungsunionen stets Fragen der Schuldenhöhe im Vordergrund.[15] Der Schuldenstruktur als eigenständiger Politikvariablen wird von dieser Literatur keine Aufmerksamkeit geschenkt.

Die Finanzwissenschaft befindet sich damit in der unbefriedigenden Situation, daß die Literatur zum Finanzföderalismus die Schuldenstruktur ausklammert und sich ganz auf die Schuldenhöhe konzentriert, während umgekehrt die Literatur zur Schuldenstrukturpolitik die Möglichkeit eines föderalen Staatsaufbaus vernachlässigt. Die Möglichkeit mehrerer, parallel agierender Schuldenmanager wird nicht analysiert. Letzteres ist aber die aktuelle Situation in der Europäischen Währungsunion.

Vor allem in der älteren deutschen Debt-Management-Literatur finden sich dabei durchaus zahlreiche Hinweise auf das vom Bund unabhängige Schuldenmanagement der Bundesländer und Gemeinden.[16] Diesen Hinweisen folgt dabei bei mehreren Autoren die Forderung nach einer Koordinierung (so Danne, 1964, S. 120ff. und Kern, 1981, S. 259ff.) bzw. Zentralisierung (so Hügle, 1966, S. 135ff. und Milbradt, 1975, S. 194ff.). Hügle und Milbradt setzen sich dafür ein, die gesamten Schuldenmanagement-Aktivitäten von Bund, Ländern und Gemeinden bei der Deutschen Bundesbank zu konzentrieren. Als Begründung für die Koordinierung bzw. Zentralisierung dient bei den genannten Autoren der Wunsch, die Schuldenstruktur – und zwar möglichst der Gesamtschuld – gezielt zur Steuerung der monetären Nachfrage bzw. der gesamtwirtschaftlichen Liquidität einzusetzen, da man sich eine um so erfolgreichere Stabilisierungspolitik verspricht, je weniger die Aktivitäten des Bundes durch gegenläufige Schuldenstrukturpolitiken einzelner Bundesländer bzw. Gemeinden konterkariert werden. Sowohl eine modelltheoretische als auch eine empirische Analyse der strategischen Interaktion mehrerer Schuldenmanager, die nicht einer keynesianischen Stabilisierungszielsetzung folgen, fehlt in der Literatur. Dieser Fall, in dem sich die betreffenden Schuldenmanager nicht unter ein gemeinsames Stabilisierungsziel unterordnen, und daher kein automatisches Interesse an einer Bün-

14 Zur modelltheoretischen Herleitung der Inflationsrate als Funktion der Schuldenstruktur siehe Rossi (2002), Mandilaras/Levine (2001) und Missale/Blanchard (1994).

15 Vergl. beispielsweise Beetsma/Vermeylen (2002), Beetsma/Bovenberg (1999), Horstmann/Schneider (1994) oder Landon/Smith (2000).

16 Vergl. Hügle (1966, S. 135ff.), Ullmann (1968, S. 1057), Milbradt (1975, S. 194-196), Wiss. Beirat BMF (1979, S. 108ff.) und Kern (1981, S. 259ff.).

delung ihrer Steuerungsmöglichkeiten haben, dürfte aber nach Einschätzung des Verfassers im heutigen, europäischen Kontext der relevantere Fall sein.

Das Fehlen einer solchen Untersuchung ist um so erstaunlicher, wenn man bedenkt, daß die Frage nach der Koordination mehrerer Schuldenstrukturpolitiken kein spezifisches Problem der europäischen Integration ist. Die Frage nach der wechselseitigen Beeinflussung zweier Schuldenmanager stellt sich beispielsweise auch dann, wenn ein Land sich regelmäßig und umfangreich in der Währung eines Nachbarlandes verschuldet. Interdependenzen wären darüber hinaus auch ohne die Emission von Fremdwährungsanleihen denkbar, wenn freier Kapitalverkehr zwischen zwei Ländern bewirkt, daß Kapitalmarktentwicklungen in einem Land Auswirkungen auf das andere Land hätten.[17]

Auch im besonderen deutschen Kontext stellt sich die Frage nach Debt-Management-Interdependenzen. Die zunehmende Hinwendung der deutschen Bundesländer zur Kapitalmarktfinanzierung wirft die Frage auf, ob das Schuldenmanagement dieser Bundesländer untereinander bzw. mit dem Bund koordiniert werden sollte (Vergl. Rehm, 2001, S. 335). Die von der Politik angestoßenen Überlegungen in diese Richtung gehen dabei so weit, daß seit 1999 eine gemeinsame Arbeitsgruppe des Bundes- und der Länderfinanzministerien die Frage eines gemeinsamen Kapitalmarktauftritts von Bund und Ländern bis hin zur Emission von gemeinsamen Bund-Länder-Anleihen prüft.[18] Ergebnisse dieser Arbeitsgruppe oder wissenschaftliche Untersuchungen zu diesem Thema wurden bisher allerdings nicht veröffentlicht (Vergl. BdB, 2001, S. 3). Gemeinsame Anleihen der deutschen Bundesländer existieren seit 1996 (Vergl. Berliner Zeitung/Reuter, 1996).

---

17 Koch/Schäfer (1976) diskutieren die Bedeutung, welche das Wechselkursregime sowie ausländische Zinsentwicklungen für das Debt Managementeines Landes besitzen. Sie diskutieren allerdings weder die Konsequenzen, die ausländische Debt-Management-Operationen für das inländische Debt Management besitzen könnten noch die strategische Interaktion, die zwischen ausländischem und inländischem Debt Managemententstehen könnte.

18 Vergl. BdB (2001, S. 3) sowie Bachmann (2002), welche die Emission von gemeinsamen Bund-Länder-Anleihen fordern.

1.3.2. Debt Management und Kapitalmarkt

Neben der fehlenden Berücksichtigung von föderalen Strukturen und Währungsunionen ist insbesondere die Behandlung der Kapitalmärkte durch die Debt-Management-Forschung bisher noch wenig zufriedenstellend.[19]

Hinsichtlich Kapitalmarktfragen beschränkt sich die Debt-Management-Literatur im wesentlichen auf die Erörterung der Einsatzmöglichkeiten von Finanzinnovationen[20] sowie auf die Analyse der Wirkungen, die von der staatlichen Schuldenstruktur auf die privaten Finanzierungsverhältnisse einer Volkswirtschaft ausgehen.[21] Nur wenig untersucht wurde dagegen, wie sich die zunehmende Kapitalmarktintegration und bestimmte Marktentwicklungen wie die zunehmende Verbriefung und Disintermediation auf die optimale Schuldenstruktur auswirken bzw. welche Implikationen diese Entwicklungen für die Ziele und Strategien der staatlichen Schuldenstrukturpolitik besitzen.[22] Auch eine ausdrückliche Einbeziehung der Kapitalmarkt-Entwicklung, deren Förderung häufig von offizieller Seite als ein wichtiges Ziel der Schuldenstrukturpolitik genannt wird, in die Zielfunktion bzw. das Optimierungskalkül eines Schuldenmanagers fehlt bisher. Darüber hinaus scheint eine verbesserte Modellierung des Kapitalangebots dringend geboten.[23]

In praktisch allen Modellen der Schuldenstruktur wird ein vollkommener Kapitalmarkt unterstellt, welcher dem staatlichen Schuldner zu einem konstanten Zinssatz beliebige Beträge zur Verfügung stellt.[24] Zinszuschläge werden in

---

19 Vergl. Pecchi/Piga (1995, S. 35), die ein am Kapitalmarkt ausgerichtetes Forschungsprogramm für das Debt Management formulieren sowie Leong (1999, S. 32ff.), die ebenfalls eine stärkere Behandlung von Kapitalmarktfragen verlangt.

20 Vergl. bezüglich der Einsatzmöglichkeiten von Finanzinnovationen die genannten Arbeiten von Bücker (1993), Pampel (1993) und Ritscher (2002).

21 Diese Wirkungen werden untersucht von Hessler (1965) in Hinblick auf den Bankensektor, von Jany (1989) in Hinblick auf Industrie-Unternehmen und von Bender (1988) in Hinblick auf die Funktionsfähigkeit des deutschen Kapitalmarkts.

22 Eine Ausnahme bildet die verbale Diskussion bei Ritscher (2002, S. 90-100). Einen Zusammenhang zwischen Kapitalmarktentwicklung und Emissionsverfahren stellt Dattels (1997) her.

23 Leong (1999, S. 32ff.) weist darüber hinaus darauf hin, daß sich die theoretische Debt-Management-Literatur überwiegend mit der Risikominimierung über verschiedene *states of nature* beschäftigt habe, während in der Praxis das Ziel der Zinskostenminimierung im Vordergrund stünde. Diese Arbeit trägt dieser Kritik Rechnung und entwickelt in Kapitel 3.6. ein Modell eines ausschließlich an Zinskostenminimierung interessierten Schuldenmanagers.

24 Mit dieser Annahme arbeiten beispielsweise Huber (1998), Missale/Blanchard (1994), Barro (1995) und Bohn (1988).

den genannten Arbeiten nach der Fisher-Gleichung nur für die erwartete Inflationsrate zugelassen. Kapitalmarktpraktiker wissen aber, daß die Verzinsung der Anleihen eine Funktion der Schuldenhöhe ist. Neben der Begrenztheit des Kapitalangebots wird dieser Effekt vor allem auf Risikozuschläge zurückgeführt, welche die Gläubiger aufgrund der mit steigender Verschuldung schlechter werdenden Bonität von ihren Schuldnern verlangen.

Aus der Beobachtung, daß die zu zahlenden Zinssätze mit wachsender Verschuldung ansteigen, hat sich in den letzten Jahren eine umfangreiche Literatur entwickelt, welche die Bedeutung der Kapitalmärkte für die Disziplinierung staatlicher Schuldner betont.[25] Diese marktbasierte Disziplinierung bezieht sich bisher allerdings ausschließlich auf eine Kapitalmarkt-induzierte Begrenzung der Schuldenhöhe. Die Übertragung der Erkenntnisse der *market based fiscal discipline*-Literatur auf die Schuldenstruktur und die Schuldenstrukturpolitik steht noch aus.

Diese Übertragung erscheint aber dringend geboten, da wegen des theoretisch gut begründeten Zusammenhangs von Schuldenstruktur und Schuldenkrise[26] zu vermuten steht, daß nicht nur die Schuldenhöhe, sondern auch die Schuldenstruktur ein wichtiger Einflußfaktor auf das mit einem bestimmten Schuldner verbundene Risiko ist.[27]

Es besteht daher auf dem Gebiet des Debt Managements noch erheblicher Forschungsbedarf. Offene Fragen existieren dabei, wie diese kurzen Ausführungen zeigten, vor allem hinsichtlich der Interaktion mehrerer Schuldenmanager untereinander sowie bezüglich des Koordinationsbedarfs in Währungsunionen. Auch eine verbesserte Modellierung des Kapitalangebots ist dringend geboten. Zur Schließung dieser Forschungslücken will die vorliegende Arbeit beitragen.

---

25 Vergl. Ziegenhorn (1999) und die dort angegebene Literatur.

26 Vergl. bezüglich der Bedeutung der Schuldenstruktur für die Eintrittswahrscheinlichkeit von Schuldenkrisen die Modelle von Alesina/Prati/Tabellini (1990) und Giavazzi/Pagano (1990).

27 In diesem Sinne einer praxisnäheren Modellierung des Kapitalangebots äußern sich auch Calvo/Guidotti (1993, S. 230), welche die Erörterung ihres Debt-Management-Modells mit dem Hinweis abschließen: "...it appears important to *endogeneize the real interest rate* and to connect our theory of the maturity structure of the nominal public debt with considerations of a real nature as those explored by Lucas and Stokey (1983) [...] and *issues related to confidence crisis...*" [Hervorhebungen durch den Verfasser].

1.4. Methode und Gang der Untersuchung

Ziel der vorliegenden Arbeit ist die Untersuchung der Schuldenstrukturpolitik in einer Währungsunion. Besonderes Gewicht soll dabei auf die Darstellung der Interaktion der Schuldenmanager und auf die Frage gelegt werden, ob ein Koordinierungsbedarf für die Schuldenstrukturpolitik besteht.

Wie im vorangegangenen Kapitel bereits angesprochen, existieren in einer Währungsunion zwei potentielle Quellen für eine Interaktion der Schuldenstrukturpolitik: die gemeinsame Geldpolitik und der gemeinsame Kapitalmarkt. Diese beiden denkbaren Interaktionskanäle werden in den Kapiteln 2 bzw. 3 anhand einfacher, deterministischer und partialanalytischer Gleichgewichtsmodelle untersucht. Kapitel 2 beschäftigt sich dabei mit den Wirkungen der Schuldenstrukturpolitik auf die Inflationsrate. Kapitel 3 analysiert den Zusammenhang von Schuldenstrukturpolitik und Zinskosten. Die Vorteilhaftigkeit der Koordination innerhalb der jeweiligen Modelle wird dabei jeweils anhand paretianischer Wohlfahrtsvergleiche ermittelt.

Der Kapitelaufbau folgt dabei einer schrittweisen Entwicklung von einfachen zu komplizierteren (wirklichkeitsnäheren) Modellen. Nach einer Einführung in den grundlegenden Zusammenhang von Zinsbindungsfrist und Inflationsanfälligkeit der Staatsschuld in Kapitel 2.1. entwickelt Kapitel 2.2. ein einfaches Modell der Schuldenstrukturpolitik in nationaler Autonomie, welches die grundlegenden Zusammenhänge zwischen Debt Management und Geldpolitik abbildet, wie sie in der bisherigen Literatur herausgearbeitet wurden. Dieses Modell lehnt sich stark an das Debt-Management-Modell von Mandilaras/Levine (2001) an. Kapitel 2.3. erweitert dieses Modell für eine Währungsunion identischer Staaten. Kapitel 2.4. führt Unterschiede in der Schuldenhöhe ein, Kapitel 2.5. diskutiert Unterschiede in der Inflationsaversion. Den Abschluß bilden eine Modellkritik in Kapitel 2.6. sowie die Zusammenfassung der wesentlichen Ergebnisse in Kapitel 2.7.

Ein wesentliches Kennzeichen der zu betrachtenden Modelle wird sein, daß die Zentralbank die Inflationsrate bestimmt, nachdem sich die Regierung auf eine Schuldenstruktur festgelegt hat und nachdem die privaten Wirtschaftssubjekte ihre Inflationserwartungen getroffen haben. Ein wirksames *commitment* wird eingangs betrachtet, für den weiteren Fortgang der Arbeit allerdings ausgeschlossen, so daß ein Zeit-Inkonsistenzproblem entsteht und die potentielle Entwertbarkeit der Staatsschuld durch Überraschungsinflation Bedeutung für die realisierte Inflationsrate gewinnt. Die Bestimmung der teil-spielperfekten, d.h. zeit-konsistenten Strategie geschieht durch Rückwärtsinduktion. Bezüglich des

Verhaltens der einzelnen Schuldenmanager in einer unkoordinierten Währungsunion wird die *Nash*-Annahme getroffen: Jeder Schuldenmanager betrachtet das Verhalten der anderen Schuldenmanager als gegeben. Jeder Schuldenmanager gibt die aus einzelwirtschaftlicher Sicht optimale Reaktion auf das Verhalten der anderen Schuldenmanager.

Wie sich zeigen wird, sind die Wirkungen der Schuldenstrukturpolitik auf die gemeinsame Inflationsrate zentral für die Modellergebnisse in Kapitel 2. Dem steht allerdings entgegen, daß die Europäische Zentralbank ein hohes Maß an Unabhängigkeit aufweist. Kapitel 3 schließt daher Wirkungen der Schuldenstrukturpolitik auf die Inflationsrate aus und beschäftigt sich mit dem vom Kapitalmarkt ausgehenden Koordinierungsbedarf. Dazu wird ein einfaches Modell der Schuldenstrukturpolitik entwickelt, in dem die Zinssätze der einzelnen Anleihen eine Funktion der Schuldenstruktur sind.

Die Endogenisierung der Zinssätze wird dabei durch die Integration der Erkenntnisse der *market based fiscal discipline*-Literatur in ein einfaches Debt-Management-Modell erreicht. Ziel des staatlichen Schuldenmanagers wird die Minimierung der Zinskosten sein. Kapitel 3 gliedert sich wie folgt: Kapitel 3.2 führt in die Idee einer Schuldnerdisziplinierung durch Kapitalmarkt-Risikozuschläge ein, Kapitel 3.3. referiert empirische Arbeiten zu den Determinanten von Risikozuschlägen, Kapitel 3.4. analysiert die Bedeutung der Schuldenstruktur für das *default*-Risiko. Kapitel 3.5. verbindet die gewonnen Erkenntnisse mit der Europäischen Währungsunion und diskutiert, ob Schuldenkrisen in Europa auftreten können und ob die Europäische Währungsunion als Haftungsverbund anzusehen ist. Kapitel 3.6. entwickelt ein einfaches Modell der Schuldenstrukturpolitik in einer Währungsunion in Gegenwart von endogenen Zinssätzen und Erwartungen über einen Haftungsverbund.

Ohne der modelltheoretischen Behandlung vorgreifen zu wollen, sei hier gesagt, daß sich sowohl in Kapitel 2 als auch in Kapitel 3 unter bestimmten Bedingung die Koordination der Schuldenstrukturpolitik als vorteilhaft herausstellen wird.

Der Maastricht-Vertrag kennt allerdings keine Vorschriften für die Schuldenstrukturpolitik. Um zu prüfen, ob der Maastricht-Vertrag ergänzt werden muß, reflektiert Kapitel 4 daher die Modellergebnisse unter dem Gesichtspunkt, warum es rational sein könnte, auf eine Koordinierung zu verzichten bzw. durch welche alternativen Strategien die Ziele einer Debt-Management-Koordinierung erreicht werden könnte.

Die Koordinierung der Schuldenstruktur wird in den Kapiteln 2 und 3 dieser Arbeit dabei stets in einem engen Sinn als Koordinierung der Laufzeitenstruktur, also der Aufteilung einer gegebenen Schuldenhöhe auf Finanzierungsinstrumente unterschiedlicher Zinsbindungsfrist, verstanden.[28] Über die Struktur-Koordinierung hinaus werden in der politischen Debatte auch eine Abstimmung der Emissionstermine und eine gemeinsame Kapitalaufnahme der kleineren EWU-Länder gefordert. Diese Ansatzpunkte einer Debt-Management-Koordinierung werden in Kapitel 4.4. vorgestellt und kritisch hinterfragt. Wie rechtfertigen die Befürworter dieser Vorschläge die Koordinierung? Besteht wirklich ein Abstimmungsbedarf in diesen Politikbereichen? Diese Fragen werden auch vor dem Hintergrund der innerstaatlich bereits existierenden Koordinierung diskutiert. Kapitel 5 faßt die Ergebnisse dieser Arbeit zusammen und zieht die daraus folgenden Schlußfolgerungen für die Koordinierung der Schuldenstrukturpolitik in Europa.

28 Von Fragen der Gläubigerstruktur bzw. der Aufteilung der Schuldenhöhe auf unterschiedliche Finanzierungsinstrumente (Bankkredite, Anleihen, etc.) und Währungen wird hier abgesehen. Diese Fragestellungen sind allerdings unbestritten ein wichtiger Teil des Debt Managements. Rehm (2001) gibt einen einführenden Überblick. Speziell zur Gläubigerstruktur vergl. Koch (1972), zur Frage der Auslandsverschuldung Dieckheuer (1984) und zur Frage von staatlichen Schuldscheindarlehen Dill (1981). Harff (2000) analysiert die Vor- und Nachteile der Indexierung der Staatsverschuldung.

2. Schuldenstruktur und Geldpolitik

In diesem Kapitel wird die Schuldenstrukturpolitik in einer Währungsunion analysiert. Besonderes Gewicht wird dabei auf die Interaktion der einzelnen Schuldenmanager sowie auf die Frage gelegt, ob in einer Währungsunion ein Koordinierungsbedarf für die Schuldenstrukturpolitik besteht. Kapitel 2.1. führt in den grundlegenden Zusammenhang zwischen Laufzeit und Inflationsanfälligkeit der Staatsschuld ein. Kapitel 2.2. entwickelt ein einfaches Modell der Schuldenstrukturpolitik in nationaler Autonomie, Kapitel 2.3. erweitert dieses Modell für eine Währungsunion, Kapitel 2.4. betrachtet Unterschiede in der Schuldenhöhe und Kapitel 2.5. analysiert Unterschiede in der Inflationsaversion.

2.1. Grundlage des Modellansatzes

Ausgangspunkt aller Modelle zu den Inflationswirkungen der Schuldenstruktur ist die Einsicht, daß eine ausstehende Schuld um so stärker durch unantizipierte Inflation entwertet wird, je länger die Zinsbindungsfrist der emittierten Anleihen ist (Vergl. Missale/Blanchard, 1994, S. 309ff.).

Dieser Zusammenhang kann anhand des realen Barwerts einer Verbindlichkeit sowie anhand des realen Barwerts zweier Anleihen unterschiedlicher Laufzeit leicht gezeigt werden. Um ausschließlich die Wirkungen der Inflation zu betrachten, wird der Realzins dabei auf Null gesetzt.[29]

Der reale Barwert BW^{real} einer in l Perioden fälligen nominalen Verbindlichkeit N bestimmt sich angesichts einer konstanten Inflationsrate π durch:

(2.1.-1) $$BW^{real} = \frac{N}{(1+\pi)^l}$$

29 Eine subjektive Gegenwartspräferenz, die auch zukünftige reale Zahlungseingänge geringer schätzt als heutige, würde das Ergebnis allerdings nicht verändern.

Dieser reale Barwert ist um so kleiner, je größer die Inflationsrate ist (Vergl. Gleichung 2.1.-2).

$$(2.1.\text{-}2) \qquad \frac{\partial BW^{real}}{\partial \pi} = -l\frac{N}{(1+\pi)^{l+1}} < 0$$

Die Wertminderung durch Inflation fällt dabei um so stärker aus, je weiter der Zahlungszeitpunkt in der Zukunft liegt:

$$(2.1.\text{-}3) \qquad \frac{\partial^2 BW^{real}}{\partial \pi \partial l} = -\frac{N}{(1+\pi)^{l+1}} - l\frac{N\ln(1+\pi)}{(1+\pi)^{l+1}} < 0 \text{ für } \pi > 0$$

Für eine Anleihe gilt nun, daß der Wert dieser Anleihe dem Barwert aller zukünftigen Zinszahlungen plus den Barwert der Kapitalrückzahlung entspricht.

$$(2.1.\text{-}4) \qquad BW_l^{real} = \frac{N}{(1+\pi)^l} + \sum_{t=1}^{l} \frac{iN}{(1+\pi)^t}$$

Der Zahlungsstrom der Zinsen von $t = 1$ bis $t = l$ kann dabei geschrieben werden als Differenz eines unendlich langen Zahlungsstroms, der im Zeitpunkt t einsetzt, minus einen unendlich langen Zahlungsstrom, der im Zeitpunkt $l+1$ einsetzt.

Da bezüglich des Barwerts einer ewigen Rente Gleichung (2.1.-5) gilt:

$$(2.1.\text{-}5) \qquad \sum_{t=1}^{\infty} \frac{iN}{(1+\pi)^t} = \frac{iN}{\pi} \qquad \text{(Beweis: Vergl. Anhang dieses Kapitels)}$$

folgt für den realen Barwert der Anleihe

$$(2.1.\text{-}6) \qquad BW_l^{real} = \frac{N}{(1+\pi)^l} + \frac{iN}{\pi} - \frac{1}{(1+\pi)^l}\frac{iN}{\pi}$$

Wie man anhand von Gleichung (2.1.-6) sieht, entspricht der Barwert dem Nominalwert N der Anleihe, wenn der Zinssatz der Inflationsrate entspricht.

$$(2.1.\text{-}7) \qquad BW_l^{real} = N \quad \text{für } i = \pi$$

Jeder Anstieg der Inflationsrate π über die festgeschriebene Nominalverzinsung i hinaus führt zu einem Kursverlust der Anleihe. Ableiten von Gleichung (2.1.-4) ergibt:

$$\frac{\partial BW_l^{real}}{\partial \pi} = -l\frac{N}{(1+\pi)^{l+1}} - \sum_{t=1}^{l} t\frac{iN}{(1+\pi)^{t+1}} < 0 \tag{2.1.-8}$$

Dieser Kursverlust ist um so größer, je länger die Zinsbindungsfrist der Anleihe ist. Da hier nicht zwischen Laufzeit und Zinsbindungsfrist unterschieden wird, ist der Kursverlust um so größer, je länger die Laufzeit l der emittierten Anleihe ist.[30]

Für die Differenz im Kurswert zweier Anleihen, die sich in ihrer Laufzeit um eine Periode unterscheiden, gilt:

$$\begin{aligned} BW_l^{real} - BW_{l+1}^{real} &= \frac{N}{(1+\pi)^l} + \sum_{t=1}^{l}\frac{iN}{(1+\pi)^t} - \frac{N}{(1+\pi)^{l+1}} - \sum_{t=1}^{l+1}\frac{iN}{(1+\pi)^t} \\ &= \frac{N}{(1+\pi)^l} - \frac{N}{(1+\pi)^{l+1}} - \frac{iN}{(1+\pi)^{l+1}} \\ &= \frac{N}{(1+\pi)^{l+1}}[1+\pi-1-i] \\ &= \frac{N}{(1+\pi)^{l+1}}[\pi-i] \end{aligned} \tag{2.1.-9}$$

Für $i=\pi$ weisen beide Anleihen den gleichen Kurswert auf. Steigt jedoch π über i hinaus, fällt der Wert der länger laufenden Anleihe stärker als der Wert der kürzer laufenden Anleihe. Die Differenz im Kurswert wird positiv. Die länger laufende Anleihe ist empfindlicher gegenüber Überraschungsinflation als die Anleihe mit kürzerer Laufzeit.

Diese Entwertbarkeit der ausstehenden Schuld wird von der Debt-Management-Literatur typischerweise durch einen einzigen Schuldenstrukturparameter (hier: m von engl. *maturity*) gemessen für den zwei Interpretation existieren: m kann a) den Anteil der Nominalschuld an der Gesamtschuld bezeich-

30 Im folgenden werden ausschließlich festverzinsliche Anleihen betrachtet, bei denen die Zinsbindungsfrist mit der Laufzeit übereinstimmt. Entspricht in späteren Modellen die Zinsbindungsfrist nicht der Laufzeit ab, wird dies ausdrücklich vermerkt.

nen oder b) im Sinne der durchschnittlichen Zinsbindungsfrist der emittierten Anleihen verwendet werden.[31]

Existiert inflations-unempfindliche Realverschuldung (indexierte Schuld) und inflations-empfindliche Nominalschuld, bezeichnet m den Anteil der Nominalverschuldung an der Gesamtverschuldung. Die Entwertbarkeit der Schuld ist um so größer, je größer der Anteil der Nominalverschuldung ist.

Da die meisten Staaten allerdings kaum inflationsindexierte Anleihen emittiert haben, dominiert in der Literatur die Interpretation von m als Laufzeitenparameter. Da die Entwertbarkeit einer Anleihe durch Inflation, wie oben gezeigt, um so größer ist, je länger die Zinsbindungsfrist ist, nimmt m einen um so größeren Wert an, je langfristiger die Schuld finanziert ist. Dabei ist m keineswegs identisch mit der durchschnittlichen Anleihelaufzeit, von der im Zusammenhang mit der Entwertbarkeit der Schuld gelegentlich gesprochen wird. Zahlreiche Debt-Management-Modelle sind derart formuliert, daß die Entwertbarkeit der Schuld eine lineare Funktion des Schuldenstrukturparameters m ist.[32] Die Entwertbarkeit der Schuld ist dagegen, wie man anhand obiger Barwertgleichungen leicht feststellen kann, keine lineare Funktion der Laufzeit.[33] Daher ist der Schuldenstrukturparameter m nicht mit der durchschnittlichen Laufzeit gleichzusetzen.

Da allerdings die potentielle Entwertbarkeit der Schuld eine monoton steigende Funktion der Laufzeit ist, läßt sich jede Erhöhung von m als Verlängerung der durchschnittlichen Anleihelaufzeit interpretieren. Der Leser soll jedoch wissen, daß m nur eine monoton steigende Funktion der Anleihelaufzeit und nicht mit dieser identisch ist.

Anhang: Der Barwert einer ewigen Rente

(Vergl. Simon/Blume, 1994, S. 98f.)

Beweis der Gleichung (2.1.-5): $\sum_{j=1}^{n}\left(\frac{1}{1+\pi}\right)^{j}=\frac{1}{\pi}$

31 Existieren keine variabel verzinsten Anleihen, kann man synonym auch von Laufzeit sprechen. Die Zinsbindungsfrist der Anleihen entspricht dann ihrer Laufzeit.

32 Vergl. beispielsweise Missale/Blanchard (1994), Mandilaras/Levine (2001), Rossi (2001).

33 Wie sich anhand der Gleichung 9 leicht feststellen läßt, erhöht eine Verlängerung der Anleihelaufzeit von 20 auf 21 Jahren die Inflationsanfälligkeit nicht annähernd so stark wie eine Verlängerung von 2 auf 3 Zeitperioden.

Da $\left(a + a^2 + a^3 + ... + a^n\right)\left(1 - a\right) = a - a^{n+1}$

gilt: $a + a^2 + a^3 + ... + a^n = \dfrac{a\left(1 - a^n\right)}{1 - a}$

Oder unter Verwendung des Summenzeichens: $\sum_{j=1}^{n} a^j = \dfrac{a\left(1 - a^n\right)}{1 - a}$

mit $a = \dfrac{1}{1+\pi}$ folgt daher: $\sum_{j=1}^{n}\left(\dfrac{1}{1+\pi}\right)^j = \dfrac{\dfrac{1}{1+\pi}\left(1 - \left(\dfrac{1}{1+\pi}\right)^n\right)}{1 - \dfrac{1}{1+\pi}}$

erweitern mit: $\dfrac{1+\pi}{1+\pi}$ ergibt: $\dfrac{1 - \left(\dfrac{1}{1+\pi}\right)^n}{1 + \pi - 1}$

für $n \to \infty$ geht der Zähler gegen 1: $\lim_{n\to\infty}\left[1 - \left(\dfrac{1}{1+\pi}\right)^n\right] = 1$

so daß folgt: $\lim_{n\to\infty} \sum_{j=1}^{n}\left(\dfrac{1}{1+\pi}\right)^j = \dfrac{1}{\pi}$.

2.2. Nationale Autonomie

2.2.1. Beschreibung des Modells

Im folgenden wird eine einperiodige Modellökonomie betrachtet, in welcher die Schuldenstruktur der einzige frei zu wählende Politikparameter der Regierung ist. Das hier zu entwickelnde Modell lehnt sich dabei stark an das Modell von Mandilaras/Levine (2001) an, die ebenfalls mit linearen Wohlfahrtsverlusten der Besteuerung und einer exogen gegebenen optimalen Schuldenstruktur arbeiten.[34]

34 In den folgenden Kapiteln geht diese Arbeit dann allerdings über Mandilaras/Levine (2001) hinaus, die sich auf die Wahl der Schuldenstruktur in einem einzelnen Land beschränken.

Zielfunktion

Die Zielfunktion der Regierung sei durch die Wohlfahrtsfunktion W

(2.2.-1) $$W = \Omega - \frac{1}{2}\alpha\pi^2 - \beta\tau - \frac{1}{2}(\hat{m} - m)^2$$

gegeben, wobei Ω eine Konstante, π die Inflationsrate, τ der Steuersatz, $\hat{m}$ die optimale Schuldenstruktur und m die tatsächlich gewählte Schuldenstruktur ist. α bzw. β sind Parameter, welche die relative Gewichtung der durch Inflation (π), Besteuerung (τ) und nicht-präferenzgerechte Schuldenstruktur ($m - \hat{m}$) verursachten Wohlfahrtsverluste bestimmen.

Budgetrestriktion

Die Budgetrestriktion der Regierung lautet:

(2.2.-2) $$\tau = g + r(1 - m)B + imB - \pi mB$$

wobei τ der Steuersatz, g der exogen gegebene Staatskonsum, B die als konstant angenommene Höhe der Staatsschuld, i der nominale Zinssatz und r der reale Zinssatz ist. m bezeichnet den Anteil der Nominalverschuldung an der gesamten Staatsverschuldung B.[35]

Nominalzins

Für den Nominalzins gelte die Fisher-Gleichung:

(2.2.-3) $$i = r + \pi^e$$

womit sich die Budgetrestriktion (Gleichung 2.2.-2) vereinfacht zu:

(2.2.-4) $$\tau = g + rB + \left(\pi^e - \pi\right) mB$$

35 Alternativ kann m wie in Kapitel 2.1. dargelegt auch als Funktion der Laufzeit der ausstehenden Verschuldung angesehen werden. In jedem Fall ist die Entwertbarkeit der Schuld durch Inflation um so größer, je größer m ist.

Steueraufkommen

Das gesamte Steueraufkommen werde durch eine Kopfsteuer erhoben, welche aufgrund von Erhebungskosten Wohlfahrtsverluste proportional zu ihrer Höhe verursacht.[36] Die Bemessungsgrundlage, d.h. die Zahl der Wirtschaftssubjekte in der Modellökonomie, wird auf eins normiert, so daß der Steuersatz dem Steueraufkommen entspricht. Ferner wird angenommen, daß Inflation und Schuldenstruktur keine Auswirkungen auf die Bemessungsgrundlage haben. Inflation ist, Friedmans Ausspruch folgend, in diesem Modell ausschließlich ein monetäres Phänomen.

Parameter des Modells

Einen Überblick über die Parameter des Modells gibt Tabelle 3.

Tabelle 3: Die Parameter des Grundmodells

endogene Parameter	exogene Parameter
$\boldsymbol{m}$, π, $\boldsymbol{W}$.	α, β, $\boldsymbol{g}$, $\boldsymbol{r}$, $\hat{\boldsymbol{m}}$, $\boldsymbol{B}$.

Quelle: *Eigene Darstellung.*

Zeitliche Struktur

Die zeitliche Struktur der Modellökonomie sei durch folgende Entscheidungsreihenfolge bestimmt:

1. Die Regierung wählt die Schuldenstruktur $\boldsymbol{m}$.
2. Die privaten Anleger bilden ihre Inflationserwartungen π^e.
3. Die Zentralbank bestimmt die Inflationsrate π.

Die gleiche Entscheidungsfolge liegt Mandilaras/Levine (2001) und praktisch allen anderen Modellen zur Zeit-Inkonsistenz im Debt Management zugrunde (Vergl. Mandilaras/Levine, 2001, S. 5).

36 Wie im Anhang zu diesem Kapitel gezeigt wird, würden quadratische Wohlfahrtsverluste der Besteuerung das Ergebnis nicht verändern (Vergl. S. 42f.).

Weitere Annahmen

Ferner gelten folgende Annahmen:
1. Die Regierung maximiert ihre Zielfunktion $W(m)$.
2. Die privaten Anleger bilden ihre Inflationserwartungen π^e rational.
3. Die Zentralbank maximiert die Wohlfahrt der Regierung.
4. Steuerungsprobleme der Geldpolitik existieren nicht.
5. Informationsasymmetrien bestehen nicht.
6. Die Realverzinsung r ist konstant und exogen gegeben.
7. Die Schuldenhöhe B ist konstant und exogen gegeben.

Zeit-Inkonsistenzproblem

Dieser Modellaufbau läßt ein Zeit-Inkonsistenzproblem entstehen. Wie von Barro/Gordon (1983) gezeigt, ist die Inflationsrate, welche in Stufe eins wohlfahrtsmaximierend gewesen wäre, nicht mehr optimal, nachdem die Anleger ihre Inflationserwartungen gebildet haben. Rationale Anleger wissen jedoch um die Anreize der Zentralbank, sie mit Inflation zu überraschen und erwarten daher in Abwesenheit einer wirksamen *commitment*-Technologie von Anfang an eine hohe Inflationsrate.[37] Das Modellergebnis hängt damit entscheidend von der Existenz einer wirksamen *commitment*-Technologie ab.

2.2.2. Lösung des Modells

a) commitment

Existiert eine wirksame *commitment*-Technologie, ist die Lösung des Modells trivial. Wie man sieht, maximiert eine Wahl von $\pi = \pi^e = 0$ und $m = \hat{m}$ die Wohlfahrtsfunktion:

$$W = \Omega - \frac{1}{2}\alpha\pi^2 - \beta(g + rB + \pi^e mB - \pi mB) - \frac{1}{2}(\hat{m} - m)^2 \qquad (2.2.\text{-}1)$$

Die Existenz einer wirksamen *commitment*-Technologie ist dabei äquivalent zu einer Umkehrung des oben dargelegten zeitlichen Entscheidungsablaufs: Bei

37 Vergl. Kydland/Prescott (1977) und Barro/Gordon (1983).

commitment legt sich die Zentralbank verbindlich auf eine Inflationsrate fest, bevor die Regierung ihre Schuldenstruktur wählt.

Da in diesem Modell aufgrund der rationalen Erwartungen und der Abwesenheit von Unsicherheit jede Inflation antizipierte Inflation ist ($\pi = \pi^e$) und antizipierte Inflation aufgrund der Inflationszuschläge bei den nominalen Zinszahlungen keine reale Entwertung der Schuld ermöglicht, verzichtet die Regierung auf Inflation. Inflation würde nur "Kosten" verursachen, aber keine "Erträge" liefern.

b) kein commitment

Existiert keine wirksame *commitment*-Technologie, geschieht die Bestimmung der optimalen zeitkonsistenten Laufzeit m durch Rückwärtsinduktion. Betrachten wir zunächst das Optimierungsproblem der Zentralbank.

Stufe 3: Das Optimierungsproblem der Zentralbank

Gegeben die von der Regierung gewählte Laufzeit m und gegeben die Inflationserwartungen π^e der privaten Wirtschaftssubjekte, maximiert die Zentralbank die Wohlfahrtsfunktion W der Regierung:

(2.2.-1) $$W = \Omega - \frac{1}{2}\alpha\pi^2 - \beta(g + rB + \pi^e mB - \pi mB) - \frac{1}{2}(\hat{m} - m)^2$$

Die Bedingung 1. Ordnung für ein Wohlfahrtsoptimum lautet:

(2.2.-5) $$\frac{\partial W}{\partial \pi} = -\alpha\pi + \beta mB = 0$$

Die Zentralbank bestimmt die Inflationsrate daher als:

(2.2.-6) $$\pi = \frac{\beta mB}{\alpha}$$

Da die zweite Ableitung der Zielfunktion W negativ ist (Gleichung 2.2.-7), handelt es sich bei dem durch die Bedingung 1. Ordnung ermittelten Extremwert um ein (lokales) Maximum.

(2.2.-7) $$\frac{\partial^2 W}{\partial \pi^2} = -\alpha < 0$$

Stufe 2: Die Erwartungsbildung der Wirtschaftssubjekte

In Kenntnis des Modells, in dem sie leben, antizipieren die Wirtschaftssubjekte in Stufe zwei eine Inflationsrate von:

(2.2.-8) $$\pi^e = E(\pi) = \frac{\beta m B}{\alpha}$$

Da die Entscheidung über die Schuldenstruktur zum Zeitpunkt der Erwartungsbildung bereits gefallen ist und da in diesem Modell keinerlei Unsicherheiten vorliegen, entsprechen die Inflationserwartungen der tatsächlich realisierten Inflationsrate.

(2.2.-9) $$\pi^e = \pi$$

Stufe 1: Das Optimierungsproblem der Regierung

Die Regierung wählt die Schuldenstruktur m mit dem Ziel, die Wohlfahrt W zu maximieren. Dabei antizipiert die Regierung die Reaktion der Zentralbank und die Erwartungsbildung der privaten Wirtschaftssubjekte.

Die Zielfunktion des Staates lautet:

(2.2.-1) $$W = \Omega - \frac{1}{2}\alpha\pi^2 - \beta(g + rB + \pi^e mB - \pi mB) - \frac{1}{2}(\hat{m} - m)^2$$

was sich aufgrund der durch Gleichung (2.2.-9) ausgedrückten rationalen Erwartungsbildung der privaten Anleger vereinfacht zu:

(2.2.-10) $$W = \Omega - \frac{1}{2}\alpha\pi^2 - \beta(g + rB) - \frac{1}{2}(\hat{m} - m)^2$$

Wie man sieht, kann die Wohlfahrtseinbuße durch Besteuerung $\beta(g + rB)$ nicht durch antizipierte Inflation reduziert werden. Die Erleichterung durch die reale

Wertminderung der Staatsschuld wird durch die Inflationsprämie auf die Schuldtitel genau kompensiert.

Aus der Bedingung 1. Ordnung für die wohlfahrtsoptimale Wahl von $\boldsymbol{m}$:

(2.2.-11) $$\frac{\partial W}{\partial m} = -\frac{\beta^2 B^2}{\alpha} m + \hat{m} - m = 0$$

folgt die optimale Laufzeit als:

(2.2.-12) $$m = \frac{\hat{m}}{1 + \frac{\beta^2 B^2}{\alpha}}$$

Da die zweite Ableitung der Zielfunktion W negativ ist (Gleichung 2.2.-13), handelt es sich bei dem durch die Bedingung 1. Ordnung ermittelten Extremwert um ein (lokales) Maximum.

(2.2.-13) $$\frac{\partial^2 W}{\partial m^2} = -\frac{\beta^2 B^2}{\alpha} < 0$$

Inflation und Wohlfahrt

Die Inflationsrate in diesem Modell ergibt sich nun durch Einsetzen von Gleichung (2.2.-12) in Gleichung (2.2.-6) als:

(2.2.-14) $$\pi = \frac{\beta B \hat{m}}{\alpha + \beta^2 B^2}$$

Für die Wohlfahrt folgt durch Einsetzen der Inflationsrate (Gleichung 2.2.-14) und der Schuldenstruktur (Gleichung 2.2.-12) in die Wohlfahrtsfunktion:

(2.2.-15) $$W = \Omega - \frac{1}{2}\alpha\left[\frac{\beta B \hat{m}}{\alpha + \beta^2 B^2}\right]^2 - \beta(g + rB) - \frac{1}{2}\left[\hat{m} - \frac{\hat{m}}{1 + \beta^2 B^2 \alpha^{-1}}\right]^2$$

Gleichung (2.2.-15) vereinfacht sich über die Zwischenschritte (2.2.-15.1) bis (2.2.-15.6) zu Gleichung (2.2.-16):

(2.2.-15.1) $W = \Omega - \beta(g + rB) - \frac{1}{2}\alpha\left[\frac{\beta B \hat{m} \alpha^{-1}}{1 + \beta^2 B^2 \alpha^{-1}}\right]^2 - \frac{1}{2}\left[\hat{m}\left(1 - \frac{1}{1 + \beta^2 B^2 \alpha^{-1}}\right)\right]^2$

(2.2.-15.2) $W = \Omega - \beta(g + rB) - \frac{1}{2}\frac{\beta^2 B^2 \hat{m}^2 \alpha^{-1}}{\left(1 + \beta^2 B^2 \alpha^{-1}\right)^2} - \frac{1}{2}\left[\hat{m}\left(\frac{1 + \beta^2 B^2 \alpha^{-1} - 1}{1 + \beta^2 B^2 \alpha^{-1}}\right)\right]^2$

(2.2.-15.3) $W = \Omega - \beta(g + rB) - \frac{1}{2}\frac{\beta^2 B^2 \hat{m}^2 \alpha^{-1}}{\left(1 + \beta^2 B^2 \alpha^{-1}\right)^2} - \frac{1}{2}\frac{\hat{m}^2 \beta^4 B^4 \alpha^{-2}}{\left(1 + \beta^2 B^2 \alpha^{-1}\right)^2}$

(2.2.-15.4) $W = \Omega - \beta(g + rB) - \frac{1}{2}\left[\frac{\beta^2 B^2 \hat{m}^2 \alpha^{-1} + \hat{m}^2 \beta^4 B^4 \alpha^{-2}}{\left(1 + \beta^2 B^2 \alpha^{-1}\right)^2}\right]$

(2.2.-15.5) $W = \Omega - \beta(g + rB) - \frac{1}{2}\beta^2 B^2 \hat{m}^2 \alpha^{-1}\left[\frac{1 + \beta^2 B^2 \alpha^{-1}}{\left(1 + \beta^2 B^2 \alpha^{-1}\right)^2}\right]$

(2.2.-15.6) $W = \Omega - \beta(g + rB) - \frac{1}{2}\frac{\beta^2 B^2 \hat{m}^2 \alpha^{-1}}{1 + \beta^2 B^2 \alpha^{-1}}$

(2.2.-16) $W = \Omega - \beta(g + rB) - \frac{1}{2}\frac{\beta^2 B^2 \hat{m}^2}{\alpha + \beta^2 B^2}$

Die Schuldenstrukturpolitik in nationaler Autonomie

(2.2.-12) $m = \frac{\hat{m}}{1 + \beta^2 B^2 \alpha^{-1}}$

(2.2.-14) $\pi = \frac{\beta B \hat{m}}{\alpha + \beta^2 B^2}$

(2.2.-16) $W = \Omega - \beta(g + rB) - \frac{1}{2}\frac{\beta^2 B^2 \hat{m}^2}{\alpha + \beta^2 B^2}$

Zusammenstellung der Ergebnisse:

Die Schuldenstruktur, die Inflationsrate und die Wohlfahrt sind Funktionen der Inflationsaversion (α), des Steuerparameters (β), der optimalen Laufzeit ($\hat{m}$) und der Schuldenhöhe (B). Die optimale Laufzeit (m) ist dabei um so kleiner, je höher ein Land verschuldet ist (B) und je größer die durch Besteuerung verursachte Wohlfahrtseinbuße ist (β).[38] Das maximal erreichbare Wohlfahrtsni-

38 Gäbe es keine Wohlfahrtsverluste der Besteuerung ($\beta = 0$), könnte die Schuldenstruktur gleich der optimalen Schuldenstruktur gesetzt werden ($m = \hat{m}$). Die Inflationsrate wäre

veau und die modellendogene Inflationsrate sind durch die exogen gegebenen Parameter bestimmt. Die Inflationsrate ist dabei um so niedriger und die Wohlfahrt um so größer, je stärker die Inflationsaversion (α) ist. Der Einfluß der Schuldenhöhe ($\boldsymbol{B}$) auf die Inflationsrate und die Wohlfahrt ist aus der hergeleiteten Gleichung (2.2.-14) nicht ohne weiteres ersichtlich. Die Schuldenhöhe steht im Zähler und im Nenner der Bestimmungsgleichung der Inflationsrate. Wie die Reaktionsfunktion der Zentralbank (Gleichung 22.-6) zeigt, gilt prinzipiell, daß die Inflationsrate mit zunehmender Staatsverschuldung steigt. Da die Inflationsrate allerdings auch eine Funktion der gewählten Schuldenstruktur ist und die optimale Anleihelaufzeit, wie Gleichung (2.3.-12) zeigt, mit zunehmender Verschuldung fällt, ergibt sich aus der Verkürzung der Anleihelaufzeit ein zusätzlicher und gegenläufiger Effekt auf die Inflationsrate. Der Gesamteffekt hängt von den jeweiligen Parameterkonstellationen ab. Die Gleichungen (2.2.-12), (2.2.-14) und (2.2.-16) beschreiben die funktionalen Zusammenhänge. Das folgende Kapitel 2.2.3. diskutiert die Modellergebnisse im Zusammenhang.

2.2.3. Diskussion der Modellergebnisse

Im vorstehenden Abschnitt wurde ein einfaches Modell der Schuldenstrukturpolitik entwickelt, das in den folgenden Kapiteln dazu verwendet werden soll, die Schuldenstrukturpolitik in einer Währungsunion zu analysieren. Hier werden die zentralen Modelleigenschaften festgehalten.

a) Beschreibung der Modellergebnisse

Der Zusammenhang von Schuldenstruktur und Inflationsrate

Das Modell zeigte die hohe Bedeutung der *commitment*-Technologie für die Inflationsrate. Bei *perfektem commitment* ist die Schuldenstrukturpolitik irrelevant für die Inflationsrate. Bei fehlender *commitment*-Technologie ist die Inflationsrate eine ansteigende Funktion der gewählten Anleihelaufzeit.[39] Die Wirkung der Schuldenstrukturpolitik auf die Inflationsrate ist in diesem Fall um so stär-

---

in diesem Fall Null. Letzteres gilt ebenfalls, falls keine Staatsverschuldung vorliegt ($\boldsymbol{B}=0$).

39 Beziehungsweise sinngleich: des gewählten Anteils nominaler Verschuldung.

ker, je größer die Schuldenhöhe, je größer die Wohlfahrtsverluste der Besteuerung und je niedriger die Inflationsaversion ist.

Beweis:

Die Reaktionsfunktion der Zentralbank war gegeben durch Gleichung (2.2.-6). Für die Ableitungen gilt:

(2.2.-6) $$\pi = \frac{\beta m B}{\alpha}$$

(2.2.-6.1) $$\frac{\partial \pi}{\partial m} = \frac{\beta B}{\alpha} > 0$$

(2.2.-6.2) $$\frac{\partial^2 \pi}{\partial m \partial B} = \frac{\beta}{\alpha} > 0 \qquad \frac{\partial^2 \pi}{\partial m \partial \beta} = \frac{B}{\alpha} > 0 \qquad \frac{\partial^2 \pi}{\partial m \partial \alpha} = -\frac{\beta B}{\alpha^2} < 0$$

Zur Interpretation der Inflationsaversion

Da die Höhe der Inflationsaversion α die Stärke der Wirkungen bestimmt, die von der Schuldenstruktur auf die Inflationsrate ausgehen, können unterschiedliche "Anfälligkeiten" für die von der Nominalverschuldung ausgehenden Inflationsanreize durch die Variation des Parameters α modelliert werden. Die Veränderung des Gewichtungsparameters in der Zielfunktion der Regierung hat dabei gegenüber der Unterscheidung der zwei *commitment*-Fälle (*no-commitment*, *perfektes commitment*) den Vorteil, daß die Parameter-Variation ein Kontinuum von Zusammenhängen abbilden kann. Die Annahme der Existenz bzw. Nicht-Existenz einer *commitment*-Technologie erlaubt dagegen nur die Modellierung der Extremfälle perfekte Unabhängigkeit, d.h. überhaupt kein Einfluß der Schuldenstruktur auf die Inflationsrate, oder gar keine Unabhängigkeit, d.h. bestimmender Einfluß.

Im weiteren Fortgang dieser Arbeit kann daher – wie in der Debt Management-Literatur allgemein üblich – nur der *no-commitment*-Fall betrachtet werden. Geringe Wirkungen der Schuldenstruktur auf die Inflationsrate können, wo nötig, durch entsprechende Wahl des Gewichtungsparameters α abgebildet werden.[40]

40 Bezüglich der Interpretation des Gewichtungsparameters α als Stabilitätskultur vergleiche Kapitel 2.5.3.

Determinanten der Schuldenstruktur

Die wohlfahrtsoptimale Schuldenstruktur ist in diesem Modell im *no-commitment*-Fall eine Funktion der Inflationsaversion, des Gewichts der durch die Besteuerung ausgelösten Wohlfahrtsverluste sowie der Schuldenhöhe. Die gewählte Laufzeit m ist dabei um so kürzer (der optimale Anteil der indexierten Schuld ist um so größer), je größer die Gesamtschuld B ist bzw. je stärker das Land unter der Besteuerung leidet (d.h. je größer β ist). Eine hohe Inflationsaversion α erlaubt hingegen lange Laufzeiten. Wegen:

(2.2.-14) $$\pi = \frac{\beta B \hat{m}}{\alpha + \beta^2 B^2}$$ (modellendogene Inflationsrate)

(2.2.-14.1) $$\frac{\partial \pi}{\partial \alpha} = -\frac{\beta B \hat{m}}{(\alpha + \beta^2 B^2)^2} > 0$$

gehen diese langen Laufzeiten mit niedrigen Inflationsraten einher. Bezüglich der Schuldenstruktur gilt:

(2.2.-12) $$m = \frac{\hat{m}}{1 + \beta^2 B^2 \alpha^{-1}}$$

(2.2.-12.1) $$\frac{\partial m}{\partial \hat{m}} = \frac{1}{1 + \beta^2 B^2 \alpha^{-1}} > 0 \qquad \frac{\partial m}{\partial \alpha} = \frac{\hat{m}\beta^2 B^2 \alpha^{-2}}{(1 + \beta^2 B^2 \alpha^{-1})^2} > 0$$

(2.2.-12.2) $$\frac{\partial m}{\partial B} = -\frac{2\hat{m}\beta^2 B \alpha^{-1}}{(1 + \beta^2 B^2 \alpha^{-1})^2} < 0 \qquad \frac{\partial m}{\partial \beta} = -\frac{2\hat{m}\beta B^2 \alpha^{-1}}{(1 + \beta^2 B^2 \alpha^{-1})^2} < 0$$

Wohlfahrt

Die maximal erreichbare Wohlfahrt wird in diesem Modell durch die exogen gegebenen Parameter bestimmt. Die Wohlfahrt ist dabei um so kleiner, je größer die Verschuldung B und je größer der Realzins r ist. Auch hohe Kosten der Besteuerung reduzieren die Wohlfahrt. Eine hohe Inflationsaversion steigert dagegen die Wohlfahrt, weil hohe Kosten die Inflationsanreize einer langfristigen Nominalverschuldung mindern und dadurch das Zeit-Inkonsistenzproblem abschwächen. Formal gilt:

(2.2.-16) $$W = \Omega - \beta(g + rB) - \frac{1}{2}\frac{\beta^2 B^2 \hat{m}^2}{\alpha + \beta^2 B^2}$$

(2.2.-16.1) $$\frac{\partial W}{\partial B} = -\beta r - \frac{\alpha\beta^2 \hat{m}^2 B}{\left(\alpha + \beta^2 B^2\right)^2} < 0$$

(2.2.-16.2) $$\frac{\partial W}{\partial r} = -\beta B < 0$$

(2.2.-16.3) $$\frac{\partial W}{\partial \alpha} = \frac{1}{2}\frac{\beta^2 B^2 \hat{m}^2}{\left(\alpha + \beta^2 B^2\right)^2} > 0$$

(2.2.-16.4) $$\frac{\partial W}{\partial \beta} = -g - rB - \frac{\alpha\beta B^2 \hat{m}^2}{\left(\alpha + \beta^2 B^2\right)^2} < 0$$

b) Vergleich der Modellergebnisse mit der bisherigen Debt-Management-Literatur

Aufgabe dieses Kapitels war es, ein einfaches Modell der Schuldenstrukturpolitik in nationaler Autonomie zu entwickeln, welches die zentralen Ergebnisse der bisherigen Debt-Management-Literatur abbilden kann, aber dennoch mathematisch einfach handhabbar bleibt, um auf dieser Grundlage in den nächsten Kapiteln ein Modell der Schuldenstrukturpolitik in einer Währungsunion zu entwikkeln.

Wie verhält sich nun das in Anlehnung an Mandilaras/Levine (2001) hier aufgestellte Modell zur bisherigen Debt-Management-Literatur? Zusammenfassend kann gesagt werden, daß das hier entwickelte Modell bei aller Schlichtheit die zentralen Ergebnisse, welche die neuere Debt-Management-Literatur hinsichtlich des Zusammenhangs von Schuldenstruktur und Inflationsrate herausgearbeitet hat, abbildet.[41]

Der hier hergeleitete Zusammenhang zwischen der Schuldenstruktur und der Inflationsrate wird von praktisch der gesamten Schuldenstruktur-Literatur gestützt.[42] Auch die Modelle von Bohn (1988), Missale/Blanchard (1994), Barro (1995) und Rossi (2002) zeigen, daß langfristige Nominalverschuldung bei Zeit-Inkonsistenz-Problemen ohne *commitment*-Technologie zu Inflation führt.

41 Zu den Aussagen der älteren, deutschen Debt-Management-Literatur vergleiche Kapitel 2.6.3.b dieser Arbeit (S. 182f.).

42 Bezüglich der abweichenden Meinung der Deutschen Bundesbank vergleiche Kitterer (1998, S. 249f.) sowie Kapitel 2.6. (Modellkritik) dieser Arbeit.

Der in diesem Modell bestimmte, negative Zusammenhang zwischen der Schuldenhöhe und der Laufzeit ist ebenfalls ein weit verbreitetes Ergebnis dieser Literatur. Dieser Zusammenhang wurde von Missale/Blanchard (1994) für die Gruppe der hoch verschuldeten Länder Italien, Belgien und Griechenland empirisch untersucht und bestätigt. Auch die Modellergebnisse bezüglich der Wirkungen der Inflationsaversion werden durch andere Arbeiten bestätigt. So zeigen Missale/Falcetti (2000) und Rossi (2002), daß ein Staat um so längere Laufzeiten wählen kann, je unabhängiger seine Zentralbank ist. Mandilaras/Levine (2001) zeigen ferner, daß die optimale Laufzeit um so länger ist, je kleiner die Inflationserwartungen sind.[43]

Festzuhalten ist jedoch auch, daß der hier entwickelte Modellrahmen vergleichsweise einfach strukturiert ist. So wird die Vorteilhaftigkeit der langfristigen Nominalverschuldung nicht wie bei Bohn (1988), Calvo/Guidotti (1990) oder Huber (1998) aus einem Versicherungsmotiv gegen exogene Schocks modellendogen abgeleitet, sondern wie bei Mandilaras/Levine (2001) durch den Parameter $\hat{m}$ modellexogen vorgegeben. Auch hinsichtlich der linearen Wohlfahrtsverluste der Besteuerung folgt dieses Modell der Vereinfachung von Mandilaras/Levine (2001). Quadratische Wohlfahrtsverluste der Besteuerung, wie sie bei prozentualen Wertsteuern und linearen Nachfragekurven typischerweise auftreten, würden aber, wie im Anhang zu diesem Kapitel gezeigt wird, den zentralen Zusammenhang dieses Modells – die negative Beziehung zwischen Laufzeit und Inflationsrate – unberührt lassen und allein die mathematische Herleitung der Ergebnisse komplizieren. Um die im folgenden zu gewinnenden Ergebnisse aber möglichst leicht nachvollziehbar zu halten, soll hier der einfachen Modellierung, d.h. den linearen Wohlfahrtsverlusten der Besteuerung, wie sie von Mandilaras/Levine (2001) in die Literatur eingeführt wurden, gefolgt werden.

2.2.4. Zusammenfassung und Simulation

Im vorstehenden Kapitel 2.2. wurde in Anlehnung an Mandilaras/Levine (2001) ein einfaches Modell der Schuldenstrukturpolitik in nationaler Autonomie ent-

---

43 Da in dem hier entwickelten Modell die Inflationserwartungen aufgrund der rationalen Erwartungen und der Abwesenheit von Unsicherheit der tatsächlichen Inflationsrate entsprechen, gilt dieses Ergebnis auch hier. Die gemeinsame Ursache für die niedrigen Inflationserwartungen und die langen Laufzeiten ist aber in diesem Modell die aufgrund der hohen Inflationskosten niedrige Inflationsrate.

wickelt. Dabei zeigt sich, daß aufgrund der potentiellen Entwertbarkeit der langfristigen Nominalverschuldung und dem Wunsch der Regierung, die Kosten der Besteuerung zu minimieren, die Inflationsrate in Abwesenheit einer wirksamen *commitment*-Technologie um so größer ist, je langfristiger sich der Staat verschuldet.

Da rationale Anleger diese Zusammenhänge antizipieren, kann durch die Inflation die Last der Besteuerung nicht vermindert werden. Die Anleger sind nur dann bereit, langfristige Nominalverschuldung zu halten, wenn sie für die erwartete Inflation durch einen Renditezuschlag entschädigt werden, der genau der erwarteten Inflationsrate entspricht.

Wegen gewisser, im Modell nicht explizit modellierter Vorteile der langfristigen Nominalverschuldung, verzichtet der optimierende Staat allerdings nicht völlig auf langfristige Nominalverschuldung.[44] Er wählt aber eine Schuldenstruktur, die kürzer ist als die optimale Schuldenstruktur $\hat{m}$, welche er in Abwesenheit von Inflationsanreizen wählen würde. Dabei bleibt der Staat um so weiter unter seiner präferierten Laufzeit $\hat{m}$, je größer seine Verschuldung ist. Die zentralen Zusammenhänge des Modells werden durch die Abbildungen 1 bis 6 graphisch dargestellt.

Abbildung 1: Die Reaktionsfunktion der Zentralbank im Grundmodell

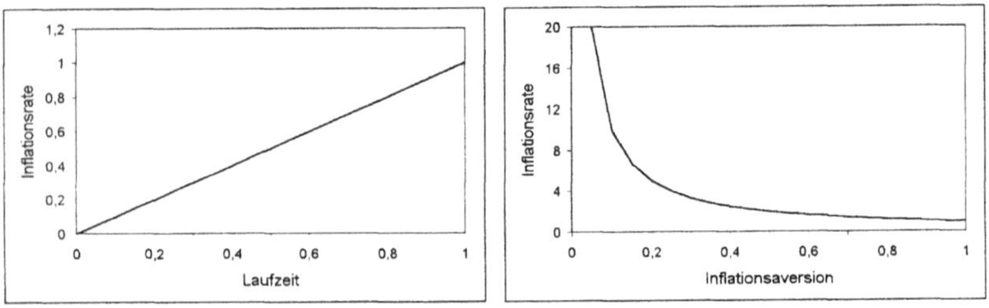

Quelle: Eigene Berechnung.
Bis auf die jeweilige Veränderliche wurden alle Modellparameter auf 1 gesetzt.

44 Diese Vorteile der langfristigen Verschuldung können u.a. darin liegen, daß lange Zinsbindungsfristen die Varianz der zukünftigen Zinszahlungen reduzieren.

Abbildung 2: Inflationsrate und Schuldenstruktur im Grundmodell

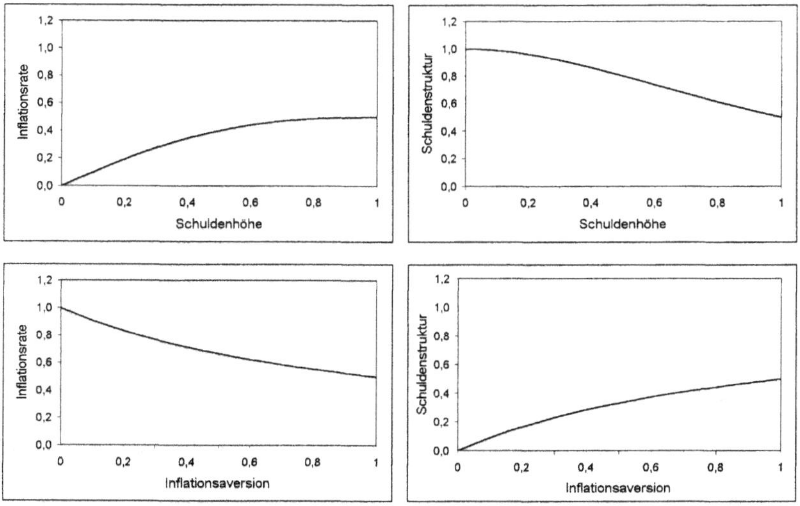

Quelle: Eigene Berechnung.
Bis auf die jeweilige Veränderliche wurden alle Modellparameter auf 1 gesetzt.

Anhang: Quadratische Wohlfahrtsverluste der Besteuerung

Steigen die Wohlfahrtsverluste mit dem Quadrat des Steuersatzes läßt sich die Wohlfahrtsfunktion schreiben als:

(2.2.-A1) $$\breve{W} = \Omega - \frac{1}{2}\alpha\pi^2 - \beta\tau^2 - \frac{1}{2}(\hat{m} - m)^2$$

wobei: $\tau = g + rB + \pi^e mB - \pi mB$

Das Optimierungsproblem der Zentralbank in Stufe drei lautet dann:

(2.2.-A2) $$Max\ \breve{W}(\pi)$$

Gegeben die Inflationserwartungen der Wirtschaftssubjekte und gegeben die Schuldenstruktur der Regierung gilt als Bedingung 1. Ordnung für ein Wohlfahrtsmaximum:

(2.2.-A3) $$\frac{\partial \tilde{W}}{\partial \pi} = -\alpha\pi - 2\beta\left(g + rB + \pi^e mB - \pi mB\right)\left(-mB\right) = 0$$

Bei quadratischen Wohlfahrtsverlusten der Besteuerung wählt die Zentralbank die Inflationsrate daher als:

(2.2.-A4) $$\pi = \frac{2\beta mB\left(g + rB + \pi^e mB\right)}{\alpha + m^2 B^2}$$

Wegen $\frac{\partial^2 \tilde{W}}{\partial \pi^2} = -\alpha < 0$ ist dies ein Wohlfahrtsmaximum.

Zwischenfazit:

Die Inflationsrate ist um so größer, je höher die Inflationserwartungen (π^e) sind und um so kleiner, je größer die Inflationsaversion (α) ist. Auch die Höhe der Staatsausgaben (g), der Realzins (r) und der Gewichtungsparameter der Besteuerung (β) wirken in dieser Modellvariante inflationstreibend.

Da die Wirtschaftssubjekte ihre Erwartungen rational bilden, antizipieren sie die Zentralbankreaktion. Es gilt:

(2.2.-A5) $$\pi^e = \pi$$

Damit vereinfacht sich Gleichung (2.2.-A4) zu:

(2.2.-A6) $$\pi = \frac{2B(g + rB)}{\alpha(mB)^{-1} - mB(2\beta - 1)}$$

Wie im linearisierten Modell gilt:

(2.2.-A7) $$\frac{\partial \pi}{\partial m} > 0 \qquad \text{da} \qquad \frac{\partial \pi}{\partial m} = \frac{2B(g + rB)\left[\alpha m^{-2} B^{-1} + (2\beta + 1)B\right]}{\left[\alpha(mB)^{-1} - mB(2\beta - 1)\right]^2}$$

Die Linearisierung vereinfacht daher zwar die mathematische Bestimmung der Inflationsrate, verändert den qualitativen Zusammenhang zwischen Schuldenstruktur und Inflationsrate aber nicht. Im quadratischen wie im linearisierten Fall ist die Inflationsrate eine ansteigende Funktion der Schuldenstruktur. Der von Mandilaras/Levine (2001) vorgenommenen Linearisierung kann daher im weiteren gefolgt werden.

2.3. Währungsunion identischer Staaten

Das in Kapitel 2.2. hergeleitete Modell soll nun für den Fall einer Währungsunion aus n Staaten erweitert werden. Vereinfachend sei angenommen, daß alle Staaten identisch seien. Bezüglich der Schuldenstrukturpolitik werden dabei im folgenden zwei unterschiedliche Fälle unterschieden: Im ersten Fall (Kapitel 2.3.1.) entscheidet jedes Land autonom und ohne Absprache mit den anderen Ländern über seine Schuldenstrukturpolitik. Im zweiten Fall (Kapitel 2.3.3.) bestimmt ein benevolenter, zentraler Planer die Schuldenstrukturpolitik für alle Länder in der Währungsunion. Nach einem Vergleich dieser beiden Modelle in Kapitel 2.3.4. wird die Annahme, daß alle Staaten identisch seien, fallen gelassen und die Schuldenstrukturpolitik in einer Währungsunion aus zwei Ländern untersucht, die sich in ihrer Schuldenhöhe (Kapitel 2.4.) bzw. ihrer Inflationsaversion (Kapitel 2.5.) unterscheiden.

2.3.1. Autonome Schuldenstrukturpolitik

Beschreibung des Modells

Betrachtet wird eine Währungsunion aus n identischen Staaten. Es gelte der gleiche zeitliche Entscheidungsablauf wie in Kapitel 2.2. Die einzigen Unterschiede zum vorher gehenden Kapitel sind, daß in Stufe eins n Länder gleichzeitig und ohne sich abzusprechen ihre nationale Schuldenstruktur festlegen und daß eine gemeinsame Zentralbank existiert, welche die ungewichtete Nutzensumme der an der Währungsunion beteiligten Länder maximiert. Der restliche Entscheidungsablauf gelte unverändert: Nach autonomer Wahl der Schuldenstruktur durch die jeweiligen Länder bilden in Stufe zwei die Wirtschaftssubjekte der Währungsunion ihre Inflationserwartungen. Die Wirtschaftssubjekte verhalten sich dabei rational und nutzen alle verfügbaren Informationen. In Stufe drei legt die Zentralbank die Inflationsrate fest. Inflationserwartungen und Schuldenstruktur betrachtet die Zentralbank als gegeben. Die von der Zentralbank bestimmte Inflationsrate ist identisch für alle Länder der Währungsunion. Regionale Unterschiede in der Preisentwicklung oder Steuerungsprobleme der Geldpolitik bestehen nicht.

Parameter des Modells

Einen Überblick über die Parameter des hier analysierten Modells gibt Tabelle 4.

Tabelle 4: Die Parameter des Modells – Währungsunion identischer Staaten

endogene Parameter	exogene Parameter
$\boldsymbol{m}$, π, $\boldsymbol{W}$.	α, β, $\boldsymbol{g}$, $\boldsymbol{r}$, $\hat{\boldsymbol{m}}$, $\boldsymbol{n}$, $\boldsymbol{B}$.

Quelle: Eigene Darstellung.

Lösung des Modells

Die Lösung des Modells erfolgt rekursiv. Betrachten wir zunächst das Optimierungsproblem der Zentralbank. Die Zentralbank maximiert annahmegemäß die ungewichtete Nutzensumme der beteiligten Länder.

Stufe 3: Das Optimierungsproblem der Zentralbank

Die Zielfunktion der Zentralbank lautet:

$$(2.3.\text{-}1) \qquad \boldsymbol{Max} \;\; \boldsymbol{W} = \sum_{i=1}^{i=n} \boldsymbol{W}_i$$

$$\text{wobei: } \boldsymbol{W}_i = \Omega - \frac{1}{2}\alpha\pi^2 - \beta(\boldsymbol{g} + \boldsymbol{rB} + \pi^e \boldsymbol{m}_i \boldsymbol{B} - \pi \boldsymbol{m}_i \boldsymbol{B}) - \frac{1}{2}(\hat{\boldsymbol{m}} - \boldsymbol{m}_i)^2$$

Gegeben die Inflationserwartungen der Wirtschaftssubjekte (π^e) und gegeben die Schuldenstrukturen der einzelnen Teilnehmerstaaten ($\boldsymbol{m}_i$), lautet die Bedingung 1. Ordnung für das Optimierungsproblem der Zentralbank:

$$(2.3.\text{-}2) \qquad \frac{\partial W}{\partial \pi} = -\alpha n \pi + \beta \boldsymbol{B} \sum_{i=1}^{n} \boldsymbol{m}_i = \boldsymbol{0}$$

Die Zentralbank bestimmt die Inflationsrate daher als:

(2.3.-3) $$\pi = \frac{\beta B \sum_{i=1}^{n} m_i}{\alpha n}$$

Die Inflationsrate ist damit um so größer, je höher und je langfristiger die Staaten der Währungsunion verschuldet sind.

Da die zweite Ableitung der Zielfunktion (2.3.-1) negativ ist, handelt es sich bei dem durch die Bedingung 1. Ordnung ermittelten Extremwert um ein (lokales) Maximum.

(2.3.-4) $$\frac{\partial^2 W}{\partial \pi^2} = -\alpha n < 0$$

Stufe 2: Die Erwartungsbildung der Wirtschaftssubjekte

In Kenntnis des Modells, in dem sie leben, antizipieren die rationalen Wirtschaftssubjekte in Stufe zwei eine Inflationsrate von:

(2.3.-5) $$\pi^e = \frac{\beta B \sum_{i=1}^{n} m_i}{\alpha n}$$

Da die Schuldenstrukturen zum Zeitpunkt der Erwartungsbildung von den einzelnen Staaten bereits bestimmt wurden und da in diesem Modell keinerlei Unsicherheiten vorliegen, entsprechen die Inflationserwartungen der Wirtschaftssubjekte der tatsächlich realisierten Inflationsrate.

(2.3.-6) $$\pi^e = \pi$$

Stufe 1: Das Optimierungsproblem der Staaten

Jeder Staat betrachtet annahmegemäß die Handlungen der anderen Staaten als gegeben. Er maximiert seine Zielfunktion durch geeignete Wahl seiner eigenen Schuldenstruktur m_i und antizipiert die Reaktion der Zentralbank sowie die Erwartungsbildung der privaten Wirtschaftssubjekte. Welche Laufzeitenstruktur m_i soll ein Staat i wählen, wenn alle anderen Staaten die Schuldenstruktur $\overline{m}$ gewählt haben?

Die Zielfunktion des Staates i lautet:

$$W_i = \Omega - \frac{1}{2}\alpha\pi^2 - \beta(g + rB + \pi^e m_i B - \pi m_i B) - \frac{1}{2}(\hat{m} - m_i)^2 \qquad (2.3.\text{-}7)$$

Die Berücksichtigung der Zentralbankreaktion (Gleichung 2.3.-3) und der privaten Erwartungsbildung (Gleichung 2.3.-5) verändert diese Zielfunktion zu (2.3.-8):

$$W_i = \Omega - \frac{1}{2}\alpha\left[\frac{\beta B(\overline{m}(n-1) + m_i)}{\alpha n}\right]^2 - \beta(g + rB) - \frac{1}{2}(\hat{m} - m_i)^2 \qquad (2.3.\text{-}8)$$

Die antizipierte Inflationsrate (Gleichung 2.3.-9) ist dabei die Reaktion der Zentralbank auf die Wahl einer Laufzeitenstruktur $\overline{m}$ durch (n-1) Staaten bzw. m_i durch einen Staat.

$$\pi = \frac{\beta B[\overline{m}(n-1) + m_i]}{\alpha n} \qquad (2.3.\text{-}9)$$

Als Bedingung erster Ordnung für ein Wohlfahrtsoptimum ergibt sich:

$$\frac{\partial W_i}{\partial m_i} = -\alpha\frac{\beta B(\overline{m}(n-1) + m_i)}{\alpha n}\frac{\beta B}{\alpha n} + \hat{m} - m_i = 0 \qquad (2.3.\text{-}10)$$

Als wohlfahrtsoptimale Schuldenstruktur folgt:

$$m_i = \frac{\hat{m}\alpha n^2 - \beta^2 B^2 \overline{m}(n-1)}{\alpha n^2 + \beta^2 B^2} \qquad (2.3.\text{-}11)$$

Gleichung (2.3.-11) zeigt, daß in einer Währungsunion die optimale Schuldenstruktur eines Staates eine Funktion der Schuldenstruktur aller übrigen, an der Währungsunion teilnehmenden Staaten ist.

Da die zweite Ableitung der Zielfunktion des Staates i (Gleichung 2.3.-7) negativ ist, handelt es sich bei dem durch die Bedingung 1. Ordnung ermittelten Extremwert um ein (lokales) Maximum:

(2.3.-12) $$\frac{\partial^2 W}{\partial m_i^2} = -\frac{\beta^2 \boldsymbol{B}^2}{\alpha n^2} - \mathbf{1} < \mathbf{0}$$

Anwendung der Gleichheitsannahme

Da im Gleichgewicht identische Staaten identische Schuldenstrukturen aufweisen müssen, muß gelten:

(2.3.-13) $$\overline{m} = m_i$$

(2.3.-13) in (2.3.-11) eingesetzt ergibt:

(2.3.-14) $$m = \frac{\hat{m}\alpha n^2 - \beta^2 \boldsymbol{B}^2 m(n-1)}{\alpha n^2 + \beta^2 \boldsymbol{B}^2}$$

was sich vereinfacht zu:

(2.3.-15) $$m = \frac{\hat{m}}{1 + \frac{\beta^2 \boldsymbol{B}^2}{\alpha n}}$$

Gleichung (2.3.-15) zeigt, daß sich identischer Staaten in einer unkoordinierten Währungsunion um so kurzfristiger verschulden, je höher sie verschuldet sind ($\boldsymbol{B}$) bzw. um so langfristiger verschulden, je größer die Währungsunion ist ($\boldsymbol{n}$).

Inflation und Wohlfahrt

Die Inflationsrate in der Währungsunion ergibt sich nun durch Substitution von $\boldsymbol{m}$ in die Reaktionsfunktion der Zentralbank als:

(2.3.-16) $$\pi = \frac{\beta \boldsymbol{B}(\overline{m}(n-1) + m_i)}{\alpha n} = \frac{\beta \boldsymbol{B} m}{\alpha} = \frac{\beta \boldsymbol{B} \hat{m}}{\alpha + \frac{\beta^2 \boldsymbol{B}^2}{n}} = \frac{\beta \boldsymbol{B} \hat{m}}{\alpha + \beta^2 \boldsymbol{B}^2 n^{-1}}$$

Wie Gleichung (2.3.-16) zeigt, ist die Inflationsrate in der unkoordinierten Währungsunion auch eine Funktion der Zahl der Teilnehmerstaaten (n). Die Inflationsrate ist dabei um so höher, je größer die Währungsunion ist.

Die Wohlfahrt in der Währungsunion folgt durch Substitution von m und π in der Wohlfahrtsfunktion. Die Wohlfahrt war gegeben durch Gleichung (2.3.-7):

$$(2.3.\text{-}7) \qquad W_i = \Omega - \frac{1}{2}\alpha\pi^2 - \beta(g + rB) - \frac{1}{2}(\hat{m} - m_i)^2$$

Einsetzen von m und π ergibt:

$$(2.3.\text{-}17) \qquad W_i = \Omega - \frac{1}{2}\alpha\left[\frac{\beta B\hat{m}}{\alpha + \beta^2 B^2 n^{-1}}\right]^2 - \beta(g + rB) - \frac{1}{2}\left[\hat{m} - \left(\frac{\hat{m}}{1 + \beta^2 B^2 \alpha^{-1} n^{-1}}\right)\right]^2$$

Gleichung (2.3.-17) vereinfacht sich über die Zwischenschritte (2.3.-17.1) bis (2.3.-17.4) zu Gleichung (2.3.-18).

$$(2.3.\text{-}17.1) \quad W_i = \Omega - \frac{1}{2}\alpha\left[\frac{\beta B\hat{m}\alpha^{-1}}{1 + \beta^2 B^2 \alpha^{-1} n^{-1}}\right]^2 - \beta(g + rB) - \frac{1}{2}\left[\hat{m}\left(1 - \frac{1}{1 + \beta^2 B^2 \alpha^{-1} n^{-1}}\right)\right]^2$$

$$(2.3.\text{-}17.2) \quad W_i = \Omega - \beta(g + rB) - \frac{1}{2}\left[\alpha\left[\frac{\beta B\hat{m}\alpha^{-1}}{1 + \beta^2 B^2 \alpha^{-1} n^{-1}}\right]^2 + \left[\hat{m}\left(\frac{1 + \beta^2 B^2 \alpha^{-1} n^{-1} - 1}{1 + \beta^2 B^2 \alpha^{-1} n^{-1}}\right)\right]^2\right]$$

$$(2.3.\text{-}17.3) \quad W_i = \Omega - \beta(g + rB) - \frac{1}{2}\left[\alpha\left[\frac{\hat{m}\beta B\alpha^{-1}}{1 + \beta^2 B^2 \alpha^{-1} n^{-1}}\right]^2 + \left[\left(\frac{\hat{m}\beta^2 B^2 \alpha^{-1} n^{-1}}{1 + \beta^2 B^2 \alpha^{-1} n^{-1}}\right)\right]^2\right]$$

$$(2.3.\text{-}17.4) \quad W_i = \Omega - \beta(g + rB) - \frac{1}{2}\left[\frac{\hat{m}^2\beta^2 B^2 \alpha^{-1}}{(1 + \beta^2 B^2 \alpha^{-1} n^{-1})^2} + \frac{\hat{m}^2\beta^4 B^4 \alpha^{-2} n^{-2}}{(1 + \beta^2 B^2 \alpha^{-1} n^{-1})^2}\right]$$

$$(2.3.\text{-}18) \qquad W_i = \Omega - \beta(g + rB) - \frac{1}{2}\frac{\hat{m}^2\beta^2 B^2 \alpha^{-1}(1 + \beta^2 B^2 \alpha^{-1} n^{-2})}{(1 + \beta^2 B^2 \alpha^{-1} n^{-1})^2}$$

Auch die Wohlfahrt jedes einzelnen Teilnehmerlandes der unkoordinierten Währungsunion ist eine Funktion der Größe der Währungsunion (n).

Unkoordinierte Schuldenstrukturpolitik in einer Währungsunion

(2.3.-15) $$m = \frac{\hat{m}}{1 + \beta^2 B^2 \alpha^{-1} n^{-1}}$$

(2.3.-16) $$\pi = \frac{\beta B \hat{m}}{\alpha + \beta^2 B^2 n^{-1}}$$

(2.3.-18) $$W_i = \Omega - \beta(g + rB) - \frac{1}{2} \frac{\hat{m}^2 \beta^2 B^2 \alpha^{-1} \left(1 + \beta^2 B^2 \alpha^{-1} n^{-2}\right)}{\left(1 + \beta^2 B^2 \alpha^{-1} n^{-1}\right)^2}$$

Fazit:

Die Schuldenstruktur, die Inflationsrate und die Wohlfahrt, die sich aus dem unkoordinierten Optimierungsverhalten von n identischen und zu einer Währungsunion zusammengeschlossenen Staaten ergeben, sind Funktionen der Inflationsaversion (α), des Steuerparameters (β), der optimalen Laufzeit ($\hat{m}$) und der Anzahl der Teilnehmerstaaten der Währungsunion (n). Die gewählte Laufzeit ist dabei um so größer, je größer die Währungsunion und je kleiner die Verschuldung ist. Auch die Inflationsrate steigt mit der Größe der Währungsunion an. Die Gleichungen (2.3.-15), (2.3.-16) und (2.3.-18) beschreiben die funktionalen Zusammenhänge. Für den Fall, daß die Währungsunion nur aus einem einzigen Land besteht ($n = 1$), vereinfachen sich die Gleichungen (2.3.-15), (2.3.-16) und (2.3.-18) zu den bereits bekannten Formeln (2.2.-12), (2.2.-14) und (2.2.-16) für die Schuldenstrukturpolitik und Inflationsrate in Autonomie. Das folgende Kapitel 2.3.2. vergleicht die Schuldenstrukturpolitik in nationaler Autonomie und in einer Währungsunion ($n > 1$).

2.3.2. Vergleich der Modellergebnisse mit Autonomie

Ein Vergleich der bisherigen Modellergebnisse zeigt, daß in einer Währungsunion ein Anreiz zu einer übermäßigen Langfristverschuldung besteht.[45] Die von n identischen Staaten unabhängig voneinander bestimmte Laufzeit m ist in der Währungsunion größer als in dem Vergleichsfall "nationale Autonomie", in

45 Dies wurde auch von Huber (1998) gezeigt.

dem jedes Land nicht nur über seine eigene Schuldenstrukturpolitik, sondern auch über seine eigene Zentralbank verfügt (Proposition 1).[46] Die direkte Konsequenz aus dieser längeren Laufzeit ist, daß die Inflationsrate in der Währungsunion größer ist als in nationaler Autonomie (Proposition 2). Die höhere Inflationsrate überwiegt dabei für jedes Land den Wohlfahrtsgewinn, den die Verlängerung der Laufzeit für sich betrachtet auslöst. (Die Verlängerung der Laufzeit für sich betrachtet erhöht die Wohlfahrt, da sie den Abstand zur optimalen Laufzeit verkürzt.) Die Wohlfahrt jedes Teilnehmerstaates an der Währungsunion ist daher kleiner als in Autonomie (Proposition 3).[47] Allerdings ließen sich diese Wohlfahrtsverluste – wie das folgende Kapitel 2.3.3. zeigen wird – durch eine Koordinierung der nationalen Schuldenstrukturpolitiken beseitigen.

Festzuhalten bleibt, daß die unkoordinierte Festlegung der nationalen Schuldenstrukturen in diesem Modell nicht zu einem optimalen Ergebnis führt. Ausgehend von der unkoordiniert ermittelten Laufzeit würde eine gemeinsame, marginale Reduktion der Anleihelaufzeit die Wohlfahrt aller Staaten erhöhen (Proposition 4).

Ökonomisch ist die zu große Wahl von m darauf zurückzuführen, daß in einer Währungsunion jeder einzelne Staat die Auswirkungen seiner nationalen Schuldenstrukturpolitik auf die Wohlfahrt der anderen Länder nicht berücksichtigt. Seine nationale Schuldenstrukturpolitik besitzt eine negative Externalität für die übrigen Teilnehmerstaaten: Durch eine Verlängerung seiner Laufzeitenstruktur erhöht jeder Staat nicht nur für sich die Inflationsrate, sondern auch für alle anderen an der Währungsunion teilnehmenden Staaten. Dieser Wohlfahrtsverlust der anderen Staaten findet keine Berücksichtigung in seinem nationalen Entscheidungskalkül. Da ein Teil der Grenzkosten der "inflationstreibenden" Verschuldungsinstrumente nicht in das Entscheidungskalkül einfließt, wählt jeder Staat bei autonomer Politikentscheidung eine zu große Laufzeit. Eine gemeinsame marginale Reduktion der Laufzeit erhöht daher, wie oben gesagt, die Wohlfahrt.

---

46 Die Propositionen werden am Ende des Kapitels bewiesen. Vergl. Seite 81ff. dieser Arbeit.

47 Damit souveräne Staaten trotz dieser Wohlfahrtseinbuße einen Anreiz haben, sich zu einer Währungsunion zusammen zu schließen, müssen kompensierende Vorteile der Währungsunion existieren, die in diesem Modell nicht modelliert werden. Zu den potentiellen Vorteilen einer Währungsunion könnte beispielsweise gehören: Senkung der Transaktionskosten, Zunahme des Handels, Verbesserung der Allokation, Verbesserung der Vergleichbarkeit von Preisen. Zu den Vorteilen der Europäischen Währungsunion vergleiche Hanke/Walter (1998).

Tabelle 5: Übersicht – Inflationsrate, Schuldenstruktur und Wohlfahrt

	Autonomie	unkoordinierte Währungsunion
Inflationsrate	$\pi = \dfrac{\beta B \hat{m}}{\alpha + \beta^2 B^2}$	$\pi = \dfrac{\beta B \hat{m}}{\alpha + \beta^2 B^2 n^{-1}}$
Schuldenstruktur	$m = \dfrac{\hat{m}}{1 + \beta^2 B^2 \alpha^{-1}}$	$m = \dfrac{\hat{m}}{1 + \beta^2 B^2 \alpha^{-1} n^{-1}}$
Wohlfahrt	$W = \Omega - \beta(g + rB) - \dfrac{1}{2}\dfrac{\beta^2 B^2 \hat{m}^2}{\alpha + \beta^2 B^2}$	$W_i = \Omega - \beta(g + rB) - \dfrac{1}{2}\dfrac{\hat{m}^2 \beta^2 B^2 \alpha^{-1}\left(1 + \beta^2 B^2 \alpha^{-1} n^{-2}\right)}{\left(1 + \beta^2 B^2 \alpha^{-1} n^{-1}\right)^2}$

Die von der fehlenden Internalisierung des negativen externen Effekts ausgehenden Anreize zu übermäßiger Langfristverschuldung sind dabei um so stärker, je größer die Währungsunion ist. Die (unkoordinierte) Laufzeit und die Inflationsrate steigen mit der Zahl der an der Währungsunion teilnehmenden Staaten (Propositionen 5 und Proposition 6). Die Wohlfahrt eines Teilnehmerstaates ist in diesem Modell um so kleiner, je größer die Währungsunion ist (Proposition 7).

2.3.3. Koordinierte Schuldenstrukturpolitik

Bisher wurde davon ausgegangen, daß die Schuldenstrukturpolitik der einzelnen Teilnehmerstaaten der Währungsunion nicht koordiniert wird. Jedes Land ermittelte individuell seine optimale Antwort auf die als gegeben angesehene Schuldenstrukturpolitik der anderen Länder. Diese Annahme soll jetzt aufgegeben werden. Dieser Abschnitt untersucht, welche Auswirkungen eine koordinierte Festlegung der Schuldenstrukturpolitik auf Laufzeit, Inflationsrate und Wohlfahrt in der Währungsunion hätte. Die Koordinierung wird dabei als Delegation der Schuldenstrukturpolitik an einen zentralen, benevolenten Planer verstanden, der die Schuldenstrukturen der Teilnehmerstaaten der Währungsunion festlegt. Der zentrale Planer maximiert die Wohlfahrtssumme aller Teilnehmerstaaten.

Dieser Abschnitt zeigt, daß eine koordinierte Festlegung der Schuldenstruktur die von der langfristige Verschuldung ausgehenden Externalitäten internalisiert und so, verglichen mit dem Referenzfall "keine Koordination", die Wohlfahrt jedes Teilnehmerstaates erhöht.

Lösung des Modells

Der zentrale Planer maximiert die Wohlfahrtssumme der Teilnehmerstaaten. Seine Zielfunktion ist folglich:

$$\text{(2.3.-19)} \qquad \mathbf{\mathit{Max}\,W} = \boldsymbol{nW_i} = \boldsymbol{n}\left[\Omega - \frac{1}{2}\alpha\pi^2 - \beta\left(\boldsymbol{g} + \boldsymbol{rB} + \pi^e \boldsymbol{m_i B} - \pi \boldsymbol{m_i B}\right) - \frac{1}{2}(\hat{\boldsymbol{m}} - \boldsymbol{m_i})^2\right]$$

Die Reaktionsfunktion der Zentralbank ist weiterhin durch Gleichung (2.3.-3) bestimmt:

$$\pi = \frac{\beta B \sum_{i=1}^{n} m_i}{\alpha n} \tag{2.3.-3}$$

Aufgrund der rationalen Erwartungen gilt wie im unkoordinierten Fall:

$$\pi^e = \pi \tag{2.3.-6}$$

Beides vereinfacht die Zielfunktion des zentralen Planers zu:

$$Max \;\; W = nW_i = n\left[\Omega - \frac{1}{2}\alpha\left[\frac{\beta B m_i}{\alpha}\right]^2 - \beta(g + rB) - \frac{1}{2}(\hat{m} - m_i)^2\right] \tag{2.3.-20}$$

Die Bedingung 1. Ordnung für ein Wohlfahrtsoptimum lautet:

$$\frac{\partial W}{\partial m} = -n\frac{\beta^2 B^2 m_i}{\alpha} + n(\hat{m} - m_i) = 0 \tag{2.3.-21}$$

Der zentrale Planer wählt daher die Schuldenstruktur $\overline{m}$.

$$\overline{m} = \frac{\hat{m}}{1 + \beta^2 B^2 \alpha^{-1}} \tag{2.3.-22}$$

Wie Gleichung (2.3.-22) zeigt, ist in der koordinierten Währungsunion die Zahl der Teilnehmerstaaten irrelevant für die gewählte Schuldenstruktur.

Da die zweite Ableitung der Zielfunktion W negativ ist, handelt es sich bei dem durch die Bedingung 1. Ordnung ermittelten Extremwert um ein (lokales) Maximum.

$$\frac{\partial^2 W}{\partial m_i^2} = -\frac{n\beta^2 B^2}{\alpha} - n < 0 \tag{2.3.-23}$$

Inflation und Wohlfahrt

Die aus dieser Schuldenstruktur folgende Inflationsrate ergibt sich durch Substitution von $\boldsymbol{m}$ in der Reaktionsfunktion der Zentralbank (Vergl. Gleichung 2.3.-3) durch die rechte Seite von Gleichung (2.3.-22):

$$\pi = \frac{\beta \boldsymbol{B} \sum_{i=1}^{n} \boldsymbol{m}_i}{\alpha n} = \frac{\beta \boldsymbol{B} n \overline{\boldsymbol{m}}}{\alpha n} = \frac{\beta \boldsymbol{B} \hat{m}}{\alpha + \beta^2 \boldsymbol{B}^2} \qquad (2.3.\text{-}24)$$

Auch die Inflationsrate ist unabhängig von der Größe der Währungsunion.

Für die Wohlfahrt eines Teilnehmerstaates der Währungsunion folgt aus den Gleichungen (2.3.-22) und (2.3.-24):

$$\mathrm{W} = \Omega - \frac{1}{2}\alpha\left(\frac{\beta \boldsymbol{B}\hat{m}}{\alpha + \beta^2 \boldsymbol{B}^2}\right)^2 - \beta(g + r\boldsymbol{B}) - \frac{1}{2}\left(\hat{m} - \frac{\hat{m}}{1 + \beta^2 \boldsymbol{B}^2 \alpha^{-1}}\right)^2 \qquad (2.3.\text{-}25)$$

was sich vereinfacht zu:

$$W = \Omega - \beta(g + r\boldsymbol{B}) - \frac{1}{2}\frac{\beta^2 \boldsymbol{B}^2 \hat{m}^2}{\alpha + \beta^2 \boldsymbol{B}^2} \qquad (2.3.\text{-}26)$$

Koordinierte Schuldenstrukturpolitik in einer Währungsunion

$$\overline{m} = \frac{\hat{m}}{1 + \beta^2 \boldsymbol{B}^2 \alpha^{-1}} \qquad (2.3.\text{-}22)$$

$$\pi = \frac{\beta \boldsymbol{B} \hat{m}}{\alpha + \beta^2 \boldsymbol{B}^2} \qquad (2.3.\text{-}24)$$

$$W = \Omega - \beta(g + r\boldsymbol{B}) - \frac{1}{2}\frac{\beta^2 \boldsymbol{B}^2 \hat{m}^2}{\alpha + \beta^2 \boldsymbol{B}^2} \qquad (2.3.\text{-}26)$$

Fazit:

Wie die Gleichungen (2.3.-22), (2.3.-24) und (2.3.-26) zeigen, entsprechen Laufzeit, Inflationsrate und Wohlfahrt in einer Währungsunion mit Koordinierung durch einen benevolenten, zentralen Planer der Laufzeit, Inflationsrate und Wohlfahrt eines einzelnen Staates in nationaler Autonomie. Anders als im unkoordinierten Fall sind alle Wohlfahrtsdeterminanten unabhängig von der Größe der Währungsunion. Wie in nationaler Autonomie steigt die gewählte Schuldenstruktur ($\overline{m}$) mit der optimalen Schuldenstruktur ($\hat{m}$) und der Inflationsaversion (α) und fällt mit zunehmender Schuldenhöhe (B).

2.3.4. Vergleich der Modellergebnisse mit unkoordinierter Politik

Die Koordination der Schuldenstrukturpolitik internalisiert die negative Externalität der inflationstreibenden, langfristigen Verschuldung. Als Folge realisiert sich das gleiche Wohlfahrtsniveau wie in nationaler Autonomie. Der Eintritt in eine koordinierte Währungsunion muß daher nicht durch eine Wohlfahrtseinbuße erkauft werden.

Da das Modellergebnis mit Koordination dem Referenzfall "nationale Autonomie" entspricht, gelten die bezüglich des Vergleichs von unkoordinierter Währungsunion und autonomen Staat in Kapitel 2.3.2. entwickelten Propositionen 1 bis 7 analog für den Vergleich von unkoordinierter und koordinierter Schuldenstrukturpolitik in einer Währungsunion. Die koordinierte Schuldenstrukturpolitik in einer Währungsunion entspricht dabei der Schuldenstrukturpolitik des autonomen Staates.

In dem betrachteten Modell reduziert die Koordination der Schuldenstrukturpolitik die Laufzeit der Anleihen, senkt die Inflationsrate und erhöht die Wohlfahrt der an der Währungsunion teilnehmenden Staaten. Die durch Koordination erreichbare Wohlfahrtsverbesserung, d.h. die Vorteilhaftigkeit einer Koordination, ist dabei um so größer, je größer die Währungsunion ist (Proposition 8).

Das vom zentralen Planer gewählte Politikergebnis stellt die größtmögliche, ohne *commitment* realisierbare Wohlfahrt dar. Eine Verkürzung der Anleihelaufzeit unter die in Autonomie gewählte Laufzeit würde zwar die Inflationsrate weiter reduzieren (Proposition 9), wegen des zunehmenden Abstands zwischen realisierter und optimaler Laufzeit aber die Wohlfahrt senken (Proposition 10).

Zur Verdeutlichung der Effekte sei eine numerische Simulation unternommen. Alle Parameter seien auf 1 normiert. Wie man sieht, steigen in der unkoordinierten Währungsunion die gewählte Laufzeit und die Inflationsrate mit der Zahl der an der Währungsunion teilnehmenden Staaten (n). Die Wohlfahrt fällt in n. In der koordinierten Währungsunion ist die Wohlfahrt unabhängig von der Teilnehmerzahl.

Abbildung 3: Die Inflationsrate in der unkoordinierten Währungsunion

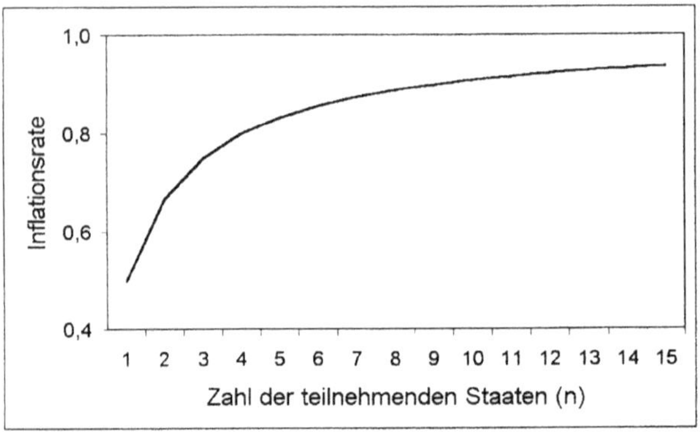

Quelle: Eigene Berechnung (Modellparameter: $\alpha = \beta = B = \hat{m} = g = r = \Omega = 1$*).*

Abbildung 4: Die Anleihelaufzeit in der unkoordinierten Währungsunion

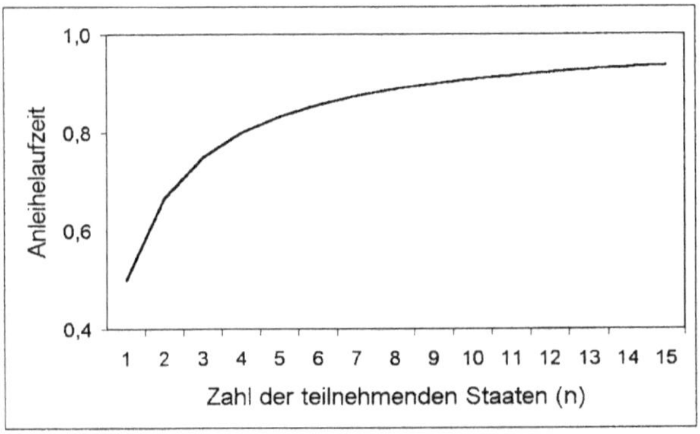

Quelle: Eigene Berechnung (Modellparameter: $\alpha = \beta = B = \hat{m} = g = r = \Omega = 1$*).*

Abbildung 5: Der Wohlfahrtsvergleich – Autonomie vs. Koordination

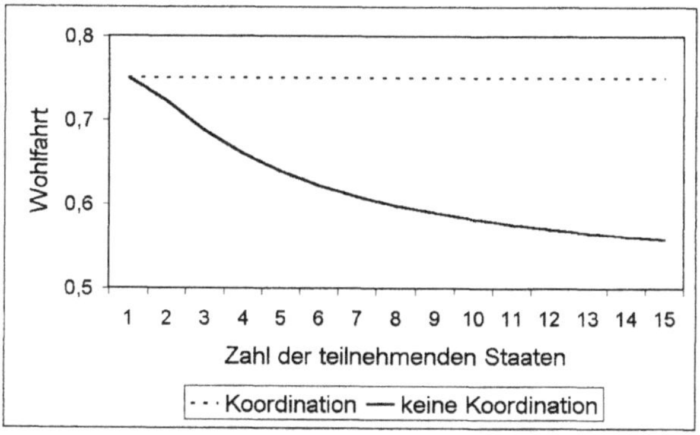

Quelle: Eigene Berechnung (Modellparameter: $\alpha = \beta = B = \hat{m} = g = r = \Omega = 1$*).*

2.3.5. Beweis der Propositionen

a) Unkoordinierte Währungsunion

Proposition 1 Ohne Koordination ist die Laufzeit m in einer Währungsunion größer als in nationaler Autonomie. Es gilt:

$$m_{Union} - m_{Autonomie} > 0 .$$

Proposition 2 Ohne Koordination ist die Inflationsrate π in einer Währungsunion größer als in nationaler Autonomie. Es gilt:

$$\pi_{Union} - \pi_{Autonomie} > 0 .$$

Proposition 3 Ohne Koordination ist die Wohlfahrt in der Währungsunion kleiner als in nationaler Autonomie. Es gilt:

$$W_i^{Autonomie} - W_i^{Union} > 0 .$$

Proposition 4 Ausgehend von der "unkoordiniert", also autonom gewählten Laufzeit, erhöht eine gemeinsame, marginale Reduktion der Laufzeit die Wohlfahrt.

Proposition 5 Ohne Koordination ist die Inflationsrate um so höher, je größer die Währungsunion ist.

Proposition 6 Ohne Koordination ist die gewählte Laufzeit m um so länger, je größer die Währungsunion ist.

Proposition 7 Ohne Koordination ist die Wohlfahrt eines Teilnehmerlandes um so kleiner, je größer die Währungsunion ist.

Tabelle 6: Der Einfluß der Koordination auf die Bestimmungsgleichungen

	koordinierte Währungsunion = nationale Autonomie	unkoordinierte Währungsunion
Inflationsrate	$\pi = \frac{\beta \boldsymbol{B} \hat{\boldsymbol{m}}}{\alpha + \beta^2 \boldsymbol{B}^2}$	$\pi = \frac{\beta \boldsymbol{B} \hat{\boldsymbol{m}}}{\alpha + \beta^2 \boldsymbol{B}^2 \boldsymbol{n}^{-1}}$
Schuldenstruktur	$\boldsymbol{m} = \frac{\hat{\boldsymbol{m}}}{1 + \beta^2 \boldsymbol{B}^2 \alpha^{-1}}$	$\boldsymbol{m} = \frac{\hat{\boldsymbol{m}}}{1 + \beta^2 \boldsymbol{B}^2 \alpha^{-1} \boldsymbol{n}^{-1}}$
Wohlfahrt	$W = \Omega - \beta(\boldsymbol{g} + \boldsymbol{rB}) - \frac{1}{2} \frac{\beta^2 \boldsymbol{B}^2 \hat{\boldsymbol{m}}^2}{\alpha + \beta^2 \boldsymbol{B}^2}$	$W_i = \Omega - \beta(\boldsymbol{g} + \boldsymbol{rB}) - \frac{1}{2} \frac{\hat{\boldsymbol{m}}^2 \beta^2 \boldsymbol{B}^2 \alpha^{-1} \left(1 + \beta^2 \boldsymbol{B}^2 \alpha^{-1} \boldsymbol{n}^{-2}\right)}{\left(1 + \beta^2 \boldsymbol{B}^2 \alpha^{-1} \boldsymbol{n}^{-1}\right)^2}$

Quelle: Eigene Darstellung.

b) Koordinierte Währungsunion

Proposition 8 Die durch Koordination erreichbare Wohlfahrtsverbesserung ist um so größer, je größer die Währungsunion ist.

Proposition 9 Eine über die wohlfahrtsmaximale Laufzeit hinausgehende Verkürzung der Anleihelaufzeit würde die Inflationsrate in der Währungsunion weiter reduzieren.

Proposition 10 Eine über die vom benevolenten, zentralen Planer gewählte Laufzeit $\overline{m}$ hinausgehende Verkürzung der Anleihelaufzeit würde die Wohlfahrt der Teilnehmerländer der Währungsunion reduzieren.

Proposition 1: Ohne Koordination ist die Laufzeit m in einer Währungsunion ($n > 1$) größer als in nationaler Autonomie ($n = 1$). Es gilt:

$$m_{Union} - m_{Autonomie} > 0$$

Beweis:

(P1.1)
$$m_{Union} - m_{Autonomie} = \frac{\hat{m}}{1 + \frac{\beta^2 B^2}{\alpha n}} - \frac{\hat{m}}{1 + \frac{\beta^2 B^2}{\alpha}}$$

(P1.2)
$$= \frac{\alpha n \hat{m}}{\alpha n + \beta^2 B^2} - \frac{\alpha n \hat{m}}{\alpha n + \beta^2 B^2 n}$$

(P1.3)
$$= \frac{(\alpha n \hat{m})(\alpha n + \beta^2 B^2 n) - (\alpha n \hat{m})(\alpha n + \beta^2 B^2)}{[\alpha n + \beta^2 B^2]\,[\alpha n + \beta^2 B^2 n]}$$

(P1.4)
$$= \frac{(\alpha n \hat{m})(\beta^2 B^2)(n-1)}{[\alpha n + \beta^2 B^2]\,[\alpha n + \beta^2 B^2 n]} > 0$$

Da alle Parameter positiv sind, ist die Differenz der Laufzeiten positiv, wenn $n > 1$ ist.

Proposition 2: Ohne Koordination ist die Inflationsrate π in einer Währungsunion ($n > 1$) größer als in nationaler Autonomie ($n = 1$). Es gilt:

$$\pi_{Union} - \pi_{Autonomie} > 0$$

Beweis:

(P2.1) $$\pi_{Union} - \pi_{Autonomie} = \frac{\beta B\hat{m}}{\alpha + \beta^2 B^2 n^{-1}} - \frac{\beta B\hat{m}}{\alpha + \beta^2 B^2}$$

(P2.2) $$= \frac{n\beta B\hat{m}}{\alpha n + \beta^2 B^2} - \frac{\beta B\hat{m}}{\alpha + \beta^2 B^2}$$

(P2.3) $$= \frac{(n\beta B\hat{m})(\alpha + \beta^2 B^2) - (\beta B\hat{m})(\alpha n + \beta^2 B^2)}{[\alpha n + \beta^2 B^2]\,[\alpha + \beta^2 B^2]}$$

(P2.4) $$= \frac{(\beta B\hat{m})(\alpha n + \beta^2 B^2)(n-1)}{[\alpha n + \beta^2 B^2]\,[\alpha + \beta^2 B^2]} > 0$$

Da alle Parameter positiv sind, ist die Differenz der Inflationsraten positiv, wenn $n > 1$ ist.

Proposition 3: Ohne Koordination ist die Wohlfahrt in der Währungsunion kleiner als in nationaler Autonomie. Es gilt:

$$W_i^{Autonomie} - W_i^{Union} > 0$$

Beweis:

Die Wohlfahrt eines Teilnehmerstaates der Währungsunion bzw. des gleichen Landes in Autonomie ist gegeben durch die Gleichungen (2.3.-18) bzw. (2.2.-22).

(2.3.-18) $$W_{Union} = \Omega - \beta(g + rB) - \frac{1}{2}\frac{\hat{m}^2 \beta^2 B^2 \alpha^{-1}\left(1 + \beta^2 B^2 \alpha^{-1} n^{-2}\right)}{\left(1 + \beta^2 B^2 \alpha^{-1} n^{-1}\right)^2}$$

(2.2.-22) $$W_{Autonomie} = \Omega - \beta(g + rB) - \frac{1}{2}\frac{\beta^2 B^2 \hat{m}^2}{\alpha + \beta^2 B^2}$$

Die Wohlfahrtsdifferenz werde als W^D bezeichnet. W^D ist durch Gleichung (P3.1) bestimmt:

(P3.1) $$W^D = W_i^{Autonomie} - W_i^{Union} = -\frac{1}{2}\frac{\beta^2 B^2 \hat{m}^2}{\alpha + \beta^2 B^2} + \frac{1}{2}\frac{\hat{m}^2 \beta^2 B^2 \alpha^{-1}\left(1 + \beta^2 B^2 \alpha^{-1} n^{-2}\right)}{\left(1 + \beta^2 B^2 \alpha^{-1} n^{-1}\right)^2}$$

Gleichung (P3.1) vereinfacht sich über die Zwischenschritte (P3.2) bis (P3.7) zu Gleichung (P3.8):

(P3.2) $$W^D = \frac{1}{2}\left[\frac{\hat{m}^2 \beta^2 B^2 \alpha^{-1}\left(1 + \beta^2 B^2 \alpha^{-1} n^{-2}\right)}{\left(1 + \beta^2 B^2 \alpha^{-1} n^{-1}\right)^2} - \frac{\beta^2 B^2 \hat{m}^2}{\alpha + \beta^2 B^2}\right]$$

(P3.3) $$W^D = \frac{1}{2}\left[\frac{\hat{m}^2 \beta^2 B^2 \alpha^{-1}\left(1 + \beta^2 B^2 \alpha^{-1} n^{-2}\right)}{\left(1 + \beta^2 B^2 \alpha^{-1} n^{-1}\right)^2} - \frac{\beta^2 B^2 \hat{m}^2 \alpha^{-1}}{1 + \beta^2 B^2 \alpha^{-1}}\right]$$

(P3.4) $$W^D = \frac{1}{2}\hat{m}^2 \beta^2 B^2 \alpha^{-1}\left[\frac{\left(1 + \beta^2 B^2 \alpha^{-1} n^{-2}\right)}{\left(1 + \beta^2 B^2 \alpha^{-1} n^{-1}\right)^2} - \frac{1}{1 + \beta^2 B^2 \alpha^{-1}}\right]$$

(P3.5) $$W^D = \frac{1}{2}\hat{m}^2 \beta^2 B^2 \alpha^{-1}\left[\frac{\left(1 + \beta^2 B^2 \alpha^{-1} n^{-2}\right)\left(1 + \beta^2 B^2 \alpha^{-1}\right) - \left(1 + \beta^2 B^2 \alpha^{-1} n^{-1}\right)^2}{\left(1 + \beta^2 B^2 \alpha^{-1} n^{-1}\right)^2\left(1 + \beta^2 B^2 \alpha^{-1}\right)}\right]$$

(P3.6) $$W^D = \frac{1}{2}\hat{m}^2 \beta^2 B^2 \alpha^{-1}\left[\frac{\beta^2 B^2 \alpha^{-1} + \beta^2 B^2 \alpha^{-1} n^{-2} - 2\beta^2 B^2 \alpha^{-1} n^{-1}}{\left(1 + \beta^2 B^2 \alpha^{-1} n^{-1}\right)^2\left(1 + \beta^2 B^2 \alpha^{-1}\right)}\right]$$

(P3.7) $$W^D = \frac{1}{2}\hat{m}^2 \beta^4 B^4 \alpha^{-2}\left[\frac{1 + n^{-2} - 2n^{-1}}{\left(1 + \beta^2 B^2 \alpha^{-1} n^{-1}\right)^2\left(1 + \beta^2 B^2 \alpha^{-1}\right)}\right]$$

(P3.8) $$W^D = \frac{1}{2}\hat{m}^2 \beta^4 B^4 \alpha^{-2}\left[\frac{\left(1 - n^{-1}\right)^2}{\left(1 + \beta^2 B^2 \alpha^{-1} n^{-1}\right)^2\left(1 + \beta^2 B^2 \alpha^{-1}\right)}\right] > 0$$

Wie Gleichung (P3.8) zeigt, ist $W^D > 0$, da alle Parameter größer Null sind und

$$\left(1 - n^{-1}\right)^2 = \left(1 - \frac{1}{n}\right)^2 > 0 \text{ für } n > 1.$$

Für $n = 1$, d.h. für den Fall, daß nur ein Land an der Währungsunion teilnimmt, besteht keine Wohlfahrtsdifferenz zum Autonomie-Fall.

Proposition 4: Ausgehend von der "unkoordiniert", also autonom gewählten Laufzeit, erhöht eine gemeinsame, marginale Reduktion der Laufzeit die Wohlfahrt.

Beweis:

Ohne Koordination wählen die Staaten die durch Gleichung (2.3.-16) beschriebene Laufzeit:

(2.3.-16) $$m_{unkoordiniert} = \frac{\hat{m}}{1 + \beta^2 B^2 \alpha^{-1} n^{-1}}$$

Die Wohlfahrt eines Teilnehmerstaates war durch Gleichung (2.3.-7) gegeben.

(2.3.-7) $$W_i = \Omega - \frac{1}{2}\alpha\pi^2 - \beta(g + rB + \pi^e m_i B - \pi m_i B) - \frac{1}{2}(\hat{m} - m_i)^2$$

Die rationale Erwartungsbildung der Anleger vereinfacht dies zu:

(P4.1) $$W_i = \Omega - \frac{1}{2}\alpha\pi^2 - \beta(g + rB) - \frac{1}{2}(\hat{m} - m_i)^2$$

Aufgrund der Reaktionsfunktion der Zentralbank (Gleichung 2.3.-3) gilt:

(2.3.-3) $$\pi = \frac{\beta B m}{\alpha}$$

womit sich die Wohlfahrt als Funktion der Laufzeit schreiben läßt:

(P4.2) $$W_i = \Omega - \frac{1}{2}\frac{\beta^2 B^2 m_i^2}{\alpha} - \beta(g + rB) - \frac{1}{2}(\hat{m} - m_i)^2$$

Die 1. Ableitung der Wohlfahrtsfunktion nach der Laufzeit ist beschrieben durch:

(P4.3) $$\frac{\partial W_i}{\partial m_i} = -\frac{\beta^2 B^2 m_i}{\alpha} + \hat{m} - m_i$$

Einsetzen von (2.3.-16) in Gleichung (P4.3) ergibt:

(P4.4) $$\frac{\partial W_i}{\partial m_i} = \hat{m} - \frac{\beta^2 B^2}{\alpha} m_i - m_i$$

was sich über die Zwischenschritte (P4.5) bis (P4.7) zu Gleichung (P4.8) vereinfacht:

(P4.5) $$\frac{\partial W_i}{\partial m_i} = \hat{m} - \frac{\beta^2 B^2}{\alpha} \frac{\hat{m}}{1 + \beta^2 B^2 \alpha^{-1} n^{-1}} - \frac{\hat{m}}{1 + \beta^2 B^2 \alpha^{-1} n^{-1}}$$

(P.4.6) $$\frac{\partial W_i}{\partial m_i} = \hat{m}\left[1 - \frac{\beta^2 B^2 \alpha^{-1}}{1 + \beta^2 B^2 \alpha^{-1} n^{-1}} - \frac{1}{1 + \beta^2 B^2 \alpha^{-1} n^{-1}}\right]$$

(P.4.7) $$\frac{\partial W_i}{\partial m_i} = \hat{m}\left[\frac{1 - \beta^2 B^2 \alpha^{-1} - 1}{1 + \beta^2 B^2 \alpha^{-1} n^{-1}}\right]$$

(P4.8) $$\frac{\partial W_i}{\partial m_i} = -\hat{m}\left[\frac{\beta^2 B^2 \alpha^{-1}}{1 + \beta^2 B^2 \alpha^{-1} n^{-1}}\right] < 0$$

Da die erste Ableitung der Wohlfahrtsfunktion an der Stelle $m = m_{unkoordiniert}$ negativ ist, erhöht an dieser Stelle eine marginale Reduktion der Laufzeit die Wohlfahrt.

Proposition 5: Ohne Koordination ist die Inflationsrate um so höher, je größer die Währungsunion ist.

Beweis:

Nach Gleichung (2.3.-17) ist die Inflationsrate in der Währungsunion bestimmt durch:

(2.3.-17) $$\pi = \frac{\beta B\hat{m}}{\alpha + \beta^2 B^2 n^{-1}}$$

Ableiten nach n ergibt:

(P5.1) $$\frac{\partial \pi}{\partial n} = \frac{\beta^2 B^2 (n+1)^{-1}}{\left[\alpha + \beta^2 B^2 (n+1)^{-1}\right]^2} = \frac{\beta^2 B^2}{\left[\alpha(n+1) + \beta^2 B^2\right]^2} > 0$$

Da alle Parameter positiv sind, ist der Wert der Ableitung positiv.

Proposition 6: Ohne Koordination ist die gewählte Laufzeit m um so länger, je größer die Währungsunion ist.

Beweis:

Nach Gleichung (2.3.-16) ist die Laufzeit in der Währungsunion bestimmt durch:

(2.3.-16) $$m = \frac{\hat{m}}{1 + \beta^2 B^2 \alpha^{-1} n^{-1}}$$

Ableiten nach n ergibt:

(P6.1) $$\frac{\partial m}{\partial n} = \frac{\hat{m}\beta^2 B^2 \alpha^{-1} n^{-2}}{\left[1 + \beta^2 B^2 \alpha^{-1} n^{-1}\right]^2} > 0$$

Da alle Parameter positiv sind, ist der Wert der Ableitung positiv.

Proposition 7: Ohne Koordination ist die Wohlfahrt eines Teilnehmerlandes um so kleiner, je größer die Währungsunion ist.

Beweis:

Nach Gleichung (2.3.-6) ist die Wohlfahrt eines Teilnehmerlandes bestimmt durch:

(2.3.-6)
$$W_i = \Omega - \frac{1}{2}\alpha\pi^2 - \beta\tau - \frac{1}{2}(\hat{m} - m_i)^2$$
$$= \Omega - \frac{1}{2}\alpha\left[\frac{\beta B\hat{m}}{\alpha + \beta^2 B^2 n^{-1}}\right]^2 - \beta\tau - \frac{1}{2}\left[\hat{m} - \frac{\hat{m}}{1 + \beta^2 B^2 \alpha^{-1} n^{-1}}\right]^2$$

Ableiten nach n ergibt:

(P7.1)
$$\frac{\partial W_i}{\partial n} = -\alpha\left[\frac{\beta B\hat{m}}{\alpha + \beta^2 B^2 n^{-1}}\right]\left[\frac{\beta^3 B^3 \hat{m} n^{-2}}{\left(\alpha + \beta^2 B^2 n^{-1}\right)^2}\right]$$
$$-\left[\hat{m} - \frac{\hat{m}}{1 + \beta^2 B^2 \alpha^{-1} n^{-1}}\right]\left[\frac{\hat{m}\beta^2 B^2 \alpha^{-1} n^{-2}}{\left(1 + \beta^2 B^2 \alpha^{-1} n^{-1}\right)^2}\right]$$

was sich vereinfacht zu:

(P7.2)
$$\frac{\partial W_i}{\partial n} = -\frac{\alpha\beta^4 B^4 \hat{m}^2 n^{-2}}{\left(\alpha + \beta^2 B^2 n^{-1}\right)^3} - \frac{\hat{m}^2 \beta^3 B^3 \alpha^{-2} n^{-2}}{\left(1 + \beta^2 B^2 \alpha^{-1} n^{-1}\right)^3} < 0$$

Da alle Parameter positiv sind, ist die Summe aus den beiden negativen Summanden negativ.

Proposition 8: Die durch Koordination erreichbare Wohlfahrtsverbesserung ist um so größer, je größer die Währungsunion ist.

Beweis:

Die Wohlfahrtsdifferenz zwischen koordinierter und unkoordinierter Währungsunion war gegeben durch Gleichung P3.8 aus Proposition 3:

(P3.8)
$$W^D = \frac{1}{2}\hat{m}^2 \beta^4 B^4 \alpha^{-2}\left[\frac{\left(1 - n^{-1}\right)^2}{\left(1 + \beta^2 B^2 \alpha^{-1} n^{-1}\right)^2 \left(1 + \beta^2 B^2 \alpha^{-1}\right)}\right]$$

Ableiten nach n ergibt:

(P8.1)
$$\frac{\partial W^D}{\partial n} = \frac{1}{2}\hat{m}^2 \beta^4 B^4 \alpha^{-2} \frac{u'v - u\, v'}{v^2}$$

wobei $u = (1 - n^{-1})^2$ $\quad v = (1 + \psi n^{-1})^2 (1 + \psi)$

$u' = 2(1 - n^{-1})(n^{-2})$ $\quad v' = -2\ (1 + \psi n^{-1})\ (\psi n^{-2})\ (1 + \psi)$

$\psi = \beta^2 B^2 \alpha^{-1}$

Da $v' < 0$ und $u, u', v > 0$, ist der Bruch größer Null. Die Vorteilhaftigkeit der Koordinierung ist daher um so größer, je größer die Währungsunion ist.

Proposition 9: Eine über die wohlfahrtsmaximale Laufzeit hinausgehende Verkürzung der Anleihelaufzeit würde die Inflationsrate in der Währungsunion weiter reduzieren.

Beweis:

Die Inflationsrate als Funktion der Laufzeit war gegeben durch Gleichung (2.3.-3):

(2.3.-3) $$\pi = \frac{\beta B \sum_{i=1}^{n} m_i}{\alpha n}$$

Für eine Währungsunion identischer Staaten vereinfacht sich dies zu:

(P9.1) $$\pi = \frac{\beta B m}{\alpha}$$

Die 1. Ableitung der Inflationsrate nach der Laufzeit ist unabhängig von der Laufzeit positiv.

(P9.2) $$\frac{\partial \pi}{\partial m} = \frac{\beta B}{\alpha} > 0$$

Auch im Wohlfahrtsoptimum würde daher eine Verkürzung der Anleihelaufzeit die Inflationsrate reduzieren.

Proposition 10: Eine über die vom benevolenten, zentralen Planer gewählte Laufzeit $\overline{m}$ hinausgehende Verkürzung der Anleihelaufzeit würde die Wohlfahrt der Teilnehmerländer der Währungsunion reduzieren.

Beweis:

Die Wohlfahrt als Funktion der Laufzeit war durch Gleichung (P4.2) von Proposition 4 gegeben:

(P4.2) $$W_i = \Omega - \frac{1}{2}\frac{\beta^2 B^2 m_i^2}{\alpha} - \beta(g + rB) - \frac{1}{2}(\hat{m} - m_i)^2$$

Diese Wohlfahrt ist maximal an der vom zentralen Planer gewählten Laufzeit $\overline{m}$.

(2.3.-22) $$\overline{m} = \frac{\hat{m}}{1 + \beta^2 B^2 \alpha^{-1}}$$ da:

(P10.1) $$\frac{\partial W_i}{\partial m_i} = 0 \quad \text{und} \quad \frac{\partial^2 W_i}{\partial m_i^2} < 0 \quad \text{für} \quad m_i = \overline{m} = \frac{\hat{m}}{1 + \beta^2 B^2 \alpha^{-1}}$$

wobei:

(P10.2) $$\frac{\partial W_i}{\partial m_i} = -\frac{\beta^2 B^2 m_i}{\alpha} + \hat{m} - m_i \qquad \text{und}$$

$$\frac{\partial^2 W_i}{\partial m_i^2} = -\frac{\beta^2 B^2}{\alpha} - 1$$

Wie man sieht, gilt:

(P10.3) $$\frac{\partial W_i}{\partial m_i} > 0 \quad \text{für} \quad m_i < \overline{m} = \frac{\hat{m}}{1 + \beta^2 B^2 \alpha^{-1}}$$

da:

$$\begin{aligned}\frac{\partial W_i}{\partial m_i} &= -\frac{\beta^2 B^2 m_i}{\alpha} + \hat{m} - m_i \\ &= \hat{m} - \left(1 + \beta^2 B^2 \alpha^{-1}\right) m_i \\ &= \frac{\hat{m}}{1 + \beta^2 B^2 \alpha^{-1}} - m_i\end{aligned}$$

Falls die Anleihelaufzeit m_i kürzer als die optimale Laufzeit $\overline{m}$ ist, würde eine Laufzeitenverlängerung die Wohlfahrt erhöhen.

2.4. Unterschiede in der Schuldenhöhe

Bei den bisherigen Überlegungen wurde davon ausgegangen, daß alle Teilnehmerstaaten der Währungsunion identisch sind. Diese Annahme soll nun aufgegeben werden. Im folgenden Kapitel 2.4. werden Unterschiede in der Schuldenhöhe zugelassen, im anschließenden Kapitel 2.5. werden Unterschiede in der Inflationsaversion betrachtet. Um die mathematische Darstellung trotz dieser Erweiterung einfach und nachvollziehbar zu halten, wird die Teilnehmerzahl der Währungsunion auf zwei Länder begrenzt.

2.4.1. Autonome Schuldenstrukturpolitik

Beschreibung des Modells

Betrachtet wird eine Währungsunion aus zwei Ländern, die sich in ihrer Schuldenhöhe und ihrer Schuldenstruktur unterscheiden. Jedes Land wählt seine Schuldenstrukturpolitik ohne Absprache mit dem anderen Land, dessen Verhältnisse und dessen Verhalten es als gegeben ansieht. Die Schuldenhöhe B_1 bzw. B_2 der beiden Staaten ist exogen gegeben und wird im Modell nicht weiter erklärt. Die einzige Politikvariable, über die beide Länder frei entscheiden können, ist ihre jeweilige Schuldenstruktur m_1 bzw. m_2. Alle weiteren Annahmen aus Kapitel 2.2. gelten analog. Insbesondere seien allen Anlegern alle Parameter bekannt.

Die Wohlfahrt in jedem Land i=1;2 sei bestimmt durch:

(2.4.-1) $$W_i = \Omega - \frac{1}{2}\alpha\pi^2 - \beta(g + rB_i + \pi^e m_i B_i - \pi m_i B_i) - \frac{1}{2}(\hat{m} - m_i)^2$$

Die gemeinsame Zentralbank maximiert die ungewichtete Wohlfahrtssumme der beiden Länder.

(2.4.-2) $$\mathbf{Max}\ W = \sum_{i=1}^{i=2} W_i$$

Tabelle 7: Die Parameter des Modells – Unterschiede in der Schuldenhöhe

endogene Parameter	exogene Parameter
m_1, m_2 bzw. $\overline{m}$, π, W_1, W_2.	α, β, g, r, $\hat{m}$, B_1, B_2.

Quelle: Eigene Darstellung.

Parameter des Modells

Einen Überblick über die Parameter des hier analysierten Modells gibt Tabelle 7.

Lösung des Modells

Die Lösung des Modells erfolgt rekursiv. Betrachten wir zunächst das Optimierungsproblem der Zentralbank:

Stufe 3: Das Optimierungsproblem der Zentralbank

Gegeben die Schuldenhöhen B_1 und B_2 der beiden Länder sowie gegeben die von beiden Ländern autonom festgelegten Schuldenstrukturen m_1 und m_2, ergibt sich für ein Wohlfahrtsoptimum als Bedingung 1. Ordnung:

(2.4.-3) $$\frac{\partial(W_1 + W_2)}{\partial\pi} = -\alpha\pi + \beta m_1 B_1 - \alpha\pi + \beta m_2 B_2 = 0$$

Die Zentralbank legt die Inflationsrate daher fest als:

(2.4.-4) $$\pi = \frac{\beta(B_1 m_1 + B_2 m_2)}{2\alpha}$$

Da die zweite Ableitung der Zielfunktion W negativ ist, handelt es sich bei dem durch die Bedingung 1. Ordnung ermittelten Extremwert um ein (lokales) Maximum.

(2.4.-5) $$\frac{\partial^2 W(W_1 + W_2)}{\partial \pi^2} = -2\alpha < 0$$

Die Inflationsrate in der Währungsunion ist eine Funktion der Schuldenhöhe und der Schuldenstruktur beider Länder. Die Inflationsrate ist dabei um so größer, je höher und je langfristiger jeder der beiden Staaten verschuldet ist. Es gilt:

(2.4.-6.1) $$\frac{\partial \pi}{\partial B_1} = \frac{\beta m_1}{2\alpha} > 0 \qquad \frac{\partial \pi}{\partial B_2} = \frac{\beta m_2}{2\alpha} > 0$$

(2.4.-6.2) $$\frac{\partial \pi}{\partial m_1} = \frac{\beta B_1}{2\alpha} > 0 \qquad \frac{\partial \pi}{\partial m_2} = \frac{\beta B_2}{2\alpha} > 0$$

Stufe 2: Die Erwartungsbildung der Wirtschaftssubjekte

In Kenntnis des Modells, in dem sie leben, antizipieren die rationalen Wirtschaftssubjekte in Stufe zwei eine Inflationsrate von:

(2.4.-7) $$\pi^e = \frac{\beta(B_1 m_1 + B_2 m_2)}{2\alpha}$$

Da die Schuldenstrukturen zum Zeitpunkt der Erwartungsbildung von den einzelnen Staaten bereits bestimmt und die unterschiedlichen Schuldenhöhen als allgemein bekannt angenommen werden, entsprechen die Inflationserwartungen der Wirtschaftssubjekte der tatsächlich realisierten Inflationsrate. Unsicherheiten bestehen nicht.

(2.4.-8) $$\pi^e = \pi$$

Stufe 1: Das Optimierungsproblem der Staaten

In Antizipation der Zentralbankreaktion (Gleichung 2.4.-4) maximiert jeder Staat die Wohlfahrt seiner Bürger. Die Entscheidungsträger sehen dabei die eigene und die fremde Schuldenhöhe (B_1 und B_2) sowie die Schuldenstruktur des anderen Staates (m_2 bzw. m_1) und die Inflationserwartungen der Anleger ($\pi^e = \pi$) als gegeben an.

Das Optimierungsproblem von Staat 1 lautet:

(2.4.-9) $$Max\ W_1 = \Omega - \frac{1}{2}\alpha\left[\frac{\beta(B_1 m_1 + B_2 m_2)}{2\alpha}\right]^2 - \beta\tau - \frac{1}{2}(\hat{m} - m_1)^2$$

Als Bedingung 1. Ordnung ergibt sich:

(2.4.-10) $$\frac{\partial W_1}{\partial m_1} = -\alpha\left[\frac{\beta(B_1 m_1 + B_2 m_2)}{2\alpha}\right]\left[\frac{\beta B_1}{2\alpha}\right] + \hat{m} - m_1 = 0$$

Die wohlfahrtsmaximierende Schuldenstruktur bestimmt sich daher für Land 1 durch:

(2.4.-11.1) $$m_1 = \frac{\hat{m} - \dfrac{\beta^2 B_1 B_2 m_2}{4\alpha}}{1 + \dfrac{\beta^2 B_1^2}{4\alpha}}$$

Analog folgt für Land 2:

(2.4.-11.2) $$m_2 = \frac{\hat{m} - \dfrac{\beta^2 B_1 B_2 m_1}{4\alpha}}{1 + \dfrac{\beta^2 B_2^2}{4\alpha}}$$

Zwischenfazit:

Die optimale Schuldenstruktur eines Landes ist in einer Währungsunion nicht nur von der eigenen Schuldenhöhe (B_1), sondern auch von der Schuldenhöhe des anderen Staates (B_2) und dessen Schuldenstruktur (m_2) abhängig. Die Gleichung (2.4.-11.1) beschreibt die Reaktion des Landes 1 auf das Verschuldungsverhalten von Land 2. Die durchschnittliche Laufzeit von Land 1 (m_1) ist dabei um so kürzer, je höher Land 2 verschuldet ist (Gleichung 2.4.-12.1) und je längerfristiger es sich finanziert (Gleichung 2.4.-12.2). Formal gilt:

(2.4.-12.1) $$\frac{\partial m_1}{\partial B_2} = -\frac{\frac{\beta^2 B_1 m_2}{4\alpha}}{1+\frac{\beta^2 B_1^2}{4\alpha}} < 0$$

(2.4.-12.2) $$\frac{\partial m_1}{\partial m_2} = -\frac{\frac{\beta^2 B_1 B_2}{4\alpha}}{1+\frac{\beta^2 B_1^2}{4\alpha}} < 0$$

Wenn die Inflationsaversion α hinreichend groß ist, führt eine Erhöhung der Verschuldung von Land 2 bei unverändertem Verschuldungsverhalten des anderen Staates zu einer Verkürzung der Laufzeit von Land 2.[48]

(2.4.-13) $$\frac{\partial m_2}{\partial B_2} = \frac{-\frac{\beta^2 B_1 m_1}{4\alpha}\frac{4\alpha+\beta^2 B_2^2}{4\alpha} - \frac{\hat{m}4\alpha-\beta^2 B_1 B_2 m_1}{4\alpha}\frac{2\beta^2 B_2}{4\alpha}}{\left[1+\frac{\beta^2 B_2^2}{4\alpha}\right]^2}$$

(2.4.-13.1) $$= \frac{-4\alpha\beta^2 B_1 m_1 - \beta^4 B_1 B_2^2 m_1 - 8\alpha\hat{m}\beta^2 B_2 + 2\beta^4 B_1 B_2^2 m_1}{4\alpha\left[1+\frac{\beta^2 B_2^2}{4\alpha}\right]^2}$$

(2.4.-13.2) $$= \frac{-4\alpha\beta^2 B_1 m_1 - 8\alpha\hat{m}\beta^2 B_2 + \beta^4 B_1 B_2^2 m_1}{4\alpha\left[1+\frac{\beta^2 B_2^2}{4\alpha}\right]^2}$$

(2.4.-13.2) ist negativ, so lange $4\alpha\beta^2 B_1 m_1 + 8\alpha\hat{m}\beta^2 B_2 > \beta^4 B_1 B_2^2 m_1$ gilt.

D.h. $$\frac{\partial m_2}{\partial B_2} < 0 \quad \text{wenn} \quad \alpha > \frac{\beta^2 B_1 B_2^2 m_1}{4B_1 m_1 + 8\hat{m}B_2}$$

48 Wie wir aber gerade gesehen haben, wäre es für Land 1 nicht optimal, seine Laufzeit unverändert zu lassen, wenn sich die Schuldenhöhe in Land 2 verändert.

Beschreibung der Interaktion

Die Schuldenstrukturpolitik in einer Währungsunion ist durch eine Vielzahl von Interdependenzen gekennzeichnet. Wie die bisher hergeleiteten Gleichungen zeigen, führt im betrachteten Modell eine Erhöhung der Verschuldung von Land 2 ceteris paribus zu einer Verkürzung der Laufzeit von Land 1 (Vergl. Gleichung 2.4.-12.1). Gleichzeitig führt aber – wenn die Inflationsaversion hinreichend groß ist – die Erhöhung der Verschuldung von Land 2 ceteris paribus zu einer Verkürzung der eigenen Laufzeit von Land 2 (Vergl. Gleichung 2.4.-13). Dieser zweite Effekt bewirkt für sich betrachtet eine Verlängerung der Laufzeit von Land 1 (Gleichung 2.4.-12.2). Ob die Summe dieser beiden von Land 2 ausgehenden, gegenläufigen Effekte Land 1 dazu veranlaßt, seine Laufzeit zu verlängern oder zu verkürzen, wird durch das Verhältnis der Schuldenhöhen $\boldsymbol{B}_1$ und $\boldsymbol{B}_2$ zueinander bestimmt (Proposition 3). Unterstellt, daß der Schuldenniveaueffekt überwiegt und Land 1 die Laufzeit seiner Schuld verkürzt, so hat diese Verkürzung der Schuldenstruktur von Land 1 ihrerseits Rückwirkungen auf Land 2 und veranlaßt Land 2 ceteris paribus, die Laufzeit seiner Staatsschuld zu verlängern. Im Gleichgewicht, d.h. wenn jeder Staat die optimale Antwort auf die Schuldenstrukturpolitik des anderen Staats gibt, müssen die Gleichungen (2.4.-11.1) und (2.4.-11.2) simultan erfüllt sein. Dieser Fall soll jetzt betrachtet werden.

Das Gleichgewicht

Im *Nash*-Gleichgewicht gibt jede Regierung die optimale Antwort auf die Schuldenstrukturpolitik des anderen Mitgliedslandes. Die Gleichungen (2.4.-11.1) und (2.4.-11.2) sind simultan erfüllt. Gleichung (2.4.-11.2) in (2.4.-11.1) eingesetzt ergibt:

$$\text{(2.4.-14)} \qquad \boldsymbol{m}_1 = \frac{\hat{\boldsymbol{m}} - \dfrac{\beta^2 \boldsymbol{B}_1 \boldsymbol{B}_2 \left[\dfrac{\hat{\boldsymbol{m}} - \dfrac{\beta^2 \boldsymbol{B}_1 \boldsymbol{B}_2 \boldsymbol{m}_1}{4\alpha}}{1 + \dfrac{\beta^2 \boldsymbol{B}_2^2}{4\alpha}} \right]}{4\alpha}}{1 + \dfrac{\beta^2 \boldsymbol{B}_1^2}{4\alpha}}$$

was sich vereinfacht zu (2.4.-15.1):

$$(2.4.\text{-}15.1) \quad m_1 = \frac{\hat{m}\left[4\alpha + \beta^2\left(B_2^2 - B_1 B_2\right)\right]}{4\alpha + \beta^2\left(B_1^2 + B_2^2\right)}$$

Für den anderen Staat folgt analog:

$$(2.4.\text{-}15.2) \quad m_2 = \frac{\hat{m}\left[4\alpha + \beta^2\left(B_1^2 - B_1 B_2\right)\right]}{4\alpha + \beta^2\left(B_1^2 + B_2^2\right)}$$

Gegeben die Inflationsaversion α, den Steuergewichtungsparameter β und die optimale Laufzeit $\hat{m}$, sind die Schuldenstrukturen zweier durch eine Währungsunion verbundener Staaten durch die Schuldenhöhen der betrachteten Staaten eindeutig bestimmt. Der Zusammenhang wird von den Gleichungen (2.4.-15.1) bzw. (2.4.-15.2) beschrieben.

Die Inflationsrate in der Währungsunion

Für die Inflationsrate in dieser Währungsunion folgt durch Einsetzen von (2.4.-11.1) und (2.4.-11.2) in die Reaktionsfunktion der Zentralbank:

$$(2.4.\text{-}17) \qquad \pi = \frac{\beta\hat{m}\left(B_1 + B_2\right)}{2\alpha + \beta^2\left(B_1^2 + B_2^2\right)\, 2^{-1}}$$

Die Wohlfahrt in der Währungsunion

Die Wohlfahrt von Land 1 ergibt sich durch Einsetzen der Gleichungen (2.4.-11.1) und (2.4.-17) in Gleichung (2.4.-1), wobei $\pi^e = \pi$.

$$(2.4.\text{-}18) \quad \begin{aligned} W_1 = \Omega - \frac{1}{2}\alpha\left[\frac{\beta\hat{m}\left(B_1 + B_2\right)}{2\alpha + \beta^2\left(B_1^2 + B_2^2\right)\, 2^{-1}}\right]^2 \\ - \beta\left(g + rB_1\right) - \frac{1}{2}\left[\hat{m} - \left(\frac{\hat{m}\left[4\alpha + \beta^2\left(B_2^2 - B_1 B_2\right)\right]}{4\alpha + \beta^2\left(B_1^2 + B_2^2\right)}\right)\right]^2 \end{aligned}$$

Gleichung (2.4.-18) vereinfacht sich zu:

(2.4.-19.1) $$W_1 = \Omega - \beta(g + rB_1) - \frac{1}{2}\frac{\beta^2 \hat{m}^2 (B_1 + B_2)^2 \left[4\alpha + \beta^2 B_1^2\right]}{\left[4\alpha + \beta^2\left(B_1^2 + B_2^2\right)\right]^2}$$

Analog folgt für Land 2:

(2.4.-19.2) $$W_2 = \Omega - \beta(g + rB_2) - \frac{1}{2}\frac{\beta^2 \hat{m}^2 (B_1 + B_2)^2 \left[4\alpha + \beta^2 B_2^2\right]}{\left[4\alpha + \beta^2\left(B_1^2 + B_2^2\right)\right]^2}$$

Die Wohlfahrtssumme $\widetilde{W}^U = W_1 + W_2$ in der unkoordinierten Währungsunion ist beschrieben durch:

(2.4.-20) $$\widetilde{W}^U = 2\Omega - \beta[2g + r(B_1 + B_2)] - \frac{1}{2}\frac{\beta^2 \hat{m}^2 (B_1 + B_2)^2 \left[8\alpha + \beta^2\left(B_1^2 + B_2^2\right)\right]}{\left[4\alpha + \beta^2\left(B_1^2 + B_2^2\right)\right]^2}$$

Unkoordinierte Schuldenstrukturpolitik bei Unterschieden in der Schuldenhöhe

(2.4.-15) $$m_i = \frac{\hat{m}\left[4\alpha + \beta^2\left(B_{-i}^2 - B_1 B_2\right)\right]}{4\alpha + \beta^2\left(B_1^2 + B_2^2\right)}$$

(2.4.-17) $$\pi = \frac{\beta\hat{m}(B_1 + B_2)}{2\alpha + \beta^2\left(B_1^2 + B_2^2\right) 2^{-1}}$$

(2.4.-19) $$W_i = \Omega - \beta(g + rB_i) - \frac{1}{2}\frac{\beta^2 \hat{m}^2 (B_1 + B_2)^2 \left[4\alpha + \beta^2 B_i^2\right]}{\left[4\alpha + \beta^2\left(B_1^2 + B_2^2\right)\right]^2}$$

für i={1;2} wobei -i=1, wenn i=2 und -i=2, wenn i=1.

Fazit:

Der Einfluß der unterschiedlichen Schuldenhöhen auf die Schuldenstruktur, die Inflationsrate und die Wohlfahrt ist aus den hergeleiteten Formeln (2.4.-15), (2.4.-17) und (2.4.-19) nicht ohne weiteres ersichtlich. Die ökonomische Bedeutung der Ergebnisse wird daher im übernächsten Kapitel 2.4.3 – Diskussion der Modellergebnisse, S. 110ff., näher erörtert. Allenfalls läßt sich an dieser Stelle erkennen, daß in der unkoordinierten Währungsunion außer der Höhe der Gesamtschuld $B_1 + B_2$ auch die Aufteilung der Gesamtschuld auf die beiden

Länder für die Inflationsrate und die Schuldenstruktur relevant ist. Für $\boldsymbol{B}_1 = \boldsymbol{B}_2$ vereinfachen sich die obigen Bestimmungsgleichungen zu den entsprechenden Formeln, die in Kapitel 2.3. für eine Währungsunion zweier *identischer* Staaten abgeleitet wurden.

2.4.2. Koordinierte Schuldenstrukturpolitik

Bisher wurde in diesem Kapitel davon ausgegangen, daß jedes Land selbst und autonom über seine Schuldenstrukturpolitik entscheidet. Absprachen zwischen den Teilnehmerstaaten fanden nicht statt. Jedes Land ermittelt seine eigene optimale Antwort auf die als gegeben angesehene Schuldenstrukturpolitik des anderen Landes. Diese Annahme soll jetzt aufgegeben werden. Dieser Abschnitt untersucht, welche Auswirkungen eine koordinierte Festlegung der Schuldenstrukturpolitik auf die Laufzeit, Inflationsrate und Wohlfahrt in der Währungsunion besitzt. Die Koordinierung wird dabei als Delegation der Schuldenstrukturpolitik an eine zentrale Debt-Management-Institution verstanden, die als benevolenter zentraler Planer die Schuldenstrukturen der Teilnehmerstaaten der Währungsunion festlegt. Der zentrale Planer maximiert die Wohlfahrtssumme der Teilnehmerstaaten.

In einem ersten Schritt soll unterstellt werden, daß der zentrale Planer dahin gehend beschränkt ist, daß nur eine für alle Teilnehmerländer identische Schuldenstruktur bestimmt werden kann. In einem zweiten Schritt wird diese Beschränkung aufgehoben; der zentrale Planer kann dann für unterschiedliche Länder unterschiedliche Schuldenstrukturen festlegen. Der Vergleich dieser beiden Herangehensweisen wird die Bedeutung länderspezifischer Schuldenstrukturen, welche die jeweiligen nationalen Eigenschaften berücksichtigen, deutlich machen. Zusätzlich rechtfertigt sich die Unterscheidung einer einheitlichen und einer länderspezifischen Schuldenstruktur aus der Annahme, daß Regeln, um politisch durchsetzbar und handhabbar zu sein, möglichst einfach sein müssen. Bestünden daher keine oder nur geringe Vorteile einer länderspezifischen Koordinierung, wäre eine einheitliche Schuldenstrukturregel vorzuziehen. Unter dem Gesichtspunkt der politischen Vermittelbarkeit, Transparenz und Nachvollziehbarkeit weist eine für alle Länder identische Schuldenstrukturvorschrift zahlreiche Vorteile auf.[49]

---

49 In diesem Zusammenhang sei daran erinnert, daß sowohl der Maastricht-Vertrag als auch der Stabilitäts- und Wachstumspakt für alle Staaten ein einheitliches Defizitkriterium festschreiben und hinsichtlich der jährlichen Netto-Neuverschuldung nicht zwi-

a) Zentrale Festlegung einer einheitlichen Schuldenstruktur

Beschreibung des Modells

Alle Länder der Währungsunion weisen die gleiche Schuldenstruktur $\overline{m}$ auf.

(2.4.-21) $$m_1 = m_2 = \overline{m}$$

Der zeitliche Entscheidungsablauf des Modells ist unverändert.

Die durch Gleichung (2.4.-4) gegebene Reaktionsfunktion der Zentralbank in einer Währungsunion:

(2.4.-4) $$\pi = \frac{\beta(B_1 m_1 + B_2 m_2)}{2\alpha}$$

vereinfacht sich durch die Annahme einer identischen Schuldenstruktur für die gesamte Währungsunion zu:

(2.4.-22) $$\pi = \frac{\beta\overline{m}(B_1 + B_2)}{2\alpha}$$

Das Optimierungsproblem des zentralen Planers

Die zentrale Debt-Management-Agentur (der zentrale Planer) wählt die einheitliche Schuldenstruktur mit dem Ziel, die ungewichtete Wohlfahrtssumme der beiden Länder zu maximieren. Die Zielfunktion der Debt-Management-Agentur ist folglich:

(2.4.-23) $$\begin{aligned} &Max\ \ W_1 + W_2 \\ &= \Omega - \frac{1}{2}\alpha\pi^2 - \beta\tau - \frac{1}{2}(\hat{m} - \overline{m})^2 + \Omega - \frac{1}{2}\alpha\pi^2 - \beta\tau - \frac{1}{2}(\hat{m} - \overline{m})^2 \end{aligned}$$

was sich vereinfachen läßt zu:

---

schen hoch und niedrig verschuldeten Staaten differenzieren. Die maximal zulässige Netto-Neuverschuldung ist mit anderen Worten keine Funktion der Schuldenhöhe. Analog dazu sollen hier auch die Implikationen einer einheitlichen Schuldenstrukturvorschrift untersucht werden.

(2.4.-24) $$W_1 + W_2 = 2\Omega - \alpha\pi^2 - 2\beta\tau - (\hat{m} - \overline{m})^2$$

Einsetzen von (2.4.-22) in (2.4.-24) ergibt:

(2.4.-25) $$W_1 + W_2 = 2\Omega - \alpha\left[\frac{\beta\overline{m}(B_1 + B_2)}{2\alpha}\right]^2 - 2\beta\tau - (\hat{m} - \overline{m})^2$$

Aus der Bedingung 1. Ordnung:

(2.4.-26) $$\frac{\partial(W_1 + W_2)}{\partial\overline{m}} = -2\alpha\left[\frac{\beta\overline{m}(B_1 + B_2)}{2\alpha}\right]\left[\frac{\beta(B_1 + B_2)}{2\alpha}\right] - 2(\hat{m} - \overline{m})(-1) = 0$$

ergibt sich die optimale einheitliche Schuldenstruktur (2.4.-27):

(2.4.-27) $$\overline{m} = \frac{\hat{m}}{1 + \frac{\beta^2(B_1 + B_2)^2}{4\alpha}}$$

Inflation und Wohlfahrt

Setzt man $\overline{m}$ (Gleichung 2.4.-27) in die Reaktionsfunktion der Zentralbank (Gleichung 2.4.-22) ein, ergibt sich eine Inflationsrate von:

(2.4.-28) $$\pi = \frac{\beta\hat{m}(B_1 + B_2)}{2\alpha + \frac{\beta^2(B_1 + B_2)^2}{2}}$$

Für die Wohlfahrt von Land i folgt durch Substitution von π und $\overline{m}$ in der Wohlfahrtsfunktion:

(2.4.-29) $$W_i = \Omega - \frac{1}{2}\alpha\left[\frac{\beta\hat{m}(B_1 + B_2)}{2\alpha + \frac{\beta^2(B_1 + B_2)^2}{2}}\right]^2 - \beta(g + rB_i) - \frac{1}{2}\left[\hat{m} - \left(\frac{\hat{m}}{1 + \frac{\beta^2(B_1 + B_2)^2}{4\alpha}}\right)\right]^2$$

Gleichung (2.4.-29) vereinfacht sich zu:

$$W_i = \Omega - \beta(g + rB_i) - \frac{1}{2}\frac{\beta^2\hat{m}^2(B_1 + B_2)^2}{4\alpha + \beta^2(B_1 + B_2)^2} \qquad (2.4.\text{-}30)$$

Die Wohlfahrtssumme in der Währungsunion ist beschrieben durch $\widetilde{W} = W_1 + W_2$.

$$\widetilde{W} = 2\Omega - \beta[2g + r(B_1 + B_2)] - \frac{\beta^2\hat{m}^2(B_1 + B_2)^2}{4\alpha + \beta^2(B_1 + B_2)^2} \qquad (2.4.\text{-}31)$$

Einheitlich koordinierte Schuldenstrukturpolitik bei Unterschieden in der Schuldenhöhe

$$\overline{m} = \frac{\hat{m}}{1 + \frac{\beta^2(B_1 + B_2)^2}{4\alpha}} \qquad (2.4.\text{-}27)$$

$$\pi = \frac{\beta\hat{m}(B_1 + B_2)}{2\alpha + \frac{\beta^2(B_1 + B_2)^2}{2}} \qquad (2.4\text{-}28)$$

$$W_i = \Omega - \beta(g + rB_i) - \frac{1}{2}\frac{\beta^2\hat{m}^2(B_1 + B_2)^2}{4\alpha + \beta^2(B_1 + B_2)^2} \quad \text{für } i=\{1;2\}. \qquad (2.4.\text{-}30)$$

Fazit:

Ist der zentrale Planer auf die Festlegung einer einheitlichen Schuldenstruktur für die gesamte Währungsunion beschränkt, sind Schuldenstruktur, Inflationsrate und Wohlfahrt Funktionen der Gesamtschuld ($B_1 + B_2 = B$) aller Teilnehmerstaaten. Die vom zentralen Planer gewählte einheitliche Laufzeit und die aus ihr folgende Inflationsrate sind dabei unabhängig von der Verteilung der Gesamtschuld auf die beiden Teilnehmerstaaten der Währungsunion (Vergl. auch Proposition 3). Die gewählte Anleihelaufzeit ist um so kürzer, je höher beide Staaten verschuldet sind bzw. um so länger, je größer die Inflationsaversion ist. Außerdem soll darauf hingewiesen werden, daß die hier ermittelten Gleichungen für die optimale einheitliche Schuldenstruktur (Gleichung 2.4.-27) und die daraus folgende Inflationsrate (2.4.-28) und Wohlfahrt (2.4.-30) den Gleichungen für die Schuldenstruktur, Inflationsrate und Wohlfahrt in nationaler Autonomie entsprechen, wenn man die Schuldenhöhe des einen Landes durch das arithmetische Mittel der Schuldenhöhe der beiden Teilnehmerstaaten ersetzt.

b) Zentrale Festlegung länderspezifischer Schuldenstrukturen

Die Anforderung einer einheitlichen Schuldenstruktur in der gesamten Währungsunion wird jetzt fallen gelassen. Der zentrale Planer maximiert die ungewichtete Nutzensumme der beiden an der Währungsunion teilnehmenden Länder. Seine Zielfunktion ist folglich:

(2.4.-32)
$$\begin{aligned} &Max \quad W = W_1 + W_2 \\ &= \Omega - \frac{1}{2}\alpha\pi^2 - \beta\tau - \frac{1}{2}(\hat{m} - m_1)^2 + \Omega - \frac{1}{2}\alpha\pi^2 - \beta\tau - \frac{1}{2}(\hat{m} - m_2)^2 \end{aligned}$$

was sich vereinfachen läßt zu:

(2.4.-33)
$$W_1 + W_2 = 2\Omega - \alpha\pi^2 - 2\beta\tau - \frac{1}{2}(\hat{m} - m_1)^2 - \frac{1}{2}(\hat{m} - m_2)^2$$

Die Reaktionsfunktion der Zentralbank ist weiterhin bestimmt durch:

(2.4.-4)
$$\pi = \frac{\beta(B_1 m_1 + B_2 m_2)}{2\alpha}$$

Für die Wohlfahrt als Funktion der Schuldenstruktur folgt:

(2.4.-34)
$$W(m_1, m_2) = 2\Omega - \alpha\left[\frac{\beta(B_1 m_1 + B_2 m_2)}{2\alpha}\right]^2 - 2\beta\tau - \frac{1}{2}(\hat{m} - m_1)^2 - \frac{1}{2}(\hat{m} - m_2)^2$$

Bestimmung des Wohlfahrtsmaximums

Die Funktion $W(m_1, m_2)$ hat an der Stelle (m_1^*, m_2^*) einen Extremwert, wenn an dieser Stelle alle partiellen Ableitungen 1. Ordnung verschwinden und

$\frac{\partial^2 W}{\partial m_1^2} * \frac{\partial^2 W}{\partial m_2^2} - \frac{\partial^2 W}{\partial m_1 \partial m_2} > 0$.

(m_1^*, m_2^*) ist ein Maximum, wenn $\frac{\partial^2 W}{\partial m_1^2} < 0$.

Die partiellen Ableitungen der Wohlfahrtsfunktion lauten:

(2.4.-35) $$\frac{\partial W}{\partial m_1} = -\frac{\beta^2 B_1^2 m_1}{2\alpha} - \frac{\beta^2 B_1 B_2}{2\alpha} + \hat{m} - m_1$$

(2.4.-36) $$\frac{\partial W}{\partial m_2} = -\frac{\beta^2 B_2^2 m_2}{2\alpha} - \frac{\beta^2 B_1 B_2}{2\alpha} + \hat{m} - m_2$$

(2.4.-37) $$\frac{\partial^2 W}{\partial m_1^2} = -\frac{\beta^2 B_1^2}{2\alpha} - 1$$

(2.4.-38) $$\frac{\partial^2 W}{\partial m_2^2} = -\frac{\beta^2 B_2^2}{2\alpha} - 1$$

(2.4.-39) $$\frac{\partial^2 W}{\partial m_1 \partial m_2} = -\frac{\beta_2 B_1 B_2}{2\alpha}$$

Aus den beiden partiellen Ableitungen (2.4.-35) und (2.4.-36) ergeben sich als Bedingungen 1. Ordnung für m_1 und m_2:

(2.4.-40.1) $$m_1 = \frac{2\alpha\hat{m} - \beta^2 B_1 B_2 m_2}{2\alpha + \beta^2 B_1^2}$$

(2.4.-40.2) $$m_2 = \frac{2\alpha\hat{m} - \beta^2 B_1 B_2 m_1}{2\alpha + \beta^2 B_2^2}$$

Als notwendige Bedingung für einen Extremwert müssen Bedingungen (2.4.-40.1) und (2.4.-40.2) simultan erfüllt sein. Einsetzen von (2.4.-40.2) in (2.4.-40.1) ergibt:

(2.4.-41) $$m_1 = \frac{2\alpha\hat{m} - \beta^2 B_1 B_2 \dfrac{2\alpha\hat{m} - \beta^2 B_1 B_2 m_1}{2\alpha + \beta^2 B_2^2}}{2\alpha + \beta^2 B_1^2}$$

was sich vereinfacht zu:

(2.4.-42.1) $$m_1 = \frac{\hat{m}\left[2\alpha + \beta^2\left(B_2^2 - B_1 B_2\right)\right]}{2\alpha + \beta^2\left(B_1^2 + B_2^2\right)}$$

Analog folgt für m_2:

(2.4.-42.2) $$m_2 = \frac{\hat{m}\left[2\alpha + \beta^2\left(B_1^2 - B_1 B_2\right)\right]}{2\alpha + \beta^2\left(B_1^2 + B_2^2\right)}$$

Dabei gilt:

m_1, m_2 ist ein Extremum, da $\frac{\partial^2 W}{\partial m_1^2} * \frac{\partial^2 W}{\partial m_2^2} - \frac{\partial^2 W}{\partial m_1 \partial m_2} > 0$

m_1, m_2 ist ein Maximum, da $\frac{\partial^2 W}{\partial m_1^2} = -\frac{\beta^2 B_1^2}{2\alpha} - 1 < 0$.

Wie man anhand der Gleichungen (2.4.-42.1) und (2.4.-42.2) sieht, ist auch in einer koordinierten Währungsunion die optimale Schuldenstruktur jedes Landes eine Funktion der Schuldenhöhen beider Teilnehmerstaaten der Währungsunion.

Inflationsrate

Die Inflationsrate in der Währungsunion ergibt sich durch Einsetzen der Gleichungen 2.4.-42.1 und 2.4.-42.2 in die Reaktionsfunktion der Zentralbank:

(2.4.-43) $$\pi = \frac{\beta B_1}{2\alpha} \frac{\hat{m}\left[2\alpha + \beta^2\left(B_2^2 - B_1 B_2\right)\right]}{2\alpha + \beta^2\left(B_1^2 + B_2^2\right)} + \frac{\beta B_2}{2\alpha} \frac{\hat{m}\left[2\alpha + \beta^2\left(B_1^2 - B_1 B_2\right)\right]}{2\alpha + \beta^2\left(B_1^2 + B_2^2\right)}$$

welche sich zu Gleichung (2.4.-44) vereinfacht:

(2.4.-44) $$\pi = \frac{\hat{m}\beta\left(B_1 + B_2\right)}{2\alpha + \beta^2\left(B_1^2 + B_2^2\right)}$$

Wohlfahrt

Die Wohlfahrt von Land 1 ergibt sich durch Einsetzen der landesspezifischen Schuldenstruktur und der Inflationsrate in die Wohlfahrtsfunktion (Gleichung 2.4.-1).

(2.4.-45)
$$W_1 = \Omega - \frac{1}{2}\alpha\left(\frac{\hat{m}\beta(B_1 + B_2)}{2\alpha + \beta^2(B_1^2 + B_2^2)}\right)^2 - \beta(g + rB_1)$$
$$-\frac{1}{2}\left[\hat{m} - \left(\frac{\hat{m}[2\alpha + \beta^2(B_2^2 - B_1B_2)]}{2\alpha + \beta^2(B_1^2 + B_2^2)}\right)\right]^2$$

Gleichung (2.4.-45) vereinfacht sich zu Gleichung (2.4.-46.1)

(2.4.-46.1) $$W_1 = \Omega - \beta(g + rB_1) - \frac{1}{2}\frac{\hat{m}^2\beta^2(B_1 + B_2)^2(\alpha + \beta^2 B_1^2)}{[2\alpha + \beta^2(B_1^2 + B_2^2)]^2}$$

Analog gilt für Land 2:

(2.4.-46.2) $$W_2 = \Omega - \beta(g + rB_2) - \frac{1}{2}\frac{\hat{m}^2\beta^2(B_1 + B_2)^2(\alpha + \beta^2 B_2^2)}{[2\alpha + \beta^2(B_1^2 + B_2^2)]^2}$$

Wie die Gleichungen (2.4.-46.1) und (2.4.-46.2) zeigen, ist für die Wohlfahrt eines Landes auch die Schuldenhöhe des anderen, an der Währungsunion teilnehmenden Landes relevant. Der Zusammenhang wird im folgenden Kapitel 2.4.3. (Diskussion der Modellergebnisse) näher analysiert.

Die Wohlfahrtssumme $\tilde{W}^S = W_1 + W_2$ in der Währungsunion ist beschrieben durch:

(2.4.-47) $$\tilde{W}^S = 2\Omega - \beta[2g + r(B_1 + B_2)] - \frac{1}{2}\frac{\hat{m}^2\beta^2(B_1 + B_2)^2}{2\alpha + \beta^2(B_1^2 + B_2^2)}$$

Die Wohlfahrtssumme in der Währungsunion ist ebenfalls eine Funktion der Schuldenhöhe beider Teilnehmerstaaten.

Länderspezifisch koordinierte Schuldenstrukturpolitik bei Unterschieden in der Schuldenhöhe

(2.4.-42) $$m_i = \frac{\hat{m}\left[2\alpha + \beta^2\left(B_{-i}^2 - B_i B_{-i}\right)\right]}{2\alpha + \beta^2\left(B_1^2 + B_2^2\right)}$$

(2.4.-44) $$\pi = \frac{\hat{m}\beta\left(B_1 + B_2\right)}{2\alpha + \beta^2\left(B_1^2 + B_2^2\right)}$$

(2.4.-46) $$W_i = \Omega - \beta\left(g + rB_i\right) - \frac{1}{2}\frac{\hat{m}^2\beta^2\left(B_1 + B_2\right)^2\left(\alpha + \beta^2 B_i^2\right)}{\left[2\alpha + \beta^2\left(B_1^2 + B_2^2\right)\right]^2}$$

für i={1;2} wobei -i=1, wenn i=2 und -i=2, wenn i=1.

Fazit:

Die wohlfahrtsoptimalen Schuldenstrukturen der beiden Länder, die Inflationsrate in der Währungsunion und die daraus folgende Wohlfahrt sind eine Funktion der Inflationsaversion (α), des Steuergewichtungsparameters (β) und der optimale Laufzeit ($\hat{m}$) sowie der Verschuldung der beiden Teilnehmerstaaten (B_1 und B_2). Die funktionalen Zusammenhänge werden von den Gleichungen (2.4.-42), (2.4.-44), (2.4.-46) und (2.4.-47) beschrieben. Die ökonomische Bedeutung der Modellergebnisse wird im folgenden Kapitel 2.4.3. (Diskussion der Modellergebnisse) näher analysiert. Hier sei nur darauf hingewiesen, daß bei länderspezifischer Koordinierung die Schuldenstruktur und das Wohlfahrtsniveau jedes einzelnen Landes auch durch die Schuldenhöhe des anderen Landes beeinflußt wird. Die Schuldenpolitik in einer Währungsunion ist daher in hohem Maße interdependent. Für $B_1 = B_2$ entsprechen die Gleichungen den Formeln für die optimale Schuldenstruktur, Inflationsrate bzw. Wohlfahrt eines autonomen Staates ohne Währungsunion.

Ergebnis-Übersicht:

Tabelle 8 gibt die Inflationsrate und die Schuldenstruktur zweier unterschiedlicher Staaten, die sich zu einer Währungsunion zusammengeschlossen haben, für unterschiedliche Koordinierungsverfahren der Schuldenstrukturpolitik an.

Tabelle 8: Die bisherigen Ergebnisse – Unterschiede in der Schuldenhöhe

Unterschiede in der Schuldenhöhe Analyse einer Währungsunion aus zwei Ländern	Inflationsrate	Schuldenstruktur	Wohlfahrt
keine Koordination	$\pi = \frac{\beta \hat{m}(B_1 + B_2)}{2\alpha + \frac{\beta^2(B_1^2 + B_2^2)}{2}}$	$m_i = \frac{\hat{m}\left[4\alpha + \beta^2\left(B_{-i}^2 - B_1 B_2\right)\right]}{4\alpha + \beta^2\left(B_1^2 + B_2^2\right)}$	$W_i = \Omega - \beta(g + rB_i) - \frac{1}{2}\frac{\beta^2 \hat{m}^2 (B_1 + B_2)^2\left[4\alpha + \beta^2 B_i^2\right]}{\left[4\alpha + \beta^2\left(B_1^2 + B_2^2\right)\right]^2}$
zentrale Festlegung einer einheitlichen Schuldenstruktur $\overline{m}$	$\pi = \frac{\beta \hat{m}(B_1 + B_2)}{2\alpha + \frac{\beta^2(B_1 + B_2)^2}{2}}$	$\overline{m} = \frac{\hat{m}}{1 + \frac{\beta^2(B_1 + B_2)^2}{4\alpha}}$	$W_i = \Omega - \beta(g + rB_i) - \frac{1}{2}\frac{\beta^2 \hat{m}^2 (B_1 + B_2)^2}{4\alpha + \beta^2 (B_1 + B_2)^2}$
benevolenter zentraler Planer	$\pi = \frac{\hat{m}\beta(B_1 + B_2)}{2\alpha + \beta^2\left(B_1^2 + B_2^2\right)}$	$m_i = \frac{\hat{m}\left[2\alpha + \beta^2\left(B_{-i}^2 - B_i B_{-i}\right)\right]}{2\alpha + \beta^2\left(B_1^2 + B_2^2\right)}$	$W_i = \Omega - \beta(g + rB_i) - \frac{1}{2}\frac{\hat{m}^2 \beta^2 (B_1 + B_2)^2\left(\alpha + \beta^2 B_i^2\right)}{\left[2\alpha + \beta^2\left(B_1^2 + B_2^2\right)\right]^2}$

2.4.3. Diskussion der Modellergebnisse

Bestehen Unterschiede in der Schuldenhöhe, muß eine wohlfahrtsoptimale Schuldenstrukturpolitik diesen Unterschieden Rechnung tragen und den unterschiedlichen Ländern länderspezifische Schuldenstrukturen vorgeben. Ohne Kompensationszahlungen des niedriger verschuldeten Landes wird die Einführung von länderspezifischen Schuldenstrukturen allerdings nicht die Zustimmung des höher verschuldeten Landes finden. Dies sind die zentralen, hier vorzutragenden Ergebnis dieses Kapitels.

Nachdem im vorangegangen Kapitel 2.3. für den Fall einer Währungsunion aus identischen Staaten die Auswirkungen einer unkoordinierten Schuldenstrukturpolitik auf die Inflationsrate und die Wohlfahrt untersucht wurden, wurde in diesem Kapitel die Gleichheitsannahme aufgegeben und die Schuldenstrukturpolitik in einer Währungsunion analysiert, deren Mitglieder sich in der Schuldenhöhe unterscheiden. Dabei wurden bezüglich der Koordinierung der Schuldenstrukturpolitik drei unterschiedliche Regime betrachtet: a) keine Koordinierung, d.h. autonome Wahl der Schuldenstruktur durch die beiden Länder, b) eine zentral festgelegte, aber für beide Länder einheitliche Schuldenstruktur und c) eine zentral festgelegte, aber länderspezifische Schuldenstruktur.

a) Die unkoordinierte Währungsunion

Die Analyse der unkoordinierten Währungsunion zeigte, daß einzelwirtschaftlich optimierende Staaten bei der Wahl ihrer Schuldenstrukturpolitik neben ihrer eigenen Verschuldungshöhe auch die Schuldenhöhe und die Schuldenstruktur des anderen Staates berücksichtigen (Vergl. Gleichung 2.4.-15). Veränderungen der eigenen Schuldenstruktur werden deshalb nicht nur von Veränderungen der eigenen Schuldenhöhe, sondern auch von Veränderungen der Schuldenhöhe und der Schuldenstruktur des anderen Staates ausgelöst. Die Schuldenstrukturen in einer Währungsunion sind in hohem Maße interdependent.

Diese Interdependenz hat zur Folge, daß die Anleihelaufzeit eines Landes – anders als in nationaler Autonomie – in der unkoordinierten Währungsunion nicht mehr monoton mit steigender Schuldenhöhe fällt. Je nach Verhältnis der eigenen Schuldenhöhe zur Schuldenhöhe des anderen Staates kann die Erhöhung der eigenen Verschuldung einen Anstieg oder eine Reduktion der eigenen

Anleihelaufzeit zur Folge haben (Proposition 3).[50] Gleiches gilt für die Reaktion eines Landes auf eine Veränderung in der Schuldenhöhe des anderen Landes. Je nach Verhältnis der Schuldenhöhen kann eine Erhöhung der Verschuldung von Land 2 zu einer Verlängerung oder Verkürzung der Anleihelaufzeit von Land 1 führen (Proposition 4).

In weitgehender Analogie zu dem in Kapitel 2.2. betrachteten Fall nationaler Autonomie gilt aber auch in einer Währungsunion, daß Staaten mit unterschiedlicher Schuldenhöhe in einer unkoordinierten Währungsunion (wie in nationaler Autonomie) unterschiedliche Schuldenstrukturen wählen (Proposition 1). Der höher verschuldete Staat wählt dabei stets eine kürzere Laufzeit als der niedriger verschuldete Staat (Proposition 2).

b) Die Inflationsrate

Wie in einer Währungsunion identischer Staaten besteht in einer Währungsunion unterschiedlicher Staaten ein Anreiz, sich übermäßig langfristig zu verschulden. Die Aufgabe der Gleichheitsannahme hat – wenig überraschend – keinen Einfluß auf die Existenz der negativen Externalität, die darin liegt, daß jeder Staat in seinem einzelwirtschaftlichen Kalkül die Kosten nicht berücksichtigt, die seine Schuldenstrukturpolitik in Form von höherer Inflation für den anderen Staat verursacht.

Da diese externen Kosten bei einer Koordination internalisiert werden, reduziert eine Koordination der Laufzeitenwahl die Inflationsrate in der Währungsunion (Proposition 5). Eine Koordination mit länderspezifischen Schuldenstrukturen verringert dabei die Inflationsrate stärker als eine Koordination mit einer einheitlichen, unionsweit identischen Schuldenstruktur (Proposition 13). Dies erklärt sich dadurch, daß die länderspezifische Koordination dem höher verschuldeten Staat besondere Anstrengungen zur Vermeidung von inflationstreibenden Verschuldungsformen auferlegt. Es gilt daher: $\pi^U > \pi^E > \pi^S$, wobei die Superscripte U, E und S das unkoordinierte, einheitlich koordinierte bzw. länder-spezifisch koordinierte Regime kennzeichnen (Vergl. Proposition 8 und 9 sowie Abbildung 6). In der unkoordinierten und länderspezifisch koordinierten Währungsunion ist die Inflationsrate ferner eine Funktion der Aufteilung einer gegebenen Gesamtschuld auf die beiden Staaten (Vergl. Abbildung 6).

50 Die Propositionen werden am Ende des Kapitels bewiesen. Vergl. Seite 120ff. dieser Arbeit.

Abbildung 6: Die Inflationsrate bei Unterschieden in der Schuldenhöhe

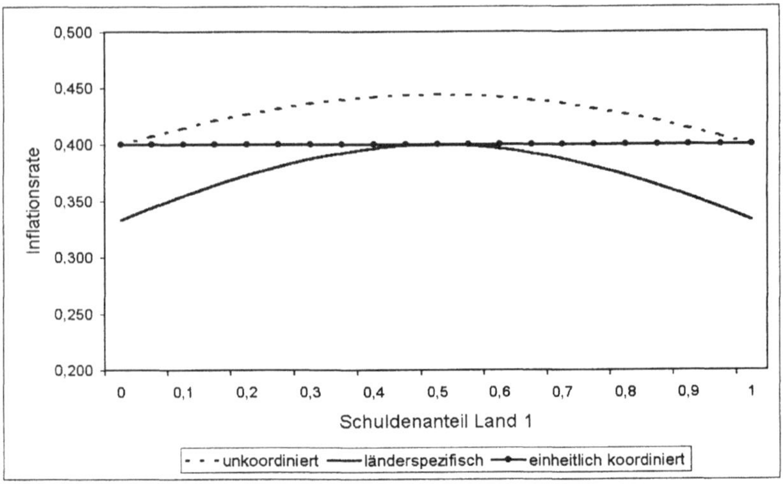

Quelle: Eigene Berechnung (Modellparameter: $\alpha = \beta = \hat{m} = g = 1; B_1 + B_2 = 1; \Omega = 3; r = 0$*).*

c) Die einheitlich koordinierte Währungsunion

Die zentrale Festlegung einer einheitlichen Schuldenstruktur für beide Staaten reduziert, wie gesagt, die Inflationsrate gegenüber der unkoordinierten Währungsunion (Proposition 5). Die Inflationsrate in der einheitlich koordinierten Währungsunion ist dabei unabhängig von der Verteilung der Gesamtschuld auf die beiden Teilnehmerstaaten (Proposition 7 und Abbildung 6). Gleiches gilt für die vom zentralen Planer gewählte einheitliche Anleihelaufzeit, die ebenfalls unabhängig von der Verteilung der Gesamtschuld auf die beiden Teilnehmerstaaten ist. Sie ist ausschließlich eine monoton fallende Funktion der in der Währungsunion vorhandenen Gesamtschuld $\overline{B} = B_1 + B_2$ (Proposition 6 und Abbildung 7).

d) Die länderspezifisch koordinierte Währungsunion

Ohne die Beschränkung auf eine einheitliche Schuldenstruktur führt die Maximierung der Wohlfahrtssumme durch den benevolenten, zentralen Planer zu unterschiedlichen Schuldenstrukturen für das höher bzw. niedriger verschuldete

Land (Proposition 8). Im Optimum muß sich der höher verschuldete Staat kurzfristiger verschulden (Proposition 9).

Wie in der unkoordinierten Währungsunion gilt auch in der koordinierten Währungsunion, daß die wohlfahrtsoptimale, länderspezifische Schuldenstruktur jedes Staates eine Funktion der Schuldenhöhe aller Staaten ist. Die Reaktion der Laufzeit eines Staates auf eine Erhöhung seiner eigenen Schuld oder die eines anderen Staates hängt dabei vom Verhältnis der beiden Schuldenhöhen zueinander ab (Proposition 10 und 11).

e) Die Laufzeit

Bezüglich der Laufzeitenwahl der beiden Staaten gilt, daß die vom zentralen Planer festgelegte wohlfahrtsoptimale, länderspezifische Anleihelaufzeit stets kürzer ist als die Laufzeit, welche das betreffende Land in der unkoordinierten Währungsunion wählen würde ($m_i^U > m_i^S$, Proposition 12). Dies erklärt sich daraus, daß die Koordinierung die Anreize zu einer übermäßigen Langfristverschuldung beseitigt. Die Verkürzung fällt dabei um so größer aus, je höher ein Land verschuldet ist (Vergl. Abbildung 7).

Abbildung 7: Die Schuldenstruktur bei Unterschieden in der Schuldenhöhe

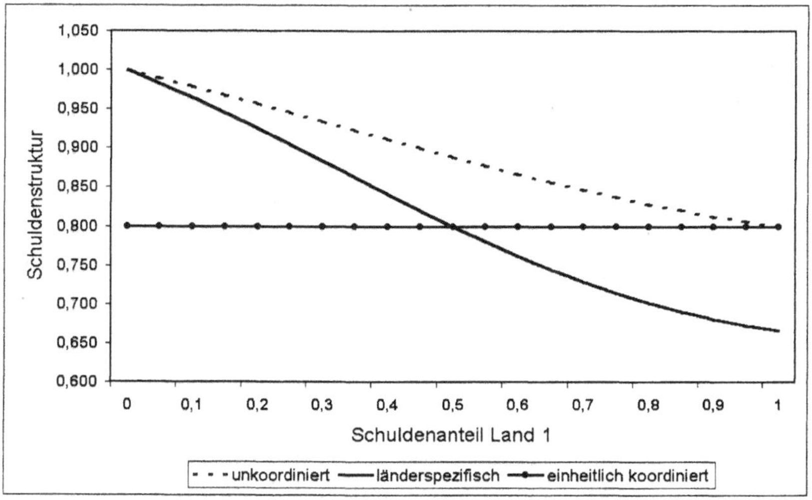

Quelle: Eigene Berechnung (Modellparameter: $\alpha = \beta = \hat{m} = g = 1; B_1 + B_2 = 1; \Omega = 3; r = 0$*).*

Abbildung 8: Die Wohlfahrtssumme bei Unterschieden in der Schuldenhöhe

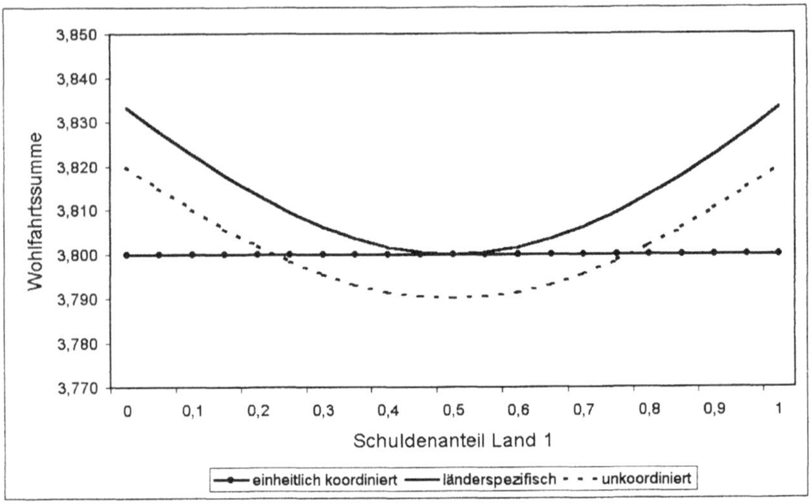

Quelle: Eigene Berechnung (Modellparameter: $\alpha = \beta = \hat{m} = g = 1; B_1 + B_2 = 1; \Omega = 3; r = 0$*).*

f) Die Wohlfahrtswirkungen der Koordination

Bei den Wohlfahrtswirkungen der Koordination sind die Wirkungen auf die Gesamtwohlfahrt in der Währungsunion und die Wirkungen auf die Wohlfahrt eines einzelnen Teilnehmerstaates zu unterscheiden. Bezüglich der Gesamtwohlfahrt gilt, daß bei Unterschieden in der Schuldenhöhe länderspezifische Schuldenstrukturen erforderlich sind, um die Wohlfahrtssumme zu maximieren. Eine koordinierte Währungsunion, in welcher der zentrale Planer keinen Beschränkungen hinsichtlich der zu wählenden Schuldenstrukturen unterworfen ist, führt stets zu einer größeren Wohlfahrtssumme als eine unkoordinierte Währungsunion (Proposition 17). Zusätzlich erlauben länderspezifische Schuldenstrukturen, die den Unterschieden in der Schuldenhöhe Rechnung tragen, stets eine höhere Gesamtwohlfahrt als eine einheitliche Schuldenstruktur (Proposition 15). Der Wohlfahrtsgewinn, der von dem Übergang zu länderspezifischen Schuldenstrukturen ausgeht, ist dabei um so größer, je größer die Unterschiede in den Schuldenhöhen der beiden Staaten sind (Vergl. Abbildung 8).

Ökonomisch ist dieses Ergebnis leicht einsichtig. Die Koordination steigert die Wohlfahrt, weil sie die negativen Externalitäten, die in der unkoordinierten

Währungsunion von der Schuldenstruktur eines Landes auf die Wohlfahrt der anderen Staaten ausgehen, bei der Laufzeitenwahl berücksichtigt.

Die Beschränkung auf eine einheitliche Laufzeit dagegen reduziert ceteris paribus die Wohlfahrt, weil diese Beschränkung die Berücksichtigung der Unterschiede, die zwischen den Staaten vorliegen, verhindert. Die Unterschiede in den Schuldenhöhen sind aber entscheidend für die Wirkungen, die von den Schuldenstrukturen der beiden Staaten auf die gemeinsame Inflationsrate ausgehen.

Da die Wirkungen der Schuldenstruktur eines Landes auf die gemeinsame Inflationsrate um so stärker sind, je größer die Verschuldung des betreffenden Landes ist (Proposition 14), müssen im unionsweiten Wohlfahrtsoptimum hoch verschuldete Staaten besondere Anstrengungen bei der Vermeidung der inflationstreibenden Verschuldungsinstrumente unternehmen. Da im betrachteten Modell die Langfristverschuldung ceteris paribus die Inflationsrate erhöht, sieht die gesamtwirtschaftlich optimale Schuldenstruktur für hoch verschuldete Staaten eine kürzere Laufzeit vor als für niedrig verschuldete Staaten (Proposition 9).

Die einheitliche Schuldenstruktur erlaubt aber die aus Gründen der Wohlfahrtsmaximierung erforderliche Differenzierung nach Schuldenhöhe nicht. Sie führt daher, wenn Unterschieden in der Schuldenhöhe vorliegen, stets zu einer geringeren Wohlfahrtssumme als die länderspezifische Koordination (Proposition 15).

Falls nur zwischen einer einheitlichen Koordinierung und einer unkoordinierten Währungsunion gewählt werden kann, sind die von den unterschiedlichen Schuldenhöhen ausgehenden Effekte gegen die prinzipielle Vorteilhaftigkeit der Koordination abzuwägen. Sind die Unterschiede in den Schuldenhöhen hinreichend klein, überwiegt die Vorteilhaftigkeit der Koordination. Sind die Unterschiede dagegen groß, ist es besser, auf die starre Koordination zu verzichten und unkoordinierte länderspezifische Schuldenstrukturen zu erlauben. Bei hinreichend großen Unterschieden in der Schuldenhöhe ist die Wohlfahrtssumme in der unkoordinierten Währungsunion größer als in der einheitlich koordinierten Währungsunion (Proposition 16 und Abbildung 8). Dieses Ergebnis weist eine starke Analogie zu dem aus der Literatur zum Fiskal-Föderalismus wohlbekannten Ergebnis auf, daß die einheitliche Bereitstellung eines öffentlichen Gutes zu einer um so kleineren Wohlfahrt führt, je unterschiedlicher die Präferenzen der einzelnen Regionen sind. Vergl. Oates (1972, S. 35) sowie Abschnitt h) dieses Kapitels.

g) Die fehlende Akzeptanz der Koordination – die einzelstaatliche Sichtweise

Bisher wurde deutlich, daß eine Koordinierung mit länderspezifischen Schuldenstrukturen die Wohlfahrtssumme in der Währungsunion maximiert. Aus Sicht der einzelnen Länder, welche die Währungsunion bilden, fällt der Vergleich der unterschiedlichen Koordinierungsregime allerdings nicht uneingeschränkt zugunsten der länderspezifischen Koordination aus. Hoch verschuldete Staaten können sich unter einer einheitlichen Schuldenstruktur und sogar in einer unkoordinierten Währungsunion besser stellen als unter einem länderspezifischen Koordinationsregime.

Der Grund für dieses Ergebnis liegt darin, daß eine länderspezifische Koordinierung von hoch verschuldeten Staaten eine besonders starke Verkürzung ihrer Anleihelaufzeit verlangt, was ihre Wohlfahrt ceteris paribus reduziert.[51]

Umgekehrt stellen sich niedrig verschuldete Staaten unter einem länderspezifischen Koordinierungsregime besser als bei einer einheitlichen Schuldenstruktur, da die einheitliche Schuldenstruktur ihnen Laufzeitenverkürzungen abverlangt, die wegen ihres geringen Einflusses auf die unionsweite Inflationsrate gar nicht geboten sind.

Bei Unterschieden in der Schuldenhöhe existieren damit erhebliche Interessengegensätze zwischen den Teilnehmerstaaten bezüglich der Frage, welches Koordinationsregime zu präferieren ist. Aus einzelstaatlicher Perspektive dominiert keines der drei hier betrachteten Regime ein anderes. Je nach Schuldenhöhe maximiert ein einzelner Staat unter einheitlicher oder länderspezifischer Koordination seine Wohlfahrt.

Für die Durchsetzbarkeit der Koordination ist dabei entscheidend, daß die Einführung von länderspezifischen Schuldenstrukturen aus Sicht eines hoch verschuldeten Landes keine Pareto-Verbesserung gegenüber der unkoordinierten Währungsunion darstellt (Vergl. Proposition 18). So mag zwar die von Huber (1998, S. 246) angeregte Einführung von Schuldenstrukturvorschriften gesamtwirtschaftlich wünschenswert sein und die Inflationsrate in der Währungsunion reduzieren. So lange aber die Einführung an die freiwillige Zustimmung aller Teilnehmerstaaten gebunden ist, wird sie nach diesem Modell nicht zustande kommen, da die niedrig verschuldeten Staaten keiner einheitlichen und die hoch verschuldeten Staaten keiner länderspezifischen Koordination zustimmen werden.

51 Vergl. auch Abschnitt h) dieses Kapitels.

Abbildung 9: Die Wohlfahrt eines Landes bei Unterschieden in der Schuldenhöhe

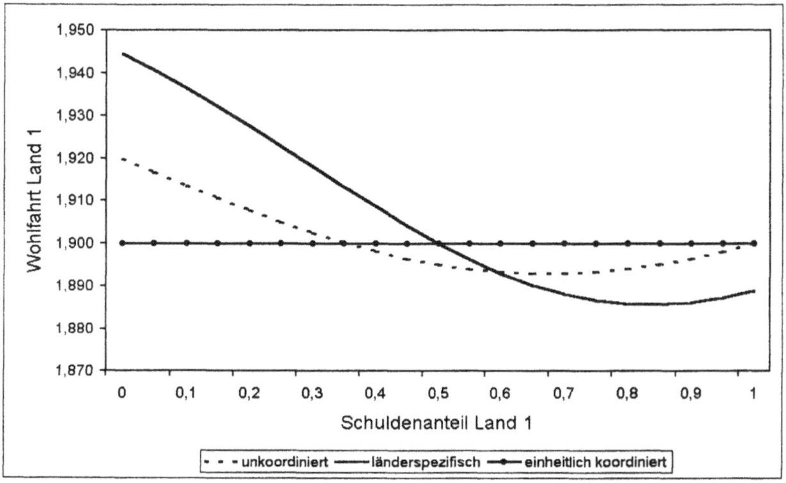

Quelle: Eigene Berechnung (Modellparameter: $\alpha = \beta = \hat{m} = g = 1; B_1 + B_2 = 1; \Omega = 3; r = 0$*).*

Da allerdings die Gesamtwohlfahrt bei länderspezifischer Koordination stets über der Gesamtwohlfahrt bei einheitlicher Koordination liegt, könnten die niedrig verschuldeten Staaten theoretisch die hoch verschuldeten Staaten dafür entschädigen, daß sie der länderspezifischen Koordination zustimmen. Die Einführung der länderspezifischen Koordination erfüllt daher das Kaldor-Hicks-Wohlfahrtskriterium, nachdem es dem Gewinner einer wohlfahrtssteigernden wirtschaftspolitischen Maßnahme potentiell möglich sein muß, den Verlierer zu entschädigen.

Für den Spezialfall sehr kleiner Unterschiede verbessern beide Staaten durch die Einführung eines beliebigen Koordinationsregimes ihre Wohlfahrt: In diesem Fall übersteigt die durch die Koordinierung bewirkte Inflationsreduktion die sehr kleinen Nachteile, welche aus der fehlenden Berücksichtigung der Unterschiede bzw. aus den Anpassungslasten des höher verschuldeten Staates erwachsen. Dieser Spezialfall sehr kleiner Unterschiede kann aber konzeptionell durchaus unter den Fall einer Währungsunion identischer Staaten subsumiert werden, für welche in Kapitel 2.3. gezeigt wurde, daß Koordination stets zu einer höheren Wohlfahrt führt.

Abbildung 10: Koordination bei sehr kleinen Unterschieden in der Schuldenhöhe

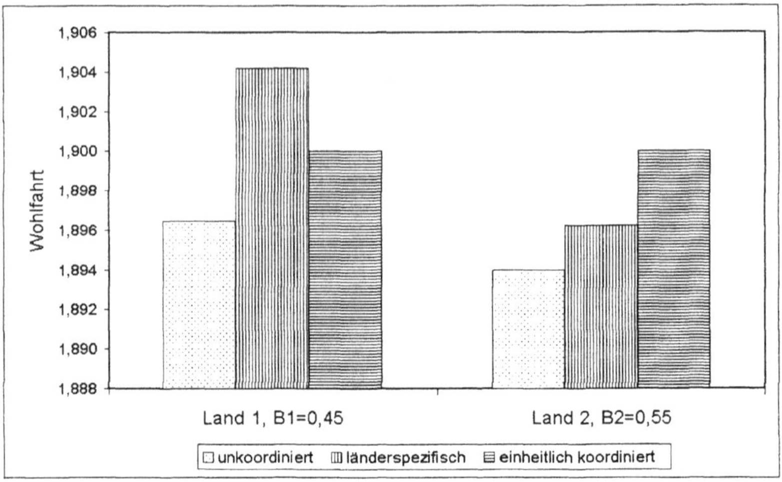

Quelle: Eigene Berechnung (Modellparameter: $\alpha = \beta = \hat{m} = g = 1; B_1 = 0{,}45; B_2 = 0{,}55; \Omega = 3; r = 0$*).*
Die Abbildung zeigt, daß bei sehr kleinen Unterschieden in der Schuldenhöhe beide Koordinationsregime für beide Staaten die Wohlfahrt erhöhen.

Tabelle 9: Zusammenfassung der Modellergebnisse

Inflation	$\pi^U > \pi^E > \pi^S$
Laufzeit	$m_i^U > m_i^S$
Wohlfahrt (niedrig verschuldetes Land)	$W^S > W^U > W^E$
Wohlfahrt (hoch verschuldetes Land)	$W^E > W^U > W^S$
Wohlfahrtssumme (geringe Unterschiede in der Schuldenhöhe)	$\widetilde{W}^S > \widetilde{W}^E > \widetilde{W}^U$
Wohlfahrtssumme (große Unterschiede in der Schuldenhöhe)	$\widetilde{W}^S > \widetilde{W}^U > \widetilde{W}^E$

h) Parallelen und Unterschiede zur Fiskal-Föderalismus-Literatur

Die hier diskutierten Modellergebnisse und insbesondere die Wirkungen der einheitlichen Schuldenstruktur weisen starke Analogien zu dem aus der Fiskal-Föderalismus-Literatur bekannten Ergebnis auf, daß die einheitliche Bereitstellung eines öffentlichen Gutes zu einer um so kleineren Wohlfahrt führt, je unterschiedlicher die Präferenzen der einzelnen Regionen sind.[52] Der entscheidende Unterschied des hier entwickelten Modells zu dieser Literatur besteht allerdings darin, daß es dort um die Bereitstellung eines öffentlichen Gutes und hier um die Wahl eines Parameters geht. Dieser Unterschied ist insofern relevant, als daß die unterschiedlichen Regionen im Standardfall der Fiskal-Föderalismus-Literatur ein starkes Interesse daran haben, daß ihre regionalen Besonderheiten berücksichtigt werden. Für die hoch verschuldeten Länder in diesem Modell gilt dies dagegen nicht.

Das hier diskutierte Modell bildet – zusätzlich zur Wahl zwischen zentraler und dezentraler Entscheidung, welche die Standard-Föderalismus-Literatur modelliert – die Interessengegensätze ab, welche aus den unterschiedlichen Schuldenhöhen folgen. Statt von Präferenzunterschieden handelt es von Merkmalsunterschieden.[53] Die Wahl der Schuldenstruktur entspricht zudem nicht der Bereitstellung eines öffentlichen "Gutes", sondern eher der Vermeidung eines "Schlechts".

Das grundlegende Problem der Fiskal-Föderalismus-Literatur rührt daher, daß der zentrale Planer für die einzelnen Regionen keine unterschiedlichen Bereitstellungsniveaus des betrachteten öffentlichen Gutes wählen kann. Im Standardfall wägt diese Literatur daher stets die Vorteile der zentralen Bereitstellung gegen die Nachteile der Vernachlässigung der regionalen Präferenzen ab. In dem hier betrachteten Modell kann der zentrale Planer dagegen die Unterschiede der Regionen berücksichtigen; dennoch, oder vielmehr gerade deswegen, lehnen einzelne Teilnehmerstaaten dieses Koordinierungsregime ab.

Könnte der zentrale Planer der (Standard-) Fiskal-Föderalismus-Literatur wie hier zwischen den Regionen differenzieren, könnte er die Vorteile der zentralen Bereitstellung mit den Vorteilen der regionalen Niveauwahl verbinden und würde ein für alle Beteiligten optimales Ergebnis erreichen. Obwohl der zentrale Planer in dem hier betrachteten Modell mehr Handlungsmöglichkeiten besitzt als der zentrale Planer der (Standard-) Fiskal-Föderalismus-Literatur, kann er keine für alle Länder vorteilhafte Lösung verwirklichen.

Dies ist eine direkte Konsequenz daraus, daß dieses Modell nicht von Präferenzunterschieden, sondern von mit Externalitäten gekoppelten Merkmalsunterschieden handelt. Die Wahl der Schuldenstruktur entspricht zudem wie gesagt

52 Vergl. zu Oates' Dezentralisierungstheorem Oates (1972, S. 35) sowie Oates (1999, S. 1122).

53 Beide Länder besitzen annahmegemäß die gleiche Zielfunktion. Kapitel 2.5. betrachtet eine Währungsunion aus zwei Ländern, die sich in ihrer Zielfunktion unterscheiden.

nicht der Bereitstellung eines öffentlichen "Gutes", sondern eher der Vermeidung eines "Schlechts". Da die Kosten des "Schlechts" in Form einer höheren Inflationsrate teilweise im anderen Land anfallen, die Kosten der Vermeidung, d.h. der Abstand von der präferierten Laufzeitenstruktur, dagegen ausschließlich von dem vermeidenden Land zu tragen sind, hat ein hoch verschuldetes Land kein Interesse daran, daß ihm ein die Wohlfahrtssumme maximierendes Vermeidungsniveau vorgegeben wird. Durch den einzelwirtschaftlichen Ausgleich seiner privaten Grenzkosten und privaten Grenzerträge, d.h. in der unkoordinierten Währungsunion, kann es sich besser stellen, als wenn es einen Beitrag zum gesamtwirtschaftlichen Optimum (Maximierung der Wohlfahrtssumme) leistet. Gegenüber der unkoordinierten Währungsunion bevorzugt es von den drei betrachteten Regimen, wie oben gezeigt, nur die einheitliche Koordination.

Das Eigentümliche, um nicht zu sagen Perfide, an der einheitlichen Koordinierung ist dabei, daß dieses Koordinierungsregime, das mit dem Ziel eingeführt wurde, die negative Externalität auf die Inflationsrate zu beseitigen, eine neue Externalität schafft, nämlich die gesamtwirtschaftlich gar nicht erforderliche Laufzeitenverkürzung des niedrig verschuldeten Staates. Diese Laufzeitenverkürzung kommt dem hoch verschuldeten Land zugute, ohne daß es einen Teil der Vermeidungskosten trägt. Es ist leicht einsichtig, daß diese nicht verursachergerechte Verteilung der Vermeidungskosten das hoch verschuldete Land besser stellt.

Während im Standardfall der Föderalismus-Literatur alle Regionen unter der einheitlichen Bereitstellung leiden, stellt die einheitliche Schuldenstruktur in diesem Modell manche Länder besser und andere schlechter als im länderspezifischen Fall.

2.4.4. Beweis der Propositionen

a) Unkoordinierte Währungsunion

Proposition 1 Unterschiede in der Schuldenhöhe führen auch in einer unkoordinierten Währungsunion zu Unterschieden in der Schuldenstruktur: $\boldsymbol{B_1 \neq B_2 \Rightarrow m_1 \neq m_2}$.

Proposition 2 Der höher verschuldete Staat weist eine kürzere Laufzeit auf: $\boldsymbol{B_1 > B_2 \Rightarrow m_1 < m_2}$.

Proposition 3 Die Reaktion der Laufzeit von Land 1 (m_1) auf eine Erhöhung seiner eigenen Verschuldung (B_1) ist in der unkoordinierten Währungsunion nicht eindeutig. Die Richtung der Reaktion hängt vom Verhältnis der beiden Schuldenhöhen zueinander, der Inflationsaversion α und dem Steuergewichtungsparameter β ab.

Proposition 4 Die Reaktion der Laufzeit von Land 1 (m_1) auf eine Erhöhung der Verschuldung von Land 2 (B_2) ist in der unkoordinierten Währungsunion nicht eindeutig. Die Richtung der Reaktion hängt vom Verhältnis der beiden Schuldenhöhen zueinander, der Inflationsaversion α und dem Steuergewichtungsparameter β ab.

b) Koordinierung – einheitliche Schuldenstruktur

Proposition 5 Koordinierung reduziert die Inflationsrate in der Währungsunion: $\pi^E < \pi^U$.

Proposition 6 Die optimale einheitliche Anleihelaufzeit ist eine negative Funktion der Gesamtschuld $B = B_1 + B_2$ in der Währungsunion.

Proposition 7 Die einheitliche Laufzeit und die Inflationsrate sind in der einheitlich koordinierten Währungsunion unabhängig von der Verteilung der Gesamtschuld auf die beiden Teilnehmerstaaten der Währungsunion.

c) Koordinierung – länderspezifische Schuldenstrukturen

Proposition 8 Unterschiede in der Schuldenhöhe führen auch bei zentraler Festlegung der wohlfahrtsoptimalen länderspezifischen Schuldenstruktur zu Unterschieden in der Schuldenstruktur: $B_1 \neq B_2 \Rightarrow m_1 \neq m_2$.

Proposition 9 Der höher verschuldete Staat weist eine kürzere Laufzeit auf: $B_1 > B_2 \Rightarrow m_1 < m_2$.

Proposition 10 Die Reaktion der wohlfahrtsoptimalen Laufzeit von Land 1 (m_1) auf eine Erhöhung seiner Verschuldung (B_1) ist nicht eindeutig. Die Richtung der Reaktion hängt vom Verhältnis der beiden Schuldenhöhen zueinander, der Inflationsaversion α und dem Steuergewichtungsparameter β ab.

Proposition 11 Die Reaktion der Laufzeit von Land 1 (m_1) auf eine Erhöhung der Schuld in Land 2 (B_2) ist nicht eindeutig. Die Richtung der Reaktion hängt vom Verhältnis der beiden Schuldenhöhen zueinander, der Inflationsaversion α und dem Steuergewichtungsparameter β ab.

Proposition 12 Verglichen mit der unkoordinierten Währungsunion reduziert eine wohlfahrtsoptimale, länderspezifische Koordinierung die Anleihelaufzeit eines Landes: $m_1^S < m_1^U$.

Proposition 13 Eine koordinierte Währungsunion mit länderspezifischen Schuldenstrukturen weist eine niedrigere Inflationsrate auf als eine koordinierte Währungsunion mit einer einheitlichen Schuldenstruktur: $\pi^S < \pi^E$.

Proposition 14 Die Wirkungen der Schuldenstrukturpolitik eines Landes auf die gemeinsame Inflationsrate in der Währungsunion sind um so größer, je höher das Land verschuldet ist.

d) Wohlfahrtswirkungen der Koordination

Proposition 15 Bei Unterschieden in der Schuldenhöhe führen zentral festgelegte, aber länderspezifische Schuldenstrukturen stets zu einer höheren Wohlfahrtssumme als die zentrale Festlegung einer einheitliche Schuldenstruktur für die gesamte Währungsunion: $\tilde{W}^S > \tilde{W}^E$.

Proposition 16 Bei Unterschieden in der Schuldenhöhe führt eine koordinierte, aber für die gesamte Währungsunion einheitlich festgelegte Schuldenstruktur nicht notwendigerweise zu einer höheren Wohlfahrtssumme als eine unkoordinierte Politik.

Proposition 17 Bei Unterschieden in der Schuldenhöhe führen zentral festgelegte, aber länderspezifische Schuldenstrukturen stets zu einer höheren Wohlfahrtssumme als die unkoordinierte ("autonome") Wahl der Schuldenstruktur: $\tilde{W}^S > \tilde{W}^U$.

Proposition 18 Bei relativ großen Unterschieden in der Schuldenhöhe kann trotz der Inflationsanreize die unkoordinierte Schuldenstrukturpolitik für das höher verschuldete Land zu einer höheren Wohlfahrt führen als eine koordinierte Schuldenstrukturpolitik mit länderspezifischen Schuldenstrukturen: $W_1^U > W_1^S$.

Proposition 1: Unterschiede in der Schuldenhöhe führen auch in einer unkoordinierten Währungsunion zu Unterschieden in der Schuldenstruktur:

$$B_1 \neq B_2 \Rightarrow m_1 \neq m_2$$

Proposition 2: Der höher verschuldete Staat weist eine kürzere Laufzeit auf:

$$B_1 > B_2 \Rightarrow m_1 < m_2$$

Beweis:

Die optimale Schuldenstruktur war gegeben durch die Gleichungen (2.4.-15.1) und (2.4.-15.2). Subtrahiert man (2.4.-15.2) von (2.4.-15.1), ergibt sich der Unterschied in der Laufzeit als:

(P1.1) $$m_1 - m_2 = \frac{\hat{m}\left[4\alpha + \beta^2\left(B_2^2 - B_1 B_2\right)\right]}{4\alpha + \beta^2\left(B_1^2 + B_2^2\right)} - \frac{\hat{m}\left[4\alpha + \beta^2\left(B_1^2 - B_1 B_2\right)\right]}{4\alpha + \beta^2\left(B_1^2 + B_2^2\right)}$$

was sich über den Zwischenschritt (P1.2) vereinfacht zu (P1.3):

(P1.2) $$m_1 - m_2 = \frac{\hat{m}\left[\beta^2\left(B_2^2 - B_1 B_2 - B_1^2 + B_1 B_2\right)\right]}{4\alpha + \beta^2\left(B_1^2 + B_2^2\right)}$$

(P1.3) $$m_1 - m_2 = \frac{\hat{m}\beta^2\left(B_2^2 - B_1^2\right)}{4\alpha + \beta^2\left(B_1^2 + B_2^2\right)}$$

Es gilt:

$$m_1 - m_2 > 0 \quad \text{wenn} \quad B_1 < B_2$$
$$m_1 - m_2 < 0 \quad \text{wenn} \quad B_1 > B_2$$
$$m_1 - m_2 = 0 \quad \text{wenn} \quad B_1 = B_2$$

Die Differenz ($m_1 - m_2$) ist gleich Null, wenn beide Staaten die gleiche Schuldenhöhe aufweisen. m_1 ist kleiner als m_2, wenn und nur wenn B_1 größer als B_2 ist.

Proposition 3: Die Reaktion der Laufzeit von Land 1 (m_1) auf eine Erhöhung seiner eigenen Verschuldung (B_1) ist in der unkoordinierten Währungsunion nicht eindeutig. Die Richtung der Reaktion hängt vom Verhältnis der beiden Schuldenhöhen zueinander, der Inflationsaversion α und dem Steuergewichtungsparameter β ab.

Beweis:

Die optimale Laufzeit ist gegeben durch (2.4.-15.1):

$$\text{(2.4.-15.1)} \quad m_1 = \frac{\hat{m}4\alpha + \hat{m}\beta^2 B_2^2 - \hat{m}\beta^2 B_1 B_2}{4\alpha + \beta^2 B_1^2 + \beta^2 B_2^2}$$

Ableiten nach B_1 ergibt:

$$\text{(P3.1)} \quad \frac{\partial m_1}{\partial B_1} = \frac{\left[-\hat{m}\beta^2 B_2\right]\left[4\alpha + \beta^2 B_1^2 + \beta^2 B_2^2\right]}{\left[4\alpha + \beta^2 B_1^2 + \beta^2 B_2^2\right]^2} - \frac{\left[\hat{m}4\alpha + \hat{m}\beta^2 B_2^2 - \hat{m}\beta^2 B_1 B_2\right]\left[2\beta^2 B_1\right]}{\left[4\alpha + \beta^2 B_1^2 + \beta^2 B_2^2\right]^2}$$

was sich vereinfacht zu:

$$\text{(P3.2)} \quad \frac{\partial m_1}{\partial B_1} = \frac{\hat{m}\beta^4\left[B_1^2 B_2 - \left(4\alpha\beta^{-2} + B_2^2\right)\left(2B_1 + B_2\right)\right]}{\left[4\alpha + \beta^2 B_1^2 + \beta^2 B_2^2\right]^2}$$

Es gilt:

$$\frac{\partial m_1}{\partial B_1} < 0 \text{ wenn } \frac{B_1^2 B_2}{2B_1 + B_2} - B_2^2 < \frac{4\alpha}{\beta^2}$$

$$\frac{\partial m_1}{\partial B_1} > 0 \text{ wenn } \frac{B_1^2 B_2}{2B_1 + B_2} - B_2^2 > \frac{4\alpha}{\beta^2}$$

$$\frac{\partial m_1}{\partial B_1} = 0 \text{ wenn } \frac{B_1^2 B_2}{2B_1 + B_2} - B_2^2 = \frac{4\alpha}{\beta^2}$$

Proposition 4: Die Reaktion der Laufzeit von Land 1 (m_1) auf eine Erhöhung der Verschuldung von Land 2 (B_2) ist in der unkoordinierten Währungsunion nicht eindeutig. Die Richtung der Reaktion hängt vom Verhältnis der beiden Schuldenhöhen zueinander, der Inflationsaversion α und dem Steuergewichtungsparameter β ab.

Beweis:

Die optimale Laufzeit ist gegeben durch (2.4.-15.1):

(2.4.-15.1) $$m_1 = \frac{\hat{m}4\alpha + \hat{m}\beta^2 B_2^2 - \hat{m}\beta^2 B_1 B_2}{4\alpha + \beta^2 B_1^2 + \beta^2 B_2^2}$$

Ableiten nach B_2 ergibt:

(P4.1) $$\frac{\partial m_1}{\partial B_2} = \frac{\left[\hat{m}\beta^2(2B_2 - B_1)\right]\left[4\alpha + \beta^2 B_1^2 + \beta^2 B_2^2\right]}{\left[4\alpha + \beta^2 B_1^2 + \beta^2 B_2^2\right]^2} - \frac{\left[\hat{m}4\alpha + \hat{m}\beta^2 B_2^2 - \hat{m}\beta^2 B_1 B_2\right]\left[2\beta^2 B_2\right]}{\left[4\alpha + \beta^2 B_1^2 + \beta^2 B_2^2\right]^2}$$

was sich vereinfacht zu:

(P4.2) $$\frac{\partial m_1}{\partial B_2} = \frac{\hat{m}\beta^4 B_1\left[B_2^2 + 2B_1 B_2 - B_1^2 - 4\alpha\beta^{-2}\right]}{\left[4\alpha + \beta^2 B_1^2 + \beta^2 B_2^2\right]^2}$$

Es gilt:

$$\frac{\partial m_1}{\partial B_2} < 0 \text{ wenn } B_2^2 - B_1^2 + 2B_1 B_2 < 4\alpha\beta^{-2}$$

$$\frac{\partial m_1}{\partial B_2} > 0 \text{ wenn } B_2^2 - B_1^2 + 2B_1 B_2 > 4\alpha\beta^{-2}$$

$$\frac{\partial m_1}{\partial B_2} = 0 \text{ wenn } B_2^2 - B_1^2 + 2B_1 B_2 = 4\alpha\beta^{-2}$$

Proposition 5: Koordinierung reduziert die Inflationsrate in der Währungsunion:

$$\pi^E < \pi^U$$

Beweis:

Die Inflationsrate in einer koordinierten Währungsunion mit einheitlicher Schuldenstruktur war durch Gleichung (2.4.-28) gegeben. Gleichung (2.4.-17) bestimmt die Inflationsrate in der unkoordinierten Währungsunion:

(2.4.-17) $$\pi^U = \frac{\beta\hat{m}(B_1 + B_2)}{2\alpha + \beta^2(B_1^2 + B_2^2)\,2^{-1}}$$

(2.4.-28) $$\pi^E = \frac{\beta\hat{m}(B_1 + B_2)}{2\alpha + \frac{\beta^2(B_1 + B_2)^2}{2}}$$

Es gilt: $\pi^E < \pi^U$

(P5.1) $$\frac{\hat{m}\beta(B_1 + B_2)}{2\alpha + \beta^2(B_1 + B_2)^2 2^{-1}} < \frac{\beta\hat{m}(B_1 + B_2)}{2\alpha + \beta^2(B_1^2 + B_2^2)\,2^{-1}}$$

(P5.2) $$2\alpha + \beta^2(B_1^2 + B_2^2)\,2^{-1} < 2\alpha + \beta^2(B_1 + B_2)^2 2^{-1}$$

(P5.3) $$B_1^2 + B_2^2 < (B_1 + B_2)^2$$

(P5.4) $$0 < 2B_1B_2$$

Für positive Schuldenhöhen ist Ungleichung (P5.4) immer erfüllt. Koordinierung reduziert daher stets die Inflationsrate.

Proposition 6: Die optimale einheitliche Anleihelaufzeit ist eine negative Funktion der Höhe der Gesamtschuld $B = B_1 + B_2$ in der Währungsunion.

Beweis:

Die Laufzeit der Staatsverschuldung ist gegeben durch Gleichung (2.4.-27):

(2.4.-27) $$\overline{m} = \frac{\hat{m}}{1 + \frac{\beta^2 \overline{B}^2}{4\alpha}}$$

wobei $\overline{B} = B_1 + B_2$.

Ableiten nach $\overline{B}$ zeigt:

(P6.1) $$\frac{\partial \overline{m}}{\partial \overline{B}} = -\frac{\hat{m}\beta^2 \overline{B}}{2\alpha \left[1 + \frac{\beta^2 \overline{B}^2}{4\alpha}\right]^2} < 0$$

Für $\hat{m}, \overline{B} > 0$ ist daher Proposition 6 stets erfüllt.

Proposition 7: Die einheitliche Laufzeit und die Inflationsrate sind in der einheitlich koordinierte Währungsunion unabhängig von der Verteilung der Gesamtschuld auf die beiden Teilnehmerstaaten der Währungsunion.

Beweis:

b sei der Anteil des Staates 1 an der Gesamtschuld B.
Die optimale, einheitliche Laufzeit der Staatsverschuldung war gegeben durch Gleichung (2.4.-27):

(2.4.-27) $$\overline{m} = \frac{\hat{m}}{1 + \frac{\beta^2 (B_1 + B_2)^2}{4\alpha}}$$

Substituiert man $B_1 = b\overline{B}$ und $B_2 = (1 - b)\overline{B}$, so zeigt sich, daß die optimale, einheitliche Laufzeit unabhängig von dem Verteilungsparameter b ist.

(2.4.-27) $$\overline{m} = \frac{\hat{m}}{1 + \frac{\beta^2 \left(b\overline{B} + (1-b)\overline{B}\right)^2}{4\alpha}} = \frac{\hat{m}}{1 + \frac{\beta^2 \left(\overline{B}\right)^2}{4\alpha}}$$

(P7.1) $$\frac{\partial \overline{m}}{\partial b} = 0$$

Analog folgt für die Inflationsrate in der Währungsunion, die durch Gleichung (2.4.-28) gegeben war:

(2.4.-28) $$\pi = \frac{\beta \hat{m}(B_1 + B_2)}{2\alpha + \frac{\beta^2 (B_1 + B_2)^2}{2}}$$

durch Substitution von $B_1 = b\overline{B}$ und $B_2 = (1-b)\overline{B}$, daß die Inflationsrate nicht von dem Verteilungsparameter der Staatsschuld (b) abhängt.

(2.4.--28) $$\pi = \frac{\beta \hat{m}\left(b\overline{B} + (1-b)\overline{B}\right)}{2\alpha + \frac{\beta^2 \left(b\overline{B} + (1-b)\overline{B}\right)^2}{2}} = \frac{\beta \hat{m}\left(\overline{B}\right)}{2\alpha + \frac{\beta^2 \left(\overline{B}\right)^2}{2}}$$

(P7.2) $$\frac{\partial \pi}{\partial b} = 0$$

Weder die einheitliche Laufzeit noch die Inflationsrate in der einheitlich koordinierten Währungsunion sind von der Verteilung der Gesamtschuld auf die beiden Staaten abhängig.

Proposition 8: Unterschiede in der Schuldenhöhe führen auch bei zentraler Festlegung der wohlfahrtsoptimalen länderspezifischen Schuldenstruktur zu Unterschieden in der Schuldenstruktur:

$$B_1 \neq B_2 \Rightarrow m_1 \neq m_2$$

Proposition 9: Der höher verschuldete Staat weist eine kürzere Laufzeit auf:

$$B_1 > B_2 \Rightarrow m_1 < m_2$$

Beweis:

Die optimale Schuldenstruktur war gegeben durch die Gleichungen (2.4.-42.1) und (2.4.-42.2). Subtrahiert man (2.4.-42.2) von (2.4.-42.1), ergibt sich der Unterschied in der Laufzeit als:

(P9.1) $$m_1 - m_2 = \frac{\hat{m}\left[2\alpha + \beta^2\left(B_2^2 - B_1 B_2\right)\right]}{2\alpha + \beta^2\left(B_1^2 + B_2^2\right)} - \frac{\hat{m}\left[2\alpha + \beta^2\left(B_1^2 - B_1 B_2\right)\right]}{2\alpha + \beta^2\left(B_1^2 + B_2^2\right)}$$

was sich über den Zwischenschritt (P9.2) vereinfacht zu (P9.3):

(P9.2) $$m_1 - m_2 = \frac{\hat{m}\left[2\alpha + \beta^2 B_2^2 - \beta^2 B_1 B_2 - 2\alpha - \beta^2 B_1^2 + \beta^2 B_1 B_2\right]}{2\alpha + \beta^2\left(B_1^2 + B_2^2\right)}$$

(P9.3) $$m_1 - m_2 = \frac{\hat{m}\beta^2\left(B_2^2 - B_1^2\right)}{2\alpha + \beta^2\left(B_1^2 + B_2^2\right)}$$

Es gilt:
$$\begin{aligned} m_1 - m_2 &> 0 \quad \text{wenn} \quad B_1 < B_2 \\ m_1 - m_2 &< 0 \quad \text{wenn} \quad B_1 > B_2 \\ m_1 - m_2 &= 0 \quad \text{wenn} \quad B_1 = B_2 \end{aligned}$$

Die Differenz ($m_1 - m_2$) ist genau dann gleich Null, wenn beide Staaten die gleiche Schuldenhöhe aufweisen. m_1 ist kleiner als m_2, wenn und nur wenn B_1 größer als B_2 ist.

Proposition 10: Die Reaktion der wohlfahrtsoptimalen Laufzeit von Land 1 (m_1) auf eine Erhöhung seiner Verschuldung (B_1) ist nicht eindeutig. Die Richtung der Reaktion hängt vom Verhältnis der beiden Schuldenhöhen zueinander, der Inflationsaversion α und dem Steuergewichtungsparameter β ab.

Beweis:

Die optimale Laufzeit ist gegeben durch Gleichung (2.4.-42.1):

(2.4.-42.1) $$m_1 = \frac{\hat{m}2\alpha + \hat{m}\beta^2 B_2^2 - \hat{m}\beta^2 B_1 B_2}{2\alpha + \beta^2 B_1^2 + \beta^2 B_2^2}$$

Ableiten nach B_1 ergibt:

(P10.1) $$\frac{\partial m_1}{\partial B_1} = \frac{\left[-\hat{m}\beta^2 B_2\right]\left[2\alpha + \beta^2 B_1^2 + \beta^2 B_2^2\right]}{\left[2\alpha + \beta^2 B_1^2 + \beta^2 B_2^2\right]^2} - \frac{\left[\hat{m}2\alpha + \hat{m}\beta^2 B_2^2 - \hat{m}\beta^2 B_1 B_2\right]\left[2\beta^2 B_1\right]}{\left[2\alpha + \beta^2 B_1^2 + \beta^2 B_2^2\right]^2}$$

was sich vereinfachen läßt zu:

(P10.2) $$\frac{\partial m_1}{\partial B_1} = \frac{\hat{m}\beta^4\left[B_1^2 B_2 - \left(2\alpha\beta^{-2} + B_2^2\right)\left(2B_1 + B_2\right)\right]}{\left[2\alpha + \beta^2 B_1^2 + \beta^2 B_2^2\right]^2}$$

Es gilt: $$\frac{\partial m_1}{\partial B_1} < 0 \text{ wenn } \frac{B_1^2 B_2}{2B_1 + B_2} - B_2^2 < \frac{2\alpha}{\beta^2}$$

$$\frac{\partial m_1}{\partial B_1} > 0 \text{ wenn } \frac{B_1^2 B_2}{2B_1 + B_2} - B_2^2 > \frac{2\alpha}{\beta^2}$$

$$\frac{\partial m_1}{\partial B_1} = 0 \text{ wenn } \frac{B_1^2 B_2}{2B_1 + B_2} - B_2^2 = \frac{2\alpha}{\beta^2}$$

Proposition 11: Die Reaktion der Laufzeit von Land 1 (m_1) auf eine Erhöhung der Schuld in Land 2 (B_2) ist nicht eindeutig. Die Richtung der Reaktion hängt vom Verhältnis der beiden Schuldenhöhen zueinander, der Inflationsaversion α und dem Steuergewichtungsparameter β ab.

Beweis:

Die optimale Laufzeit ist gegeben durch Gleichung (2.4.-42.1):

(2.4.-42.1) $$m_1 = \frac{\hat{m}2\alpha + \hat{m}\beta^2 B_2^2 - \hat{m}\beta^2 B_1 B_2}{2\alpha + \beta^2 B_1^2 + \beta^2 B_2^2}$$

Ableiten nach B_2 ergibt:

(P11.1)
$$\frac{\partial m_1}{\partial B_2} = \frac{\left[\hat{m}\beta^2(2B_2 - B_1)\right]\left[2\alpha + \beta^2 B_1^2 + \beta^2 B_2^2\right]}{\left[2\alpha + \beta^2 B_1^2 + \beta^2 B_2^2\right]^2} - \frac{\left[\hat{m}2\alpha + \hat{m}\beta^2 B_2^2 - \hat{m}\beta^2 B_1 B_2\right]\left[2\beta^2 B_2\right]}{\left[2\alpha + \beta^2 B_1^2 + \beta^2 B_2^2\right]^2}$$

was sich vereinfacht zu:

(P11.2)
$$\frac{\partial m_1}{\partial B_2} = \frac{\hat{m}\beta^4 B_1\left[B_2^2 + 2B_1 B_2 - B_1^2 - 2\alpha\beta^{-2}\right]}{\left[2\alpha + \beta^2 B_1^2 + \beta^2 B_2^2\right]^2}$$

Es gilt:

$$\frac{\partial m_1}{\partial B_2} < 0 \text{ wenn } B_2^2 - B_1^2 + 2B_1 B_2 < 2\alpha\beta^{-2}$$

$$\frac{\partial m_1}{\partial B_2} > 0 \text{ wenn } B_2^2 - B_1^2 + 2B_1 B_2 > 2\alpha\beta^{-2}$$

$$\frac{\partial m_1}{\partial B_2} = 0 \text{ wenn } B_2^2 - B_1^2 + 2B_1 B_2 = 2\alpha\beta^{-2}$$

Proposition 12: Verglichen mit der unkoordinierten Währungsunion reduziert eine wohlfahrtsoptimale, länderspezifische Koordinierung die Anleihelaufzeit eines Landes.

$m_1^S < m_1^U$

Beweis:

Die Laufzeit eines Landes bei zentraler, länderspezifischer Festlegung der Schuldenstruktur war durch Gleichung (2.4.-42.1) gegeben. Gleichung (2.4.-15.1) bestimmt die Laufzeit eines Landes in der unkoordinierten Währungsunion.

(2.4.-15.1)
$$m_1^U = \frac{\hat{m}\left[4\alpha + \beta^2\left(B_2^2 - B_1 B_2\right)\right]}{4\alpha + \beta^2\left(B_1^2 + B_2^2\right)}$$

(2.4.-42.1) $$m_1^S = \frac{\hat{m}\left[2\alpha + \beta^2\left(B_2^2 - B_1 B_2\right)\right]}{2\alpha + \beta^2\left(B_1^2 + B_2^2\right)}$$

$$m_1^S < m_1^U$$

(P12.1) $$\Leftrightarrow \quad \frac{\hat{m}\left[2\alpha + \beta^2\left(B_2^2 - B_1 B_2\right)\right]}{2\alpha + \beta^2\left(B_1^2 + B_2^2\right)} < \frac{\hat{m}\left[4\alpha + \beta^2\left(B_2^2 - B_1 B_2\right)\right]}{4\alpha + \beta^2\left(B_1^2 + B_2^2\right)}$$

Mit $\gamma = \beta^2\left(B_2^2 - B_1 B_2\right)$ und $\delta = \beta^2\left(B_1^2 + B_2^2\right)$ läßt sich (P12.1) umformen zu:

(P12.2) $$\frac{\hat{m}[2\alpha + \gamma]}{2\alpha + \delta} < \frac{\hat{m}[4\alpha + \gamma]}{4\alpha + \delta}$$

(P12.3) $$[2\alpha + \gamma]\,[4\alpha + \delta] < [4\alpha + \gamma]\,[2\alpha + \delta]$$

(P12.4) $$8\alpha^2 + 2\alpha\delta + 4\alpha\gamma + \gamma\delta < 8\alpha^2 + 4\alpha\delta + 2\alpha\gamma + \gamma\delta$$

(P12.5) $$\gamma < \delta$$

Rücksubstitution von $\gamma = \beta^2\left(B_2^2 - B_1 B_2\right)$ und $\delta = \beta^2\left(B_1^2 + B_2^2\right)$ und kürzen ergibt:

(P12.6) $$-B_2 < B_1$$

So lange beide Schuldenhöhen positiv sind, ist diese Bedingung immer erfüllt.

Proposition 13: Eine koordinierte Währungsunion mit länderspezifischen Schuldenstrukturen weist eine niedrigere Inflationsrate auf als eine koordinierte Währungsunion mit einer einheitlichen Schuldenstruktur.

$$\pi^S < \pi^E$$

Beweis:

Die Inflationsrate in einer koordinierten Währungsunion mit einheitlicher Schuldenstruktur war durch Gleichung (2.4.-28) gegeben. Gleichung (2.4.-44) bestimmt die Inflationsrate in einer koordinierten Währungsunion mit länderspezifischen Schuldenstrukturen.

(2.4.-28) $$\pi^E = \frac{\beta\hat{m}(B_1 + B_2)}{2\alpha + \frac{\beta^2(B_1 + B_2)^2}{2}}$$

(2.4.-44) $$\pi^S = \frac{\hat{m}\beta(B_1 + B_2)}{2\alpha + \beta^2(B_1^2 + B_2^2)}$$

Es gilt: $\pi^S < \pi^E$

(P13.1) $$\frac{\hat{m}\beta(B_1 + B_2)}{2\alpha + \beta^2(B_1^2 + B_2^2)} < \frac{\beta\hat{m}(B_1 + B_2)}{2\alpha + \frac{\beta^2(B_1 + B_2)^2}{2}}$$

(P13.2) $$2\alpha + \frac{\beta^2(B_1 + B_2)^2}{2} < 2\alpha + \beta^2(B_1^2 + B_2^2)$$

(P13.3) $$B_1^2 + 2B_1B_2 + B_2^2 < 2(B_1^2 + B_2^2)$$

(P13.4) $$2B_1B_2 < B_1^2 + B_2^2$$

Ausdruck (P13.4) ist für $B_1 \neq B_2$ stets erfüllt.

Bestehen keine Unterschiede in den Schuldenhöhen ($B_1 = B_2$), sind die länderspezifischen Schuldenstrukturen identisch ($m_1^S = m_2^S = m^E$). In diesem Fall ist auch die Inflationsrate unabhängig davon, ob länderspezifisch oder unionsweit einheitliche Schuldenstrukturen vorgegeben werden ($\pi^S = \pi^E$).

Proposition 14: Die Wirkungen der Schuldenstrukturpolitik eines Landes auf die gemeinsame Inflationsrate in der Währungsunion sind um so größer, je höher das Land verschuldet ist.

Beweis:

Die Inflationsrate in der Währungsunion als Funktion der Schuldenstrukturen der beiden Länder war gegeben durch die Reaktionsfunktion der Zentralbank (Gleichung 2.4.-4):

(2.4.-4) $$\pi = \frac{\beta(B_1m_1 + B_2m_2)}{2\alpha}$$

Ableiten nach der Schuldenstruktur eines Landes ergibt:

(P14.1) $$\frac{\delta\pi}{\delta m_1} = \frac{\beta B_1}{2\alpha}$$

Erneutes Ableiten nach der Schuldenhöhe zeigt:

(P14.2) $$\frac{\delta^2\pi}{\delta m_1 \delta B_1} = \frac{\beta}{2\alpha} > 0$$

Diese Wirkungen der Schuldenstruktur sind damit um so stärker, je höher Land 1 verschuldet ist.

Proposition 15: Bei Unterschieden in der Schuldenhöhe führen zentral festgelegte, aber länderspezifische Schuldenstrukturen stets zu einer höheren Wohlfahrtssumme als die zentrale Festlegung einer einheitliche Schuldenstruktur für die gesamte Währungsunion.

Es sei: $\widetilde{W}^E$ Wohlfahrtssumme bei zentraler, einheitlicher Festlegung
$\widetilde{W}^S$ Wohlfahrtssumme bei zentraler, länderspezifischer Festlegung

$$\widetilde{W}^S > \widetilde{W}^E$$

Beweis:

Die Gesamtwohlfahrt bei zentral festgelegten einheitlichen bzw. länderspezifischen Schuldenstrukturen war gegeben durch die Gleichungen (2.4.-31) bzw. (2.4.-47):

(2.4.-31) einheitlich:

$$\widetilde{W}^E = 2\Omega - \beta[2g + r(B_1 + B_2)] - \frac{\beta^2 \hat{m}^2 (B_1 + B_2)^2}{4\alpha + \beta^2 (B_1 + B_2)^2}$$

(2.4.-47) länderspezifisch:

$$\widetilde{W}^S = 2\Omega - \beta[2g + r(B_1 + B_2)] - \frac{1}{2}\frac{\hat{m}^2 \beta^2 (B_1 + B_2)^2}{2\alpha + \beta^2 (B_1^2 + B_2^2)}$$

Subtraktion zeigt:

(P15.1) $$\widetilde{W}^S - \widetilde{W}^E = -\frac{1}{2}\frac{\hat{m}^2\beta^2(B_1+B_2)^2}{2\alpha+\beta^2(B_1^2+B_2^2)} + \frac{\beta^2\hat{m}^2(B_1+B_2)^2}{4\alpha+\beta^2(B_1+B_2)^2}$$

(P15.2) $$\widetilde{W}^S - \widetilde{W}^E = \frac{\beta^2\hat{m}^2(B_1+B_2)^2}{4\alpha+\beta^2(B_1+B_2)^2} - \frac{\hat{m}^2\beta^2(B_1+B_2)^2}{4\alpha+2\beta^2(B_1^2+B_2^2)}$$

(P15.3) $$\widetilde{W}^S - \widetilde{W}^E = \hat{m}^2\beta^2(B_1+B_2)^2\left[\frac{1}{4\alpha+\beta^2(B_1+B_2)^2} - \frac{1}{4\alpha+2\beta^2(B_1^2+B_2^2)}\right]$$

(P15.4) $$\widetilde{W}^S - \widetilde{W}^E = \frac{\hat{m}^2\beta^2(B_1+B_2)^2\beta^2\left[2(B_1^2+B_2^2)-(B_1+B_2)^2\right]}{\left[4\alpha+\beta^2(B_1+B_2)^2\right]\left[4\alpha+2\beta^2(B_1^2+B_2^2)\right]}$$

(P15.5) $$\widetilde{W}^S - \widetilde{W}^E = \frac{\hat{m}^2\beta^4(B_1+B_2)^2(B_1-B_2)^2}{\left[4\alpha+\beta^2(B_1+B_2)^2\right]\left[4\alpha+2\beta^2(B_1^2+B_2^2)\right]} > 0$$

Es gilt: $\widetilde{W}^S > \widetilde{W}^E$ für $\mathbf{B}_1 \neq \mathbf{B}_2$
$\widetilde{W}^S = \widetilde{W}^E$ für $\mathbf{B}_1 = \mathbf{B}_2$

Proposition 16: Bei Unterschieden in der Schuldenhöhe führt eine koordinierte, aber für die gesamte Währungsunion einheitlich festgelegte Schuldenstruktur nicht notwendigerweise zu einer höheren Wohlfahrtssumme als eine unkoordinierte Politik.

Es sei: $\widetilde{W}^E$ Wohlfahrtssumme bei zentraler, einheitlicher Festlegung
$\widetilde{W}^U$ Wohlfahrtssumme bei unkoordinierter Laufzeitenwahl

Beweis:

(2.4.-31) einheitlich:
$$\widetilde{W}^E = 2\Omega - \beta[2g + r(B_1+B_2)] - \frac{\beta^2\hat{m}^2(B_1+B_2)^2}{4\alpha+\beta^2(B_1+B_2)^2}$$

(2.4.-20) unkoordiniert:
$$\widetilde{W}^U = 2\Omega - \beta[2g + r(B_1+B_2)] - \frac{1}{2}\frac{\beta^2\hat{m}^2(B_1+B_2)^2\left[8\alpha+\beta^2(B_1^2+B_2^2)\right]}{\left[4\alpha+\beta^2(B_1^2+B_2^2)\right]^2}$$

Die Differenz ergibt:

(P16.1)
$$\widetilde{W}^{E}-\widetilde{W}^{U}=-\frac{\beta^{2}\hat{m}^{2}(B_{1}+B_{2})^{2}}{4\alpha+\beta^{2}(B_{1}+B_{2})^{2}}+\frac{1}{2}\frac{\beta^{2}\hat{m}^{2}(B_{1}+B_{2})^{2}\left[8\alpha+\beta^{2}\left(B_{1}^{2}+B_{2}^{2}\right)\right]}{\left[4\alpha+\beta^{2}\left(B_{1}^{2}+B_{2}^{2}\right)\right]^{2}}$$

Mit: $\gamma=\beta^{2}(B_{1}+B_{2})^{2}$ und $\delta=\beta^{2}\left(B_{1}^{2}+B_{2}^{2}\right)$ läßt sich (P16.1) vereinfachen zu:

(P16.2)
$$\widetilde{W}^{E}-\widetilde{W}^{U}=-\frac{\gamma\hat{m}^{2}}{4\alpha+\gamma}+\frac{1}{2}\frac{\gamma\hat{m}^{2}[8\alpha+\delta]}{[4\alpha+\delta]^{2}}$$

was sich umformen läßt zu:

(P16.3)
$$\widetilde{W}^{E}-\widetilde{W}^{U}=\gamma\hat{m}^{2}\left[\frac{8\alpha+\delta}{2\,[4\alpha+\delta]^{2}}-\frac{1}{4\alpha+\gamma}\right]$$

(P16.4)
$$\widetilde{W}^{E}-\widetilde{W}^{U}=\gamma\hat{m}^{2}\left[\frac{(8\alpha+\delta)\,(4\alpha+\gamma)-2\,[4\alpha+\delta]^{2}}{2\,[4\alpha+\delta]^{2}(4\alpha+\gamma)}\right]$$

(P16.5)
$$\widetilde{W}^{E}-\widetilde{W}^{U}=\gamma\hat{m}^{2}\left[\frac{32\alpha^{2}+8\alpha\gamma+4\alpha\delta+\delta\gamma-32\alpha^{2}-16\alpha\delta-2\delta^{2}}{2\,[4\alpha+\delta]^{2}(4\alpha+\gamma)}\right]$$

(P16.6)
$$\widetilde{W}^{E}-\widetilde{W}^{U}=\gamma\hat{m}^{2}\left[\frac{8\alpha\gamma+\delta\gamma-12\alpha\delta-2\delta^{2}}{2\,[4\alpha+\delta]^{2}(4\alpha+\gamma)}\right]$$

Die einheitliche Koordinierung ist sinnvoll ($\widetilde{W}^{E}>\widetilde{W}^{U}$), wenn:

(P16.7)
$$8\alpha\gamma+\delta\gamma>12\alpha\delta+2\delta^{2}$$

$$\Leftrightarrow\quad\frac{\gamma}{\delta}>\frac{12\alpha+2\delta}{8\alpha+\delta}$$

Durch Rück-Substitution von $\gamma=\beta^{2}(B_{1}+B_{2})^{2}$ und $\delta=\beta^{2}\left(B_{1}^{2}+B_{2}^{2}\right)$ ergibt sich:

(P16.8) $$\frac{(B_1+B_2)^2}{B_1^2+B_2^2} > \frac{12\alpha + 2\beta^2(B_1^2+B_2^2)}{8\alpha + \beta^2(B_1^2+B_2^2)}$$

Die Einführung einer einheitlichen Schuldenstruktur ist nur sinnvoll, wenn die Schuldenhöhen der beiden Teilnehmerstaaten diese spezielle Bedingung erfüllen.

Wie die Simulation zeigt, ist diese Bedingung erfüllt, wenn der Unterschied zwischen den Schuldenhöhen der beiden Staaten nicht zu groß ist (Vergl. Abbildung 8 auf S. 114).

Proposition 17: Bei Unterschieden in der Schuldenhöhe führen zentral festgelegte, aber länderspezifische Schuldenstrukturen stets zu einer höheren Wohlfahrtssumme als die unkoordinierte ("autonome") Wahl der Schuldenstruktur.

Es sei: $\widetilde{W}^S$ Wohlfahrtssumme bei zentraler, länderspezifischer Festlegung
$\widetilde{W}^U$ Wohlfahrtssumme bei unkoordinierter Laufzeitenwahl

$$\widetilde{W}^S > \widetilde{W}^U$$

Beweis:

(2.4.-47) länderspezifisch:

$$\widetilde{W}^S = 2\Omega - \beta[2g + r(B_1+B_2)] - \frac{1}{2}\frac{\hat{m}^2\beta^2(B_1+B_2)^2}{2\alpha + \beta^2(B_1^2+B_2^2)}$$

(2.4.-20) unkoordiniert:

$$\widetilde{W}^U = 2\Omega - \beta[2g + r(B_1+B_2)] - \frac{1}{2}\frac{\beta^2\hat{m}^2(B_1+B_2)^2[8\alpha + \beta^2(B_1^2+B_2^2)]}{[4\alpha + \beta^2(B_1^2+B_2^2)]^2}$$

Die Subtraktion ergibt:

(P17.1) $$\widetilde{W}^S - \widetilde{W}^U = -\frac{1}{2}\frac{\hat{m}^2\beta^2(B_1+B_2)^2}{2\alpha + \beta^2(B_1^2+B_2^2)} + \frac{1}{2}\frac{\beta^2\hat{m}^2(B_1+B_2)^2[8\alpha + \beta^2(B_1^2+B_2^2)]}{[4\alpha + \beta^2(B_1^2+B_2^2)]^2}$$

Mit: $\gamma = \beta^2\hat{m}^2(B_1+B_2)^2$ und $\delta = \beta^2(B_1^2+B_2^2)$ folgt:

(P17.2) $$\widetilde{W}^S - \widetilde{W}^U = -\frac{1}{2}\frac{\gamma}{2\alpha+\delta} + \frac{1}{2}\frac{\gamma[8\alpha+\delta]}{[4\alpha+\delta]^2}$$

was sich umformen läßt zu:

(P17.3) $$\widetilde{W}^S - \widetilde{W}^U = \frac{\gamma}{2}\left[\frac{[8\alpha+\delta]\,[2\alpha+\delta]-[4\alpha+\delta]^2}{[4\alpha+\delta]^2[2\alpha+\delta]}\right]$$

(P17.4) $$\widetilde{W}^S - \widetilde{W}^U = \frac{\gamma}{2}\left[\frac{16\alpha^2+8\alpha\delta+2\alpha\delta+\delta^2-16\alpha^2-8\alpha\delta-\delta^2}{[4\alpha+\delta]^2[2\alpha+\delta]}\right]$$

(P17.5) $$\widetilde{W}^S - \widetilde{W}^U = \frac{\gamma}{2}\left[\frac{2\alpha\delta}{[4\alpha+\delta]^2[2\alpha+\delta]}\right] > 0$$

Eine zentrale Festlegung länderspezifischer Schuldenstrukturen führt stets zu einer höheren Wohlfahrtssumme als die unkoordinierte Schuldenstrukturpolitik.

Proposition 18: Bei relativ großen Unterschieden in der Schuldenhöhe kann trotz der Inflationsanreize die unkoordinierte Schuldenstrukturpolitik für das höher verschuldete Land zu einer höheren Wohlfahrt führen als eine koordinierte Schuldenstrukturpolitik mit länderspezifischen Schuldenstrukturen.

$$W^U > W^S$$

Beweis:

Die Wohlfahrt eines Landes in einer unkoordinierten Währungsunion war gegeben durch Gleichung (2.4.-19.1). Die Wohlfahrt eines Landes in einer koordinierten Währungsunion mit länderspezifischen Schuldenstrukturen war gegeben durch Gleichung (2.4.-46.1)

(2.4.-19.1) unkoordiniert

$$W_1^U = \Omega - \beta(g + rB_1) - \frac{1}{2}\frac{\beta^2\hat{m}^2(B_1+B_2)^2[4\alpha+\beta^2 B_1^2]}{[4\alpha+\beta^2(B_1^2+B_2^2)]^2}$$

(2.4.-46.1) länderspezifisch

$$W_1^S = \Omega - \beta(g + rB_1) - \frac{1}{2}\frac{\hat{m}^2\beta^2(B_1 + B_2)^2(\alpha + \beta^2 B_1^2)}{\left[2\alpha + \beta^2(B_1^2 + B_2^2)\right]^2}$$

(P18.1) $W_1^S > W_1^U$ ist äquivalent zu:

(P18.2) $$-\frac{1}{2}\frac{\hat{m}^2\beta^2(B_1 + B_2)^2(\alpha + \beta^2 B_1^2)}{\left[2\alpha + \beta^2(B_1^2 + B_2^2)\right]^2} > -\frac{1}{2}\frac{\beta^2\hat{m}^2(B_1 + B_2)^2\left[4\alpha + \beta^2 B_1^2\right]}{\left[4\alpha + \beta^2(B_1^2 + B_2^2)\right]^2}$$

vereinfachen ergibt:

(P18.3) $$\frac{\alpha + \beta^2 B_1^2}{\left[2\alpha + \beta^2(B_1^2 + B_2^2)\right]^2} < \frac{4\alpha + \beta^2 B_1^2}{\left[4\alpha + \beta^2(B_1^2 + B_2^2)\right]^2}$$

Mit $\gamma = \beta^2 B_1^2$ und $\delta = \beta^2(B_1^2 + B_2^2)$ folgt:

(P18.4) $$\frac{\alpha + \gamma}{[2\alpha + \delta]^2} < \frac{4\alpha + \gamma}{[4\alpha + \delta]^2}$$

(P18.5) $$(\alpha + \gamma)\ [4\alpha + \delta]^2 < (4\alpha + \gamma)\ [2\alpha + \delta]^2$$

(P18.6) $$(\alpha + \gamma)\ \left[16\alpha^2 + 8\alpha\delta + \delta^2\right] < (4\alpha + \gamma)\ \left[4\alpha^2 + 4\alpha\delta + \delta^2\right]$$

(P18.7) $$\begin{aligned} &16\alpha^3 + 8\alpha^2\delta + \alpha\delta^2 + 16\gamma\alpha^2 + 8\alpha\gamma\delta + \gamma\delta^2 \\ &< 16\alpha^3 + 16\alpha^2\delta + 4\alpha\delta^2 + 4\alpha^2\gamma + 4\alpha\gamma\delta + \gamma\delta^2 \end{aligned}$$

(P18.8) $$12\gamma\alpha + 4\gamma\delta < 8\alpha\delta + 3\delta^2$$

(P18.9) $$\frac{\gamma}{\delta} < \frac{8\alpha + 3\delta}{12\alpha + 4\delta}$$

Durch Rück-Substitution von $\gamma = \beta^2 B_1^2$ und $\delta = \beta^2(B_1^2 + B_2^2)$ folgt:

(P18.10) $$\frac{\beta^2 B_1^2}{\beta^2(B_1^2 + B_2^2)} < \frac{8\alpha + 3\beta^2(B_1^2 + B_2^2)}{12\alpha + 4\beta^2(B_1^2 + B_2^2)}$$

was sich vereinfacht zu:

$$\text{(P18.11)} \qquad \frac{B_1^2}{B_1^2+B_2^2} < \frac{8\alpha+3\beta^2\left(B_1^2+B_2^2\right)}{12\alpha+4\beta^2\left(B_1^2+B_2^2\right)}$$

Eine länderspezifische Koordinierung erhöht nur dann die Wohlfahrt eines Staates, wenn seine Schuldenhöhe Bedingung (P18.11) erfüllt.

Wie die Simulation zeigt, ist Bedingung (P18.11) erfüllt, wenn der Anteil der Verschuldung von Land 1 an der Gesamtverschuldung in der Währungsunion nicht zu groß ist (Vergl. Abbildung 9 auf S. 117).

2.5. Unterschiede in der Inflationsaversion

Im vorangegangenen Kapitel wurden Unterschiede in der Schuldenhöhe betrachtet. Dieses Kapitel widmet sich der strategischen Interaktion der Schuldenstrukturpolitik als Konsequenz von Präferenzunterschieden. Betrachtet wird dazu eine Währungsunion aus zwei Ländern, die sich in ihrer Inflationsaversion unterscheiden. Um die spezifischen Auswirkungen der Präferenzunterschiede herauszuarbeiten und um die mathematische Darstellung leicht nachvollziehbar zu halten, werden alle sonstigen Parameter als für beide Staaten identisch angenommen. Der zeitliche Entscheidungsablauf des Grundmodells aus Kapitel 2.2. und die dort getroffenen Annahmen gelten unverändert fort. Zuerst wird der Fall analysiert, in dem auf eine Koordination der Schuldenstrukturpolitik verzichtet wird. Jedes Land legt seine Laufzeit m_i autonom fest und betrachtet die Laufzeitenwahl des anderen Staates als gegeben. Anschließend wird dieses Ergebnis mit einer koordinierten Festlegung der Laufzeitenstruktur verglichen.

2.5.1. Autonome Schuldenstrukturpolitik

Die Wohlfahrtsfunktion der Länder i=1,2 sei gegeben durch:

$$\text{(2.5.-1)} \qquad W_i = \Omega - \frac{1}{2}\alpha_i \pi^2 - \beta(g + rB + \pi^e m_i B - \pi m_i B) - \frac{1}{2}(\hat{m} - m_i)^2$$

wobei $\alpha_1 \neq \alpha_2$

Parameter des Modells

Einen Überblick über die Parameter des hier analysierten Modells gibt Tabelle 10.

Tabelle 10: Die Parameter des Modells – Unterschiede in der Inflationsaversion

endogene Parameter	exogene Parameter
m_1, m_2 bzw. $\overline{m}$, π, W_1, W_2.	α_1, α_2, β, g, r, $\hat{m}$, B.

Quelle: Eigene Darstellung.

Lösung des Modells

Die Lösung des Modells erfolgt rekursiv. Zuerst wird das Optimierungsverhalten der Zentralbank betrachtet.

Stufe 3: Das Optimierungsproblem der Zentralbank

Die Zentralbank maximiert die ungewichtete Wohlfahrtssumme der beiden Länder:

(2.5.-2) $$Max\ W = \sum_{i=1}^{i=2} W_i$$

Gegeben die Inflationsaversion α_1 und α_2 der beiden Länder, sowie gegeben die von den beiden Ländern autonom festgelegten Schuldenstrukturpolitiken m_1 und m_2, lautet die Bedingung 1. Ordnung für ein Wohlfahrtsoptimum:

(2.5.-3) $$\frac{\partial(W_1 + W_2)}{\partial \pi} = -\alpha_1 \pi + \beta B m_1 - \alpha_2 \pi + \beta B m_2 = 0$$

Die Zentralbank legt die Inflationsrate daher fest als:

(2.5.-4) $$\pi = \frac{\beta B(m_1 + m_2)}{\alpha_1 + \alpha_2}$$

Wie Gleichung (2.5.-4) zeigt, ist die Inflationsrate in der Währungsunion um so größer, je höher bzw. je langfristiger die beiden Staaten verschuldet sind bzw. um so niedriger, je größer die Inflationsaversion jedes einzelnen Landes ist. Die gemeinschaftliche Inflationsrate ist damit das Ergebnis der Schuldenstrukturpolitik und der Präferenzen jedes einzelnen an der Währungsunion teilnehmenden Landes.

Stufe 2: Die Erwartungsbildung der Wirtschaftssubjekte

In Kenntnis des Modells, in dem sie leben, antizipieren die rationalen Wirtschaftssubjekte in Stufe zwei eine Inflationsrate von:

(2.5.-5) $$\pi^e = \frac{\beta B(m_1 + m_2)}{\alpha_1 + \alpha_2}$$

Da alle Parameter zum Zeitpunkt der Erwartungsbildung bekannt sind und keine Unsicherheiten vorliegen, gilt:

(2.5.-6) $$\pi^e = \pi$$

Stufe 1: Das Optimierungsproblem der Staaten

In Antizipation der Zentralbankreaktion und unter Berücksichtigung der rationalen Erwartungsbildung der Anleger legt jedes Land seine optimale Schuldenstruktur fest, wobei es die Wahl des jeweils anderen Landes als gegeben ansieht. Das Optimierungsproblem des Staates 1 lautet demzufolge:

(2.5.-7) $$W_1 = \Omega - \frac{1}{2}\alpha_1\left[\frac{\beta B(m_1 + m_2)}{\alpha_1 + \alpha_2}\right]^2 - \beta(g + rB) - \frac{1}{2}(\hat{m} - m_1)^2$$

Als Bedingung 1. Ordnung ergibt sich:

(2.5.-8) $$\frac{\partial W_1}{\partial m_1} = -\alpha_1\left[\frac{\beta B(m_1 + m_2)}{\alpha_1 + \alpha_2}\right]\left[\frac{\beta B}{\alpha_1 + \alpha_2}\right] - (\hat{m} - m_1)(-1) = 0$$

Aus (2.5.-8) folgt Gleichung (2.5.-9.1), welche die optimale Schuldenstruktur des Staates 1 als Funktion der Schuldenstruktur des Staates 2 angibt.

(2.5.-9.1) $$m_1 = \frac{\hat{m}(\alpha_1 + \alpha_2)^2 - \alpha_1 \beta^2 B^2 m_2}{(\alpha_1 + \alpha_2)^2 + \alpha_1 \beta^2 B^2}$$

Analog gilt für Land 2:

(2.5.-9.2) $$m_2 = \frac{\hat{m}(\alpha_1 + \alpha_2)^2 - \alpha_2 \beta^2 B^2 m_1}{(\alpha_1 + \alpha_2)^2 + \alpha_2 \beta^2 B^2}$$

Wie die Gleichungen (2.5.-9.1) und (2.5.-9.2) zeigen, ist die optimale Schuldenstruktur jedes Staates eine Funktion der Schuldenstruktur des jeweils anderen Staates. Die eigene Laufzeit ist dabei um so kürzer, je größer die Laufzeit des anderen Staates ist. Formal gilt:

(2.5.-10.1) $$\frac{\partial m_1}{\partial m_2} = -\frac{\alpha_1 \beta^2 B^2}{(\alpha_1 + \alpha_2)^2 + \alpha_1 \beta^2 B^2} < 0$$

(2.5.-10.2) $$\frac{\partial m_2}{\partial m_1} = -\frac{\alpha_2 \beta^2 B^2}{(\alpha_1 + \alpha_2)^2 + \alpha_2 \beta^2 B^2} < 0$$

Gleichgewicht

Im Gleichgewicht gibt jede Regierung die optimale Antwort auf die Schuldenstrukturpolitik des anderen Landes. Beide Reaktionsfunktionen müssen simultan erfüllt sein. Gleichung (2.5.-9.2) in Gleichung (2.5.-9.1) eingesetzt ergibt:

(2.5.-11) $$m_1 = \frac{\hat{m}(\alpha_1 + \alpha_2)^2 - \alpha_1 \beta^2 B^2 \left[\frac{\hat{m}(\alpha_1 + \alpha_2)^2 - \alpha_2 \beta^2 B^2 m_1}{(\alpha_1 + \alpha_2)^2 + \alpha_2 \beta^2 B^2}\right]}{(\alpha_1 + \alpha_2)^2 + \alpha_1 \beta^2 B^2}$$

was sich vereinfacht zu (2.5.-12.1):

(2.5.-12.1) $$m_1 = \frac{\hat{m}\left[(\alpha_1 + \alpha_2)^2 + (\alpha_2 - \alpha_1)\beta^2 B^2\right]}{(\alpha_1 + \alpha_2)^2 + (\alpha_1 + \alpha_2)\beta^2 B^2}$$

Analog gilt für den anderen Staat:

(2.5.-12.2) $$m_2 = \frac{\hat{m}\left[(\alpha_1+\alpha_2)^2 + (\alpha_1-\alpha_2)\beta^2 B^2\right]}{(\alpha_1+\alpha_2)^2 + (\alpha_1+\alpha_2)\beta^2 B^2}$$

Die wohlfahrtsmaximierende Schuldenstruktur jedes Staates ist eine Funktion der eigenen und der fremden Inflationsaversion.

Die Inflationsrate

Einsetzen der Gleichungen (2.5.-12.1) und (2.5.-12.2) in die Reaktionsfunktion der Zentralbank ergibt die Inflationsrate in der Währungsunion:

(2.5.-13)
$$\pi = \frac{\beta B}{\alpha_1+\alpha_2}\left(\frac{\hat{m}\left[(\alpha_1+\alpha_2)^2 + (\alpha_2-\alpha_1)\beta^2 B^2\right]}{(\alpha_1+\alpha_2)^2 + (\alpha_1+\alpha_2)\beta^2 B^2} + \frac{\hat{m}\left[(\alpha_1+\alpha_2)^2 + (\alpha_1-\alpha_2)\beta^2 B^2\right]}{(\alpha_1+\alpha_2)^2 + (\alpha_1+\alpha_2)\beta^2 B^2}\right)$$

Gleichung (2.5.-13) läßt sich vereinfachen zu

(2.5.-14) $$\pi = \frac{2\beta B\hat{m}}{(\alpha_1+\alpha_2) + \beta^2 B^2}$$

Die Inflationsrate ist daher um so niedriger je größer die Inflationsaversion jedes einzelnen Landes ist.

Die Wohlfahrt

Die Wohlfahrt jedes Teilnehmerlandes ergibt sich durch Einsetzen der Inflationsrate (Gleichung 2.5.-14) und der Schuldenstruktur (Gleichung 2.5.-12.1 bzw. 2.5.-12.2) in die Wohlfahrtsfunktion:

(2.5.-15)
$$W_1 = \Omega - \frac{1}{2}\alpha_1\left[\frac{2\beta B\hat{m}}{(\alpha_1+\alpha_2) + \beta^2 B^2}\right]^2 - \beta(g+rB)$$
$$-\frac{1}{2}\left[\hat{m} - \frac{\hat{m}\left[(\alpha_1+\alpha_2)^2 + (\alpha_2-\alpha_1)\beta^2 B^2\right]}{(\alpha_1+\alpha_2)^2 + (\alpha_1+\alpha_2)\beta^2 B^2}\right]^2$$

Gleichung (2.5.-15) vereinfacht sich zu Gleichung (2.5.-16.1):

(2.5.-16.1) $$W_1 = \Omega - \beta(g + rB) - 2\alpha_1\beta^2 B^2 \hat{m}^2 \left[\frac{(\alpha_1 + \alpha_2)^2 + \alpha_1\beta^2 B^2}{\left[(\alpha_1 + \alpha_2)^2 + (\alpha_1 + \alpha_2)\beta^2 B^2\right]^2} \right]$$

Analog folgt für Land 2:

(2.5.-16.2) $$W_2 = \Omega - \beta(g + rB) - 2\alpha_2\beta^2 B^2 \hat{m}^2 \left[\frac{(\alpha_1 + \alpha_2)^2 + \alpha_2\beta^2 B^2}{\left[(\alpha_1 + \alpha_2)^2 + (\alpha_1 + \alpha_2)\beta^2 B^2\right]^2} \right]$$

Die Wohlfahrtssumme $\widetilde{W}^U = W_1 + W_2$ in der unkoordinierten Währungsunion ist somit beschrieben durch:

(2.5.-17) $$\widetilde{W}^U = 2\Omega - 2\beta(g + rB) - 2\beta^2 B^2 \hat{m}^2 \left[\frac{(\alpha_1 + \alpha_2)^3 + (\alpha_1^2 + \alpha_2^2)\beta^2 B^2}{\left[(\alpha_1 + \alpha_2)^2 + (\alpha_1 + \alpha_2)\beta^2 B^2\right]^2} \right]$$

Unkoordinierte Schuldenstrukturpolitik bei Unterschieden in der Inflationsaversion

(2.5.-12.i) $$m_i = \frac{\hat{m}\left[(\alpha_1 + \alpha_2)^2 + (\alpha_{-i} - \alpha_i)\beta^2 B^2\right]}{(\alpha_1 + \alpha_2)^2 + (\alpha_1 + \alpha_2)\beta^2 B^2}$$

(2.5.-14) $$\pi = \frac{2\beta B\hat{m}}{(\alpha_1 + \alpha_2) + \beta^2 B^2}$$

(2.5.-16.i) $$W_i = \Omega - \beta(g + rB) - 2\alpha_i\beta^2 B^2 \hat{m}^2 \left[\frac{(\alpha_1 + \alpha_2)^2 + \alpha_i\beta^2 B^2}{\left[(\alpha_1 + \alpha_2)^2 + (\alpha_1 + \alpha_2)\beta^2 B^2\right]^2} \right]$$

für i={1;2} wobei -i=1, wenn i=2 und -i=2, wenn i=1.

Fazit:

Wie die Gleichung (2.5.-12.i) zeigt, berücksichtigt jedes Land bei der Wahl seiner Schuldenstruktur auch die Inflationsaversion des anderen Staates.[54] Auch die Inflationsrate in der unkoordinierten Währungsunion ist eine Funktion der Präferenzen beider Staaten. Wegen dieser Interdependenz ist auch die Wohlfahrt jedes Teilnehmerlandes nicht nur eine Funktion seiner eigenen Charakteristika, sondern auch eine Funktion der Charakteristika des anderen Staates (Vergl. Gleichung 2.5.-16.i). Für eine nähere Diskussion der Wirkungszusammenhänge und einen modellübergreifenden Wohlfahrtsvergleich sei auf das übernächste Kapitel 2.5.3. (Diskussion der Modellergebnisse, S. 153ff.) verwiesen. Für $\alpha_1 = \alpha_2$ vereinfachen sich die Gleichungen zu den entsprechenden in Kapitel 2.3. hergeleiteten Formeln für die Schuldenstruktur, Inflationsrate und Wohlfahrt in einer unkoordinierten Währungsunion identischer Staaten.

2.5.2. Koordinierte Schuldenstrukturpolitik

In diesem Abschnitt werden die Wohlfahrtswirkungen einer koordinierten Festlegung der Schuldenstruktur analysiert. Wie im Kapitel *Unterschiede in der Schuldenhöhe* soll dabei zuerst unterstellt werden, daß eine zentrale Debt-Management-Institution für die Gesamtschuld in der Währungsunion eine einheitliche Schuldenstruktur festlegt. In einem zweiten Schritt werden länderspezifische Schuldenstrukturen zugelassen.

a) Zentrale Festlegung einer einheitlichen Schuldenstruktur

Beschreibung des Modells

Alle Länder der Währungsunion weisen die gleiche Schuldenstruktur $\overline{m}$ auf:

(2.5.-18) $$m_1 = m_2 = \overline{m}$$

Der zeitliche Entscheidungsablauf des Modells ist unverändert.

---

54 Der genaue Effekt von Veränderungen der Inflationsaversion des anderen Landes auf die eigene Schuldenstruktur wird in Kapitel 2.5.3. (Diskussion der Modellergebnisse, S. 153ff.) näher analysiert.

Die durch Gleichung (2.5.-4) gegebene Reaktionsfunktion der Zentralbank in einer Währungsunion:

(2.5.-4) $$\pi = \frac{\beta B(m_1 + m_2)}{\alpha_1 + \alpha_2}$$

vereinfacht sich durch die Annahme einer identischen Schuldenstruktur in der gesamten Währungsunion zu:

(2.5.-19) $$\pi = \frac{2\beta B\overline{m}}{\alpha_1 + \alpha_2}$$

Das Optimierungsproblem des zentralen Planers

Die zentrale Debt-Management-Agentur wählt die einheitliche Schuldenstruktur mit dem Ziel, die ungewichtete Wohlfahrtssumme der beiden Länder zu maximieren. Die Zielfunktion der Debt-Management-Agentur ist folglich:

(2.5.-20) $$\begin{aligned} &Max\ W_1 + W_2 \\ &= \Omega - \frac{1}{2}\alpha_1\pi^2 - \beta\tau - \frac{1}{2}(\hat{m} - \overline{m})^2 + \Omega - \frac{1}{2}\alpha_2\pi^2 - \beta\tau - \frac{1}{2}(\hat{m} - \overline{m})^2 \end{aligned}$$

was sich vereinfachen läßt zu:

(2.5.-20.1) $$W_1 + W_2 = 2\Omega - 2\beta\tau - (\hat{m} - \overline{m})^2 - \frac{1}{2}(\alpha_1 + \alpha_2)\pi^2$$

Einsetzen von (2.5.-19) in (2.5.-20.1) ergibt:

(2.5.-21) $$W_1 + W_2 = 2\Omega - 2\beta\tau - (\hat{m} - \overline{m})^2 - \frac{2\beta^2 B^2 \overline{m}^2}{\alpha_1 + \alpha_2}$$

Die optimale einheitliche Schuldenstruktur:

(2.5.-22) $$\overline{m} = \frac{\hat{m}}{1 + \dfrac{2\beta^2 B^2}{\alpha_1 + \alpha_2}}$$

ergibt sich aus der Optimalbedingung:

$$(2.5.\text{-}23)\qquad \frac{\partial(W_1+W_2)}{\partial\overline{m}}=-2(\hat{m}-\overline{m})(-1)-2\frac{2\beta^2B^2\overline{m}}{\alpha_1+\alpha_2}=0$$

Da die 2. Ableitung negativ ist, handelt es sich um ein lokales Maximum:

$$(2.5.\text{-}24)\qquad \frac{\partial^2(W_1+W_2)}{\partial^2\overline{m}}=-2-4\frac{\beta^2B^2}{\alpha_1+\alpha_2}<0$$

Wie Gleichung (2.5.-22) zeigt, ist bei einheitlicher Schuldenstruktur die optimale Anleihelaufzeit um so größer, je größer die kombinierte Inflationsaversion ($\alpha_1+\alpha_2$) der beiden Länder ist. Diese einheitliche Schuldenstruktur entspricht der Schuldenstruktur in Autonomie, wobei die Inflationsaversion durch das arithmetische Mittel der Inflationsaversionen der beiden Teilnehmerstaaten ersetzt wurde.

Inflation und Wohlfahrt

Setzt man Gleichung (2.5.-22) in (2.5.-19) ein, ergibt sich mit dieser zentral festgelegten, einheitlichen Schuldenstruktur eine Inflationsrate von

$$(2.5.\text{-}25)\qquad \pi=\frac{2\beta B\hat{m}}{\alpha_1+\alpha_2+2\beta^2B^2}$$

Diese Inflationsrate ist um so niedriger, je größer die Inflationsaversion jedes einzelnen Landes ist. Der Effekt der Schuldenhöhe auf die Inflationsrate hängt von den speziellen Parameterkonstellationen ab.

Bezüglich der Wohlfahrt folgt durch Einsetzen der Inflationsrate und der optimalen, einheitlichen Schuldenstruktur in der Wohlfahrtsfunktion (Gleichung 2.5.-1):

$$(2.5.\text{-}26)\qquad W_i=\Omega-\frac{1}{2}\alpha_i\left[\frac{2\beta B\hat{m}}{\alpha_1+\alpha_2+2\beta^2B^2}\right]^2-\beta(g+rB)-\frac{1}{2}\left[\hat{m}-\left(\frac{\hat{m}}{1+\frac{2\beta^2B^2}{\alpha_1+\alpha_2}}\right)\right]^2$$

was sich zu Gleichung (2.5.-27) vereinfacht:

(2.5.-27) $$W_i = \Omega - \beta(g + rB) - \frac{2\beta^2 B^2 \hat{m}^2 (\alpha_i + \beta^2 B^2)}{(\alpha_1 + \alpha_2 + 2\beta^2 B^2)^2}$$

Aufgrund der Inderdependenz ist die Wohlfahrt jedes Landes eine Funktion der Inflationsaversion beider Staaten (Vergl. Gleichung 2.5.-17).

Die Wohlfahrtssumme $\widetilde{W}^E = W_1 + W_2$ bei zentraler Festlegung einer einheitlichen Schuldenstruktur ist beschrieben durch:

(2.5.-28) $$\widetilde{W}^E = 2\Omega - 2\beta(g + rB) - \frac{2\beta^2 B^2 \hat{m}^2}{\alpha_1 + \alpha_2 + 2\beta^2 B^2}$$

Sie ist durch die exogen gegebenen Parameter vollständig bestimmt.

b) Zentrale Festlegung länderspezifischer Schuldenstrukturen

Die Beschränkung auf eine einheitliche Schuldenstruktur in der gesamten Währungsunion wird jetzt fallen gelassen. Im folgenden wird angenommen, daß der zentrale Planer unterschiedlichen Ländern unterschiedliche Schuldenstrukturen verordnen kann. Der zentrale Planer maximiert die ungewichtete Nutzensumme der beiden Länder. Seine Zielfunktion ist:

(2.5.-29) $$\begin{aligned} &Max \;\; \mathrm{W} = W_1 + W_2 \\ &= \Omega - \frac{1}{2}\alpha_1\pi^2 - \beta\tau - \frac{1}{2}(\hat{m} - m_1)^2 + \Omega - \frac{1}{2}\alpha_2\pi^2 - \beta\tau - \frac{1}{2}(\hat{m} - m_2)^2 \end{aligned}$$

was sich vereinfachen läßt zu:

(2.5.-30) $$W_1 + W_2 = 2\Omega - \frac{1}{2}(\alpha_1 + \alpha_2)\pi^2 - 2\beta\tau - \frac{1}{2}(\hat{m} - m_1)^2 - \frac{1}{2}(\hat{m} - m_2)^2$$

Die Reaktionsfunktion der Zentralbank ist weiterhin durch Gleichung (2.5.-4) bestimmt:

(2.5.-4) $$\pi = \frac{\beta B(m_1 + m_2)}{\alpha_1 + \alpha_2}$$

so daß für die Wohlfahrt als Funktion der Schuldenstruktur folgt:

(2.5.-31)
$$W(m_1,m_2) = 2\Omega - \frac{1}{2}(\alpha_1+\alpha_2)\left[\frac{\beta B(m_1+m_2)}{\alpha_1+\alpha_2}\right]^2 - 2\beta\tau - \frac{1}{2}(\hat{m}-m_1)^2 - \frac{1}{2}(\hat{m}-m_2)^2$$

Bestimmung des Wohlfahrtsmaximums

Die Funktion $W(m_1,m_2)$ hat an der Stelle (m_1^*,m_2^*) einen Extremwert, wenn an dieser Stelle alle partiellen Ableitungen 1. Ordnung verschwinden

und $\frac{\partial^2 W}{\partial m_1^2} * \frac{\partial^2 W}{\partial m_{21}^2} - \frac{\partial^2 W}{\partial m_1 \partial m_2} > 0$. (m_1^*,m_2^*) ist ein Maximum, wenn $\frac{\partial^2 W}{\partial m_1^2} < 0$.

Die partiellen Ableitungen der Wohlfahrtsfunktion lauten:

(2.5.-32.1)
$$\frac{\partial W}{\partial m_1} = -\frac{\beta^2 B^2 (m_1+m_2)_1}{\alpha_1+\alpha_2} + \hat{m} - m_1$$

(2.5.-32.2)
$$\frac{\partial W}{\partial m_2} = -\frac{\beta^2 B^2 (m_1+m_2)_1}{\alpha_1+\alpha_2} + \hat{m} - m_2$$

(2.5.-32.3)
$$\frac{\partial^2 W}{\partial m_1^2} = -\frac{\beta^2 B^2}{\alpha_1+\alpha_2} - 1$$

(2.5.-32.4)
$$\frac{\partial^2 W}{\partial m_2^2} = -\frac{\beta^2 B^2}{\alpha_1+\alpha_2} - 1$$

(2.5.-32.5)
$$\frac{\partial^2 W}{\partial m_1 \partial m_2} = -\frac{\beta^2 B^2}{\alpha_1+\alpha_2}$$

Aus den beiden partiellen Ableitungen (2.5.-32.1) und (2.5.-32.2) ergeben sich als Bedingungen 1. Ordnung für m_1 und m_2:

(2.5.-33.1)
$$m_1 = \frac{\hat{m}(\alpha_1+\alpha_2) - \beta^2 B^2 m_2}{\alpha_1+\alpha_2+\beta^2 B^2}$$

(2.5.-33.2) $$m_2 = \frac{\hat{m}(\alpha_1 + \alpha_2) - \beta^2 B^2 m_1}{\alpha_1 + \alpha_2 + \beta^2 B^2}$$

Als notwendige Bedingung für einen Extremwert müssen Bedingungen (2.5.-33.1) und (2.5.-33.2) simultan erfüllt sein. Einsetzen von (2.5.-33.1) in (2.5.-33.2) ergibt:

(2.5.-34) $$m_1 = \frac{\hat{m}(\alpha_1 + \alpha_2) - \beta^2 B^2 \dfrac{\hat{m}(\alpha_1 + \alpha_2) - \beta^2 B^2 m_1}{\alpha_1 + \alpha_2 + \beta^2 B^2}}{\alpha_1 + \alpha_2 + \beta^2 B^2}$$

was sich vereinfacht zu:

(2.5.-35.1) $$m_1 = \frac{\hat{m}}{1 + \dfrac{2\beta^2 B^2}{\alpha_1 + \alpha_2}}$$

Analog folgt für m_2:

(2.5.-35.2) $$m_2 = \frac{\hat{m}}{1 + \dfrac{2\beta^2 B^2}{\alpha_1 + \alpha_2}}$$

Dabei gilt: m_1, m_2 ist ein Extremum, da $\frac{\partial^2 W}{\partial m_1^2} * \frac{\partial^2 W}{\partial m_{21}^2} - \frac{\partial^2 W}{\partial m_1 \partial m_2} > 0$

m_1, m_2 ist ein Maximum, da $\frac{\partial^2 W}{\partial m_1^2} = -\frac{\beta^2 B_1^2}{2\alpha} - 1 < 0$.

Wie die Gleichungen (2.5.-35.1) und (2.5.-35.2) zeigen, weisen bei länderspezifischer Koordinierung beide Länder trotz Unterschieden in der Inflationsaversion die gleiche Schuldenstruktur auf. Eine koordinierte Schuldenstrukturpolitik benötigt daher bei Präferenzunterschieden keine länderspezifischen Schuldenstrukturen, um wohlfahrtsoptimal zu sein. Dieses überraschende Ergebnis wird zu Beginn des nächsten Kapitels (2.5.3. Diskussion der Modellergebnisse) näher diskutiert (Vergl. S. 153).

Inflationsrate

Die Inflationsrate in der Währungsunion (2.5.-36) ergibt sich durch Einsetzen der Gleichungen (2.5.-35.1) und (2.5.-35.2) in die Reaktionsfunktion der Zentralbank:

(2.5.-36) $$\pi = \frac{\beta B}{\alpha_1 + \alpha_2} \frac{\hat{m}}{1 + \frac{2\beta^2 B^2}{\alpha_1 + \alpha_2}} + \frac{\beta B}{\alpha_1 + \alpha_2} \frac{\hat{m}}{1 + \frac{2\beta^2 B^2}{\alpha_1 + \alpha_2}} = \frac{2\hat{m}\beta B}{\alpha_1 + \alpha_2 + 2\beta^2 B^2}$$

Die Inflationsrate ist daher um so höher, je größer die exogen vorgegebene, optimale Schuldenstruktur ($\hat{m}$) und je kleiner die Inflationsaversion (α_i) beider Staaten ist.

Wohlfahrt

Die Wohlfahrt von Land 1 ergibt sich durch Einsetzen der länderspezifischen Schuldenstruktur m_1 und der unionsweiten Inflationsrate in die Wohlfahrtsfunktion von Land 1. Da die Zulassung länderspezifischer Schuldenstrukturen zu keiner anderen Inflationsrate und zu keiner Veränderung der Schuldenstruktur führt, entspricht auch die Wohlfahrt dem unter 2.5.2.a ermittelten Ergebnis:

(2.5.-27) $$W_i = \Omega - \beta(g + rB) - \frac{2\beta^2 B^2 \hat{m}^2 (\alpha_i + \beta^2 B^2)}{(\alpha_1 + \alpha_2 + 2\beta^2 B^2)^2}$$

Die Wohlfahrtssumme $\widetilde{W}^E = W_1 + W_2$ ist bei zentraler Festlegung der Schuldenstruktur ebenfalls beschrieben durch:

(2.5.-28) $$\widetilde{W}^S = 2\Omega - 2\beta(g + rB) - \frac{2\beta^2 B^2 \hat{m}^2}{\alpha_1 + \alpha_2 + 2\beta^2 B^2}$$

Koordinierte Schuldenstrukturpolitik bei Unterschieden in der Inflationsaversion

(2.5.-35) $$m_1 = m_2 = \frac{\hat{m}}{1 + \frac{2\beta^2 B^2}{\alpha_1 + \alpha_2}}$$

(2.5.-36) $$\pi = \frac{2\hat{m}\beta B}{\alpha_1 + \alpha_2 + 2\beta^2 B^2}$$

(2.5.-27) $$W_i = \Omega - \beta(g + rB) - \frac{2\beta^2 B^2 \hat{m}^2 (\alpha_i + \beta^2 B^2)}{(\alpha_1 + \alpha_2 + 2\beta^2 B^2)^2}$$

Wie die Gleichungen zeigen, unterscheiden sich die Schuldenstrukturen zweier Staaten, die sich in ihrer Inflationsaversion unterscheiden, in der koordinierten Währungsunion nicht. Die Anleihelaufzeit ist um so kürzer, je höher die Staaten verschuldet sind, und um so länger, je größer die Inflationsaversion ist. Eine hohe Inflationsaversion[55] führt dabei zu einer niedrigen Inflationsrate und einem hohen Wohlfahrtsniveau. Für $\alpha_1 = \alpha_2$ entsprechen die Formeln den entsprechenden Ausdrücken für die optimale Schuldenstruktur, die Inflationsrate sowie die Einzellandwohlfahrt eines autonomen Staates ohne Währungsunion.

2.5.3. Diskussion der Modellergebnisse

Unterschiede in der Inflationsaversion führen bei einer koordinierten Festlegung der Schuldenstrukturen nicht zu unterschiedlichen Schuldenstrukturen. Die Verständigung auf eine einheitliche Schuldenstruktur für die ganze Währungsunion reicht trotz Präferenzunterschieden aus, um die Wohlfahrtssumme in der Währungsunion zu maximieren. Bei hinreichend großen Unterschieden in der Inflationsaversion wird das Land mit der geringeren Inflationsaversion allerdings der Koordinierung nicht zustimmen. Dies sind die zentralen Ergebnis dieses Kapitels.

a) Warum sind bei Präferenzunterschieden keine länderspezifischen Schuldenstrukturen erforderlich?

Der ökonomische Grund für die Wohlfahrtsmaximierung durch eine einheitliche Schuldenstruktur liegt darin, daß sich bei Präferenzunterschieden die beiden Länder annahmegemäß nur in ihren Präferenzen, nicht jedoch in ihren Schuldenhöhen unterscheiden. In dem betrachteten Modell ist aber die Schuldenhöhe entscheidend für die Stärke der Wirkungen, die von der Schuldenstruktur auf die Inflationsrate ausgehen (Vergl. Kapitel 2.4., Proposition 14).

55 Bezüglich der Interpretation des Gewichtungsparameters α als Stabilitätskultur vergleiche Kapitel 2.5.3.e, S. 164f.

Wie bereits früher gezeigt wurde, ist die Inflationsrate in diesem Modell u.a. eine Funktion der Schuldenhöhe und der Schuldenstruktur. Da sowohl die Schuldenhöhe als auch alle anderen Parameter stets als konstant angenommen werden, ist die Schuldenstruktur die einzige Politikvariable, mit der die Regierung die Inflationsrate beeinflussen kann. Um ein Wohlfahrtsoptimum herbeizuführen, muß die Regierung bzw. der zentrale Planer die Schuldenstruktur derart wählen, daß die Grenzkosten der Inflation den Grenzkosten des Abweichens von der optimalen Schuldenstruktur $\hat{m}$ entsprechen.[56] Jede Verkürzung der Laufzeit reduziert in dem betrachteten Modell die Inflationsrate, erhöht aber gleichzeitig den Abstand zur optimalen Schuldenstruktur $\hat{m}$. Zwischen diesen beiden Zielen – niedrige Inflationsrate und möglichst optimale Laufzeit – ist ein Ausgleich zu finden, der, wie gesagt, genau dann erreicht ist, wenn jede Verbesserung hinsichtlich eines Ziels durch eine gleich starke Verschlechterung hinsichtlich des anderen Ziels erkauft werden muß.

Da bei gleicher Schuldenhöhe keine Unterschiede in der Wirkung der Schuldenstruktur auf die Inflationsrate bestehen, sieht sich der zentrale Planer in beiden Ländern dem gleichen trade-off gegenüber und wählt konsequenterweise die gleiche Schuldenstruktur. Die Inflationsaversion α_i besitzt zwar in diesem Modell Einfluß darauf, welche Inflationsrate in der Währungsunion gewählt wird. Doch durch welche Schuldenstruktur diese Inflationsrate realisiert wird, das entscheidet allein die Wirkmächtigkeit der Schuldenstrukturpolitik, die in beiden Ländern gleich groß ist, da beide Länder annahmegemäß die gleiche Schuldenhöhe aufweisen. Länderspezifische Schuldenstrukturen sind daher nur bei Unterschieden in der Schuldenhöhe, nicht aber bei Präferenzunterschieden erforderlich, um ein Wohlfahrtsoptimum zu erreichen.

b) Die unkoordinierte Währungsunion

Bilden zwei unterschiedliche Staaten eine Währungsunion, so ist bei autonomer Schuldenstrukturpolitik die wohlfahrtsmaximale Schuldenstruktur jedes Staates ceteris paribus eine Funktion der Laufzeit des anderen Staates (Gleichung 2.5.-9.1). Ein Staat verschuldet sich dabei um so kurzfristiger, je langfristiger sich der andere Staat verschuldet (Gleichung 2.5.-10.1).

56 Die Kosten der Inflation werden in der Zielfunktion durch den Term $\frac{1}{2}\alpha_i\pi^2$, die Kosten des Abweichens von der optimalen Schuldenstruktur durch den Term $\frac{1}{2}(\hat{m}-m_i)^2$ ausgedrückt.

Wählen Staaten simultan die optimale Antwort auf das vom anderen Staat erwartete Verhalten (*Nash*-Gleichgewicht), dann führen Unterschiede in der Inflationsaversion zu unterschiedlichen Schuldenstrukturen (Proposition 1).[57] Der Staat, der die größere Inflationsaversion aufweist, wählt dabei die kürzere Laufzeit. Diese Laufzeit ist um so länger, je größer die Inflationsaversion des anderen Staates ist (Proposition 2). Der Einfluß der eigenen Inflationsaversion auf die Laufzeit der Anleihen eines Landes wird allerdings vom Verhältnis der Inflationsaversionen der beiden Staaten zueinander sowie der Höhe der Schuld und des Steuerparameters bestimmt. Je nach Wahl der Parameter, kann eine Erhöhung der eigenen Inflationsaversion die Anleihelaufzeit von Land 1 verlängern oder verkürzen (Proposition 3).

c) koordinierte versus unkoordinierte Währungsunion

Da aus den in diesem Kapitel betrachteten Präferenzunterschieden keine Unterschiede in der Wirkmächtigkeit der Schuldenstrukturpolitik folgen, muß die koordinierte Schuldenstrukturpolitik nicht die Präferenzunterschiede in Form von länderspezifischen Schuldenstrukturen berücksichtigen. Wie in den Kapiteln 2.3. (Währungsunion) und 2.4. (Unterschiede in der Schuldenhöhe) gilt aber auch bei Präferenzunterschieden, daß die Koordination die von der Schuldenstruktur ausgehende negative Externalität internalisiert und die Inflationsrate in der Währungsunion reduziert (Vergleiche Proposition 4). Die Koordinierung erhöht dadurch die Wohlfahrtssumme in der Währungsunion (Vergl. Proposition 8 und Simulation, Abbildung 11). Dieser Wohlfahrtszuwachs durch Koordination ist um so größer, je unterschiedlicher die beiden Staaten sind (Vergl. Abbildung 11).

Obwohl die Koordination die Anreize zu übermäßiger Langfristverschuldung beseitigt, ist die vom zentralen Planer bestimmte, wohlfahrtsoptimale Schuldenstruktur nicht notwendigerweise kürzer als die Laufzeit, die ein Land in einer unkoordinierten Währungsunion wählen würde. Für Länder mit hoher Inflationsaversion bestimmt der zentrale Planer längere Laufzeiten, als diese in einer unkoordinierten Währungsunion wählen würden (Proposition 5 und Abbildung 12).

57 Die Propositionen werden am Ende des Kapitels bewiesen. Vergl. Seite 165ff. dieser Arbeit.

Abbildung 11: Die Wohlfahrtssumme bei Präferenzunterschieden

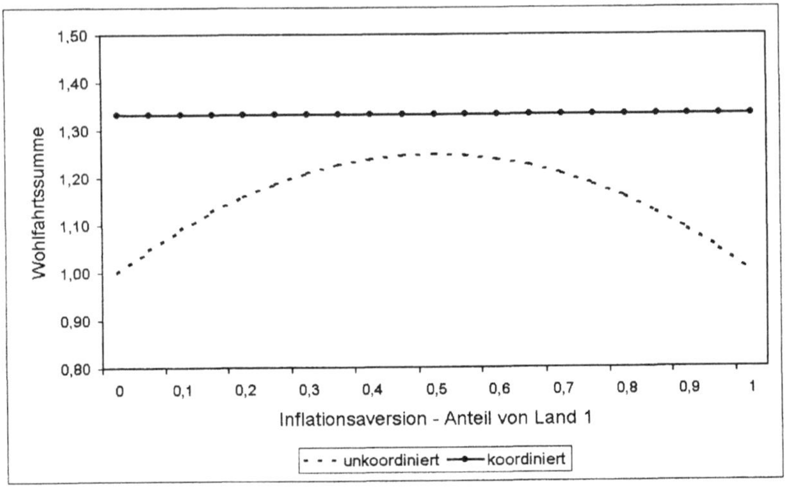

Quelle: Eigene Berechnung (Modellparameter: $\alpha_1 + \alpha_2 = 1; \beta = \hat{m} = g = r = B = 1; \Omega = 3$*).*

Abbildung 12: Die Laufzeitenwahl bei Präferenzunterschieden

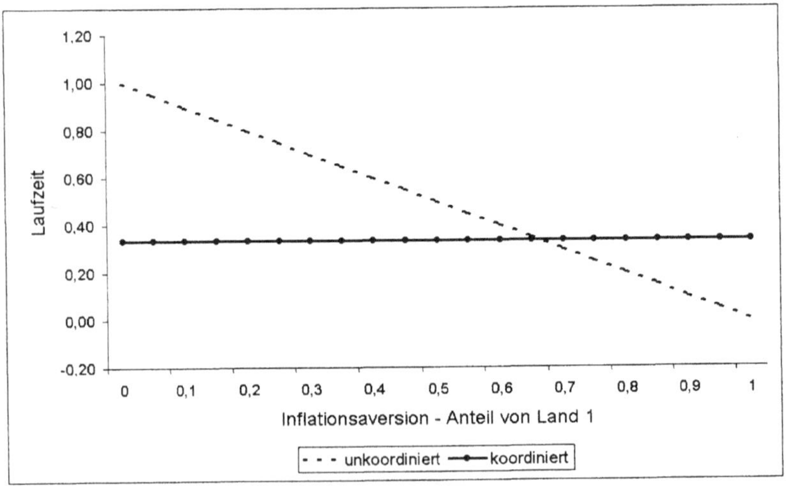

Quelle: Eigene Berechnung (Modellparameter: $\alpha_1 + \alpha_2 = 1; \beta = \hat{m} = g = r = B = 1; \Omega = 3$*).*

Dieser Laufzeitenzuwachs rührt daher, daß in einer unkoordinierten Währungsunion das Land mit der relativ höheren Inflationsaversion besondere Anstrengungen unternimmt, um die gemeinschaftliche Inflationsrate niedrig zu halten, während der vergleichsweise wenig inflationsaverse Partner kaum Veranlassung dazu hat, die inflationstreibenden Verschuldungsinstrumente zu vermeiden. Er profitiert zudem von der Laufzeitenverkürzung des Partners. Diese den unterschiedlichen Präferenzen geschuldete divergierende Laufzeitenwahl bleibt nicht ohne Auswirkungen auf die Wohlfahrt der beiden Länder in den verschiedenen Regimen.

Zwar weist die koordinierte Währungsunion eine höhere Wohlfahrtssumme auf als die unkoordinierte (Abbildung 11), doch gilt diese Überlegenheit der koordinierten Währungsunion nur bezüglich der Wohlfahrtssumme. Aus Sicht eines einzelnen, an der Währungsunion teilnehmenden Landes kann eine unkoordinierte Währungsunion durchaus vorteilhafter sein als eine koordinierte Währungsunion (Proposition 9 und Abbildung 13).

So gilt, daß sich ein Land (1) mit geringer Inflationsaversion, das sich mit einem anderen Land (2) zu einer Währungsunion zusammenschließt, in einer unkoordinierten Währungsunion besser stellt als in einer koordinierten Währungsunion, wenn das andere Land (2) eine deutlich höhere Inflationsaversion besitzt (Vergl. Abbildung 13). Das betreffende Land 1 kann in einer unkoordinierten Währungsunion eine lange Anleihelaufzeit wählen (d.h. eine Anleihelaufzeit nahe der präferierten Laufzeit $\hat{m}$) und dennoch von einer niedrigen Inflationsrate profitieren, da die Inflationsrate in der Währungsunion auch von der Laufzeitenwahl des anderen Landes abhängt. Dieses andere Land 2 wird aber wegen seiner Inflationsaversion eine kurze Laufzeit wählen und dadurch die Inflationsrate für beide Staaten niedrig halten.

Zwar ist die Inflationsrate in der unkoordinierten Währungsunion größer als in der koordinierten Währungsunion (Vergl. Proposition 4 und Abbildung 14), doch da Land 1 der Inflationsrate in seiner Zielfunktion annahmegemäß nur geringes Gewicht beimißt, wird diese Wohlfahrtseinbuße durch den von der Laufzeitenverlängerung ausgelösten Wohlfahrtsgewinn überkompensiert. Land 1 stellt sich daher in einer unkoordinierten Währungsunion besser als in einer koordinierten Währungsunion, da es nur in der unkoordinierten Währungsunion von der hohen Inflationsaversion seines Partners profitieren kann, in der koordinierten Währungsunion aber selber einen Beitrag zur Inflationsvermeidung leisten muß (Vergl. Abbildung 13).

Abbildung 13: Die Wohlfahrt eines Landes bei Präferenzunterschieden

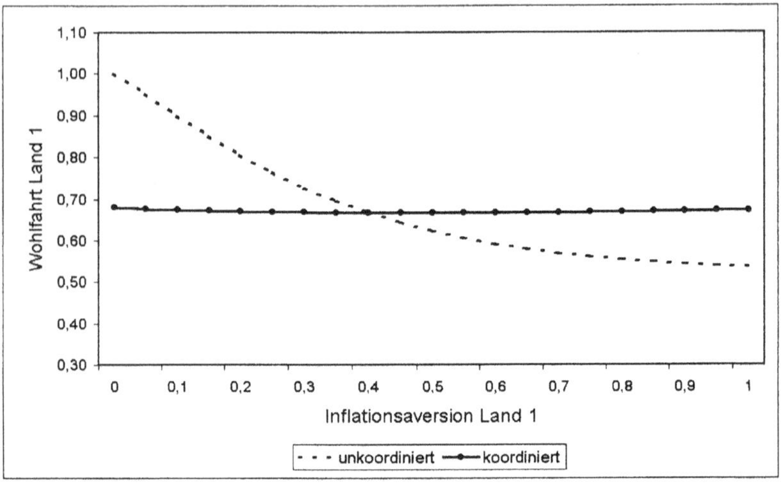

Quelle: Eigene Berechnung (Modellparameter: $\alpha_2 = 0{,}5; \beta = \hat{m} = g = r = B = 1; \Omega = 3$*).*

Abbildung 14: Die Inflationsrate bei Präferenzunterschieden

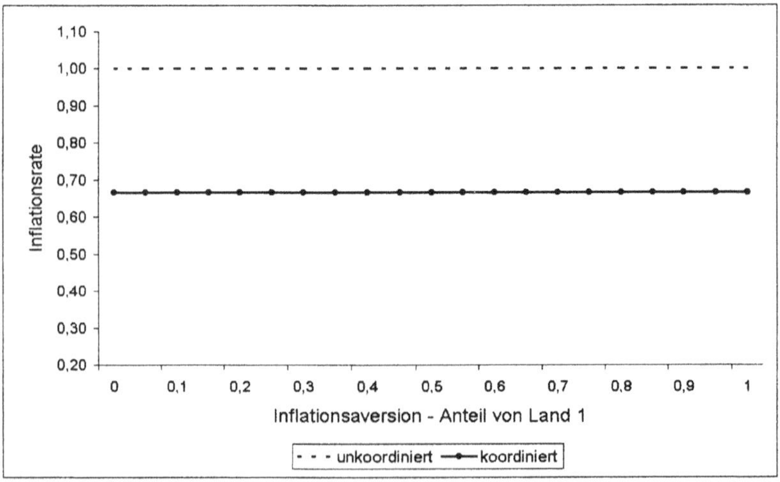

Quelle: Eigene Berechnung (Modellparameter: $\alpha_1 + \alpha_2 = 1; \beta = \hat{m} = g = r = B = 1; \Omega = 3$*).*

Umgekehrt gilt, daß ein Land mit einer hohen Inflationsaversion in einer koordinierten Währungsunion eine höhere Wohlfahrt erreicht als in einer unkoordinierten, da in der koordinierten Währungsunion auch Land 1 verpflichtet ist, Anstrengungen zur Inflationsvermeidung zu unternehmen.

Bezüglich der Frage, ob die Schuldenstrukturpolitik in der Währungsunion autonom oder zentral festgelegt werden soll, existiert somit ein Interessengegensatz zwischen den beiden unterschiedlichen Ländern. Wie oben dargelegt, bevorzugt das Land mit der hohen Inflationsaversion eine koordinierte Währungsunion, während das Land mit der im Vergleich geringeren Inflationsaversion sich in einer unkoordinierten Währungsunion besser stellt. Sind Transferzahlungen ausgeschlossen, wird die Koordination erneut nicht zustande kommen, da das Land mit der niedrigen Inflationsaversion der Einführung der Koordination nicht zustimmen wird.

Erneut besitzt die Koordination den Charakter eines Disziplinierungsinstruments, das eingesetzt wird, um schlechtes "Verhalten" zu unterbinden. In Kapitel 2.4. (Unterschiede in der Schuldenhöhe) befürwortete das niedriger verschuldete Land die länderspezifische Koordination der Schuldenstrukturpolitik, um das höher verschuldete Land zu besonderen Anstrengungen bei der Inflationsvermeidung zu zwingen.[58] Hier (Unterschiede in der Inflationsaversion) befürwortet das inflationsaverse Land die Koordination, um das Trittbrettfahrer-Verhalten des anderen Landes zu unterbinden.

d) Vergleich nationale Autonomie und Währungsunion

Wie fällt nun der Vergleich zwischen Währungsunion und nationaler Autonomie aus? Allgemein gilt, daß ein Land mit hoher Inflationsaversion durch den Eintritt in die Währungsunion an Wohlfahrt verliert, während ein Land mit relativ niedriger Inflationsaversion an Wohlfahrt gewinnt (Vergl. Abbildung 15).[59]

58 Umgekehrt befürwortete das höher verschuldete Land in Kapitel 2.4. (Unterschiede in der Schuldenhöhe) die einheitliche Schuldenstruktur, da dies ihm erlaubt hätte, von den Anstrengungen des niedrig verschuldeten Landes zu profitieren.

59 Wegen dieser Wohlfahrtsverluste des inflationsaversen Landes kann das hier betrachtete Modell nicht erklären, warum es überhaupt zur Gründung einer Währungsunion kommt. Die Existenz einer Währungsunion wird in diesem Modellrahmen, der sich ausschließlich mit der Frage der Koordinierung der Schuldenstrukturpolitik befaßt, vorausgesetzt. Mögliche, außerhalb des Modells angesiedelte Gründe für die Vorteilhaftigkeit der Währungsunion könnten beispielsweise eine Senkung der Transaktionskosten im grenzüberschreitenden Handel sein.

Dies gilt bei hinreichend großen Unterschieden zwischen den Ländern für die koordinierte wie unkoordinierte Währungsunion.

Abbildung 15: Die Wohlfahrt – Vergleich Autonomie vs. Währungsunion

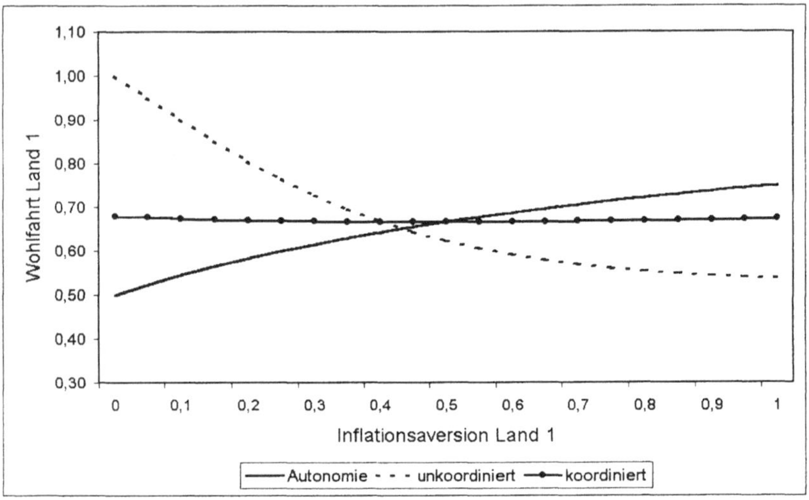

Quelle: Eigene Berechnung (Modellparameter: $\alpha_2 = 0{,}5; \beta = \hat{m} = g = r = B = 1; \Omega = 3$*).*

Abbildung 16: Die Inflationsrate – Vergleich Autonomie vs. Währungsunion

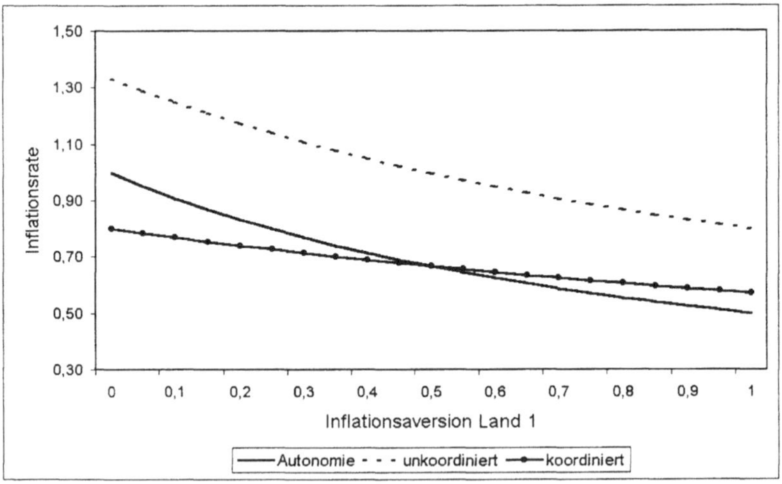

Quelle: Eigene Berechnung (Modellparameter: $\alpha_2 = 0{,}5; \beta = \hat{m} = g = r = B = 1; \Omega = 3$*).*

Aus Sicht eines Landes mit hoher Inflationsaversion (Land 2) ist die Inflationsrate in der Währungsunion höher als in nationaler Autonomie. Dies gilt selbst für den Fall einer koordinierten Währungsunion, in der die unionsbedingten Inflationsanreize durch die Koordination beseitigt werden (Vergl. Proposition 6 und Abbildung 16). Ökonomisch erklärt sich dieser Inflationszuwachs dadurch, daß die gemeinsame Zentralbank in der Währungsunion die Inflationsrate unter Berücksichtigung der Zielfunktionen beider Staaten festlegt. Die durchschnittliche Inflationsaversion ist aber in der Währungsunion – unabhängig von der Frage der Koordination – wegen der geringeren Inflationsaversion des Partners (Land 1) zwingend niedriger als die Inflationsaversion von Land 2 alleine. Um die gemeinsame Inflationsrate nicht zu groß werden zu lassen, verkürzt das inflationsaverse Land verglichen mit dem Ausgangszustand in nationaler Autonomie seine Anleihelaufzeit, um die potentiellen Erträge der Inflation und damit das Zeit-Inkonsistenzproblem zu vermindern.

Besonders deutlich ist die Laufzeitenverkürzung im Fall der unkoordinierten Währungsunion; aber auch im Fall der koordinierten Währungsunion ist die Anleihelaufzeit des inflationsaversen Landes in der Währungsunion kürzer als in nationaler Autonomie (Proposition 7). Durch diese Verkürzung entfernt sich Land 2 von seiner präferierten Laufzeit $\hat{m}$. Beide Wohlfahrtsdeterminanten, Inflationsrate und Anleihelaufzeit, entwickeln sich für Land 2 ungünstig. Die Wohlfahrt von Land 2 nimmt ab. Wie die Simulation zeigt, ist dieser Wohlfahrtsverlust für Land 2 um so größer, je größer der Präferenzunterschied zu Land 1 ist (Vergl. Abbildung 15).

Gegenteilig stellt sich die Entwicklung beim "schwächeren" Partner dar. Land 1 erreicht durch den Zusammenschluß mit einem inflationsaversen Land eine höhere Wohlfahrt. Durch den Eintritt in die Währungsunion sinkt die Inflationsrate von Land 1 und seine Anleihelaufzeit steigt.

Der Wohlfahrtsgewinn von Land 1 ist dabei wegen des quadratischen Verlaufs der Inflationskosten stets größer als der Wohlfahrtsverlust des inflationsaversen Landes 2. Die Wohlfahrtssumme in der koordinierten Währungsunion ist damit größer als die Summe der Wohlfahrten der beiden Länder in Autonomie (Vergl. Proposition 10 und Abbildung 17).[60] Ließe sich Wohlfahrt eins zu eins übertragen, könnte Land 1 Land 2 entschädigen. Die Gründung einer koordi-

60 Als Vergleich wird hier die koordinierte Währungsunion herangezogen, um das Ergebnis nicht durch die zusätzlichen Inflationsanreize zu verzerren, die von der mangelnden Internalisierung der externen Effekte in der unkoordinierten Währungsunion ausgehen. Sind beide Länder identisch (α_1=α_2), entspricht die Wohlfahrtssumme der koordinierten Währungsunion der Wohlfahrtssumme der beiden autonomen Länder.

nierten Währungsunion erfüllt daher das Kaldor-Hicks-Kriterium einer Wohlfahrtsverbesserung.

Abbildung 17: Die Wohlfahrtssumme –Autonomie vs. Währungsunion

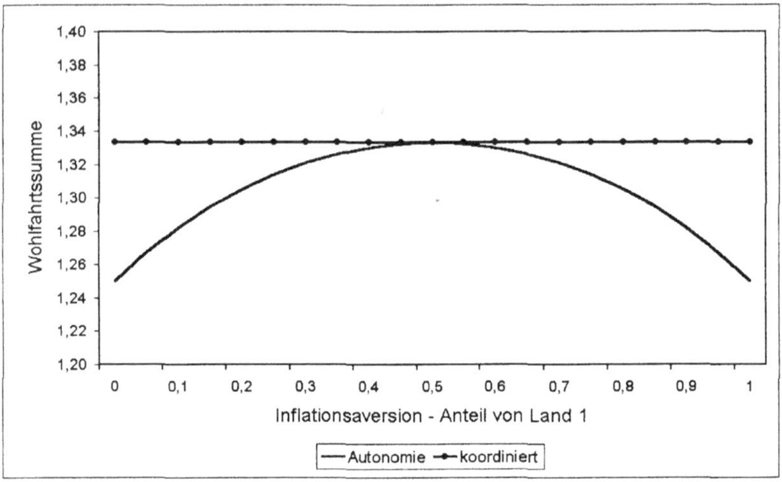

Quelle: Eigene Berechnung (Modellparameter: $\alpha_1 + \alpha_2 = 1; \beta = \hat{m} = g = r = B = 1; \Omega = 3$*).*

Abbildung 18: Die Umkehrung des relativen Wohlfahrtsverhältnisses

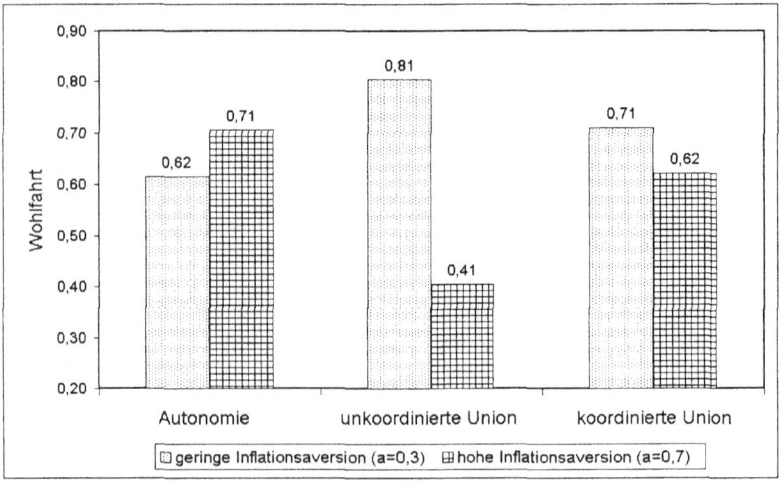

Quelle: Eigene Berechnungen (Modellparameter: $\beta = \hat{m} = g = r = B = 1; \Omega = 3$*).*

Aufmerksamkeit verdient ferner das relative Wohlfahrtsverhältnis der beiden Länder: Während in nationaler Autonomie Land 2 ein höheres Wohlfahrtsniveau aufweist als Land 1, kehrt sich dieses Verhältnis sowohl in der koordinierten und als auch in der unkoordinierten Währungsunion um (Vergl. Abbildung 18). Land 1 kann in der Währungsunion in Form einer niedrigen Inflationsrate von der hohen Inflationsaversion von Land 2 profitieren, ohne die mit der hohen Inflationsaversion anfallenden Kosten zu tragen.

Zu dieser Umkehrung im Wohlfahrtsverhältnis trägt die Veränderung der Anleihelaufzeit maßgeblich bei. In nationaler Autonomie kann das inflationsaverse Land 2 eine größere Anleihelaufzeit wählen als das weniger inflationsaverse Land 1. Durch den Eintritt in eine unkoordinierte Währungsunion kehrt sich dieses Verhältnis der Anleihelaufzeiten um (Vergl. Abbildung 19). Wie die Simulation zeigt, wählen Länder mit geringer Inflationsaversion in einer unkoordinierten Währungsunion deutlich längere Anleihelaufzeiten als in nationaler Autonomie, während inflationsaverse Länder ihre Anleihelaufzeiten deutlich verkürzen (Vergl. Abbildung 19).[61]

Abbildung 19: Die Laufzeitenumkehr bei Präferenzunterschieden

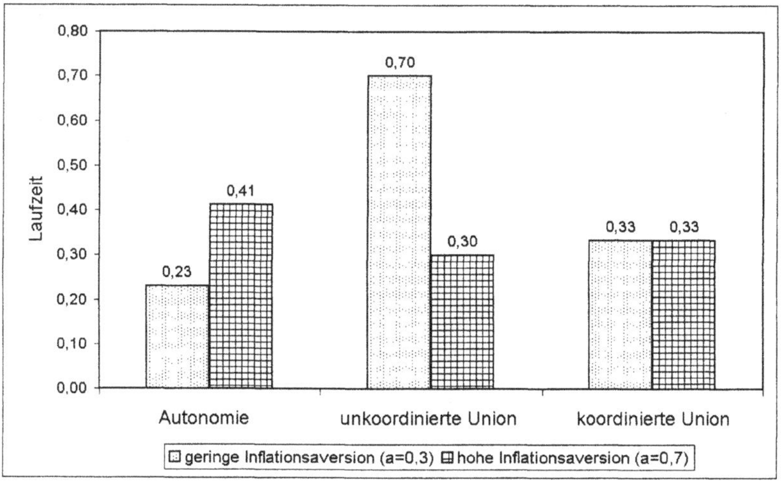

Quelle: Eigene Berechnungen (Modellparameter: $\alpha_1 = 0{,}3; \alpha_2 = 0{,}7; \beta = \hat{m} = g = r = B = 1; \Omega = 3$*).*

61 Der ökonomische Grund für die Veränderung liegt, wie oben ausgeführt, darin, daß das wenig inflationsaverse Land von der Inflationsaversion seines Partnerlandes profitiert, während das inflationsaverse Land besondere Anstrengungen unternimmt, um der geringen Inflationsaversion seines Partnerlandes entgegenzuwirken.

Schließen sich die beiden Länder dagegen zu einer koordinierten Währungsunion zusammen, gibt es keine Umkehrung des Laufzeitenverhältnisses. In einer koordinierten Währungsunion wählen beide Länder, wie gezeigt, die gleiche Anleihelaufzeit. Diese gemeinsame Laufzeit liegt dabei über der Autonomie-Laufzeit des wenig inflationsaversen Landes 1 und unter der Autonomie-Laufzeit des stärker inflationsaversen Landes 2 (Vergl. Abbildung 19).

e) α als Maß für die Stabilitätskultur

Da die Inflationsaversion α bestimmt, wie stark ein gegebenes Maß an inflationstreibender Verschuldung die Inflationsrate erhöht, läßt sich α auch als Maß für die Stabilitätskultur interpretieren.[62] Diese Sichtweise auf das hier entwickelte Modell würde den Begriff der Stabilitätskultur derart definierten, daß ein Land eine um so größere Stabilitätskultur aufweist, je weniger sich die Geldpolitik durch inflationserzeugende Verschuldungsarten zu einer höheren Inflationsrate verleiten ließe. Die so definierte "Stabilitätskultur" ist um so größer, je größer α ist.

Derart interpretiert, zeigt das Modell, daß ein Land 1, das sich mit einem anderen Land 2 zu einer Währungsunion zusammenschließt, einen Wohlfahrtsgewinn erfährt, wenn die Stabilitätskultur im anderen Land größer ist als in Land 1 ($\alpha_2 > \alpha_1$).

Durch den Zusammenschluß mit einem Land mit höherer Stabilitätskultur liegt die durchschnittliche Stabilitätskultur in der Währungsunion über der Stabilitätskultur von Land 1, so daß Land 1 in der Währungsunion längere Anleihelaufzeiten bei kleinerer Inflationsrate realisieren kann. Beide Wohlfahrtsdeterminanten verbessern sich für Land 1. Land 1 profitiert gewissermaßen von der "importierten" Stabilitätskultur des Partnerlandes.

Umgekehrt erleidet das inflationsaverse Länder 2, wie oben ausgeführt, einen Wohlfahrtsverlust, da für Land 2 die Inflationsrate und die Anleihelaufzeit in der Währungsunion schlechter ausfallen als in nationaler Autonomie. Land 1 kann Land 2 allerdings, wie gesagt, für seinen Wohlfahrtsverlust entschädigen.

---

62 Vergl. zum Begriff der "Stabilitätskultur" die theoretische und empirische Untersuchung von Bofinger/Hefeker/Pfleger (1998) für die Teilnehmerstaaten der Europäischen Währungsunion.

Tabelle 11: Ranking aus Sicht von Land 1

Land 1 **geringe Inflationsaversion**	**1. Wahl**	**2. Wahl**	**3. Wahl**
Laufzeit	unkoordiniert	koordiniert	Autonomie
Inflationsrate	koordiniert	Autonomie	unkoordiniert
Wohlfahrt	unkoordiniert	koordiniert	Autonomie

Quelle: Eigene Darstellung.

Tabelle 12: Ranking aus Sicht von Land 2

Land 2 **hohe Inflationsaversion**	**1. Wahl**	**2. Wahl**	**3. Wahl**
Laufzeit	Autonomie	koordiniert	unkoordiniert
Inflationsrate	Autonomie	koordiniert	unkoordiniert
Wohlfahrt	Autonomie	koordiniert	unkoordiniert

Quelle: Eigene Darstellung.

2.5.4. Beweis der Propositionen

a) Unkoordinierte Währungsunion

Proposition 1 Unterschiede in der Inflationsaversion führen in einer unkoordinierten Währungsunion zu Unterschieden in der Schuldenstruktur. Der inflationsaverse Staat wählt die kürzere Laufzeit: $m_1 - m_2 > 0$ wenn $\alpha_1 < \alpha_2$.

Proposition 2 Die gewählte Laufzeit ist um so länger, je größer die Inflationsaversion des anderen Staates ist.

Proposition 3 Der Einfluß der Inflationsaversion eines Landes auf die Laufzeit seiner Schuld wird von der Inflationsaversion beider Staaten, dem Steuergewichtungsparameter und der Schuldenhöhe bestimmt.

b) Koordinierte Währungsunion

Proposition 4 Die zentrale Festlegung der Schuldenstruktur reduziert die Inflationsrate. Es gilt: $\pi^{unkoordiniert} > \pi^{koordiniert}$.

Proposition 5 Die vom zentralen Planer bestimmte wohlfahrtsoptimale Laufzeit ist größer als die Laufzeit, welche ein Land in einer unkoordinierten Währungsunion wählt, wenn:

$$\frac{\alpha_1}{\alpha_2} > \frac{(\alpha_1 + \alpha_2)}{\beta^2 B^2} + 1.$$

c) Autonomie vs. koordinierte Währungsunion[63]

Proposition 6 Schließt sich ein Land mit einem weniger inflationsaversen Land zu einer Währungsunion zusammen, so ist die Inflationsrate in der koordinierten Währungsunion größer als in nationaler Autonomie: $\pi^{Union(koordiniert)} > \pi_1^{Autonomie}$ wenn $\alpha_1 > \alpha_2$.

Proposition 7 Schließt sich ein Land mit einem weniger inflationsaversen Land zu einer Währungsunion zusammen, so ist die optimale Laufzeit in der koordinierten Währungsunion kürzer als in nationaler Autonomie: $m^{Union(koordiniert)} < m_{\alpha_1}^{Autonomie}$ wenn $\alpha_1 > \alpha_2$.

d) Wohlfahrtsvergleich

Proposition 8 Eine koordinierte Währungsunion weist bei Unterschieden in der Inflationsaversion stets eine höhere Wohlfahrtssumme auf als eine unkoordinierte Währungsunion: $\widetilde{W}^K > \widetilde{W}^U$

Proposition 9 Bei Unterschieden in der Inflationsaversion kann ein einzelnes Land in einer unkoordinierten Währungsunion ein höheres Wohlfahrtsniveau erreichen als in einer koordinierten Währungsunion.

Proposition 10 Bei Unterschieden in der Inflationsaversion realisieren zwei Länder in einer koordinierten Währungsunion eine höhere Wohlfahrtssumme als in nationaler Autonomie: $\widetilde{W}^K > \widetilde{W}^A$

---

63 Als Vergleich wird hier die koordinierte Währungsunion herangezogen, um das Ergebnis nicht durch die zusätzlichen Inflationsanreize zu verzerren, die von der mangelnden Internalisierung der externen Effekte ausgehen.

Proposition 1: Unterschiede in der Inflationsaversion führen in einer unkoordinierten Währungsunion zu Unterschieden in der Schuldenstruktur. Der inflationsaverse Staat wählt die kürzere Laufzeit.

$m_1 - m_2 > 0$ wenn $\alpha_1 < \alpha_2$

Beweis:

Die Schuldenstruktur der beiden Staaten ist durch die Gleichungen (2.5.-12.1) und (2.5.-12.2) gegeben:

(2.5.-12.1) $$m_1 = \frac{\hat{m}\left[(\alpha_1 + \alpha_2)^2 + (\alpha_2 - \alpha_1)\beta^2 B^2\right]}{(\alpha_1 + \alpha_2)^2 + (\alpha_1 + \alpha_2)\beta^2 B^2}$$

(2.5.-12.2) $$m_2 = \frac{\hat{m}\left[(\alpha_1 + \alpha_2)^2 + (\alpha_1 - \alpha_2)\beta^2 B^2\right]}{(\alpha_1 + \alpha_2)^2 + (\alpha_1 + \alpha_2)\beta^2 B^2}$$

Die Differenz $m_1 - m_2$ vereinfacht sich zu:

(P1.1) $$m_1 - m_2 = \frac{\hat{m}\left[(\alpha_1 + \alpha_2)^2 + (\alpha_2 - \alpha_1)\beta^2 B^2\right]}{(\alpha_1 + \alpha_2)^2 + (\alpha_1 + \alpha_2)\beta^2 B^2} - \frac{\hat{m}\left[(\alpha_1 + \alpha_2)^2 + (\alpha_1 - \alpha_2)\beta^2 B^2\right]}{(\alpha_1 + \alpha_2)^2 + (\alpha_1 + \alpha_2)\beta^2 B^2}$$

(P1.2) $$m_1 - m_2 = \frac{2\hat{m}(\alpha_2 - \alpha_1)\beta^2 B^2}{(\alpha_1 + \alpha_2)^2 + (\alpha_1 + \alpha_2)\beta^2 B^2}$$

Es gilt:
$m_1 - m_2 > 0$ wenn $\alpha_1 < \alpha_2$
$m_1 - m_2 < 0$ wenn $\alpha_1 > \alpha_2$
$m_1 - m_2 = 0$ wenn $\alpha_1 = \alpha_2$

Proposition 2: Die gewählte Laufzeit ist um so länger, je größer die Inflationsaversion des anderen Staates ist.

Beweis:

Die optimale Laufzeit (m_1) der Anleihen von Staat 1 war gegeben durch Gleichung (2.5.-12.1):

(2.5.-12.1) $$m_1 = \frac{\hat{m}\left[(\alpha_1+\alpha_2)^2 + (\alpha_2-\alpha_1)\beta^2 B^2\right]}{(\alpha_1+\alpha_2)^2 + (\alpha_1+\alpha_2)\beta^2 B^2}$$

Ableiten der eigenen Laufzeit (m_1) nach der Inflationsaversion des anderen Landes (α_2) ergibt:

(P2.1) $$\frac{\partial m_1}{\partial \alpha_2} = \frac{u'v - uv'}{v^2}$$

wobei:
$$u = \hat{m}(\alpha_1+\alpha_2)^2 + \hat{m}(\alpha_2-\alpha_1)\beta^2 B^2$$
$$u' = 2\hat{m}(\alpha_1+\alpha_2) + \hat{m}\beta^2 B^2$$
$$v = (\alpha_1+\alpha_2)^2 + (\alpha_1+\alpha_2)\beta^2 B^2$$
$$v' = 2(\alpha_1+\alpha_2) + \beta^2 B^2$$

Es gilt $u'v > uv'$:

(P2.2) $$\left[2\hat{m}(\alpha_1+\alpha_2) + \hat{m}\beta^2 B^2\right]\left[(\alpha_1+\alpha_2)^2 + (\alpha_1+\alpha_2)\beta^2 B^2\right] > \left[\hat{m}(\alpha_1+\alpha_2)^2 + \hat{m}(\alpha_2-\alpha_1)\beta^2 B^2\right]\left[2(\alpha_1+\alpha_2) + \beta^2 B^2\right]$$

(P2.3) $$2\hat{m}(\alpha_1+\alpha_2)^2\beta^2 B^2 + \hat{m}(\alpha_1+\alpha_2)\beta^4 B^4 > 2\hat{m}(\alpha_2-\alpha_1)\,(\alpha_1+\alpha_2)\beta^2 B^2 + \hat{m}(\alpha_2-\alpha_1)\beta^4 B^4$$

(P2.4) $$2(\alpha_1+\alpha_2)^2 + (\alpha_1+\alpha_2)\beta^2 B^2 > 2(\alpha_2-\alpha_1)\,(\alpha_1+\alpha_2) + (\alpha_2-\alpha_1)\beta^2 B^2$$

(P2.5) $$2\alpha_1^2 + 4\alpha_1\alpha_2 + 2\alpha_2^2 + \alpha_1\beta^2 B^2 + \alpha_2\beta^2 B^2 > 2\alpha_2^2 - 2\alpha_1^2 + \alpha_2\beta^2 B^2 - \alpha_1\beta^2 B^2$$

(P2.6) $$4\alpha_1^2 + 4\alpha_1\alpha_2 + 2\alpha_1\beta^2 B^2 > 0$$

(P2.7) $$2\alpha_1 + 2\alpha_2 + \beta^2 B^2 > 0$$

Für $\alpha_1, \alpha_2 > 0$ ist Bedingung (P2.7) stets erfüllt. Daher ist $\frac{\partial m_1}{\partial \alpha_2} = \frac{u'v - uv'}{v^2} > 0$.

Proposition 3: Der Einfluß der Inflationsaversion eines Landes auf die Laufzeit seiner Schuld wird von der Inflationsaversion beider Staaten, dem Steuergewichtungsparameter und der Schuldenhöhe bestimmt.

Es gilt: $$\frac{\partial m_1}{\partial \alpha_1} > 0 \text{ wenn } \alpha_1 > \alpha_2 + \frac{\alpha_2\beta^2 B^2}{\alpha_1 + \alpha_2}$$

Beweis:

Die optimale Laufzeit der Anleihen von Staat 1 war gegeben durch:

(2.5.-12.1) $$m_1 = \frac{\hat{m}\left[(\alpha_1 + \alpha_2)^2 + (\alpha_2 - \alpha_1)\beta^2 B^2\right]}{(\alpha_1 + \alpha_2)^2 + (\alpha_1 + \alpha_2)\beta^2 B^2}$$

Ableiten der eigenen Laufzeit (m_1) nach der eigenen Inflationsaversion (α_1) ergibt:

(P3.1) $$\frac{\partial m_1}{\partial \alpha_2} = \frac{u'v - uv'}{v^2}$$

wobei:
$$u = \hat{m}(\alpha_1 + \alpha_2)^2 + \hat{m}(\alpha_2 - \alpha_1)\beta^2 B^2$$
$$v = (\alpha_1 + \alpha_2)^2 + (\alpha_1 + \alpha_2)\beta^2 B^2$$
$$u' = 2\hat{m}(\alpha_1 + \alpha_2) - \hat{m}\beta^2 B^2$$
$$v' = 2(\alpha_1 + \alpha_2) + \beta^2 B^2$$

Es gilt $u'v > uv'$, wenn $\alpha_1 > \alpha_2 + \frac{\alpha_2\beta^2 B^2}{\alpha_1 + \alpha_2}$.

Beweis:

(P3.2)
$$\left[2\hat{m}(\alpha_1+\alpha_2)-\hat{m}\beta^2 B^2\right]\left[(\alpha_1+\alpha_2)^2+(\alpha_1+\alpha_2)\beta^2 B^2\right]>$$
$$\left[\hat{m}(\alpha_1+\alpha_2)^2+\hat{m}(\alpha_2-\alpha_1)\beta^2 B^2\right]\left[2(\alpha_1+\alpha_2)+\beta^2 B^2\right]$$

(P3.3)
$$2\hat{m}(\alpha_1+\alpha_2)^3+2\hat{m}(\alpha_1+\alpha_2)^2\beta^2 B^2$$
$$-\hat{m}(\alpha_1+\alpha_2)^2\beta^2 B^2-\hat{m}(\alpha_1+\alpha_2)\beta^4 B^4>$$
$$2\hat{m}(\alpha_1+\alpha_2)^3+\hat{m}(\alpha_1+\alpha_2)^2\beta^2 B^2+$$
$$2\hat{m}(\alpha_2-\alpha_1)\,(\alpha_1+\alpha_2)\beta^2 B^2+\hat{m}(\alpha_2-\alpha_1)\beta^4 B^4$$

(P3.3)
$$0>2\hat{m}(\alpha_2-\alpha_1)\,(\alpha_1+\alpha_2)\beta^2 B^2$$
$$+\hat{m}(\alpha_2-\alpha_1)\beta^4 B^4+\hat{m}(\alpha_1+\alpha_2)\beta^4 B^4$$

(P3.4)
$$0>2(\alpha_2-\alpha_1)\,(\alpha_1+\alpha_2)+(\alpha_2-\alpha_1)\beta^2 B^2+(\alpha_1+\alpha_2)\beta^2 B^2$$

(P3.4)
$$0>(\alpha_2-\alpha_1)\,(\alpha_1+\alpha_2)+\alpha_2\beta^2 B^2$$

(P3.5)
$$\alpha_1>\alpha_2+\frac{\alpha_2\beta^2 B^2}{\alpha_1+\alpha_2}$$

Proposition 4: Die zentrale Festlegung der Schuldenstruktur reduziert die Inflationsrate.

$$\pi^{unkoordiniert}>\pi^{koordiniert}$$

Beweis:

Die Inflationsrate in der Währungsunion bei unkoordinierter bzw. koordinierter Schuldenstrukturpolitik ist gegeben durch die Gleichungen (2.5.-14) bzw. (2.5.-36):

(2.5.-14)
$$\pi^{unkoordiniert}=\frac{2\hat{m}\beta B}{\alpha_1+\alpha_2+\beta^2 B^2}$$

(2.5.-36)
$$\pi^{koordiniert}=\frac{2\hat{m}\beta B}{\alpha_1+\alpha_2+2\beta^2 B^2}$$

Es gilt:

(P4.1) $$\frac{2\hat{m}\beta B}{\alpha_1+\alpha_2+\beta^2B^2} > \frac{2\hat{m}\beta B}{\alpha_1+\alpha_2+2\beta^2B^2}$$

(P4.2) $$\alpha_1+\alpha_2+2\beta^2B^2 > \alpha_1+\alpha_2+\beta^2B^2$$

(P4.3) $$2>1$$

Die Aussage $\pi^{unkoordiniert} > \pi^{koordiniert}$ ist daher immer wahr.

Proposition 5: Die vom zentralen Planer bestimmte wohlfahrtsoptimale Laufzeit ist größer als die Laufzeit, welche ein Land in einer unkoordinierten Währungsunion wählt, wenn:

$$\frac{\alpha_1}{\alpha_2} > \frac{(\alpha_1+\alpha_2)}{\beta^2B^2}+1$$

Beweis:

Die wohlfahrtsoptimale Laufzeit bei zentraler Planung bzw. bei unkoordinierter Laufzeitenwahl ist gegeben durch Gleichung (2.5.-35) bzw. (2.5.-12.1):

(2.5.-35) $$m_1^{Koordination} = m_2^{Koordination} = \frac{\hat{m}}{1+2\beta^2B^2(\alpha_1+\alpha_2)^{-1}}$$

(2.5.-12.1) $$m_1^{Autonomie} = \frac{\hat{m}\left[(\alpha_1+\alpha_2)^2+(\alpha_2-\alpha_1)\beta^2B^2\right]}{(\alpha_1+\alpha_2)^2+(\alpha_1+\alpha_2)\beta^2B^2}$$

Es gilt:

$$m_1^{Koordination} > m_1^{Autonomie}$$

(P5.1) $$\Leftrightarrow \frac{\hat{m}}{1+2\beta^2B^2(\alpha_1+\alpha_2)^{-1}} > \frac{\hat{m}\left[(\alpha_1+\alpha_2)^2+(\alpha_2-\alpha_1)\beta^2B^2\right]}{(\alpha_1+\alpha_2)^2+(\alpha_1+\alpha_2)\beta^2B^2}$$

(P5.2) $$\Leftrightarrow \frac{\hat{m}(\alpha_1+\alpha_2)^2}{(\alpha_1+\alpha_2)^2+2\beta^2B^2(\alpha_1+\alpha_2)} > \frac{\hat{m}\left[(\alpha_1+\alpha_2)^2+(\alpha_2-\alpha_1)\beta^2B^2\right]}{(\alpha_1+\alpha_2)^2+(\alpha_1+\alpha_2)\beta^2B^2}$$

(P5.3) $$\Leftrightarrow (\alpha_1+\alpha_2)^2\left[(\alpha_1+\alpha_2)^2+(\alpha_1+\alpha_2)\beta^2\boldsymbol{B}^2\right] > \left[(\alpha_1+\alpha_2)^2+2\beta^2\boldsymbol{B}^2(\alpha_1+\alpha_2)\right]\left[(\alpha_1+\alpha_2)^2+(\alpha_2-\alpha_1)\beta^2\boldsymbol{B}^2\right]$$

(P5.4) $$\Leftrightarrow (\alpha_1+\alpha_2)^4+(\alpha_1+\alpha_2)^3\beta^2\boldsymbol{B}^2 > (\alpha_1+\alpha_2)^4+(\alpha_1+\alpha_2)^2(\alpha_2-\alpha_1)\beta^2\boldsymbol{B}^2+2\beta^2\boldsymbol{B}^2(\alpha_1+\alpha_2)^3 + 2\beta^4\boldsymbol{B}^4(\alpha_1+\alpha_2)(\alpha_2-\alpha_1)$$

(P5.5) $$\Leftrightarrow (\alpha_1+\alpha_2)^2 > (\alpha_1+\alpha_2)(\alpha_2-\alpha_1)+2(\alpha_1+\alpha_2)^2+2\beta^2\boldsymbol{B}^2(\alpha_2-\alpha_1)$$

(P5.6) $$\Leftrightarrow (\alpha_1+\alpha_2)^2 > 2(\alpha_1+\alpha_2)^2+\left(\alpha_1+\alpha_2+2\beta^2\boldsymbol{B}^2\right)(\alpha_2-\alpha_1)$$

(P5.7) $$\Leftrightarrow -(\alpha_1+\alpha_2)^2 > \alpha_1\alpha_2+\alpha_2^2+2\alpha_2\beta^2\boldsymbol{B}^2-\alpha_1^2-\alpha_1\alpha_2-2\alpha_1\beta^2\boldsymbol{B}^2$$

(P5.8) $$\Leftrightarrow -\alpha_1^2-2\alpha_1\alpha_2-\alpha_2^2 > \alpha_2^2-\alpha_1^2+2(\alpha_2-\alpha_1)\beta^2\boldsymbol{B}^2$$

(P5.9) $$\Leftrightarrow \boldsymbol{0} > \alpha_2^2+\alpha_1\alpha_2+(\alpha_2-\alpha_1)\beta^2\boldsymbol{B}^2$$

(P5.10) $$\Leftrightarrow (\alpha_1-\alpha_2)\beta^2\boldsymbol{B}^2 > \alpha_2 * (\alpha_1+\alpha_2)$$

(P5.11) $$\Leftrightarrow \alpha_1\beta^2\boldsymbol{B}^2 > \alpha_2 * (\alpha_1+\alpha_2)+\alpha_2\beta^2\boldsymbol{B}^2$$

(P5.12) $$\Leftrightarrow \frac{\alpha_1}{\alpha_2} > \frac{(\alpha_1+\alpha_2)}{\beta^2\boldsymbol{B}^2}+\boldsymbol{1}$$

Wenn die Inflationsaversion von Land 1 Bedingung (P5.12) erfüllt, wählt Land 1 in der koordinierten Währungsunion eine kürzere Laufzeit als in Autonomie.

Proposition 6: Schließt sich ein Land mit einem weniger inflationsaversen Land zu einer Währungsunion zusammen, so ist die Inflationsrate in der (koordinierten) Währungsunion größer als in nationaler Autonomie.

$$\pi^{Union(koordiniert)} > \pi_1^{Autonomie} \text{ wenn } \alpha_1 > \alpha_2$$

Beweis:

Die Inflationsrate in Autonomie war gegeben durch Gleichung (2.2.-13). Die Inflationsrate in einer koordinierten Währungsunion mit Präferenzunterschieden bestimmte Gleichung (2.5.-36)

(2.2.-13) $$\pi^{Autonomie} = \frac{\beta B \hat{m}}{\alpha + \beta^2 B^2}$$

(2.5.-36) $$\pi^{Union(koordiniert)} = \frac{2\hat{m}\beta B}{\alpha_1 + \alpha_2 + 2\beta^2 B^2}$$

Die Differenz ist bestimmt durch:

(P6.1) $$\pi^{Union(koordiniert)} - \pi_1^{Autonomie} = \frac{2\hat{m}\beta B}{\alpha_1 + \alpha_2 + 2\beta^2 B^2} - \frac{\beta B \hat{m}}{\alpha_1 + \beta^2 B^2}$$

(P6.2) $$\pi^{U(k)} - \pi_1^A = \hat{m}\beta B\left[\frac{2}{\alpha_1 + \alpha_2 + 2\beta^2 B^2} - \frac{1}{\alpha_1 + \beta^2 B^2}\right]$$

(P6.3) $$\pi^{U(k)} - \pi_1^A = \hat{m}\beta B\left[\frac{2\alpha_1 + 2\beta^2 B^2 - \alpha_1 - \alpha_2 - 2\beta^2 B^2}{(\alpha_1 + \alpha_2 + 2\beta^2 B^2) * (\alpha_1 + \beta^2 B^2)}\right]$$

(P6.4) $$\pi^{U(k)} - \pi_1^A = \hat{m}\beta B\left[\frac{\alpha_1 - \alpha_2}{(\alpha_1 + \alpha_2 + 2\beta^2 B^2) * (\alpha_1 + \beta^2 B^2)}\right]$$

Es gilt: $\pi^{U(k)} > \pi_1^A$ wenn $\alpha_1 < \alpha_2$

$\pi^{U(k)} < \pi_1^A$ wenn $\alpha_1 > \alpha_2$

$\pi^{U(k)} = \pi_1^A$ wenn $\alpha_1 = \alpha_2$

Proposition 7: Schließt sich ein Land mit einem weniger inflationsaversen Land zu einer Währungsunion zusammen, so ist die optimale Laufzeit in der koordinierten Währungsunion kürzer als in nationaler Autonomie.

$$m_{\alpha_1,\alpha_2}^{Union(koordiniert)} < m_{\alpha_1}^{Autonomie} \text{ wenn } \alpha_1 > \alpha_2$$

Beweis:

Die Schuldenstruktur in Autonomie war gegeben durch Gleichung (2.2.-11). Die Schuldenstruktur in einer koordinierten Währungsunion mit Präferenzunterschieden bestimmte Gleichung (2.5.-35).

(2.2.-11) $$m = \frac{\hat{m}}{1+\beta^2 B^2 \alpha^{-1}}$$

(2.5.-35) $$m_1 = m_2 = \frac{\hat{m}}{1+\dfrac{2\beta^2 B^2}{\alpha_1+\alpha_2}}$$

Die Differenz ist bestimmt durch:

(P7.1) $$m_1^{Union(koordiniert)} - m_1^{Autonomie} = \frac{\hat{m}(\alpha_1+\alpha_2)}{\alpha_1+\alpha_2+2\beta^2 B^2} - \frac{\hat{m}\alpha_1}{\alpha_1+\beta^2 B^2}$$

(P7.2) $$m_1^{U(k)} - m_1^{A} = \hat{m}\left[\frac{\alpha_1+\alpha_2}{\alpha_1+\alpha_2+2\beta^2 B^2} - \frac{\alpha_1}{\alpha_1+\beta^2 B^2}\right]$$

(P7.3) $$m_1^{U(k)} - m_1^{A} = \hat{m}\left[\frac{(\alpha_1+\alpha_2)\left(\alpha_1+\beta^2 B^2\right) - \alpha_1\left(\alpha_1+\alpha_2+2\beta^2 B^2\right)}{\left(\alpha_1+\alpha_2+2\beta^2 B^2\right)\left(\alpha_1+\beta^2 B^2\right)}\right]$$

(P7.4) $$m_1^{U(k)} - m_1^{A} = \hat{m}\left[\frac{\alpha_1^2+\alpha_1\beta^2 B^2+\alpha_1\alpha_2+\alpha_2\beta^2 B^2-\alpha_1^2-\alpha_1\alpha_2-2\alpha_1\beta^2 B^2}{\left(\alpha_1+\alpha_2+2\beta^2 B^2\right)\left(\alpha_1+\beta^2 B^2\right)}\right]$$

(P7.5) $$m_1^{U(k)} - m_1^{A} = \frac{\hat{m}}{\beta^2 B^2}\left[\frac{\alpha_2-\alpha_1}{\left(\alpha_1+\alpha_2+2\beta^2 B^2\right)\left(\alpha_1+\beta^2 B^2\right)}\right]$$

Es gilt:

$m^U > m_1^A$ wenn $\alpha_1 < \alpha_2$

$m^U < m_1^A$ wenn $\alpha_1 > \alpha_2$

$m^U = m_1^A$ wenn $\alpha_1 = \alpha_2$

Proposition 8: Eine koordinierte Währungsunion weist bei Unterschieden in der Inflationsaversion stets eine höhere Wohlfahrtssumme auf als eine unkoordinierte Währungsunion.

Beweis:

Die Wohlfahrtssumme in der koordinierten Währungsunion ist gegeben durch:

(2.5.-28) $$\tilde{W}^K = 2\Omega - 2\beta(g + rB) - \frac{2\beta^2 B^2 \hat{m}^2}{\alpha_1 + \alpha_2 + 2\beta^2 B^2}$$

Für die unkoordinierte Währungsunion gilt:

(2.5.-17) $$\tilde{W}^U = 2\Omega - 2\beta(g + rB) - 2\beta^2 B^2 \hat{m}^2 \left[\frac{(\alpha_1 + \alpha_2)^3 + (\alpha_1^2 + \alpha_2^2)\beta^2 B^2}{\left[(\alpha_1 + \alpha_2)^2 + (\alpha_1 + \alpha_2)\beta^2 B^2\right]^2} \right]$$

Die Aussage $\tilde{W}^K > \tilde{W}^U$ ist äquivalent zu:

(P8.1) $$\frac{2\beta^2 B^2 \hat{m}^2}{\alpha_1 + \alpha_2 + 2\beta^2 B^2} < 2\beta^2 B^2 \hat{m}^2 \left[\frac{(\alpha_1 + \alpha_2)^3 + (\alpha_1^2 + \alpha_2^2)\beta^2 B^2}{\left[(\alpha_1 + \alpha_2)^2 + (\alpha_1 + \alpha_2)\beta^2 B^2\right]^2} \right]$$

Umformen ergibt:

(P8.2) $$\begin{aligned} &\left[(\alpha_1 + \alpha_2)^2 + (\alpha_1 + \alpha_2)\beta^2 B^2\right]^2 \\ &< \left[\alpha_1 + \alpha_2 + 2\beta^2 B^2\right] \left[(\alpha_1 + \alpha_2)^3 + (\alpha_1^2 + \alpha_2^2)\beta^2 B^2\right] \end{aligned}$$

(P8.2) $$\begin{aligned} &(\alpha_1 + \alpha_2)^4 + 2(\alpha_1 + \alpha_2)^3 \beta^2 B^2 + (\alpha_1 + \alpha_2)^2 \beta^4 B^4 \\ &< (\alpha_1 + \alpha_2)^4 + 2(\alpha_1 + \alpha_2)^3 \beta^2 B^2 \\ &+ (\alpha_1 + \alpha_2)\ (\alpha_1^2 + \alpha_2^2)\beta^2 B^2 + 2(\alpha_1^2 + \alpha_2^2)\beta^4 B^4 \end{aligned}$$

(P8.3) $$(\alpha_1 + \alpha_2)^2 \beta^2 B^2 < (\alpha_1 + \alpha_2)\ (\alpha_1^2 + \alpha_2^2) + 2(\alpha_1^2 + \alpha_2^2)\beta^2 B^2$$

(P8.4) $$(\alpha_1^2 + 2\alpha_1\alpha_2 + \alpha_2^2)\beta^2 B^2 < (\alpha_1 + \alpha_2)\ (\alpha_1^2 + \alpha_2^2) + 2(\alpha_1^2 + \alpha_2^2)\beta^2 B^2$$

(P8.5) $$0 < (\alpha_1 + \alpha_2)\ (\alpha_1^2 + \alpha_2^2) + (\alpha_1^2 - 2\alpha_1\alpha_2 + \alpha_2^2)\beta^2 B^2$$

(P8.6) $$0 < (\alpha_1 + \alpha_2)\ (\alpha_1^2 + \alpha_2^2) + (\alpha_1 - \alpha_2)^2 \beta^2 B^2$$

Ungleichung (P8.6) ist für $\alpha_1, \alpha_2 > 0$ stets erfüllt.

Proposition 9: Bei Unterschieden in der Inflationsaversion kann ein einzelnes Land in einer unkoordinierten Währungsunion ein höheres Wohlfahrtsniveau erreichen als in einer koordinierten Währungsunion.

Beweis:

Die Wohlfahrt eines Landes in der unkoordinierten Währungsunion war durch Gleichung (2.5.-16.1) gegeben.

$$(2.5.\text{-}16.1) \quad W_1^U = \Omega - \beta(g + rB) - 2\alpha_1\beta^2 B^2 \hat{m}^2 \left[\frac{(\alpha_1 + \alpha_2)^2 + \alpha_1\beta^2 B^2}{\left[(\alpha_1 + \alpha_2)^2 + (\alpha_1 + \alpha_2)\beta^2 B^2\right]^2} \right]$$

Für die koordinierte Währungsunion gilt:

$$(2.5.\text{-}27) \quad W_1^K = \Omega - \beta(g + rB) - \frac{2\beta^2 B^2 \hat{m}^2 (\alpha_1 + \beta^2 B^2)}{(\alpha_1 + \alpha_2 + 2\beta^2 B^2)^2}$$

Der Beweis erfolgt durch die Widerlegung des Gegenteils.

Die Negation von 9 lautet: Ein Land erreicht in einer koordinierten Währungsunion stets eine höhere Wohlfahrt als in einer unkoordinierten Währungsunion.

Betrachten wir das Beispiel $\alpha_1 = 0{,}3$, $\alpha_2 = 0{,}7$ und $\hat{m} = \beta = B = 1$.

Es gilt:

$$W_1^K = \Omega - (g + r) - \frac{2{,}6}{9} = \Omega - (g + r) - 0{,}2\overline{8}$$

$$W_1^U = \Omega - (g + r) - \frac{0{,}78}{4} = \Omega - (g + r) - 0{,}195$$

Wie man sieht gilt $\tilde{W}^U > \tilde{W}^K$, womit das Gegenteil von Proposition 9 widerlegt ist.

Proposition 9 ist daher wahr.

Proposition 10: Bei Unterschieden in der Inflationsaversion realisieren zwei Länder in einer koordinierten Währungsunion eine höhere Wohlfahrtssumme als in nationaler Autonomie.

Beweis:

Die Wohlfahrt eines Landes war durch Gleichung (2.2.-16). gegeben:

$$W = \Omega - \beta(g + rB) - \frac{1}{2}\frac{\beta^2 B^2 \hat{m}^2}{\alpha + \beta^2 B^2} \tag{2.2.-16}$$

Für die Wohlfahrtssumme zweier Länder 1 und 2 folgt daher:

$$\begin{aligned}\tilde{W}^{Autonomie} &= W_1 + W_2 = \Omega - \beta(g + rB) - \frac{1}{2}\frac{\beta^2 B^2 \hat{m}^2}{\alpha_1 + \beta^2 B^2} \\ &+ \Omega - \beta(g + rB) - \frac{1}{2}\frac{\beta^2 B^2 \hat{m}^2}{\alpha_2 + \beta^2 B^2}\end{aligned} \tag{P10.1}$$

was sich vereinfacht zu:

$$\tilde{W}^A = 2\Omega - 2\beta(g + rB) - \frac{1}{2}\frac{\beta^2 B^2 \hat{m}^2 (\alpha_1 + \alpha_2 + 2\beta^2 B^2)}{(\alpha_1 + \beta^2 B^2)(\alpha_2 + \beta^2 B^2)} \tag{P10.2}$$

Die Wohlfahrtssumme in der koordinierten Währungsunion war durch Gleichung (2.5.-28) gegeben:

$$\tilde{W}^K = 2\Omega - 2\beta(g + rB) - \frac{2\beta^2 B^2 \hat{m}^2}{\alpha_1 + \alpha_2 + 2\beta^2 B^2} \tag{2.5.-28}$$

Die Aussage $\tilde{W}^K > \tilde{W}^A$ ist äquivalent zu:

$$\frac{2\beta^2 B^2 \hat{m}^2}{\alpha_1 + \alpha_2 + 2\beta^2 B^2} < \frac{1}{2}\frac{\beta^2 B^2 \hat{m}^2 (\alpha_1 + \alpha_2 + 2\beta^2 B^2)}{(\alpha_1 + \beta^2 B^2)(\alpha_2 + \beta^2 B^2)} \tag{P10.3}$$

umformen ergibt:

$$\frac{4}{\alpha_1 + \alpha_2 + 2\beta^2 B^2} < \frac{\alpha_1 + \alpha_2 + 2\beta^2 B^2}{(\alpha_1 + \beta^2 B^2)(\alpha_2 + \beta^2 B^2)} \tag{P10.4}$$

(P10.5) $$4(\alpha_1+\alpha_2)\beta^2 B^2 + 4\alpha_1\alpha_2 + 4\beta^4 B^4 < (\alpha_1+\alpha_2)^2 + 4(\alpha_1+\alpha_2)\beta^2 B^2 + 4\beta^4 B^4$$

(P10.6) $$4\alpha_1\alpha_2 < (\alpha_1+\alpha_2)^2$$

(P10.7) $$0 < a_1^2 - 2a_1 a_2 + a_2^2$$

(P10.8) $$0 < (a_1 - a_2)^2$$

Es gilt: $\widetilde{W}^K > \widetilde{W}^A$ für $a_1 \neq a_2$

$\widetilde{W}^K = \widetilde{W}^A$ für $a_1 = a_2$

2.6. Prämissenkritik und alternative Modellierungen

Modelle sind stets vereinfachte Abbilder der Wirklichkeit. Sie abstrahieren von zahlreichen – auch wichtigen – Details, um durch die Konzentration und Vereinfachung eine genauere Untersuchung einzelner Aspekte der Wirklichkeit zu ermöglichen.[64] Um die Ergebnisse einer modelltheoretischen Untersuchung allerdings einordnen und interpretieren zu können, ist es notwendig, sich der vorgenommenen Vereinfachungen bewußt zu sein. Im folgenden sollen daher die getroffenen Annahmen des in Kapitel 2 entwickelten Modells kritisch hinterfragt und ihre Bedeutung für die Modellergebnisse diskutiert werden.

2.6.1. Quadratische Wohlfahrtsverluste der Besteuerung

Ein potentieller Kritikpunkte an dem in Kapitel 2 entwickelten Modell könnte sein, daß die Wohlfahrtsverluste der Besteuerung durch eine lineare Funktion approximiert wurden. In der Literatur üblich ist dagegen die Modellierung der Wohlfahrtsverluste als eine Funktion des Quadrats des Steuersatzes. Quadratische Wohlfahrtsverluste der Besteuerung stellen sich bekanntlich ein, wenn lineare Angebots- und Nachfragekurven vorliegen.[65]

64 Vergl. in diesem Sinne und allgemein zur Funktion von Modellen in der Volkswirtschaftslehre Mankiw (1997, S. 8), Chiang (1984, S. 7) und Thomson (2001, S. 36ff.).

65 Vergl. bezüglich der Bestimmung der Wohlfahrtsverluste der Besteuerung Homburg (1997, S. 160ff.) sowie den klassischen Artikel von Harberger (1962).

Die Annahme eines linearen Zusammenhangs ist allerdings, wie im Anhang zu Kapitel 2.2. gezeigt wurde, unschädlich für den hier interessierenden Zusammenhang von Schuldenstruktur und Inflationsrate. Die Linearisierung vereinfacht die formale Herleitung der Bestimmungsgleichung der Inflationsrate, ohne die qualitativen Wirkungen der Schuldenstruktur auf die Inflationsrate zu beeinflussen. Im linearisierten Fall ist die Inflationsrate wie im quadratischen Fall eine ansteigende Funktion der Schuldenstruktur (Vergl. Kapitel 2.2., Anhang). Da diese Vereinfachung die weitere mathematische Herleitung des Modells erheblich vereinfacht, ohne Auswirkungen auf die qualitativen Aussagen zu besitzen, erscheint sie dem Verfasser in Übereinstimmung mit Mandilaras/ Levine (2001) vertretbar.

2.6.2. Alternative Modellierungen der Zentralbank

Die Finanzwissenschaft hat sich intensiv mit den Entscheidungsprozessen von Gruppen beschäftigt.[66] Eine zentrale Einsicht dieser Literatur ist die große Bedeutung, die den institutionellen Regeln für das Ergebnis eines Entscheidungsprozesses zu kommt. In dem in Kapitel 2 entwickelten Modell wurde unterstellt, daß die gemeinsame Zentralbank die Nutzensumme der an der Währungsunion beteiligten Länder maximiert. Dies impliziert, daß jedes Land einen direkten Einfluß auf die Inflationsrate hat, der seiner relativen Größe zur gesamten Währungsunion entspricht. Dies muß nicht notwendigerweise so sein.

Entsenden die Mitgliedsstaaten beispielsweise Vertreter in das geldpolitische Entscheidungsgremium und trifft dieses seine Entscheidungen mit einfacher Mehrheit, ist es denkbar, daß die Präferenzen eines Landes, das von den übrigen überstimmt wird, keine Auswirkungen auf die gemeinsame Inflationsrate haben. Bei einfachen Mehrheitsentscheidungen entspräche das Abstimmungsergebnis den Präferenzen des Medianwählers. Es käme erst dann zu einer Erhöhung der Inflationsrate, wenn eine Mehrheit der beteiligten Länder dies wünschte. Eine Veränderung der Abstimmungsregeln, der expliziten wie der impliziten[67], wäre daher geeignet, den Zusammenhang zwischen den Schuldenstrukturen der Mitgliedsstaaten und der gemeinsamen Inflationsrate zu verändern. Da die einzelnen Schuldenmanager eine solche Veränderung antizipieren würden, wäre davon auch die strategische Interaktion zwischen ihnen betroffen.

66 Einen Überblick gibt Mueller (1997) und Mueller (1976).

67 Unterschiedliche Leitlinien für das Abstimmungsverhalten im EZB-Rat diskutiert von Hagen (1998, S. 13ff.).

Für den Fall einer Währungsunion aus identischen Staaten ist dieser Einwand allerdings irrelevant. Identische Staaten verfolgen annahmegemäß die gleiche Politik. Und für den Fall einer Währungsunion aus zwei unterschiedlichen, aber gleich großen Staaten, der in den Kapiteln 2.4. und 2.5. betrachtet wurde, erscheint die Annahme nicht unplausibel, daß das Politikergebnis ein Kompromiß ist, der die Interessen beider Staaten in gleichem Maße berücksichtigt. Die getroffene Annahme ist also nicht die einzig mögliche, aber doch eine in hohem Maße plausible.

Aber auch wenn – vor allem in größeren Währungsunionen – andere Entscheidungsfindungsprozesse zu anderen strategischen Interaktionen zwischen den Staaten führten, bliebe die hergeleitete Aussage doch weiterhin gültig, daß in einer Währungsunion, in der die gemeinsame Inflationsrate eine Funktion der Schuldenstrukturen der einzelnen Mitgliedsstaaten ist, eine Übernachfrage nach inflationserzeugenden Verschuldungsinstrumenten besteht. Eine Veränderung der geldpolitischen Entscheidungsregel würde daher zwar den funktionalen Zusammenhang zwischen den Schuldenstrukturen und der gemeinsamen Inflationsrate verändern, ließe aber die Grundaussage des Modells intakt, daß angesichts von Externalitäten eine Koordination vorteilhaft, aber nicht zustimmungsfähig ist.

2.6.3. Alternative Wirkungen der Laufzeitenstruktur

Die zentrale Voraussetzung der Überlegungen zum Koordinierungsbedarf der Schuldenstrukturpolitik war die Annahme, daß ohne eine strikte Bindung der Geldpolitik der Einsatz von Verschuldungsinstrumenten, deren Wert durch Überraschungsinflation gemindert werden kann, Inflation erzeugt.[68] Dieser Zusammenhang wurde in Kapitel 2.2. mit Hilfe eines einfaches Modells der Schuldenstrukturpolitik in Autonomie hergeleitet und wird von einer umfangreichen theoretischen Literatur gestützt.[69] Dennoch ist dieser Zusammenhang nicht unumstritten. Insbesondere die Deutsche Bundesbank hat mehrfach vor den Gefahren einer kurzfristigen Verschuldung gewarnt und dafür plädiert, daß sich der Staat – auch aus geldpolitischen Gründen – möglichst langfristig finanziere.

---

68 Diese inflationstreibenden Verschuldungsinstrumente waren im betrachteten Modell langfristige, festverzinsliche Anleihen.

69 Vergl. insbesondere Calvo/Guidotti (1990), Missale/Blanchard (1994), Huber (1998) und Rossi (2001, S. 52).

Im folgenden soll daher die Position der Deutschen Bundesbank dargestellt und auf die impliziten Annahmen dieses Ansatz eingegangen werden. An eine kurze Diskussion des Verhältnisses von Notenbank und Regierung bei der Festsetzung der Inflationsrate schließt sich die Prüfung der Frage an, welche Implikationen ein gegenläufiger Zusammenhang von Inflationsrate und Fristigkeit für das in Kapitel 2 abgeleitete Modellergebnis hätte.

a) Die Position der Deutschen Bundesbank zur Kurzfristverschuldung

Wie eben gesagt, warnt die Deutsche Bundesbank seit langem vor einem zu großen Anteil kurzfristiger Verschuldung.[70] Neben einer größeren Variabilität der Zinszahlungen für den Schuldner sieht die Bundesbank in einer kurzfristigen Verschuldung vor allem die Gefahr, daß die Widerstände der Schuldner gegen stabilitätspolitisch erforderliche Zinserhöhungen zunehmen.[71] Diese Widerstände können dabei sowohl von staatlichen als auch privaten Schuldnern ausgehen, wobei die Deutsche Bundesbank den staatlichen Schuldnern wegen der Größe ihrer Kreditaufnahme und wegen ihrer prägenden Wirkung für die gesamten Finanzierungsstrukturen der Volkswirtschaft besonderes Gewicht beimißt.[72] Auf lange Sicht bergen solche Widerstände gegen notwendige Zinserhöhungen die Gefahr, daß es zu einer höheren Inflationsrate kommt (Vergl. Deutsche Bundesbank, 1997, S. 29f.).

Da die meisten Zentralbanken die Geldversorgung der Wirtschaft über den Geldmarkt steuern, besitzen sie einen größeren Einfluß auf die Entwicklung der kurzfristigen Zinsen als auf die Entwicklung der langfristigen Zinsen.[73] Während die Zentralbank den aktuellen Geldmarktsatz durch Wertpapierpensionsgeschäfte in hohem Maße kontrolliert, ist der langfristige Kapitalmarktzins ihrem Zugriff weitgehend entzogen. Die Bedeutung der aktuellen Geldpolitik für die Höhe der Zinszahlungen ist daher um so größer, je kurzfristiger sich ein Schuldner finanziert. So schätzen Cook/Hahn (1989) für die 70er Jahre in den USA, daß eine Erhöhung des Tagesgeldsatzes durch die Federal Reserve Bank um ei-

70 Vergl. insbesondere Deutsche Bundesbank (1995a, S. 30f.) und Deutsche Bundesbank (1997, S. 29f.). Eine Zusammenfassung der Position der Deutschen Bundesbank gibt Kitterer (1998, S. 249f.).

71 Vergl. Tietmeyer (1998, S. 162) und Tietmeyer (1996, S. 437).

72 Vergl. Deutsche Bundesbank (1994a, S. 91f.) und Deutsche Bundesbank (1995a, S. 31). Die Bedeutung der staatlichen Schuldenstruktur für die Unternehmensfinanzierung beschreibt Jany (1989).

73 Für eine Beschreibung der Geldmarktsteuerung der Deutschen Bundesbank siehe Deutsche Bundesbank (1995b, S. 91ff.) und Deutsche Bundesbank (1994b, S. 61ff.).

nen Prozentpunkt (= 100 Basispunkte) im Mittel nur zu einer Zinssteigerung von 21 Basispunkten bei den 5jährigen und um 10 Basispunkte bei den 20jährigen Anleihen geführt hat.

Da Zinszahlungen inzwischen einen hohen Anteil am Gesamthaushalt erreicht haben, können höhere Zinsausgaben nicht durch kleine Einsparungen in anderen Etats aufgefangen werden. Jede Zinserhöhung der Notenbank würde daher unweigerlich entweder zu einer politisch unerwünschten Erhöhung der Neuverschuldung oder zu sehr umfangreichen und damit ebenfalls politisch unerwünschten Einschnitten in anderen Etats führen. Dies könnte zu erheblichem Druck von Seiten des Staates auf die Notenbank führen, eine aus Notenbanksicht notwendige Zinserhöhung aufzuschieben.[74] Hätte solcher Druck Erfolg, wäre eine Überversorgung der Wirtschaft mit Geld und langfristig eine höhere Inflationsrate die Folge.

b) Das Verhältnis von Staat und Notenbank in der Debt-Management-Literatur

Der Argumentation der Deutschen Bundesbank gegen die kurzfristige Verschuldung liegt die Annahme zugrunde, daß die realisierte Inflationsrate das Ergebnis einer Auseinandersetzung zwischen der Notenbank und der Regierung um den Kurs der Geldpolitik ist. Die Notenbank bemüht sich in dieser Auseinandersetzung um die Sicherung des Geldwerts, d.h. um eine Begrenzung der monetären Expansion durch höhere Zinsen; die verschuldete Regierung ist an niedrigen Zinsen interessiert. Dieser Gedanke eines Gegensatzes zwischen Notenbank und Regierung ist in der älteren, deutschen Debt-Management-Literatur weit verbreitet.[75] In der neueren, modelltheoretisch arbeitenden Debt-Management-Literatur fehlt er dagegen.[76] Sieht man von Burgtorf (2003) ab, ignoriert diese stark angelsächsisch geprägte Literatur die qualitativen Erkenntnisse der älteren, deutschen Debt-Management-Literatur und modelliert die Zentralbank als Agenten zur Erfüllung der Staatsziele, der keine eigene Zielfunktion besitzt,

74 Diese Sorge schimmert beispielsweise in Deutsche Bundesbank (1995b, S. 48) durch.

75 Vergl. beispielsweise Wiss. Beirat BMF (1979, S. 132-136), Sievert (1981, S. 208) und Willms (1968, S. 411).

76 Auch außerhalb der Debt-Management-Literatur sind modelltheoretische Arbeiten dieser Art selten. Eine Ausnahme bilden Alesina/Tabellini (1987), welche die Vorteilhaftigkeit von geldpolitischen Regelbindungen untersuchen. Im Modellrahmen von Alesina/Tabellini (1987) werden die Geld-, Fiskal- und Lohnpolitik als eigenständige, nicht miteinander koordinierte Akteure modelliert. Beetsma/Bovenberg (1997) führen eine endogene Schuldenhöhe in das Modell von Alesina/Tabellini (1987) ein. Vergl. dazu Fußnote Nr. 79, S. 183).

sondern ausschließlich der Maximierung der Zielfunktion der Regierung dient.[77] Dieser vollkommen abhängigen Zentralbank steht als Vergleichsfall die Modellierung einer vollkommen unabhängigen Zentralbank gegenüber, welche unabhängig von der Schuldenentwicklung den Geldwert sichert. Dieser zweite Fall wird unter dem Stichwort *perfektes commitment* diskutiert.[78] Bei *perfektem commitment* hat die Schuldenstrukturpolitik keine Auswirkungen auf die Inflationsrate. Debt Management ist unter monetären Gesichtspunkten irrelevant und besitzt weder einen begünstigenden noch erschwerenden Einfluß auf die Arbeit der Zentralbank. Die mathematisch-formale Modellierung der Inflationsrate als das Ergebnis einer Auseinandersetzung zwischen Regierung und Zentralbank, die dem Bundesbank-Argument zugrunde liegt, d.h. die Integration der Erkenntnisse der älteren deutschen Literatur in eine modelltheoretische Analyse, muß daher als eine noch zu schließende Forschungslücke angesehen werden.[79] Angesichts der hohen Bedeutung, welche die Deutsche Bundesbank der Schuldenstruktur für die Arbeit der Notenbank zumißt, erscheint es verwunderlich, daß die Deutsche Bundesbank selber bisher keine modelltheoretische Untermauerung der Gefahren der kurzfristigen Verschuldung für die Geldwertstabilität vorgelegt hat. Die Schließung dieser Lücke in der modelltheoretischen Literatur bleibt daher Burgtorf (2003) überlassen.

c) Erörterung der Inflationsanreize der Kurzfristverschuldung

Nach Auffassung der Deutschen Bundesbank erleichtert eine langfristige Finanzierung der staatlichen Defizite den stabilitätsorientierten Kurs der Geldpolitik. Gegen diese Einschätzung ist allerdings einzuwenden, daß mit der Zunahme der Laufzeiten zwar der unmittelbare Einfluß der Geldpolitik auf die Höhe der Zinszahlungen abnimmt, andererseits aber die Inflationsanreize, welche von der Struktur der Staatsverschuldung ausgehen, deutlich ansteigen. Da die reale

77 Zahlreiche Autoren unterscheiden daher noch nicht einmal zwischen Regierung und Notenbank. Vergl. Missale/Blanchard (1994, S. 314), welche die Regierung die Inflationsrate bestimmen lassen.

78 So bei Missale/Blanchard (1994, S. 314) oder Mandilaras/Levine (2001, S. 5f.).

79 Bezüglich der Schuldenniveaupolitik existiert von Beetsma/Bovenberg (1997) ein Modell, in dem die Zentralbank und die Regierung als separate, eigenständige Akteure angesehen werden. In diesem Modell erhöht die Einführung der unabhängigen Zentralbank die Verschuldung, da die (myopische) Regierung die unabhängige Zentralbank durch Schuldenakkumulation zu zwingen versucht, eine höhere Inflationsrate herbeizuführen. Beetsma/Bovenberg (1997, S. 892) sehen ihr Modell als theoretische Rechtfertigung für die Einführung von Schuldenobergrenzen an, wie sie der Maastricht-Vertrag kennt.

Wertminderung einer Anleihe bei einer gegebenen Erhöhung der Inflationsrate mit der Zinsbindungsfrist steigt, sind die potentiellen Entschuldungsmöglichkeiten durch Inflation um so größer, je langfristiger sich ein Staat finanziert.[80] Es ist damit keineswegs zwingend, daß – wie die Deutsche Bundesbank unterstellt – das Interesse eines hoch verschuldeten Staates an einer lockeren Geldpolitik mit steigender Anleihelaufzeit abnimmt.

Doch selbst wenn der von der Deutschen Bundesbank beschriebene Zusammenhang nicht der einzige in diesem Zusammenhang zu berücksichtigende Effekt ist, zeigt die Deutsche Bundesbank durch ihre Argumentation doch Kräfte auf, welche der geldpolitischen Vorteilhaftigkeit der kurzfristigen Verschuldung entgegen stehen und geeignet sind, den Zusammenhang zwischen Laufzeit und Inflationsrate zu beeinflussen oder gar umzukehren.

Ist nämlich das Ausmaß des politischen Drucks auf die Notenbank – wie von der Bundesbank postuliert – eine inverse Funktion der Laufzeit der Staatsverschuldung und ist der politische Druck entscheidend für die realisierte Geldpolitik, dann wäre – anders als in dem in Kapitel 2 entwickelten Modell unterstellt – die langfristige Inflationsrate eine ansteigende Funktion der durchschnittlichen Laufzeit der Staatsschuld.[81]

Eine notwendige Bedingung für ein solches Szenario wäre allerdings, daß die Unabhängigkeit der Notenbank einerseits so groß wäre, daß die Zentralbank die Inflationsanreize der langfristigen Staatsschuld neutralisieren kann, daß die Unabhängigkeit andererseits gleichzeitig so klein wäre, daß sich die Notenbank den marginalen Einflußversuchen der Politiker nicht widersetzen kann. Mit anderen Worten müßte die Notenbank gegenüber Einflußnahmen mit dem Ziel einer Überraschungsinflation zur Schuldenentwertung immun sein, während sie für kleinen Druck zur Verschiebung einer Leitzinserhöhung anfällig wäre. Dies scheint aus Sicht des Verfassers keine unrealistische Annahme zu sein.

Die Inflationsrate könnte damit, anders als in Kapitel 2 hergeleitet und anders als von praktisch der gesamten Debt-Management-Literatur unterstellt, um so niedriger sein, je länger die durchschnittliche Laufzeit der Staatsverschuldung ist.

---

80 Vergl. Missale/Blanchard (1994, S. 313.).

81 Maier/Sturm/deHaan (2002) versuchen, den politischen Druck auf die Deutsche Bundesbank zu messen. Dazu konstruieren sie anhand einer Presseauswertung für die Jahre 1993-98 einen Index, der angibt, wie oft Politiker und Verbände eine Veränderung der Leitzinsen gefordert haben. Ein Einfluß dieses Indexes auf die Zinspolitik konnte nicht festgestellt werden.

d) Implikationen für das betrachtete Modell

Der Streit um den Einfluß der Laufzeitenstruktur auf die Inflationsrate kann hier nicht endgültig entschieden werden. Welcher Zusammenhang tatsächlich besteht, ist letztendlich eine empirische Frage, die noch nicht abschließend geklärt ist.[82] Der weit überwiegende Teil der Debt-Management-Literatur blendet politökonomische Argumente bezüglich der Akzeptanz einer stabilitätsorientierten Geldpolitik aus und beschreibt einen positiven Zusammenhang zwischen Laufzeit und Inflationsrate.[83] Auch das in Kapitel 2 dieser Arbeit entwickelte Modell stützt sich ausschließlich auf die mit zunehmender Laufzeit steigenden Inflationsanreize der Staatsschuld. Diese Anreize sind – wie in Kapitel 2.2. gezeigt – um so größer, je langfristiger die Staatsschuld finanziert ist. Daher steigt im analysierten Modell mit der Laufzeit die Inflationsrate.

Reduziert langfristige Verschuldung allerdings aus den von der Deutschen Bundesbank genannten Gründen die Inflationsrate, müßten die europäischen Staaten durch Koordination die Laufzeit nicht verkürzen, sondern verlängern. Unter der Annahme eines gegenläufigen Zusammenhangs verschulden sich nämlich die Staaten im unkoordinierten Fall kürzer, als es der optimalen Laufzeit entspräche, da sie bei ihrer Laufzeitenwahl nur die positiven Auswirkungen berücksichtigen, die eine Laufzeitenverlängerung auf ihre eigene Wohlfahrt hätte. Die positive Externalität ihrer Debt-Management-Entscheidung auf die Wohlfahrt der übrigen Teilnehmerstaaten beachteten sie aber nicht.

Die Notwendigkeit der Koordinierung der Laufzeitenstrukturen innerhalb einer Währungsunion hängt daher nicht von der Richtung des Zusammenhangs zwischen Laufzeit und Inflationsrate ab. Solange ein Zusammenhang zwischen den Schuldenstrukturen der einzelnen Staaten und der gemeinsamen Inflationsrate besteht, solange liegt in einer Währungsunion eine Externalität vor und solange erhöht eine Koordinierung die Wohlfahrt der Teilnehmerstaaten. Die Ko-

82 Die wenigen Studien, die zu dieser Frage bisher vorliegen, kommen zu keinem eindeutigen Ergebnis, wobei neben der unsicheren Datenlage vor allem die Frage einer angemessenen ökonometrischen Behandlung der Endogenität von Schuldenstruktur und Inflationsrate Probleme aufwirft. Die Rückwirkungen, welche die Inflationsrate auf die Laufzeitenstruktur hat, müssen bei der Bestimmung des Effekts, den die Laufzeitenstruktur auf die Inflationsrate besitzt, herausgerechnet werden. In einer Schätzung von Mandilaras (2002), der allerdings nur 17 Datenwerte zugrunde liegen, besitzt eher die Höhe der Schuld als die Schuldenstruktur (Anteil der langfristigen Verschuldung) Erklärungswert für die zukünftige Inflationsrate.

83 So beispielsweise Calvo/Guidotti (1990), Missale/Blanchard (1994), Huber (1998) und Rossi (2001, S. 52).

ordinierung ist dabei um so vorteilhafter, je größer der Einfluß der Laufzeitenstruktur auf die Inflationsrate ist. Von der Art des Zusammenhangs zwischen Laufzeit und Inflationsrate hängt allerdings die Antwort auf die wichtige Frage ab, ob, um die Wohlfahrt zu steigern, die langfristige oder die kurzfristige Verschuldung begrenzt werden muß. Nur wenn langfristige Verschuldung tatsächlich die Inflationsrate erhöht, wirkt eine koordinierte Laufzeitenverkürzung wohlfahrtssteigernd. Der tatsächliche Zusammenhang zwischen Schuldenstruktur und Inflationsrate ist daher eindeutig zu klären, bevor verbindliche Schuldenstrukturvorschriften vereinbart werden können. Existiert kein Zusammenhang zwischen der Schuldenstruktur und der Inflationsrate, besteht kein Koordinierungsbedarf.

2.6.4. Weitere Wirkungen der Staatsverschuldung – crowding-out

Wie in weiten Teilen der Debt-Management-Literatur üblich, wurde die Schuldenhöhe in dem in Kapitel 2 hergeleiteten Modell als exogen gegeben angesehen und in ihren Wirkungen auf Wirkungen bezüglich der Schuldenstruktur und der Inflationsrate beschränkt. Damit folgt das hergeleitete Modell einer in der Literatur weit verbreiteten Trennung in Modelle, welche entweder a) die Schuldenhöhe erklären, oder b) die Wirkungen der Staatsschuld (Schuldenhöhe) analysieren oder c) bei gegebener Schuldenhöhe die Schuldenstruktur analysieren. Das in Kapitel 2 hergeleitete Modell fällt dabei ausschließlich in die dritte Kategorie: Es beschränkt sich auf eine Erklärung der Schuldenstruktur bei gegebener Schuldenhöhe.

Diese Beschränkung der Wirkungen impliziert dabei, daß weitere wichtige Implikationen der staatlichen Verschuldung wie die wichtigen Auswirkungen, die von einer hohen Staatsverschuldung auf die private Investitionstätigkeit ausgehen (*crowding out*), nicht berücksichtigt wurden. Auch wurde nicht berücksichtigt, daß die Schuldenhöhe das Ergebnis eines komplizierten politischen Prozesses ist.

Die Annahme einer exogenen Schuldenhöhe erscheint jedoch gerechtfertig, da die Prozesse, welche die Höhe der Staatsschuld bestimmen, an anderer Stelle bereits umfangreich beschrieben wurden[84] und da die Rückwirkungen, welche von der Schuldenstruktur auf die Schuldenhöhe ausgehen, relativ klein sind. Wiese (1999) zeigt zwar, daß bei geneigter Zinsstrukturkurve die Schulden-

84 Siehe beispielsweise den klassischen Beitrag von Buchanan/Wagner (1977).

struktur durch ihre Eigenschaft, die Durchschnittsverzinsung zu determinieren, durchaus den jährlichen Primärüberschuß und die langfristige Entwicklung der Schuldenhöhe beeinflussen kann. In dem hier betrachteten Modell unterscheidet sich aber die erwartete Realverzinsung zwischen den einzelnen Verschuldungsarten nicht, so daß die Schuldenstruktur für die jährlichen Zinszahlungen und damit auch für den schuldenstabilisierenden Primärüberschuß irrelevant ist.[85]

Auch die Vernachlässigung der wichtigen *crowding-out*-Effekte erscheint in diesem Zusammenhang vertretbar, da sich der Untersuchungsgegenstand dieser Arbeit auf die Schuldenstrukturpolitik beschränkt.[86] Die Frage, ob unterschiedliche Arten der Staatsverschuldung die private Realkapitalbildung unterschiedlich beeinflussen, ist noch wenig erforscht und muß an anderer Stelle beantwortet werden.[87] Falls sich aber unterschiedliche Finanzierungsinstrumente in ihren Wirkungen unterscheiden, ließe sich das in Kapitel 2 entwickelte Externalitäten-Argument analog auch auf ein *crowding-out*-Modell anwenden: Die Voraussetzungen dafür wären, daß in einem gemeinsamen Kapitalmarkt a) die Kreditaufnahme jedes einzelnen Staates die Kreditaufnahme der privaten Schuldner in allen Mitgliedsländern der Währungsunion verteuert (Annahme bezüglich der Existenz des *crowding out*) und daß sich b) unterschiedliche Verschuldungsarten in ihren Verdrängungswirkungen unterscheiden (Annahme bezüglich der Relevanz der Schuldenstruktur). Sind beide Annahmen erfüllt, wäre eine Koordinierung der Schuldenstrukturpolitiken erforderlich, um bei gegebener Kreditaufnahme der einzelnen Staaten den unionsweiten *crowding-out*-Effekt zu minimieren.

Ist beispielsweise eine kurzfristige Verschuldung der Staaten unter *crowding-out*-Gesichtspunkten vorzuziehen, weil sie die fristenkongruente (also langfristige) private Kreditaufnahme zur Finanzierung von langfristigen privaten Realinvestitionen weniger beeinträchtigt als eine langfristige Kreditaufnahme des Staates, und wenn Staaten aus Risikoüberlegungen eine gegenläufige Präferenz für langfristige Verschuldung haben, dann wählen autonome Schuldenmanager in einer Währungsunion ohne Koordination eine zu lange Finanzierungsstruktur, da sie in ihr Entscheidungskalkül ausschließlich die *crowding-out*-

85 Bei Unterschieden in der erwarteten Realverzinsung wären die risikoneutralen Anleger in dem betrachteten Modell nur bereit gewesen, die höher verzinsliche Verschuldungsformen zu halten.

86 Zu den Wirkungen der Staatsverschuldung auf die intertemporale Allokation siehe Barro (1993, S. 382) sowie Kitterer (1988, S. 354ff.) und die dort angegebene Literatur.

87 Ansätze in diese Richtung bietet Park (2001), der am Beispiel Süd-Koreas die unterschiedlichen *crowding-out*-Wirkungen der Staatsfinanzierung über Anleihen und Bankkredite untersucht.

Vorteile der kurzfristigen Verschuldung für ihr eigenes Land einbeziehen und die Wirkungen bezüglich anderer Länder nicht berücksichtigen. Eine Koordination der Schuldenstrukturpolitik wäre daher notwendig, um bei gegebener Kreditaufnahme der einzelnen Staaten den unionsweiten *crowding-out*-Effekt zu minimieren.

Unabhängig davon, ob *crowding-out*-Effekte ein zusätzliches Argument für die Koordinierung der Schuldenstrukturpolitik in Europa liefern können, bleibt die anhand der Beeinflussung der gemeinsamen Inflationsrate hergeleitete Aussage gültig, daß eine Koordinierung vorteilhaft ist, wenn die Schuldenstruktur eines Landes externe Effekte auf die Wohlfahrt der anderen Teilnehmerstaaten der Währungsunion besitzt. Bezüglich der Annahme der exogenen Bestimmung der Schuldenhöhe gilt, daß die Aufgabe dieser Annahmen nur dann die Vorteilhaftigkeit der Koordination in Frage stellen würde, wenn die endogene Schuldenhöhe alle externen Effekte der Schuldenstruktur auf andere Länder vollständig internalisierte. Es ist schwer vorstellbar, warum eine endogene Schuldenhöhe genau dies leisten sollte.

2.6.5. Endogene Realzinsen – Wirkungen der Inflationsrate auf den Zins

Nach Irving Fisher steigt die Nominalverzinsung eins zu eins mit der Inflationsrate (Vergl. Mankiw, 1997, S. 160). Zahlreiche empirische Untersuchungen zeigen aber, daß in Ländern mit hoher Inflationsrate die Nominalzinsen stärker steigen als die Inflationsrate, da mit der Höhe der Inflationsrate auch ihre Variabilität und damit die Variabilität der erwarteten Realverzinsung steigt.[88] Risikoaverse Anleger verlangen daher höhere Realzinsen, um für das zusätzliche Risiko der Inflationsunsicherheit kompensiert zu werden.[89]

Diesem Zusammenhang wird in dem in Kapitel 2 entwickelten Modell nicht Rechnung getragen. Konform mit Fisher steigt die Verzinsung der inflationssensiblen Anleihen nur um die erwartete Inflationsrate an. Dies ist der Tatsache geschuldet, daß es sich um ein deterministisches Modell handelt, in dem keine Unsicherheit bezüglich der zukünftigen Inflationsrate besteht. Bestünde allerdings Unsicherheit über die zukünftige Inflationsrate, könnte die in Kapitel 2

---

88 Vergl. Issing (1995, S. 230), Bofinger (1996, S. 91f.) sowie Romer (1996, S. 431) und Taylor (1981). Die Erhöhung der Realzinsen wird von Sarte (1998) ökonometrisch geschätzt. Siehe auch Deutsche Bundesbank (2001).

89 Diese Erhöhung der Realzinsen wird ausdrücklich zu den Kosten der Inflation gezählt. Vergl. EZB (1999, S. 44, Kasten 2, Ziffer 2).

gewählte Modellformulierung dennoch aufrecht erhalten werden, wenn man auf Seiten der Anleger nicht nur rationale Erwartungen, sondern auch Risikoneutralität unterstellt.

Steigt die Nominalverzinsung stärker als die Inflationsrate, würde sich allerdings aus Sicht eines risikoneutralen Emittenten die inflationssensiblen Verschuldungsinstrumente (langfristige Nominalverschuldung) relativ zu den inflationsunempfindlichen Verschuldungsinstrumenten (kurzfristige oder indexierte Verschuldung) verteuern. Die Berücksichtigung dieses Effekts sollte daher ceteris paribus zu einem kleineren Anteil inflationssensibler Instrumente und damit zu einer niedrigeren Inflationsrate im Modell führen. Da dieser Effekt sowohl in Autarkie wie in der Währungsunion wirkt, wäre er allerdings nicht geeignet, die Übernachfrage nach inflationssensiblen Verschuldungsinstrumenten, die durch den Beitritt zur Währungsunion ausgelöst wird, vollständig zu beseitigen.

2.6.6. Marktsanktionen und Risikozuschläge

Eine weitere Schwäche des Modells ist, daß die Zinsen auf die ausstehenden Anleihen keine Funktion der Schuldenhöhe sind. Zahlreiche empirische Untersuchungen zeigen, daß die Kapitalmärkte von Schuldnern mit steigender Schuldenhöhe höhere Zinsen verlangen, um das Risiko zu kompensieren, das eine hohe Verschuldung darstellt.[90] Theoretische Überlegungen legen zusätzlich nahe, daß vergleichbare Risikoprämien auch bei sehr kurzfristiger Verschuldung auftreten können, da kurzfristige Verschuldung die Eintrittswahrscheinlichkeit von Schuldenkrisen erhöht.[91]

Diese Risikozuschläge sind jedoch für das in Kapitel 2 hergeleitete Modellergebnis unerheblich, so lange sie auf den jeweiligen Staat beschränkt bleiben. Höhere Zinsen als Folge einer hohen Verschuldung erfordern, daß ein Staat höhere Primärüberschüsse bilden muß, um seine Schuldenhöhe konstant zu halten. Ohne *spill overs* beeinflussen Risikozuschläge damit die Wohlfahrt in dem jeweiligen Staat, haben aber keine Auswirkungen auf das Koordinierungserfordernis in einer Währungsunion. Der Fall mit *spill-over*-Effekten, in dem die Schuldenhöhe und die Schuldenstruktur eines Staates auch die Zinszahlungen der übrigen an der Währungsunion teilnehmenden Staaten beeinflussen, wird in Kapitel 3 untersucht.

---

90 Vergl. Alesina/deBroeck/Prati/Tabellini (1992), Bayoumi/Goldstein/Woglom (1995), Caselli/ Giovannini/Lane (1998) und Ziegenhorn (1999).

91 Vergl. Alesina/Prati/Tabellini (1990) und Giavazzi/Pagano (1990).

2.6.7. Abschließende Modellbeurteilung

Die Qualität eines Modells kann nur vor dem Hintergrund seines Erklärungsziels beurteilt werden. Ein Modell, das gleichzeitig alle Aspekte der Volkswirtschaftslehre vollständig erklärt und dennoch mathematisch handhabbar ist, muß erst noch gefunden werden. Die Abschlußfrage muß daher lauten, ob das in Kapitel 2 hergeleitete Modell geeignet ist, Licht auf die Leitfragen zu werfen, die in diesem Kapitel beantwortet werden sollten: Besteht a) in einer Währungsunion ein Koordinierungsbedarf für die Schuldenstrukturpolitik der Teilnehmerstaaten bzw. b) unter welchen Bedingungen ist eine Koordinierung zustimmungsfähig?

Die Diskussion der Modellergebnisse in Kapitel 2.2. zeigte bereits, daß das hergeleitete Modell geeignet ist, die grundlegenden Zusammenhänge der Schuldenstrukturpolitik, wie sie von der wissenschaftlichen Literatur herausgearbeitet wurden, abzubilden und daß auf dieser Grundlage die Interaktion zweier Schuldenmanager in einer Währungsunion analysiert werden kann. Die Eignung zur Analyse der gestellten Leitfragen muß daher bejaht werden. Daß der verwendete Modellrahmen nicht geeignet ist, weitere wichtige Fragen wie die Wohlfahrtsverluste der Besteuerung, die intertemporalen Allokationswirkungen der Schuldenniveaupolitik und die Bedeutung von Abstimmungsregeln für die Ergebnisse geldpolitischer Entscheidungsprozesse zu untersuchen, ist bedauerlich, erscheint aber angesichts des erreichten Komplexitätsgrades des Modells vertretbar.

Die Modellkritik in diesem Kapitel sowie der Anhang zu Kapitel 2.2. zeigten ferner, daß die getroffenen Annahmen ausschließlich die mathematische Herleitung des Modells vereinfachen, für die zentralen Aussagen des Modells aber unerheblich sind. Insbesondere die Modellergebnisse der Vorteilhaftigkeit der Koordination bei identischen Staaten und die fehlende Zustimmungsfähigkeit der Koordination bei unterschiedlichen Staaten werden durch die getroffenen Annahmen nicht berührt, da die zentrale Externalität unabhängig von den vereinfachenden Annahmen bezüglich der Wohlfahrtsverluste der Besteuerung, der Geldpolitik und der allokativen Wirkungen der Schuldenhöhe besteht.

Darüber hinaus zeigte die Modellkritik, daß ein Koordinierungsbedarf prinzipiell auch durch unterschiedliche *crowding-out*-Effekte der verschiedenen Verschuldungsarten sowie durch grenzüberschreitende Risikozuschläge entstehen kann. Wegen der sehr unterschiedlichen privaten Finanzierungsgewohnheiten in den Ländern der Europäischen Währungsunion erscheint es allerdings fraglich, ob sich bezüglich der *crowding-out*-Wirkungen der unterschiedlichen

Verschuldungsformen präzise Aussagen treffen lassen. Solche wären aber erforderlich, um klare Politikempfehlungen ableiten zu können. Prinzipiell stellen aber beide Effekte negative Externalitäten der Schuldenstruktur auf die Wohlfahrt der anderen Teilnehmerstaaten dar, die bei einer unkoordinierten Festlegung der Schuldenstrukturpolitik nicht internalisiert werden. Diese beiden denkbaren Effekte wurden in dem bisher diskutierten Modell aus Gründen der Vereinfachung ausgeblendet. Ihre Berücksichtigung wäre aber geeignet, das abgeleitete Modellergebnis zusätzlich zu stützen.

Wegen der Bedeutung der länderübergreifenden Risikozuschläge für die Frage nach der Vorteilhaftigkeit einer Koordinierung und für die fiskalischen Ziele des Debt Managements wird dieser Aspekt im folgenden Kapitel 3 eingehender untersucht. Die Analyse von *crowding-out*-Effekten in Verbindung mit Debt-Management-Entscheidungen muß zukünftigen Arbeiten überlassen bleiben.

2.7. Zusammenfassung von Kapitel 2

Eine länderspezifische Koordinierung der Schuldenstrukturpolitik steigert die Wohlfahrtssumme in einer Währungsunion. Die Koordinierung ist aber bei Unterschieden zwischen den Ländern der Währungsunion nicht zustimmungsfähig. Dies sind die zentralen Ergebnisse dieses Kapitels.

Einzelwirtschaftlich optimierende Staaten wählen in einer Währungsunion einen größeren Anteil inflationserzeugender Verschuldungsinstrumente als in nationaler Autonomie, da sie bei der Bestimmung der Schuldenstruktur die Kosten ihrer Politik nicht berücksichtigen, die in Form einer höheren Inflationsrate bei den übrigen Teilnehmerstaaten anfallen. In einer Währungsunion identischer Staaten steigert die Koordinierung der Schuldenstrukturpolitik daher die Wohlfahrt.[92]

Unterscheiden sich dagegen die einzelnen Staaten in ihrer Schuldenhöhe, muß die Koordination diesen Unterschieden durch länderspezifische Schuldenstrukturen Rechnung tragen. Die Maximierung der Wohlfahrtssumme der Teilnehmerstaaten erfordert dabei, daß ein Land um so größere Anstrengungen zur Inflationsvermeidung unternimmt, je höher verschuldet es ist.

Hinsichtlich der Vorteilhaftigkeit der Koordinierung aus einzelstaatlicher Perspektive gilt, daß ohne Transferzahlungen hoch verschuldete Staaten der län-

92 Dies wurde auch von Huber (1998) gezeigt.

derspezifischen Koordinierung nicht zustimmen werden. Die länderspezifische Koordinierung maximiert zwar die Wohlfahrtssumme, ist aber aus Sicht eines hoch verschuldeten Landes nicht optimal. Ein hoch verschuldetes Land erreicht in einer unkoordinierten Währungsunion ein höheres Wohlfahrtsniveau als bei einer länderspezifischen Koordinierung. Ein niedrig verschuldetes Land stellt sich dagegen in einer unkoordinierten Währungsunion besser als in einer einheitlich koordinierten Währungsunion. Hoch verschuldete Länder werden daher keiner länderspezifischen, und niedrig verschuldete Staaten keiner einheitlichen Koordinierung zustimmen. Ohne Transferzahlungen des niedrig verschuldeten an das hoch verschuldete Land, kommt die wohlfahrtsoptimale Koordination nicht zustande.

Bestehen Unterschiede in der Inflationsaversion (Stabilitätskultur) sind länderspezifische Schuldenstrukturpolitiken nicht erforderlich, um ein Wohlfahrtsoptimum zu realisieren. Eine zentral bestimmte, für alle Länder identische Schuldenstruktur, die sich an der durchschnittlichen Inflationsaversion in der Währungsunion orientiert, ist geeignet, die Wohlfahrtssumme zu maximieren. Dieses Ergebnis zeigt, daß nur die Kennziffern, welche die Stärke der von der Schuldenstruktur ausgehenden Wirkungen beeinflussen, durch länderspezifische Schuldenstrukturen berücksichtigt werden müssen.

Aus einzelstaatlicher Sicht gilt allerdings, daß Staaten mit einer geringen Inflationsaversion kein Interesse an einer Koordinierung der Schuldenstrukturpolitik haben. Sie stellen sich in einer unkoordinierten Währungsunion besser, da ohne Koordination die Länder mit hoher Inflationsaversion die Hauptlast der Inflationsvermeidung tragen. Aus Sicht des inflationsaversen Landes ist die Koordinierung ein Instrument, um das inflationsunempfindliche Land zu disziplinieren. Da letzteres sich aber, wie gesagt, in der koordinierten Währungsunion schlechter stellt als in der unkoordinierten, wird es der Einführung der Koordination nicht zustimmen.

Die Koordination ist dabei in beiden Fällen prinzipiell vorteilhaft, da sie die Wohlfahrtssumme erhöht. Ohne Transferzahlungen kommt die Koordination allerdings sowohl bei Unterschieden in der Schuldenhöhe als auch bei Unterschieden in der Inflationsaversion nicht zustande, da sie jeweils mindestens ein Land schlechter stellt als in einer unkoordinierten Währungsunion. Die Einführung der Koordination ist mit anderen Worten eine Kaldor-Hicks-Verbesserung, aber keine Pareto-Verbesserung.

3. Schuldenstruktur und Kapitalmarkt

3.1. Die Bedeutung der Kapitalmärkte für die Schuldenstrukturpolitik

Im vorangegangenen Kapitel 2 wurde der Koordinierungsbedarf der Schuldenstrukturpolitik in einer Währungsunion untersucht. Die Vorteilhaftigkeit der Koordinierung ging dabei von den Wirkungen der Schuldenstrukturpolitik auf die gemeinsame Inflationsrate in der Währungsunion aus. Außer der Inflationsrate teilen die Länder der Europäischen Währungsunion einen gemeinsamen Kapitalmarkt. Durch die Währungsumstellung am 1. Januar 1999 lauten die Staatsschulden aller Teilnehmerstaaten auf Euro. Wechselkursrisiken bestehen zwischen den unterschiedlichen Teilnehmerländern nicht mehr. Von schuldnerspezifischen Risikozuschlägen abgesehen, unterliegen alle Emittenten dem gleichen Marktzins.

Damit liegt die in der Einleitung (Kapitel 1.2.) bereits erwähnte Situation vor, daß mehrere Schuldenmanager in einem Kapitalmarkt aktiv sind. Eine Interaktion kann nun entstehen, wenn die Zinsen, die ein Staat auf die einzelnen Verschuldungsinstrumente bezahlen muß, eine Funktion des Verschuldungsverhaltens der übrigen Staaten sind.

In den letzten 10 Jahren ist eine umfangreiche Literatur entstanden, welche die Determinanten der Risikozuschläge und die Wirkungen dieser Kreditverteuerung auf das Verschuldungsverhalten der Staaten untersucht. Vermindern Staaten als Folge von Risikozuschlägen ihre Kreditaufnahme, spricht man nach Bishop/Damrau/Miller (1989) und Ziegenhorn (1999) von *market based fiscal discipline*.

In Währungsunionen besteht allerdings die Gefahr, daß die Disziplinierung durch den Kapitalmarkt versagt, weil die Staaten als Haftungsverbund wahrgenommen werden. Hinsichtlich der Schuldenniveaupolitik wurde diese Wirkung von *bail-out*-Erwartungen umfangreich analysiert. Die gewonnen theoretischen Einsichten führten zur Festschreibung der *no-bail-out*-Klausel im Maastricht-Vertrag und zur Vereinbarung von verbindlichen Schuldenobergrenzen. Ob ein Versagen der *market based fiscal discipline* auch die Schuldenstrukturpolitik bedroht und ob die Vereinbarung von Schuldenstrukturvorschriften, die den

Maastrichter Schuldenniveauvorschriften vergleichbar sind, erforderlich ist, soll im folgenden untersucht werden.

Dazu wird in Kapitel 3.2. die Idee der marktbasierten Schuldnerdisziplinierung anhand der Schuldenhöhe vorgestellt. Kapitel 3.3. referiert empirische Arbeiten zum Zusammenhang von Risikozuschlag und Schuldenhöhe. In 3.4. werden diese Ansätze auf die Schuldenstrukturpolitik übertragen. Anhand einfacher Modelle wird gezeigt, daß auch die Schuldenstruktur eine wichtige Determinante des *default*-Risikos ist. Kapitel 3.5. schlägt den Bogen zur Europäischen Währungsunion. Angesichts der vergleichsweise hohen Kreditwürdigkeit aller europäischen Staaten wird insbesondere zu klären sein, ob überhaupt Anlaß dazu besteht, in Zusammenhang mit der Europäischen Währungsunion von *default*-Risiken und entsprechenden Risikozuschläge zu sprechen und ob die Europäische Währungsunion einen Haftungsverbund bildet. In Kapitel 3.6. werden die Implikationen der in Kapitel 3.5. gezogenen Schlußfolgerungen für die Schuldenstrukturpolitik in Europa modelltheoretisch untersucht. Kapitel 3.7. faßt zusammen.

3.2. Schuldnerdisziplinierung durch den Kapitalmarkt

3.2.1. Die Idee einer marktbasierten Schuldnerdisziplinierung

In einer Demokratie bestehen zahlreiche Anreize, die zu einer übermäßigen staatlichen Verschuldung führen können. Anhänger einer konstitutionellen Ökonomik propagieren daher Regeln, welche die Verschuldung von Staaten begrenzen sollen (Vergl. Buchanan/Wagner, 1977). Die Wirksamkeit solcher Verschuldungsgrenzen ist allerdings umstritten, da konstitutionelle Verschuldungsregeln durch Schatten- und Nebenhaushalten sowie durch die Verschuldung von öffentlichen Unternehmen unterlaufen werden können (Vergl. von Hagen, 1991).

Besondere Aufmerksamkeit gilt daher seit Anfang der 90er Jahre Mechanismen, die, unabhängig von gesetzlichen oder verfassungsrechtlichen Beschränkungen, dämpfend auf die staatliche Schuldenaufnahme einwirken. Neben einer regelmäßigen Bewertung der Finanzpolitik durch Dritte[93] wird besondere

93 Dies können wissenschaftliche Beiräte oder, im Falle der Europäischen Währungsunion, die Europäische Kommission, die anderen Mitgliedsländer bzw. der Europäische Rat der Wirtschafts- und Finanzminister sein. Vergl. Goldstein/Woglom (1992, S. 229),

Bedeutung marktlichen Mechanismen beigemessen, welche die Schuldenaufnahme für hoch verschuldete Staaten verteuern. Dieser Ansatz ist als *market based fiscal discipline* oder kurz *market discipline* in der Literatur bekannt und geht auf Arbeiten von Bishop/Damrau/Miller (1989), Bishop (1992), Lane (1993), Goldstein/Woglom (1992) und Bayoumi/Goldstein/Woglom (1995) zurück. Im deutschen Sprachraum sind Ziegenhorn (1998, 1999) und Heinemann/Winschel (2001) zu nennen. Auch Issing (1993) beschäftigt sich kurz mit der Disziplinierung der Finanzpolitik durch die Kapitalmärkte.

Grundlagen des Ansatzes der marktbasierten Schuldnerdisziplinierung sind a) ein postulierter positiver Zusammenhang zwischen der Schuldenhöhe und dem *default*-Risiko eines Schuldners, b) die Annahme, daß rationale Anleger das Ausfallrisiko bei der Bemessung der Kreditzinsen berücksichtigen sowie c) die Annahme, daß die Kreditnachfrage der Staaten eine negative Funktion des (schuldnerspezifischen) Zinssatzes ist. Die Idee der marktbasierten Schuldnerdisziplinierung ist nun, daß Anleger von einem Staat um so höhere Zinsen verlangen, je höher dieser Staat verschuldet ist und daß diese Kreditverteuerung dämpfend auf die Kreditnachfrage der Staaten einwirkt.

3.2.2. Können Staaten zahlungsunfähig werden?

Da Risikoprämien für drohende Zahlungsausfälle von Staaten nur dann vorliegen und analysiert werden können, wenn Staaten zahlungsunfähig werden können, soll hier zuerst der Frage nachgegangen werden, ob bei souveränen Staaten überhaupt die Möglichkeit eines *defaults* besteht. Dies wurde von zahlreichen Autoren unter Hinweis auf das Notenemissionsmonopol bestritten.[94] Nach dieser Ansicht kann ein Staat nicht zahlungsunfähig werden, da sich die Regierung jederzeit durch den Zugriff auf die Notenpresse die benötigten Zahlungsmittel verschaffen kann. Dieser Sichtweise ist allerdings aus mehreren Gründen zu widersprechen.

Für die an der europäischen Währungsunion teilnehmenden Staaten gilt, daß diesen Staaten durch die Unabhängigkeit der Europäischen Zentralbank der Zugriff auf die Notenpresse entzogen ist. Diese europäischen Regierungen haben daher nicht die Möglichkeit, Haushaltsdefizite durch Notenbankkredite zu fi-

welche die *peer group, multilateral surveillance* kurz der marktbasierten Schuldnerdisziplinierung und verbindlichen Verschuldungsvorschriften gegenüber stellen.

94 Vergl. McKinnon (1998) und Goodhart (1997), welche das *default*-Risiko durch das Notenemissionsmonopol relativieren; zitiert nach Lemmen (1999, S. 3.).

nanzieren oder die Zentralbank zur Bedienung der Staatsschulden einzusetzen.[95] Auch in zahlreichen anderen Ländern verbietet die Verfassung oder das Zentralbankgesetz einen solchen Ausweg (Vergl. Illing, 2000, S. 1634ff.).

Bezüglich der Länder, die keine so weit reichende Unabhängigkeit der Notenbank kennen, gilt, daß die Regierungen dieser Länder zwar prinzipiell die Notenbank zur Staatsfinanzierung einsetzen können, daß die Zentralbanken dieser Länder ihren jeweiligen Regierung aber nur ihre heimische Währung zur Verfügung stellen können. Die Möglichkeit, sich ausreichend ausländische Währung zu verschaffen, hängt damit davon ab, ob die Besitzer von Devisen bereit sind, diese der Regierung gegen heimische Währung zu verkaufen. Fehlt diese Bereitschaft, kann ein Staat trotz voller Kontrolle über die Notenbank zahlungsunfähig werden – und zwar zahlungsunfähig in ausländischen Währungen. Da hoch verschuldete Länder ohne unabhängige Geldpolitik häufig in ausländischen Währungen verschuldet sind, dürfte der Fall einer Zahlungsunfähigkeit in ausländischer Währung der relevante Fall sein.

Darüber hinaus kann es nicht nur zum staatlichen *default* kommen, wenn objektiv die Möglichkeit fehlt, die Staatsschulden zu bedienen, sondern auch, wenn der politische Wille fehlt, seine Zahlungsverpflichtungen zu erfüllen. Sieht man von der Verweigerung zukünftiger Kredite ab, besitzen Kapitalanleger kaum Instrumente, um einen souveränen Nationalstaat zur Erfüllung seiner Verpflichtungen zu zwingen.[96] Grossman/Van Huyck (1988, S. 1088) sehen es gar als das wesentliche Charakteristikum eines Souveräns an, daß er sich, ohne Sanktionen von einer höheren Autorität fürchten zu müssen, von seinen eingegangenen Verpflichtungen lösen kann.

Wegen der hohen Bedeutung, die der zukünftige Kapitalmarktzugang für viele Schuldner hat, wird eine solche "freiwillige" Zahlungsverweigerung zwar

95 Vergl. Art. 106 Abs. 1, Satz 1 EG-Vertrag, welcher der EZB das ausschließliche Recht gibt, die Ausgabe von Banknoten zu genehmigen, und Art. 101, Abs. 1 EG-Vertrag, welcher der EZB und den nationalen Notenbanken untersagt, Kredite an die Gebietskörperschaften der Gemeinschaft zu vergeben. Verschiedene Autoren sprechen daher davon, daß mit der Gründung der EWU das *default*-Risiko nach Europa zurückgekehrt sei. Vergl. Goodhart (1997), Lemmen/Goodhart (1999, S. 77ff.), Arnold/Lemmen (2001, S. 102).

96 Der von English (1996, S. 259) als theoretische Möglichkeit angesprochene Weg einer Kriegserklärung mit dem Ziel einer Pfändung von Staatsvermögen soll hier nicht weiter verfolgt werden. Die Kosten für alle Beteiligten wären vermutlich zu hoch. Auch fehlt es den Anleihegläubigern in der Regel an Verfügungsgewalt über eine Armee. Auch weitreichende Handelssanktionen, wie von Bulow/Rogoff (1989) vorgeschlagen, scheiden nach Einschätzung des Verfassers in vielen Fällen aus.

keine häufige Erscheinung sein.[97] Dennoch verbleibt für die Anleger ein Restrisiko, daß ein Staat aus politischen Gründen die Rückzahlung einer fälligen Anleihe verweigert. Darüber hinaus werden derzeit Pläne zur Errichtung eines internationalen Konkursverfahrens für zahlungsunfähige Staaten diskutiert, welches den betroffenen Staaten ein geregeltes Verfahren zur Auseinandersetzung mit ihren Gläubigern bieten soll.[98] Spätestens die Umsetzung dieser Pläne dürfte die These endgültig zurückweisen, daß Staaten nicht zahlungsunfähig werden können.

Die bisherige Langlebigkeit dieser Behauptung ist allerdings beachtlich: Nach Schätzung der IMF-Vize-Direktorin Anne O. Krueger konnten in den letzten 200 Jahren in rund 90 Fällen Staaten ihre Schulden nicht pünktlich bedienten.[99] Und nach Angaben der Rating-Agentur Moody's (2003) kam es in den Jahren 1985-2002 bei fast 10 Prozent aller von staatlichen Schuldnern emittierten Anleihen innerhalb eines Zeitraums von zehn Jahren nach der Emission zu einem teilweisen oder vollständigen Zahlungsausfall (Vergl. Tabelle 13). In der Gruppe der mit "B" oder schlechter bewerteten Anleihen betrug diese Ausfallwahrscheinlichkeit innerhalb des Zehnjahres-Zeitraums sogar über 53 Prozent (Vergl. Tabelle 13) Einen Überblick über bekannte staatliche Zahlungsausfälle der letzten Jahre gibt Tabelle 14. Angesichts dieser hohen Zahl von staatlichen *defaults* steht einer Diskussion von Risikozuschlägen kein grundsätzlicher Einwand mehr entgegen.

---

97 Interessant ist in diesem Zusammenhang der Hinweis Englishs, daß die amerikanischen Bundesstaaten, die nach 1840 die Bedienung ihrer Staatsanleihen aussetzten, diese Jahre später doch wieder (teilweise mit Zinsen) zurückzahlten, weil sie zu diesem späteren Zeitpunkt erneut den Kapitalmarkt in Anspruch nehmen wollten. Die Sicherung der Kreditwürdigkeit ist anscheinend ein hohes Gut.

98 Einen Überblick über verschiedene Vorschläge zur Verwirklichung von *International Bankrupcy Procedures* zwischen 1976 und 2001 bieten Rogoff/Zettelmeyer (2002). Besondere Prominenz haben die Vorschläge von Krueger (2002b) und Taylor (2002) erreicht. Eichengreen/Mody (2000) beleuchten die Auswirkungen von *collective action clauses* auf Risikozuschläge. Fuest (1993a, S. 142ff.) fordert ein Konkursverfahren für die europäischen Staaten.

99 Vergl. Krueger (2002a). Diese *defaults* waren dabei keineswegs auf die "üblichen Verdächtigen" aus den heutigen Dritte-Welt-Staaten beschränkt. Einen Überblick über die Zahlungsausfälle amerikanischer Bundesstaaten nach 1840 gibt English (1996); Eichengreen und Portes (1986) behandeln europäische Zahlungsausfälle in den Jahren nach 1930.

Tabelle 13: Ausfallwahrscheinlichkeiten von Staaten 1985-2002

Rating	Zahlungsausfall nach Jahren[100]					
	1 Jahr	2 Jahre	3 Jahre	4 Jahre	5 Jahre	10 Jahre
Aaa	0,00 %	0,00 %	0,00 %	0,00 %	0,00 %	0,00 %
Baa	0,00 %	0,00 %	0,00 %	0,00 %	0,00 %	0,00 %
Ba	1,56 %	3,37 %	5,49 %	10,86 %	12,62 %	40,59 %
B	7,89 %	14,25 %	18,33 %	18,33 %	22,22 %	53,38 %
Caa, Ca, C	0,00 %	50,00 %	n/a[101]	n/a	n/a	n/a
alle staatlichen Schuldner	1,19 %	2,38 %	3,17 %	4,12 %	4,68 %	9,34 %

Quelle: Moody's (2003).

Tabelle 14: Staatliche Zahlungsausfälle 1998-2002

Zeitpunkt	Land	Betrag [Mio. US-$]
Jul. 1998	Venezuela	270
Aug. 1998	Rußland	73.336
Sept. 1998	Ukraine	1.422
Nov 1998	Pakistan	750
Aug. 1999	Ecuador	6.603
Jan. 2000	Ukraine	1.063
Sept. 2000	Peru	4.870
Jun 2001	Moldawien	145
Nov. 2001	Argentinien	82.268

Quelle: Moody's (2003).

3.2.3. Risikoprämien als Funktion der default-*Wahrscheinlichkeit*

Existiert eine risikofreie Alternativanlage, werden gewinnmaximierende, risikoneutrale Wirtschaftssubjekte nur dann bereit sein, Anleihen mit *default*-Risiko zu zeichnen, wenn sie dabei im Mittel (d.h. im Erwartungswert) die gleiche

100 Anteil der ausgefallenen Anleihen am gesamten Anleihevolumen.

101 Im angegeben Zeitraum (1985-2002) besaß kein staatlicher Schuldner ein Caa, Ca, C Rating für mehr als 2 Jahre.

Rendite erhalten wie bei der risikofreien Alternativanlage. Aus dieser Bedingung folgt, daß ein risikobehafteter Schuldner den Anlegern eine um so höhere Rendite bieten muß, je größer sein Ausfallrisiko ist. Ist nun das Ausfallrisiko ceteris paribus um so größer, je höher ein Staat verschuldet ist – diesen Zusammenhang postuliert die Hypothese der *market based fiscal discipline* – muß ein Staat am Kapitalmarkt um so höhere Zinssätze bezahlen, je höher er verschuldet ist.[102]

Unter der Annahme, daß es keine teilweisen Zahlungsausfälle gibt, d.h. jeder *default* ein totaler *default* ist, gilt in einem einfachen einperiodigen Modell, daß die Indifferenz der Anleger erfordert:

(3.2.-1) $$p(1+r+s)=1+r$$

wobei p die Rückzahlungswahrscheinlichkeit bezeichnet (d.h. die Wahrscheinlichkeit, daß es nicht zum *default* kommt). r bezeichnet den risikofreien (Real-) Zins; s den Risikozuschlag, welchen der unsichere Schuldner über den risikofreien Zinssatz hinaus versprechen muß. Aus Gleichung (3.2.-1) folgt für den Risikozuschlag:

(3.2.-2) $$s=\frac{1+r}{p}-1-r$$

Der Risikozuschlag s ist damit um so größer, je kleiner die Rückzahlungswahrscheinlichkeit p ist.

(3.2.-3) $$\frac{\partial s}{\partial p}=-\frac{1+r}{p^2}<0$$

Ist die Rückzahlungswahrscheinlichkeit Null, d.h. ist der *default* ein sicheres Ereignis, werden die Anleger dem betreffenden Schuldner keinen Kredit gewähren. Gleichung (3.2.-1) ist für $p=0$ nicht erfüllbar.

Ist die Ausfallwahrscheinlichkeit $1-p$ eine monoton steigende Funktion der Schuldenhöhe B:

102 In keiner dem Verfasser bekannten Arbeit zur *market based fiscal discipline* wird dieser Zusammenhang explizit aus einzelwirtschaftlichem Optimierungsverhalten (aus einer staatlichen Zielfunktion) abgeleitet. Die Annahme, daß mit der Schuldenhöhe das Ausfallrisiko steigt, stützt sich aber auf eine umfangreiche Empirie.

(3.2.-4) $p = f(B)$

mit $f(0) = 1$ und $\frac{\partial f(B)}{\partial B} < 0$ und $\lim_{B \to \infty} [f(B)] = 0$

so läßt sich der Risikozuschlag s schreiben als:

(3.2.-5) $s = \frac{1+r}{f(B)} - 1 - r$

Da annahmegemäß $\frac{\partial s}{\partial p} < 0$ und $\frac{\partial p}{\partial B} < 0$ ist, gilt:

(3.2.-6) $\frac{\partial s}{\partial B} = \frac{\partial s}{\partial p} * \frac{\partial p}{\partial B} > 0$

Der Risikozuschlag s ist um so größer, je höher ein Staat verschuldet ist.

Damit ist nach der Hypothese einer Kapitalmarkt-basierten Schuldnerdisziplinierung der Zinssatz, dem sich ein Schuldner gegenübersieht, kein konstantes Datum, wie zahlreiche ökonomische Modell unterstellen, sondern eine ansteigende Funktion der Schuldenhöhe des betreffenden Schuldners. Ist die staatliche Kreditnachfrage ausreichend zinssensibel, ist diese Kreditverteuerung prinzipiell geeignet, einen Staat in seiner Kreditnachfrage zu begrenzen. Abbildung 20 stellt die Kreditnachfrage und das Kreditangebot graphisch dar. Wie man sieht, kommt es in Gegenwart von Risikozuschlägen im Gleichgewicht zu einer geringeren Kreditvergabe als bei einem konstanten Kapitalangebot.

Abbildung 20: Marktbasierte Schuldnerdisziplinierung vs. Standard-Annahme

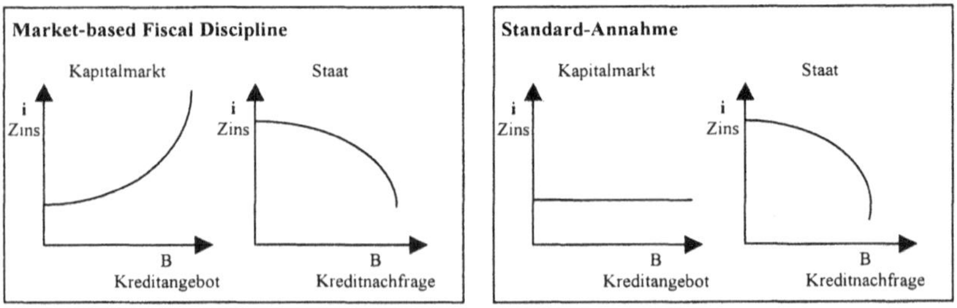

Quelle: Eigene Darstellung.

3.2.4. Voraussetzungen der market based fiscal discipline

Eine Schuldnerdisziplinierung durch den Kapitalmarkt ist nach Lane (1993, S. 61ff.) nur wirksam, wenn drei wesentliche Bedingungen erfüllt sind: Zum einen müssen die Kapitalmärkte offen sein, das heißt die Anleger müssen frei zwischen den risikobehafteten Staatsanleihen und der risikofreien Alternativanlage wählen können. Beschränkungen des Kapitalverkehrs mit dem Ausland oder gesetzliche Bestimmungen, einen Teil bestimmter Aktiva in heimischen Staatsanleihen anzulegen, begrenzen nach Lane (1993) die Wirksamkeit der Disziplinierung der Finanzpolitik durch den Markt. Des weiteren muß der betreffende Schuldner-Staat finanzpolitisch autonom sein. Garantien anderer Staaten oder eine implizite *bail-out*-Erwartung der Anleger zerstören den unterstellten Zusammenhang zwischen individueller Schuldenhöhe und *default*-Risiko (Vergleiche Kapitel 3.2.5.). Erwarten die Anleger beispielsweise, daß im Falle einer Zahlungseinstellung des betreffenden Staates der Internationale Währungsfonds sie auszahlt, besteht für sie kein Anlaß, Risikoprämien in die geforderten Zinssätze einzupreisen. Ohne Risikoprämien verteuert sich aber nicht die Kreditaufnahme für einen sich zunehmend verschuldeten Staat. Ferner müssen alle relevanten Informationen über die Schuldenhöhe und das damit verbundene Ausfallrisiko den Anlegern bekannt sein. Unkenntnis über die fiskalische Lage eines Staates verhindert eine angemessene Beurteilung der Risiken durch den Kapitalmarkt.

Die Anhänger einer *market based fiscal discipline* sehen diese drei Bedingungen an den internationalen Kapitalmärkten, auf denen sich Staaten verschulden, als weitgehend erfüllt an.

3.2.5. Risikoprämien bei bail-out-*Erwartungen*

Existiert ein "Retter in der Not", ist die Risikoprämie eines verschuldeten Staates ceteris paribus um so kleiner, je größer die *bail-out*-Wahrscheinlichkeit ist.

Bezeichnet a die Wahrscheinlichkeit, daß ein außenstehender Dritter im Falle eines Zahlungsausfalles die Zahlungsverpflichtung des säumigen Schuldners erfüllt, erfordert die Indifferenz der risikoneutralen Anleger zwischen den Anleihen des risikobehafteten Schuldners und der risikofreien Alternativanlage:

Abbildung 21: Ereignisbaum bei bail-out-*Erwartungen*

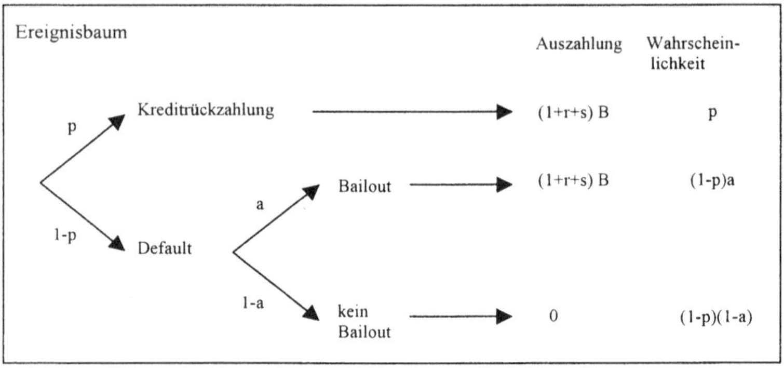

Quelle: Eigene Darstellung.

(3.2.-13) $p(1+r+s)+(1-p)\ a\ (1+r+s)=1+r$

Für s gilt daher: (3.2.-14) $s=\dfrac{1+r}{p+[1-p]\ a}-1-r$

Ist der Haftungseintritt ein sicheres Ereignis ($a=1$), liegt keine Risikoprämie vor ($s=0$). Bezüglich der Wirkung von a auf s gilt:

(3.2.-15) $\dfrac{\partial s}{\partial a}=-\dfrac{(1+r)(1-p)}{[p+[1-p]a]^2}<0$

Die Risikoprämie ist um so kleiner, je größer die *bail-out*-Wahrscheinlichkeit ist.

Bezüglich des Zusammenhangs von Schuldenhöhe und Zahlungsausfall wurde angenommen:

(3.2.-16) $p=f(B)$ mit $f(0)=1$ und $\dfrac{\partial f(B)}{\partial B}<0$ und $\lim_{B\to\infty}[f(B)]=0$

Setzt man Gleichung (3.2.-E4) in Gleichung (3.2.-E2) ein, erhält man:

(3.2.-17) $s=\dfrac{1+r}{f(B)+[1-f(B)]\ a}-1-r$

Die Wirkungen der Schuldenhöhe auf die Kapitalkosten eines Schuldners sind um so geringer, je wahrscheinlicher der Haftungseintritt eines Dritten im Krisenfall ist.

Für $a = 1$, d.h. für den Fall einer glaubwürdigen Garantie, sind die Kreditkosten $1 + r$ unabhängig von der Schuldenhöhe. Die marktbasierte Schuldnerdisziplinierung versagt; der Kreditzins ist ein exogenes Datum.

3.2.6. Theoretische Kritik an der market based fiscal discipline

Ob eine übermäßige staatliche Verschuldung allerdings wirklich durch eine vom Kapitalmarkt ausgehende Verteuerung der Kreditaufnahme ausreichend begrenzt werden kann, ist aus mehreren theoretisch Gründen zu bezweifeln.

Beispielsweise ist a priori keineswegs sichergestellt, daß sich der Kapitalmarkt bei der Bemessung der Kreditzinsen am tatsächlichen Ausfallrisiko orientiert. Kapitalmarktineffizienzen wie die ungenügende Berücksichtigung von vorhandenen Informationen durch übertrieben optimistische oder übertrieben pessimistische Anleger, Herdenverhalten, das Springen zwischen *sun spot equilibria* etc. könnten verhindern, daß die tatsächlichen Kreditzinsen die Ausfallrisiken angemessen abbilden.

Doch selbst wenn der Kapitalmarkt die Kreditrisiken zutreffend preist, ist nicht gesagt, daß die Schuldner auf eine Verschlechterung ihrer Finanzierungskonditionen mit einer angemessenen Verringerung ihrer Kreditaufnahme reagieren. Aufgrund der besonderen Charakteristika der staatlichen Budgetentscheidung erscheint es denkbar, daß die Kreditnachfrage des Staates gar keine negative Funktion des Anleihezinses ist. Fallen bezüglich der Schuldenaufnahme beispielsweise die Entscheidungsträger und die Kostenträger auseinander, weil das Steuersystem die Zinslasten auf eine kleine Gruppe von Wähler konzentriert oder weil die Interessen zukünftiger Generationen im politischen Prozeß ungenügend repräsentiert sind, ist es denkbar, daß der Staat auf eine Verteuerung der Kreditaufnahme nicht oder nicht genügend reagiert.[103]

Doch selbst wenn die Anleger völlig rational die tatsächlichen *default*-Risiken in die Zinsen einpreisen und der Staat in idealtypischer Weise auf die vom Kapitalmarkt gesendeten Signale reagiert, ist nicht sichergestellt, daß der Staat wirklich die optimale Schuldenhöhe wählt. Die Bestimmung der Risikozuschläge durch die Anleger unterstellt implizit, daß die *default*-Kosten dem auf-

103 Ähnliche Einwände diskutieren Lane (1993, S. 71) und Rolf (1996, S. 45ff.).

genommenen Kreditbetrag entsprechen. Liegen aber die tatsächlichen volkswirtschaftlichen Kosten eines *defaults* höher als der aufgenommene Kreditbetrag, beispielsweise weil ein staatlicher *default* einen Zusammenbruch des Bankensystems nach sich zieht oder weil aufgrund von Reputationseffekten die zukünftige Kreditaufnahme beschränkt wird, preist der Markt die Kosten eines *defaults* zu niedrig.[104]

Für den Schuldner liegen in diesem Fall die Grenzkosten der Schuldenaufnahme wegen der zusätzlichen *default*-Kosten, die der Kapitalmarkt nicht berücksichtigt, noch über den Risikozuschlägen des Kapitalmarkts.

Anders gesagt: Steigt mit der Schuldenhöhe das Risiko eines *defaults* und verursacht ein *default* dem Schuldner zusätzliche, über den Betrag des Kredits hinausgehende Kosten, ist es für den Schuldner rational, die Grenzkosten der Kreditaufnahme höher anzusetzen als den vom Markt verlangten, risikoadjustierten Zinssatz. In diesem Fall muß ein optimierender Staat mit seiner Kreditaufnahme noch unter dem Kreditbetrag bleiben, den ihm die *market based fiscal discipline*-Hypothese durch ihre Abwägung von (privaten) Grenzkosten und Grenznutzen nahelegt.

3.2.7. Zur Bedeutung von default-*Kosten und Risikoaversion*

Ein spezielles Argument gegen die Wirksamkeit der *market based fiscal discipline*, das nach Kenntnis des Verfassers in der bisherigen Literatur noch nicht vorgebracht wurde, läßt sich aus der Natur der Risikozuschläge als Kompensation für zu erwartende Verluste der Anleger herleiten. Dieses Argument ist allerdings weniger ein stichhaltiger Einwand gegen die Bedeutung von Risikozuschlägen für die Disziplinierung als vielmehr eine Kritik an der Literatur, die sich bisher darauf konzentriert hat, die Existenz von Risikozuschlägen nachzuweisen und dabei bestimmte theoretische Aspekte der Frage, wie Risikozuschläge auf die Finanzpolitik wirken, weitgehend ausgeblendet hat.

Die Kritik geht von der Frage aus, wieso Risikozuschläge, die genau dem *default*-Risiko entsprechen, die Finanzierungskosten erhöhen können? Aus dem Anstieg der Finanzierungskosten leitet die *market based fiscal discipline*-Hypothese bekanntlich die Dämpfung der staatlichen Kreditnachfrage ab. Müßten aus Sicht eines Schuldners den Risikozuschlägen, wenn sie vom Kapital-

---

104 Zur Bedeutung staatlicher Wertpapiere für das Bankensystem vergl. Arnold/Lemmen (2001) sowie Abbildung 28, S. 243 dieser Arbeit.

markt risikoneutral gepreist werden, nicht Einsparungen aus einem eventuellem *default* gegenüber stehen – Einsparungen, deren Erwartungswert genau dem Risikozuschlag entspricht?

Bei der Herleitung der Risikozuschläge in Kapitel 3.2.3. wurde bezüglich der Anleger Risikoneutralität unterstellt. Aufgrund der Bedingung der Indifferenz zu einer sicheren Alternativanlage entspricht im Zeitpunkt der Kreditvergabe die Höhe der erwarteten Risikozuschläge genau der Höhe der erwarteten Zahlungsausfälle. Der risikoneutrale Anleger ist daher, wie verlangt, indifferent gegenüber der sicheren Anlage.[105]

Nach der gleichen Logik muß aber in Abwesenheit von *default*-Kosten auch ein risikoneutraler Schuldner indifferent gegenüber dem Ausfallrisiko sein. Falls ein Schuldner risikoneutral bezüglich des *default*-Risikos wäre, würde er sich nicht durch "risikoneutrale" Zuschläge disziplinieren lassen, da den Risikozuschlägen, die er aufgrund des Ausfallsrisikos zahlen muß, eine erwartete Einsparung aus dem "Unterbleiben" der Kreditrückzahlung gegenübersteht, die in ihrem Erwartungswert genau den Risikozuschlägen entspricht. Die erwarteten Finanzierungskosten erhöhen sich daher durch das Auftreten eines *default*-Risikos für den risikoneutralen Schuldner nicht. Mit anderen Worten ist ein risikoneutraler Schuldner indifferent zwischen den Alternativen a) eine Geldeinheit mit Sicherheit zahlen zu müssen, oder b) mit einer Wahrscheinlichkeit von 50 % zwei Geldeinheiten zahlen zu müssen (und in der anderen Hälfte aller Fälle keine Zahlung zu leisten). Der Erwartungswert der Zahlungshöhe beläuft sich in beiden Varianten auf je eine Geldeinheit. Abbildung 22 stellt die beiden Varianten graphisch dar.

Abbildung 22: Riskante vs. sichere Schuldner

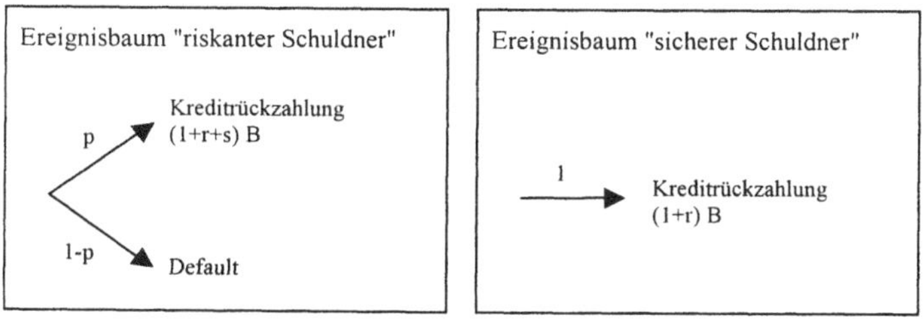

Quelle: Eigene Darstellung.

105 Die Indifferenz gilt nur für p>0. Der *default* darf mit anderen Worten kein sicheres Ereignis (p=0) sein.

Formal gilt für die erwarteten Kreditkosten eines unsicheren Schuldners:

(3.2.-18) $$E[\textbf{Kreditkosten}] = \frac{1}{B}\left[p\ (1+r+s)\ B + (1-p)\cdot 0\right]$$

Mit Gleichung (3.2.-2) für den Risikozuschlag $s = \frac{1+r}{p} - 1 - r$ folgt:

(3.2.-19) $$E[\textbf{Kreditkosten}] = p\left(1 + r + \frac{1+r}{p} - 1 - r\right) = 1 + r$$

Die erwarteten Kreditkosten sind unabhängig von der Rückzahlungswahrscheinlichkeit p (für $1 \leq p < 0$). Sie sind ausschließlich durch den (konstanten) Zinssatz der sicheren Alternativanlage bestimmt.

Unbestritten ist dieses Argument nicht unmittelbar auf Staaten anwendbar. Die Nicht-Rückzahlung einer Anleihe verursacht den handelnden Politikern und dem betroffenen Staat hohe Kosten. Bezüglich der Politiker erscheint ein Ende der Karriere denkbar; bezüglich der gesamtgesellschaftlichen Wohlfahrt sind die negativen Auswirkungen auf die zukünftige Kreditwürdigkeit des Staates und die negativen Implikationen für das nationale Bankensystem zu bedenken.

Existieren solche *default*-Kosten, ist die Summe aus Finanzierungskosten und *default*-Kosten selbst bei Risikoneutralität nicht mehr unabhängig von der *default*-Wahrscheinlichkeit. Die erwarteten Gesamtkosten der Schuldenfinanzierung steigen dann mit der *default*-Wahrscheinlichkeit. Formal gilt:

(3.2.-20) $$E[\textbf{Kreditkosten}] = \frac{1}{B}\left[p(1+r+s)B + (1-p)\cdot 0\right] + (1-p)K$$

(3.2.-21) $$E[\textbf{Kreditkosten}] = 1 + r + qK$$

wobei K die als fix angenommenen, positiven Kosten eines *defaults*, p die Rückzahlungswahrscheinlichkeit des Kredits, $q = 1 - p$ die komplementäre Ausfallwahrscheinlichkeit, r den risikofreien Zinssatz, s den Risikozuschlag und B die Höhe des Kredits (d.h. die Schuldenhöhe) bezeichnen.

Die erwarteten Gesamtkosten der Schuldenfinanzierung steigen mit der Ausfallwahrscheinlichkeit:

(3.2.-22) $$\frac{\partial E[\textbf{Kreditkosten}]}{\partial q} = K > 0$$

Aber die Tatsache, daß *default*-Kosten einen Schuldner disziplinieren, wurde hier auch nicht bestritten. Die Literatur zur kapitalmarktbasierten Schuldnerdisziplinierung konzentriert sich auf Risikozuschläge und abstrahiert von *default*-Kosten. Dieser Fokussierung der zitierten Literatur folgend wurde hier ausschließlich die disziplinierende Wirkung von Risikozuschlägen für risikoneutrale Schuldner in Frage gestellt. *Default*-Kosten würden selbst dann eine disziplinierende Wirkung auf risikoneutrale Schuldner entfalten, wenn die Kapitalmärkte keine Risikozuschläge verlangen. In einem auf *default*-Kosten basierten *discipline*-Konzept könnten die Kapitalmärkte allenfalls noch die Funktion haben, dem handelnden Schuldner das Risiko anzuzeigen, welches er mit seiner Schuldenpolitik eingeht. Der Anreiz zu solidem Handeln ginge hingegen direkt von den (erwarteten) *default*-Kosten aus.

Doch selbst wenn man von *default*-Kosten absieht, dürfte die Übertragbarkeit des Arguments auf Staaten nicht gegeben sein, da Staaten bezüglich eines *defaults* vermutlich nicht risikoneutral sind. Ohne Risikoneutralität aber entspricht der erwartete Nutzen nicht mehr dem Nutzen des Erwartungswerts und die Eintrittswahrscheinlichkeit des stochastischen Ereignisses ist relevant für den erwarteten Nutzen. Wäre der Staat risikoneutral, ergäbe sich ferner aus Sicht des Schuldners eine Verteuerung der Kreditaufnahme, wenn der Kapitalmarkt eine höhere *default*-Wahrscheinlichkeit erwartet als der Schuldner.

Doch ungeachtet der großen Bedeutung der Risikoaversion bzw. der von beiden Parteien erwarteten Ausfallwahrscheinlichkeit für die Wirkungsweisen von Risikoprämien werden die Auswirkungen unterschiedlicher Risikoeinstellungen bzw. Informationsstände in keiner dem Verfasser bekannten Arbeit zur kapitalmarktbasierten Disziplinierung der Finanzpolitik diskutiert. Auch auf die Bedeutung der *default*-Kosten wird nicht eingegangen. Daher ist, selbst wenn man zugesteht, daß die Wirklichkeit der Staatsfinanzierung nicht aus einer stochastischen Abfolge von Jahren mit Risikoprämien und Jahren mit "ersparter Rückzahlung" besteht, noch viel theoretische Forschungsarbeit auf dem Gebiet der *market based fiscal discipline* zu leisten.[106]

106 Analoge Überlegungen bezüglich Risikoeinstellung und *default*-Kosten dürften auch für Geschäftsbanken relevant sein, auf welche die Hypothese der marktbasierten Schuldnerdisziplinierung nach Lane (1993, S. 56) ebenfalls angewendet wird.

3.2.8. Eine Bewertung der market based fiscal discipline

Als Evidenz gegen die These einer marktbasierten Schuldnerdisziplinierung werden verschiedentlich die in der realen Welt beobachtbaren *defaults* und Schuldenkrisen angeführt, allen voran die Internationale Schuldenkrise zu Anfang der 80er Jahre und die Finanzkrise der Stadt New York im Jahr 1975.[107] Nach der starken Form der marktbasierten Schuldnerdisziplinierung, wie sie von Bayoumi (1995) und Ziegenhorn (1999, S. 127ff.) diskutiert wird, müßte der Kapitalmarkt einem Schuldner, der nicht auf die allmähliche Kreditverteuerung reagiert, ab einer gewissen Schuldenhöhe gar keine Kredite mehr geben. Diese marktbasierte Schuldnerdisziplinierung sollte in ihrer Idealform das Entstehen von Schuldenkrisen auch bei "unvernünftigen" Schuldnern verhindern. "Der Kapitalmarkt 'diszipliniert' seine Schuldner auch dann, wenn sie seine Signale mißachten", formuliert Ziegenhorn (1999, S. 128).

Prinzipiell gilt natürlich, daß der Eintritt eines stochastischen Ereignisses kein Beleg dafür ist, daß der Kapitalmarkt die Risikoprämien falsch gepreist oder die Kreditvergabe zu spät gestoppt hat.[108] Dennoch erscheint zahlreichen Autoren die Kreditvergabepolitik der internationalen Banken an finanzschwache Staaten als zu optimistisch.[109]

Dieser "Optimismus" muß allerdings nicht notwendigerweise auf ein prinzipielles Versagen der Disziplinierung durch den Kapitalmarkt hindeuten. Eventuell liegen in diesen Fällen, wie Goldstein/Woglom (1992, S. 230, Fußnote 4) zu Recht anmerken, die Voraussetzungen der *market based fiscal discipline* gar nicht vor: Insbesondere bei den Krediten an die hoch verschuldeten Entwicklungsländer erscheint es denkbar, daß die internationalen Kapitalanleger auf einen *bail-out*, also eine Schuldenübernahme durch die internationalen Finanzorganisationen, vertrauten.[110]

---

107 Vergl. Fuest (1993b, S. 543), der Alexandre Lamfalussy in dieser Hinsicht zitiert.

108 Hinsichtlich der Finanzkrise von New York weisen Fuest (1993a, S. 135), Fuest (1993b, S. 543) und Gramlich (1976, S. 421f.) zu Recht darauf hin, daß bereits 10 Jahre vor dem Zahlungsausfall Anleihen der Stadt New York nur mit erheblichen Risikozuschläge plaziert werden konnten.

109 Edwards (1984) zitiert zahlreiche Zeitungskommentare, welche die Schuldenkrise Anfang der 80er Jahre auf eine zu optimistische Kreditvergabepolitik der betreffenden Banken zurückführen. In seiner Untersuchung von 727 Bankkrediten an Entwicklungsländer zeigt Edwards allerdings, daß die geforderten Kreditzinsen bei zunehmender Schuldenhöhe stark ansteigen.

110 Vergl. Folkers-Landau (1985) bezüglich *bail-out*-Erwartungen bei der Finanzierung von Entwicklungsländern. Bezüglich einer Analyse der Finanzkrise der Stadt New York in

Letztlich ist die Bewertung der Leistung des Kapitalmarkts bei der Begrenzung der staatlichen Schuldenaufnahme eine empirische Frage, die in zwei Teile zerfällt: a) steigen die verlangten Zinssätze mit der Schuldenhöhe, und b) reagiert ein Staat auf eine Verschlechterung seiner Finanzierungskonditionen mit einer Reduktion seiner Verschuldung?

3.3. Empirische Untersuchungen zur Market Based Fiscal Discipline

3.3.1. Zinskosten als Funktion des Verschuldungsverhaltens

a) Überblick

Zahlreiche Autoren untersuchten mit Mitteln der Regressionsanalyse den Einfluß fiskalischer Variablen auf die nominalen Zinssätze. Alle Arbeiten stimmen dabei dahingehend überein, daß Risikozuschläge existieren und daß fiskalische Variablen die wesentlichen Determinanten sind. Unterschiede, die sich zum Teil jedoch aus den verschiedenen Untersuchungsmethoden und Datengrundlagen erklären, bestehen allerdings hinsichtlich der relativen Stärke der Einflußfaktoren. Während Caselli et al. (1998) und Lønning (2000) dem aktuellen Primärüberschuß bestimmenden Einfluß für die Risikozuschläge zuschreiben und auch Alesina et al. (1992) die Wachstumsrate der Schuldenquote als Hauptdeterminante ermitteln, sehen Lemmen/Goodhart (1999) die Schuldenhöhe als bestimmenden Faktor an.

Auch bezüglich der Größe der Risikozuschläge bestehen Unterschiede. Typischerweise finden die hier zitierten Studien einen Risikozuschlag von 0,2 bis 0,4 Prozentpunkte für die hoch verschuldeten OECD-Staaten.[111] Ziegenhorn (1999) und Bayoumi et al. (1995) bestimmen über-lineare Zusammenhänge, die implizieren, daß der Kapitalmarkt ab einem bestimmten Schuldenniveau keine zusätzlichen Kredite mehr zur Verfügung stellt ("harte Disziplinierung"). Lemmen (1999) identifiziert darüber hinaus die allgemeine Risikoaversion der Kapitalmärkte als wichtige Einflußgröße auf die Risikozuschläge.

Hinblick auf die *market based fiscal discipline* siehe Fuest (1993b, S. 543f.), Ziegenhorn (1999, S. 129) und Goldstein/Woglom (1992, S. 230, Fußnote 4).

111 Vergl. Giovannini/Piga (1992), Lønning (2000), Ziegenhorn (1999) sowie die Übersicht bei Lemmen (1999, S. 8-10).

Landschoot (2001) geht in ihrer Untersuchung über die Schuldenpolitik hinaus und fragt, ob neben der Verschuldung auch die Zusammensetzung der Staatsausgaben Einfuß auf die Wahrscheinlichkeit eines Zahlungsausfalls besitzt. In Übereinstimmung mit der endogenen Wachstumstheorie findet sie, daß die Wahrscheinlichkeit eines *defaults* um so kleiner ist, je größer der Anteil der investiven Ausgaben an den Gesamtausgaben des Staates ist.[112] Anscheinend erhöhen Politiken, welche den langfristigen Wohlstand einer Volkswirtschaft – und damit die Steuerbasis im Verhältnis zur ausstehenden Staatsschuld – steigern, die Rückzahlungswahrscheinlichkeit der Staatsschuld. Tabelle 15 bis Tabelle 17 auf den Seiten 211 bis 213 geben einen Überblick über ausgewählte empirische Arbeiten zu den Determinanten von Risikozuschlägen.[113]

b) Konstitutionelle Schuldengrenzen

Neben den fiskalischen Variablen besitzen auch konstitutionelle Begrenzungen der Staatsverschuldung Bedeutung für die Zinskosten. Ein von Goldstein/Woglom (1992) in die Schätzgleichung aufgenommener Index, der die Stärke der entsprechenden rechtlichen Schuldengrenzen mißt, liefert einen signifikanten, über verschiedene Schätzspezifikationen hinweg stabilen, negativen Wert. Poterba/Rueben (1999) bestätigen dieses Ergebnis. Je nach Stärke reduziert die Regelbindung dabei die Zinskosten um 5 bis 15 Basispunkte.[114] Anscheinend gewinnen Staaten, die ihre zukünftige Finanzpolitik durch Regeln binden, zusätzliche Glaubwürdigkeit an den Finanzmärkten (Vergl. Goldstein/Woglom, 1992, S. 247f.). Dies relativiert von Hagens (1991) Ergebnis, daß konstitutionelle Schuldengrenzen durch Nebenhaushalte und öffentliche Unternehmen leicht zu umgehen sind.

Spiegelbildlich führen konstitutionelle Begrenzungen der Einnahmenseite zu höheren Risikozuschläge. Die US-Bundesstaaten, die bindende Vorschriften zur Begrenzung der Steuerhöhe eingeführt haben, müssen ceteris paribus 15 bis 20 Basispunkte höhere Zinsen zahlen (Vergl. Poterba/Rueben, 1999, 205). Gold-

112 Vergl. Landschoot (2001, S. 17-19). Bezüglich der Wirkungen produktiver Staatsausgaben in der endogenen Wachstumstheorie siehe Aschauer (1989) und Munnell (1992).

113 Diese Tabellen beschränkt sich auf Untersuchungen zu OECD-Staaten sowie amerikanischen und deutschen Bundesstaaten. Die Ergebnisse dieser Untersuchungen sind für die hier interessierende Fragestellung der Schuldenstrukturpolitik in Europa besonders relevant. Mit Zahlungsausfällen und Risikozuschlägen von Entwicklungsländern beschäftigt sich Edwards (1984, 1986).

114 Vergl. Goldstein/Woglom (1992, S. 248) und Poterba/Rueben (1999, S. 205).

Tabelle 15: Ausgewählte Arbeiten zu Risikozuschlägen – Teil 1/3

Autor	**Untersuchungsgegenstand**	**Ergebnis**	**Methode und Datenbasis**
Alesina/ de Broeck Prati/ Tabellini (1992)	Der Einfluß von Schuldenhöhe und Schuldenstruktur auf das *default*-Risiko ausgewählter OECD-Staaten.	Hoch verschuldete Länder (debt/GDP > 60 %) müssen teilweise höhere Zinsen zahlen als private Emittenten erstklassiger Bonität. Der Zinsunterschied (staatlich, privat) steigt mit der Höhe und der Wachstumsrate der Schuldenquote.	Die Zinsdifferenz zwischen Staatsanleihen und Anleihen privater Schuldner wird regressiert auf die staatliche Schuldenquote, die Veränderung der Schuldenquote ggüb. Vorjahr, die durchschnittliche Laufzeit der Staatsschuld, den Anteil kurzfristiger Schuld an der Staatsschuld und die Wachstumsrate der Industrieproduktion.[115] Schätzmethode: Ordinary Least Squares (OLS). Datenbasis: 12 OECD-Länder, 1974-1989.
Giovannini/ Piga (1992)[116]	Existiert ein Risikozuschlag auf italienische Staatsanleihen?	Die Sorge vor einer italienischen "Finanzkrise" (=Abfall der Liquidität oder offener *default*) verursacht einen Renditeaufschlag von 20-40 Basispunkten gegenüber "sicheren" internationalen Anleihen.	Stichtagsbezogene Ermittlung des Renditeabstands zwischen einer italienischen Dollaranleihe und einer Anleihe der Weltbank mit gleicher Laufzeit, gleicher Währung und fast gleichem Ausgabedatum.
Goldstein/ Woglom (1992)	Der Einfluß fiskalischer Variablen auf die Verzinsung der Staatsschuld.	Der Zinsaufschlag über eine Referenzanleihe steigt mit der Schuldenhöhe, dem Haushaltsdefizit und dem Wachstumstrend der Schuldenquote. Konstitutionelle Begrenzungen der Schuldenpolitik reduzieren die Zinskosten	Der Zinsabstand zu New Jersey wird regressiert auf die Schuldenquote, das laufende Defizit, den Wachstumstrend der Schuldenquote, das Moody's-Rating sowie einen Index, welcher die Stärke konstitutioneller Schuldengrenzen angibt. Schätzmethode: Ordinary Least Squares (OLS). Datenbasis: 39 US-Bundesstaaten, 333 Datensätze, 1973-1989. Die Zinsdifferenzen zur Benchmark-Anleihe wurden durch Umfragen unter Anleihehändlern gewonnen.

Quelle: Eigene Zusammenstellung aufgrund der angegebenen Literatur.

115 Die Wachstumsrate der Industrieproduktion gegenüber dem Vorjahr dient als Maß für den Konjunkturzyklus.

116 Hier nur Bezug auf die Teilfrage *financial crisis risk premium* (S. 3-8). Daneben untersuchen die Autoren noch den Einfluß von Abwertungserwartungen auf die Höhe der nominalen Zinsunterschiede zwischen Italien und Deutschland sowie den Einfluß der besonderen italienischen Zinsbesteuerung auf die Renditeunterschiede.

Tabelle 16: Ausgewählte Arbeiten zu Risikozuschlägen – Teil 2/3

Autor	**Untersuchungsgegenstand**	**Ergebnis**	**Methode und Datenbasis**
Bayoumi/ Goldstein/ Woglom (1995)	Ist das Kreditangebot eine lineare Funktion des Zinssatzes?	Bei hoher Schuld steigt der Risikozuschlag überproportional. Die Kreditangebotskurve 'biegt sich gleichsam zurück'.	Schätzmethode: Methode der zweistufigen kleinsten Quadrate (TSLS). Datenbasis: Im wesentlichen wie Goldstein/Woglom (1992), doch Beschränkung auf die Jahre 1981-1990.
Caselli/ Giovannini/ Lane (1998)	Der Einfluß fiskalischer Variablen auf die Verzinsung der Staatsschuld.	Eine Erhöhung des Primärüberschusses um einen Prozentpunkt reduziert den Durchschnittszins um ca. 10 Basispunkte. Der Effekt ist stärker in höher verschuldeten Ländern.	Der nominale Durchschnittszins der Staatsschuld wird regressiert auf Primärüberschuß,[117] Schuldenquote,[118] Inflationsrate und Wachstumsrate. Schätzmethode: Generalized Least Squares (GLS). Datenbasis: Auswahl von OECD-Ländern, 1970-1991.
Ziegenhorn (1999)	Bestimmung des funktionalen Zusammenhangs zwischen Schuldenhöhe und Risikozuschlag. Rationiert der Kapitalmarkt ab einem bestimmten Schuldenniveau das Kreditangebot?	Hohe Schuldenniveaus werden mit überlinear ansteigenden Risikozuschlägen bestraft. Extrapolation der geschätzten Kapitalangebotsgleichung ergibt, daß ein Mitgliedsland der EU maximal 200 % BIP Staatsschulden aufnehmen kann.	Zinsdifferenz zwischen Auslandsanleihen europäischer Staaten und vergleichbaren Benchmark-Anleihen höchster Bonität. Erklärende Variablen: Schuldenhöhe, Dummy EU-Mitgliedschaft, Emissionswährung, Laufzeit, diverse makroökonomische Variablen. Schätzmethode: Ordinary Least Squares (OLS) und Methode der zweistufigen kleinsten Quadrate (TSLS). Datenbasis: 176 Beobachtungen, 01/1991-09/1997.
Lemmen (1999)	Der Einfluß von Kapitalmarktparametern und fiskalischen Variablen auf das *default*-Risiko in Bundesstaaten.	Eine Verschlechterung des Debt/GDP-Verhältnisses um einen Prozentpunkt erhöht die Zinskosten eines deutschen Bundeslandes um ca. 0,89 Basispunkte. Der Länder-Bund-Spread ist stark korreliert mit der allgemeinen Risikoaversion der Kapitalmärkte.	Die durchschnittliche Zinsdifferenz zwischen deutschen Länder- und Bundesanleihen wird regressiert auf die Schuldenhöhe der Länder und die Risikoaversion der Kapitalmärkte. Die Risikoaversion der Kapitalmärkte wird gemessen durch den Zinsabstand zwischen Entwicklungs- und G7-Ländern. Schätzmethode: Fixed Effects Estimate. Datenbasis: 32 Beobachtungen, 1994-1996.

Quelle: Eigene Zusammenstellung aufgrund der angegebenen Literatur.

117 Primärüberschuß, Schuldenhöhe und Haushaltsdefizit werden in allen hier zitierten Untersuchungen stets als Anteil am BIP gemessen.

118 Die Schuldenquote bezeichnet hier wie stets den Anteil der Staatsverschuldung am Bruttoinlandsprodukt.

Tabelle 17: Ausgewählte Arbeiten zu Risikozuschlägen – Teil 3/3

Autor	**Untersuchungsgegenstand**	**Ergebnis**	**Methode und Datenbasis**
Lemmen/ Goodhart (1999)	Der Einfluß der Schuldenhöhe und der Inflationsrate auf das *default*-Risiko europäischer Staaten.	Das *default*-Risiko ist eine ansteigende Funktion der Schuldenhöhe und eine fallende Funktion der Inflationsrate und der Steuerkapazität.	Die Zinsdifferenz zwischen Staatsanleihen und Anleihen privater Schuldner wird regressiert auf Schuldenhöhe, Inflationsrate, Inflationsvariabilität und Steuerkapazität.[119] Schätzmethode: Fixed Effects Estimate, unbalanced panel. Datenbasis: 660 Beobachtungen, 12 EU-Länder, 1987-96.
Lønning (2000)	Der Einfluß fiskalischer Variablen auf das *default*-Risiko europäischer Staaten.	Zinsunterschiede von ca. 0,2 Prozentpunkten werden auf *default*-Risikoprämien zurückgeführt. Die Risikoprämien sind eng mit dem Primärüberschuß korreliert.	Die Zinsdifferenz von DM-Auslandsanleihen europäischer Staaten zu deutschen Staatsanleihen wird regressiert auf Schuldenhöhe, Primärüberschuß, strukturelles Defizit, Zahlungsbilanzüberschuß, Wachstumsrate und Rating. Schätzmethode: Ordinary Least Squares (OLS). Datenbasis: 39 Beobachtungen, 13 Anleihen, 1994-1996.
Landschoot (2001)	Der Einfluß der Zusammensetzung der Staatsausgaben auf die Risikozuschläge.	Die Zusammensetzung der Staatsausgaben ist für die Risikozuschläge relevant. Je größer der Anteil investiver Ausgaben ist, desto kleiner ist der Risikozuschlag. Größere Anteile von Sozialausgaben und Subventionen erhöhen c.p. den Risikozuschlag. Ein vollständiger Ersatz des Staatskonsums durch investive Ausgaben würde den Risikozuschlag um ca. 0,21 Prozentpunkte reduzieren.	Die um die impliziten Abwertungserwartungen der Swap-Sätze bereinigte Zinsdifferenz der Staatsanleihen von 7 EWU-Ländern wird regressiert auf die Zusammensetzung der Staatsausgaben (staatl. Investitionen, Staatskonsum, Sozialausgaben, Subventionen) sowie auf Schuldenhöhe, Steuereinnahmen, Zinszahlungen, Wachstumsrate, Inflationsrate und Zahlungsbilanzüberschuß. Schätzmethode: Fixed Effects Estimate. Datenbasis: 7 Länder, 1987-1999.

Quelle: Eigene Zusammenstellung aufgrund der angegebenen Literatur.

119 Als Steuerkapazität definieren die Autoren die Differenz zwischen dem größten Anteil, den die Steuereinnahmen am BIP in den Jahren 1960-1996 erreichten, minus dem Anteil des jeweiligen Jahres. Vergl. Lemmen/Goodhart (2001).

stein/Woglom (1992) finden ferner, daß auch das von Moody's verliehene Rating, welches sie in die Schätzgleichung aufgenommen haben, ceteris paribus einen signifikanten Einfluß auf die Höhe der Spreads hat. Ratings besitzen anscheinend einen Informationsgehalt, der über die öffentlich bekannten, finanzpolitischen Indikatoren hinausgeht.[120]

c) Anmerkungen zur Untersuchungsmethode

Bezüglich der verwendeten Methoden ist leider anzumerken, daß zwei der prominentesten Studien mit sehr fragwürdigen Schätzgleichungen arbeiten. So ermitteln Caselli/Giovannini/Lane (1998) die abhängige Variable "Durchschnittszinssatz" als Quotient aus insgesamt gezahlten Zinsen in einem bestimmten Haushaltsjahr und dem Schuldenstand dieses Jahres. Gleichzeitig dient der Schuldenstand auch als erklärende Variable in der Schätzgleichung.[121] Bei schnell wachsender Schuld dürfte der Durchschnittszins zudem, da in ihn auch die festen Zinsvereinbarungen aus früheren Jahren einfließen, die tatsächliche "Bestrafung" der Finanzmärkte, die sich an den Renditeaufschlägen der neu emittierten Anleihen ablesen läßt, unterzeichnen.

Methodische Mängel weist auch die Arbeit von Alesina/de Broeck/Prati/Tabellini (1992) auf.[122] Problematisch ist insbesondere, daß die Autoren die Kompensation für das staatliche Kreditrisiko als Differenz bzw. alternativ als Quotient aus staatlichen und privaten Anleihezinsen bestimmen. Als private Anleihezinsen dienen ihnen dabei die Renditen verschiedener privater Banken und Industrieunternehmen höchster Bonität. Wegen der großen Bestände an staatlichen Wertpapieren, die Banken typischerweise halten (Vergl. Abbildung 28, S. 243), steht zu vermuten, daß ein staatlicher *default* erhebliche Auswirkungen auf das Finanzsystem hätte.[123] Das Kreditrisiko der privaten Banken ist daher nicht unabhängig vom Kreditrisiko des Staates. Je nach Ausmaß dieser Abhängigkeit bestimmt daher die Differenzen- bzw. Quotientenbildung nicht das staatliche Kreditrisiko. Die Autoren räumen diese Schwachstelle ein (Vergl. Alesina et al., 1992, S. 449), ziehen aber keine Konsequenzen für die Zulässig-

---

120 Vergl. Goldstein/Woglom (1992, S. 249) sowie Cantor/Packer (1996, S. 43f.).

121 Die Autoren sind sich dieser Schwachstelle bewußt. Vergl. Caselli/Giovannini/Lane (1998, S. 13, Fußnote 9).

122 Für eine ausführliche Kritik an Alesina et al. (1992) siehe Ziegenhorn (1999, S. 138-140).

123 Arnold/Lemmen (2001, S. 106) zeigen, daß die Forderungen privater Banken an die Regierung ihres jeweiligen Heimatlandes typischerweise zwischen 150 und 250 Prozent des Eigenkapitals der Banken ausmachen.

keit ihrer Methodik. Darüber hinaus ignoriert die Differenzenbildung die hohen Liquiditätsunterschiede, die zwischen den privaten und staatlichen Anleihen bestehen. Liquiditätsunterschiede sind aber bekanntlich eine wichtige Determinante von Renditeunterschieden.[124]

3.3.2. Verschuldungsverhalten als Funktion der Zinskosten

Während bezüglich der Einflußfaktoren auf die Risikozuschläge mittlerweile zahlreiche Untersuchungen vorliegen, ist die Reaktion des staatlichen Verschuldungsverhaltens auf Veränderungen in den Finanzierungskosten bisher noch kaum erforscht. Allenfalls Capeci (1992) und Metcalf (1993) sprechen die Schuldnerreaktion kurz in Hinblick auf das Finanzierungsverhalten amerikanischer Bundesstaaten und Städte an. Bezüglich der OECD-Staaten stellen allein Heinemann/Winschel (2001) die Frage, ob ein Staat auf ein Ansteigen der Risikozuschläge mit einem Nachlassen seiner Kreditnachfrage reagiert. Heinemann/Winschel (2001) untersuchen dazu die Fiskalpolitik von 17 OECD-Staaten in den Jahren 1972-1998 empirisch. Als Maß für die Finanzierungskosten verwenden Heinemann/Winschel (2001) allerdings nicht die Zuschläge über einen risikofreien Zinssatz, sondern die Differenz zwischen der realen Verzinsung der ausstehenden Anleihen und der realen Wachstumsrate. Für die Verwendung dieser Differenz als Regressor spricht nach ihrer Aussage, daß die langfristige Tragbarkeit der Staatsverschuldung – und damit die Wahrscheinlichkeit des Auftretens einer Schuldenkrise – nach Blanchard (1990) entscheidend durch die Differenz zwischen Realzins und realer Wachstumsrate bestimmt wird. Diese Differenz weist zudem nach Aussage von Heinemann/Winschel (2001, S. 3) eine größere Varianz zwischen den Ländern und im Zeitablauf auf als der Risikozuschlag auf Staatsanleihen. Außerdem vermuten sie, daß das Endogenitätsproblem bei dieser Regressordefinition kleiner ist als bei der Verwendung einer reinen Zinsgröße.[125]

Heinemann/Winschels Untersuchung zeigt, daß Staaten in der Tat auf Veränderungen ihrer Finanzierungsbedingungen reagieren (Vergl. ebenda, S. 17).

124 Siehe hierzu ausführlicher Kempf (1999).

125 Das Endogenitätsproblem einer derartigen Schätzung besteht darin, daß nach der Hypothese der marktbasierten Schuldnerdisziplinierung die Schuldenhöhe eine Funktion der Zinskosten ist. Andererseits ist die Höhe der Zinssätze nach der gleichen Hypothese eine Funktion der Schuldenhöhe. Die lineare Regressionsanalyse erfordert aber, daß Regressor und Regressand unabhängig sind.

Der Primärüberschuß eines Landes ist um so größer, je größer die Zins-Wachstumsdifferenz ist.[126] Die Ausweitung der Primärüberschüsse ist allerdings zu gering, um den Effekt, der von den höheren Zinslasten auf die bereits ausstehende Staatsschuld ausgeht, zu kompensieren. Staaten reagieren somit nach Heinemann/Winschel (2001, S. 17) auf Veränderungen ihrer Finanzierungsbedingungen, aber nicht ausreichend stark genug, um einen Schuldenaufbau zu verhindern. Insbesondere scheinen die Regierungen zu langsam und zu schwach auf das starke Nachlassen der Wachstumsrate in den 70er Jahren reagiert zu haben (Vergl. Heinemann/Winschel, 2001, S. 9 und S. 18).

Überraschend ist allerdings eine von Heinemann/Winschel (2001, S. 13 und S. 17) gefundene Asymmetrie im Reaktionsverhalten. Danach reagieren Staaten auf eine Verschlechterung (Verteuerung) ihrer Finanzierungsbedingungen wesentlich schneller und stärker als auf eine Verbesserung (Verbilligung). Dieses Ergebnis ist erstaunlich, wenn man bedenkt, daß die politischen Entscheidungsträger größere Kosten haben sollten, Einsparungsvorschläge zu machen, als neue Ausgaben zu finden. Auch sollten tendenziell Steuersenkungen leichter durchsetzbar sein als Steuererhöhungen. Wenn schon asymmetrische Reaktion vorliegen, hätte der Verfasser sie genau umgekehrt erwartet.

Heinemann/Winschel (2001, S. 17) ziehen aus ihrem überraschenden Asymmetrie-Ergebnis die Zuversicht, daß die erhebliche Verbilligung der Finanzierungsbedingungen, welche sich im Zuge des Maastricht-Konvergenzprozesses in den 90er Jahren für viele europäische Staaten einstellte, nicht zu einem erneuten Anstieg der Haushalts-Defizite führen werde. Diese Schlußfolgerung ist allerdings nach Einschätzung des Verfassers mit großer Vorsicht aufzunehmen. Trotz des langen Untersuchungszeitraums scheint das Asymmetrie-Ergebnis im wesentlichen aus dem Maastricht-Konvergenzprozeß in den 90er Jahren zu resultieren, also aus einer relativ langen Phase sinkender Nominalzinsen bei gleichzeitiger fiskalpolitischer Konsolidierung.[127] Welche Wirkungen

126 Eine wichtige Ausnahme bildet allerdings Deutschland (Vergl. Heinemann/Winschel, 2001, S. 17).

127 Heinemann/Winschel (2001, S. 11 und 13) versuchen, die Wirkungen des Maastricht-Vertrags durch eine Dummy-Variable aufzufangen, die für die EU-Länder ab 1991 den Wert 1 und für alle anderen Länder und Jahre den Wert 0 annimmt. Dies unterstellt aber, daß der Maastricht-Vertrag sich in jedem Jahr ab 1991 in der gleichen Weise und Stärke bemerkbar gemacht hätte. Schätzungen von Landschoot (2001, S. 22), welche für jedes Jahr einen eigenen Zeit-Dummy enthielten, zeigen hingegen, daß die durch den Maastricht-Vertrag bewirkte Konsolidierung erst nach 1994 richtig einsetzte bzw. erst nach 1994 an den Finanzmärkten glaubwürdig wurde. Leider untersuchen Heinemann/Winschel (2001) nicht, ob das Asymmetrie-Ergebnis auch bestehen bleibt, wenn man den Untersuchungszeitraum auf die Jahre 1972-1991 oder 1972-1994 beschränkt.

günstigere Finanzierungskonditionen in Abwesenheit einer bindenden Budgetregel haben, ist nach Einschätzung des Verfassers weiterhin offen.

3.4. Die Schuldenstruktur als Determinante des Default-Risikos

Der vorstehende Abschnitt 3.3. zeigte, daß fiskalische Kennziffern durch zahlreiche empirische Untersuchungen als wichtige Determinanten des Ausfall-Risikos von Staatsanleihen identifiziert wurden. Eine wichtige Variable fehlt allerdings in allen zitierten Untersuchungen: Die Schuldenstruktur. In keiner dem Verfasser bekannten empirischen Arbeit wurde der Einfluß der Schuldenstruktur, d.h. der Aufteilung der Staatsschuld auf die unterschiedlichen Laufzeitenbereiche, auf die Risikozuschläge von Staatsanleihen empirisch untersucht.[128] Diese Auslassung ist überraschend, da zahlreiche theoretische Arbeiten die Schuldenstruktur als eine wichtige Determinante der Eintrittswahrscheinlichkeit von Schuldenkrisen herausarbeiten.[129] Schuldenkrisen, verstanden als die Weigerung des Kapitalmarkts, einem Schuldner neuen Kredit zu gewähren, können aber leicht zu Zahlungsausfällen führen, da staatliche Schuldner ohne Netto-Tilgungspotential diese neuen Kredite zur Tilgung ihrer alten Verpflichtungen benötigen. Das theoretische Argument für den Zusammenhang von Schuldenstruktur und *default*-Risiko wird im folgenden entwickelt. Der Koordinierungsbedarf, der sich aus Laufzeiten-induzierten Risikoprämien in Europa ergeben könnte, wird in den anschließenden Kapiteln 3.5. und 3.6. untersucht.

---

128 Die Literatur zur *market based fiscal discipline* befindet sich damit in der erstaunlichen Situation, daß die in den empirischen und theoretischen Arbeiten diskutierten Einflußgrößen nicht übereinstimmen. Alle empirischen Arbeiten untersuchen den Zusammenhang von Schuldenhöhe und Ausfallrisiko, obwohl dieser Zusammenhang in keiner dem Verfasser bekannten Arbeit aus einzelwirtschaftlichem Optimierungsverhalten explizit abgeleitet wird. Der Zusammenhang zwischen Schuldenstruktur und *default*-Risiko wird dagegen in mehreren Modellen theoretisch hergeleitet, jedoch in keiner dem Verfasser bekannten Arbeit empirisch überprüft. Vermutlich ist die fehlende empirische Überprüfung dem Endogenitätsproblem geschuldet: Verfolgt der staatliche Schuldenmanager eine Strategie der Zinskostenminimierung, ist die Schuldenstruktur eine Funktion der Risikozuschläge in den einzelnen Laufzeitenbereichen. Die Regressionsanalyse erfordert aber Unabhängigkeit zwischen Regressor und Regressand. Trotz dieser Schwierigkeiten besteht hier eine wichtige Forschungslücke, die durch zukünftige Arbeiten geschlossen werden muß.

129 Vergl. Alesina/Prati/Tabellini (1990), Giavazzi/Pagano (1990) sowie die Kapitel 3.4.2. und 3.4.4. dieser Arbeit.

3.4.1. Grundlagen staatlicher default-Modelle

Ausgangspunkt aller Überlegungen zu staatlichen Zahlungsfällen ist die Annahme, daß ein Staat die Summe aus *default*-Kosten und Kosten einer pünktlichen Bedienung seiner Schulden minimiert. Die Kosten der pünktlichen Bedienung seiner Schulden bestehen dabei im allgemeinen aus den Wohlfahrtskosten der Besteuerung, die erforderlich ist, um die Zins- und Tilgungszahlungen zu leisten. Zu den *default*-Kosten wird der Reputationsverlust des Staates sowie der Verlust der zukünftigen Kreditwürdigkeit gezählt (Vergl. Alesina/Prati/Tabellini, 1990, S. 107 sowie Ziegenhorn, 1999, S. 107f.).

Da die Wohlfahrtskosten der Besteuerung quadratisch mit dem Steuersatz steigen, die *default*-Kosten hingegen typischerweise den Charakter einer (hohen) Einmal-Zahlung besitzen, zeigen die staatlichen *default*-Modelle in der Regel, daß kleine Zahlungen durch Steuern finanziert werden.[130] [131] Nur, wenn in einer Periode gewisse außerordentliche Zahlungen fällig werden oder – äquivalent – die Steuerbasis aufgrund außergewöhnlicher Ereignisse besonders niedrig ist, ist es aus Sicht des Staates vorteilhaft, die Rückzahlung zu verweigern.

Die Bedeutung des Debt Managements für das *default*-Risiko rührt in den typischen *default*-Modellen der Schuldenstruktur daher, daß sie die Aufteilung einer gegebenen Schuld auf Anleihen unterschiedlicher Laufzeit bestimmt und damit die Höhe der Beträge fest legt, die in jedem Zeitpunkt zur Rückzahlung fällig werden. Dabei gilt, daß die in jeder Periode anstehenden Rückzahlungen um so kleiner sind, je langfristiger die gegebene Schuld finanziert wird.[132]

---

130 Dies ist beispielsweise in den Modellen von Alesina/Prati/Tabellini (1990) und Giavazzi/Pagano (1990) der Fall. Ohne *default*-Kosten wäre es für einen Schuldner immer optimal, die Zahlung zu verweigern Vergl. Eaton/Gersovitz/Stiglitz (1986, S. 486-488); zitiert nach Ziegenhorn (1999, S. 107).

131 Da ein staatlicher Zahlungsausfall darüber hinaus auch zu einer Umverteilung zwischen den Inhabern der Staatsanleihen und den Steuerzahlern führen sowie erhebliche negative Auswirkungen auf das Bankensystem besitzen kann, könnte in einer realitätsnäheren Modellierung zusätzlich noch eine Kostenkomponente aufgenommen werden, welche proportional mit der Höhe der nicht geleisteten Zahlungen ansteigt.

132 Auf diesen Sachverhalt weist auch Raida (1975, S. 690f.) nachdrücklich hin.

3.4.2. Ein einperiodiges default-Modell

Im folgenden Modell[133] wird ein myopischer Staat betrachtet, der vor der Entscheidung steht, Zins- und Tilgungszahlen auf eine gegebene Schuld $\boldsymbol{B}$ zu leisten oder alternativ die Zahlung zu verweigern (*default*).

Die Verlustfunktion des staatlichen Entscheidungsträgers sei für die erste Periode gegeben durch:

(3.4.-1) $V_1^S = \beta\tau^2$ falls alle Zahlungen pünktlich geleistet werden bzw.

(3.4.-2) $V^D = \boldsymbol{K}$ falls es zum *default* kommt.

Da die *default*-Kosten unabhängig von der Höhe des Zahlungsausfalls sind, muß in diesem Modell eine teilweise Zahlungsverweigerung nicht betrachtet werden. Jeder *default* wird ein vollständiger *default* sein.

Die Bemessungsgrundlage der Besteuerung sei auf 1 normiert; von einer sonstigen Staatstätigkeit sei abgesehen, so daß die gesamten Steuereinnahmen für Zins- und Tilgungszahlungen verwendet werden können.[134] Die Budgetrestriktion der ersten Periode ist damit gegeben durch:

(3.4.-3) $$\tau_1 = \boldsymbol{rB} + \frac{\boldsymbol{B}}{\boldsymbol{l}}$$

wobei $\boldsymbol{l}$ die Zahl der Perioden angibt, über welche die Tilgungsleistungen gleichmäßig verteilt werden, und $\boldsymbol{B}$ die anfängliche Höhe der Schuld bezeichnet, welche der staatliche Entscheidungsträger am Beginn der ersten Periode vorfindet. $\boldsymbol{r}$ ist der Realzins, τ_1 das benötigte Steueraufkommen.

Es gilt nun, daß die in der ersten Periode aufzubringenden Mittel um so kleiner sind, je langfristiger die Schuld finanziert ist, d.h. um so weiter sich die Rückzahlungen ın die Zukunft erstrecken.

(3.4.-4) $$\frac{\partial\tau_1}{\partial l} = -\frac{\boldsymbol{B}}{\boldsymbol{l}^2} < 0$$

Zu einem *default* in der ersten Periode kommt es, wenn

(3.4.-5) $$V^D < V_1^S$$

133 In Kapitel 3.4.4. wird ein mehrperiodiges Modell behandelt.

134 Diese übliche Annahme treffen auch Alesina/Prati/Tabellini (1990, S. 107.).

also wenn: $\beta\tau_1^2 > K$ bzw. $rB + \frac{B}{l} > \sqrt{\frac{K}{\beta}}$

Die minimale Laufzeit $\breve{l}$, bei der es gerade nicht mehr zum *default* kommt, ist daher gegeben durch:

$$\breve{l} = \frac{1}{\sqrt{K\beta^{-1}B^{-2}} - r} \tag{3.4.-6}$$

$\breve{l}$ kann um so kleiner sein, je weniger der Staat verschuldet ist, je kleiner die Wohlfahrtsverluste der Besteuerung sind, je größer die Kosten eines Zahlungsausfalls sind und je niedriger der reale Zinssatz ist.

Kann ferner in der ersten Periode ein in der Höhe nicht bekannter Ausgabenschock $e \sim N(0,\sigma^2)$ auftreten, gilt:

$$\breve{e} = K - \beta\tau^2 = K - \beta\left[rB + \frac{B}{l}\right]^2 \tag{3.4.-7}$$

wobei $\breve{e}$ den größtmöglichen Ausgabenschock bezeichnet, der gerade noch nicht zum *default* führt. $\breve{e}$ kann um so größer sein, je langfristiger die Schuld finanziert ist.

$$\frac{\partial\breve{e}}{\partial l} = -2\beta\left[rB + \frac{B}{l}\right]\left[-\frac{B}{l^2}\right] > 0 \tag{3.4.-8}$$

Die Wahrscheinlichkeit eines Zahlungsausfalls ist daher um so kleiner, je langfristiger die Schuld finanziert ist.

Langfristige Verschuldung reduziert in diesem Modell die *default*-Wahrscheinlichkeit, da sie die Lasten der Besteuerung in die Zukunft verlagert. Diese zukünftigen Lasten werden aber von dem myopischen Entscheidungsträger bei der Entscheidung über eine Zahlungsverweigerung in der ersten Periode nicht berücksichtigt, da er annahmegemäß nur die momentanen Wohlfahrtsverluste der Besteuerung bzw. des *defaults* berücksichtigt.[135]

135 Ein Modell einer *default*-Entscheidung im Kontext einer intertemporalen Optimierung entwickelt Kapitel 3.4.4.

Abbildung 23: Die Netto-Kreditaufnahme der Bundesrepublik Deutschland

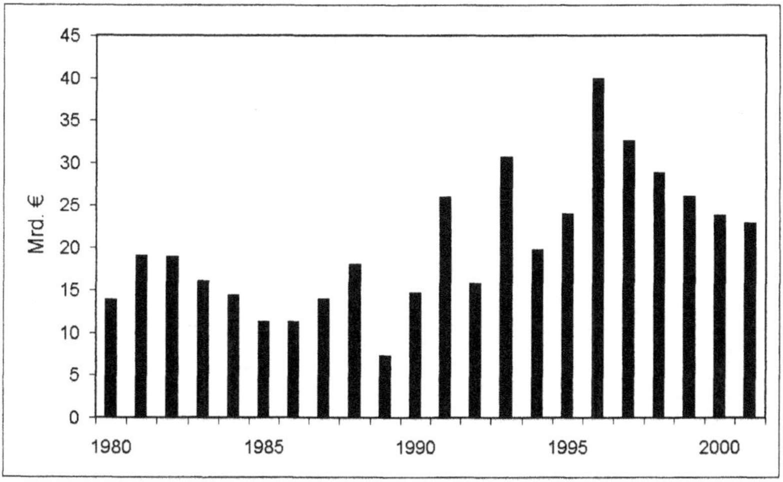

Quelle: Bundesministerium der Finanzen. Eine Verringerung der Staatsschuld konnte in Deutschland, anders als in dem Modell in Kapitel 3.4.2. unterstellt, nicht festgestellt werden. Alle Jahre seit 1980 wiesen eine positive Netto-Kreditaufnahme auf. Die Rückzahlung fälliger Anleihen wurde dabei stets durch die Ausgabe neuer Anleihen finanziert.

3.4.3. Revolvierende Verschuldung als default-Risiko

Das in Kapitel 3.4.2. betrachtete, sehr einfache *default*-Modell zeigt, daß langfristige Verschuldung die Wahrscheinlichkeit einer Zahlungsverweigerung reduziert, wenn sie die Tilgungszahlungen über den Planungshorizont des staatlichen Entscheidungsträgers hinaus in die Zukunft verschiebt. Aufgrund der zeitlich begrenzten Amtszeit ist es dabei durchaus plausibel, daß politische Entscheidungsträger nicht sämtliche zukünftige Perioden im Blick haben. Aber auch bei einer unbegrenzten, vorausschauenden, intertemporalen Optimierung besteht die Gefahr eines staatlichen Zahlungsausfalls. Anders als in dem in Kapitel 3.4.2. betrachteten Modell beobachtet man in der Praxis der Staatsverschuldung kaum Rückzahlungen einer anfänglichen Staatsschuld.[136] Von ganz wenigen Ausnah-

136 Eine positive Ausnahme bilden Großbritannien und Irland, die seit dem Ende des 2. Weltkriegs bzw. seit 1990 eine deutliche Verringerung ihrer Debt-GDP-Quoten erreichten. Zum Anstieg der Staatsverschuldung in Deutschland seit 1970 vergl. Kitterer (1993, S. 41ff.).

men abgesehen, wiesen die meisten Staaten eine in absoluten Beträgen ansteigende Staatsschuld auf. Die Rückzahlung fälliger Anleihen wird dabei stets durch die Ausgabe neuer Anleihen finanziert.[137]

Abbildung 24: Staatsverschuldung als Anteil am BIP

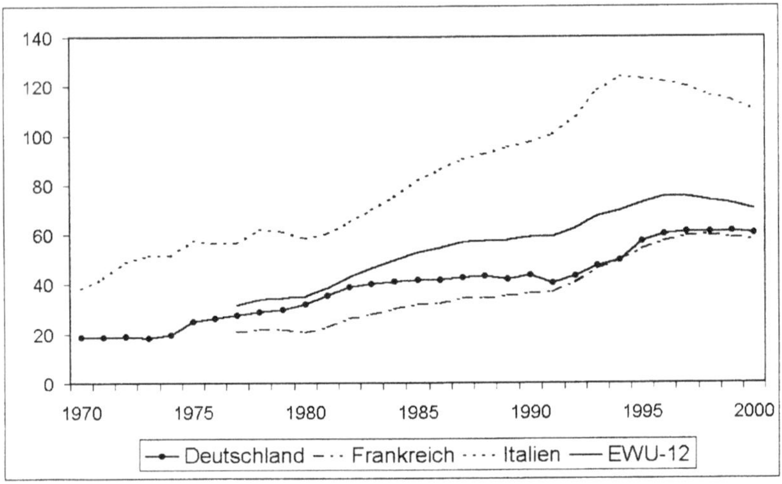

Quelle: Europäische Kommission (2002). Auch in Relation zum Sozialprodukt stieg die Verschuldung in Europa lange Zeit an. Fällige Anleihen mußten daher stets durch die Ausgabe neuer Anleihen finanziert werden. Zur Schuldentilgung durch die Emission neuer Anleihen in der Bundesrepublik Deutschland vergleiche Tabelle 19 auf S. 236.

Analog zum Rückzahlungsmodell in Kapitel 3.4.2. ist bei einer revolvierenden Verschuldung die jährliche Brutto-Inanspruchnahme des Kapitalmarkts um so kleiner, je länger die zur Finanzierung der Schuld eingesetzten Anleihen laufen.[138] Unterstellt man eine konstante Schuldenhöhe und ein vollkommen gleichmäßiges Tilgungsprofil, ergibt sich die jährliche Brutto-Inanspruchnahme des Kapitalmarkts aus $\frac{B}{l}$, wobei B die konstante Schuldenhöhe und l die Laufzeit der einzelnen Anleihen bezeichnet. Wie Abbildung 25 zeigt, nimmt die

137 Vergl. Tabelle 19 auf S. 236, die einen Überblick über die Schuldenrückzahlungen durch neue Anleihen der Bundesrepublik Deutschland gibt.

138 Die Netto-Inanspruchnahme des Kapitalmarkts ist in diesem Beispiel Null. Da die Schuldenhöhe annahmegemäß konstant ist, entsprechen die neu aufgenommenen Mittel in jeder Periode den zurück gezahlten Krediten.

jährliche Brutto-Inanspruchnahme des Kapitalmarkts bei kürzer werdenden Anleihe-Laufzeiten erheblich zu. Schlägt in einer Periode die Revolvierung der fällig werdenden Staatsschuld fehl,[139] steht die Regierung vor der Alternative, den fälligen Betrag durch Steuern aufzubringen oder einen Zahlungsausfall zu erklären.[140]

Abbildung 25: Jährliche Brutto-Inanspruchnahme des Kapitalmarkts

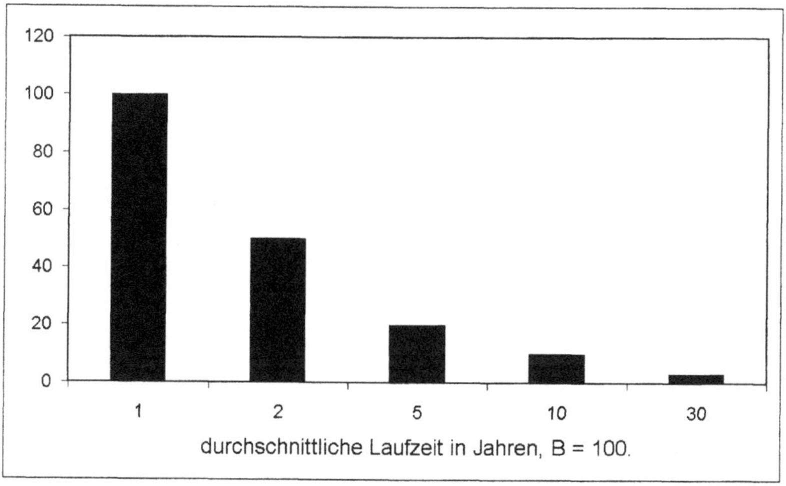

Quelle: Eigene Berechnung. Das Schaubild zeigt die jährliche Brutto-Inanspruchnahme des Kapitalmarkts als Funktion der durchschnittlichen Laufzeit. Die Schuldenhöhe wurde auf 100 normiert.

139 Das Fehlschlagen der Prolongation soll hier und in Kapitel 3.4.4. wie in dem Modell von Giavazzi/Pagano (1990) als exogenes Ereignis angenommen und nicht weiter erklärt werden. Eine modellendogene Erklärung für die Verweigerung der Prolongation bieten Alesina/Prati/Tabellini (1990, S. 110-113) anhand von sich selbst erfüllenden Erwartungen.

140 Als Alternative zu *default* oder Steuerfinanzierung stellt sich bei einer Verschuldung in eigener Währung prinzipiell auch die Möglichkeit einer Notenbank-Finanzierung. Eine Schuldenrückzahlung durch "neues" Zentralbankgeld würde allerdings langfristig inflationär wirken und wäre daher in seinen Wirkungen einem (teilweisen) *default* vergleichbar, da in beiden Fällen die reale Kaufkraft der Anleihe-Besitzer reduziert wird. Da den Teilnehmerstaaten der europäischen Währungsunion die Notenbankfinanzierung durch Art. 101, Abs. 1 EG-Vertrag verwehrt ist, wird dieser Fall hier nicht weiter betrachtet. In der Literatur analysieren Drudi/Giordano (2000) die simultane Entscheidung eines Staates über Besteuerung, *default* und Inflationsfinanzierung. Auch Giavazzi/Pagano (1990) sehen in ihrem *default*-Modell eine Notenbankfinanzierung vor, welche inflationär wirkt und die Wahrscheinlichkeit einer Abwertung der heimischen Währung erhöht.

Da die Kosten der Besteuerung annahmegemäß mit dem Quadrat des aufzubringenden Betrags ansteigen, ist es um so wahrscheinlicher, daß sich die Regierung gegen die Besteuerung und für einen *default* entscheidet, je größer der zu finanzierende Betrag ist. Da der aufzubringende Betrag aufgrund von $\frac{B}{l}$ um so größer ist, je kürzer die Laufzeit der emittierten Anleihen ist, reduziert eine Staatsfinanzierung durch langfristige Anleihen die Wahrscheinlichkeit eines *defaults* für den Fall, daß der Kapitalmarkt die Prolongation der Schuld verweigern sollte. Formal zeigt diese Aussage Kapitel 3.4.4.

3.4.4. Ein intertemporales default-*Modell*

Im folgenden werde ein einfaches intertemporales *default*-Modell mit konstanter, ewig fortgeschriebener Staatsschuld und exogen gegebener Kapitalmarktkrise betrachtet. Gegeben sei ein Land mit Schulden in Höhe von B, die durch Anleihen mit einer Laufzeit von l Jahren finanziert wurden. Der Staat weist ein gleichmäßiges Tilgungsprofil auf, so daß in jedem Jahr Anleihen im Wert von $\frac{B}{l}$ fällig werden. Der reale Zinssatz beträgt konstant r. Die Regierung maximiert die intertemporale Wohlfahrtsfunktion. Die Wohlfahrt w in jeder Periode t ergibt sich durch eine Konstante Ω minus die Wohlfahrtsverluste der Besteuerung τ_t^2:

(3.4.-9) $$w_t = \Omega - \tau_t^2$$

Die Zielfunktion der Regierung lautet damit:

(3.4.-10) $$Max\ W = \sum_{t=0}^{\infty} \frac{w_t}{(1+r)^t}$$

Von einer sonstigen Staatstätigkeit wird abgesehen. Alle Steuereinnahmen können für Zins- und Tilgungszahlungen verwendet werden.

Bezüglich der Revolvierung der Staatsschuld werden dabei zwei Fälle unterschieden, die als "guter" bzw. "schlechter" Zustand bezeichnet werden sollen. Der gute Zustand bezeichnet die Existenz eines liquiden Kapitalmarkts, auf dem die Regierung die zur Schuldenrückzahlung benötigten Mittel aufnehmen kann. Der schlechte Zustand bezeichnet eine Kapitalmarktkrise, in der die Regierung, unabhängig vom Zinssatz, keine neue Schulden aufnehmen kann.

(1) Guter Zustand: Liquider Kapitalmarkt

a) Steuerfinanzierung

Im guten Zustand können fällige Anleihen durch die Emission neuer Anleihen zurückgezahlt werden. Die vorhandene Schuld wird so ewig in die Zukunft fortgeschrieben. Steuereinnahmen sind nur für die jährlichen Zinszahlungen erforderlich: $\tau_t = rB$.

Für die Wohlfahrt des Landes ergibt sich damit:

(3.4.-11) $$W = \Omega - r^2 B^2 + \sum_{i=1}^{\infty} \frac{\Omega - (rB)^2}{(1+r)^i} = \Omega + \frac{\Omega}{r} - rB^2(1+r)$$

Die Wohlfahrt ist um so kleiner, je größer die Schuld und der Realzins sind.

(3.4.-12) $$\frac{\partial W}{\partial B} = -2rB(1+r) < 0$$

(3.4.-13) $$\frac{\partial W}{\partial r} = -\Omega r^{-2} - 2rB^2 - B^2 < 0$$

b) Default

Entscheidet sich die Regierung dagegen für einen *default*, fallen – unabhängig vom Betrag – einmalig *default*-Kosten in Höhe von K an. Im Gegenzug kann in allen zukünftigen Perioden auf eine Besteuerung verzichtet werden, da im *default*-Fall keine Zins- und Tilgungszahlungen mehr zu leisten sind. Eine teilweise Bedienung der ausstehenden Schuld würde aufgrund des *lump-sum*-Charakters der *default*-Kosten zwingend zu einem niedrigeren Wohlfahrtsniveau führen als ein vollständiger Zahlungsausfall.[141] Formal gilt für die Wohlfahrt im *default*-Fall:

(3.4.-14) $$W^D = \Omega + \frac{\Omega}{r} - K$$

141 Mit der Modellierung der *default*-Kosten als einmalige *lump-sum*-Zahlung folgt diese Arbeit Ziegenhorn (1999, S. 108) und der dort zitierten Literatur. Steigen die *default*-Kosten mit der Höhe des ausgefallenen Betrags, sind auch teilweise Zahlungsausfälle denkbar. Die gleiche Annahme betragsunabhängiger *default*-Kosten, die beispielsweise einen Reputationsverlust abbilden können, wurde in Kapitel 3.4.2. getroffen.

c) Abwägung

Die Regierung entscheidet sich für einen *default*, wenn

(3.4.-15) $$W^D > W$$

$$\Leftrightarrow \quad \Omega + \frac{\Omega}{r} - K > \Omega + \frac{\Omega}{r} - rB^2(1+r)$$

$$\Leftrightarrow \quad K < rB^2(1+r)$$

Damit es nicht zu einem Zahlungsausfall kommt, müssen bei gegebenem Realzins die *default*-Kosten um so größer sein, je größer die Schuld ist. Im folgenden sei unterstellt, daß die *default*-Kosten hinreichend groß seien, damit es im guten Zustand nicht zu einem Zahlungsausfall kommt.

(2) Schlechter Zustand: Kapitalmarktkrise

Eine andere Situation ergibt sich, wenn die Revolvierung der fälligen Anleihen in einer Periode nicht gelingt. Die Regierung steht dann vor der Alternative, einmalig die Steuern zu erhöhen und die fälligen Anleihen zurückzuzahlen oder einen *default* zu erklären.[142]

a) Steuerfinanzierung

Im Falle einer Steuerfinanzierung ergibt sich für die aktuelle Periode:

(3.4.-16) $$\tau_0 = rB + \frac{B}{l}$$

$$\Rightarrow \quad w_0 = \Omega - \left(rB + \frac{B}{l}\right)^2$$

sowie für alle zukünftigen Perioden:

(3.4.-17) $$\tau_t = r\left(B - \frac{B}{l}\right)$$

$$\Rightarrow \quad w_t = \Omega - \left[r\left(B - \frac{B}{l}\right)\right]^2 \qquad \text{wobei } t \neq 0$$

142 Der Fall einer Notenbankfinanzierung sei hier ausgeschlossen.

Für die intertemporale Wohlfahrt folgt daher:

(3.4.-18) $$W = \Omega - \left(rB + \frac{B}{l} \right)^2 + \sum_{i=1}^{\infty} \frac{\Omega - \left[r\left(B - \frac{B}{l} \right) \right]^2}{(1+r)^i}$$

$$= \Omega + \frac{\Omega}{r} - (1+r)rB^2 - (1+r)B^2 l^{-2}$$

Wie man sieht, ist die Wohlfahrt bei einem Fehlschlagen der Anleihe-Prolongation um so größer, je langfristiger die Staatsschuld finanziert wird.

(3.4.-19) $$\frac{\partial W}{\partial l} = 2(1+r)B^2 l^{-3} > 0$$

b) Default

Zu einem Zahlungsausfall kommt es, wenn die Wohlfahrt bei Zahlungsverweigerung höher liegt als bei einem Rückgriff auf Steuerfinanzierung. Die Wohlfahrt bei Zahlungsverweigerung war gegeben durch Gleichung (3.4.-14):

(3.4.-14) $$W^D = \Omega + \frac{\Omega}{r} - K$$

c) Abwägung

Schlägt die Überwälzung der Schuld fehl, bestimmt sich die Vorteilhaftigkeit einer Steuerfinanzierung gegenüber einem *default* aus:

(3.4.-20) $$W - W^D = K - (1+r)rB^2 - (1+r)B^2 l^{-2}$$

Die Vorteilhaftigkeit der Steuerfinanzierung ist dabei um so größer, je langfristiger die Schuld finanziert ist:

(3.4.-21) $$\frac{\partial (W - W^D)}{\partial l} = 2(1+r)B^2 l^{-3} > 0$$

Die kritische Laufzeit $\breve{l}$, bei welcher der staatliche Entscheidungsträger genau indifferent zwischen Steuerfinanzierung und *default* ist, bestimmt sich durch:

(3.4.-22) $$\breve{l} = \sqrt{\frac{1}{K(1+r)^{-1}B^{-2} - r}}$$

$\breve{l}$ ist um so kürzer, je größer die *default*-Kosten sind bzw. um so größer, je höher der Realzins und die Staatsverschuldung sind.

Besteht zum Zeitpunkt der Laufzeitenwahl Unsicherheit über die Wohlfahrtsverluste der Besteuerung oder über die Höhe der *default*-Kosten, ist bei gegebener Wahrscheinlichkeit einer Kapitalmarktkrise die Wahrscheinlichkeit eines staatlichen Zahlungsausfalls um so kleiner, je langfristiger sich der Staat finanziert.

3.4.5. Implikationen für das Debt Management

Die Diskussion der allgemeinen Eigenschaften von *default*-Modellen (Kapitel 3.4.1.) sowie die Analyse zweier einfacher *default*-Modelle (Kapitel 3.4.2. und 3.4.4.) ergab, daß die Wahrscheinlichkeit eines Zahlungsausfalls um so größer ist, je größer der in einer Periode durch Steuern aufzubringende Tilgungsbetrag ist. Dieses Ergebnis erklärt sich dadurch, daß die staatliche Entscheidung als das Ergebnis einer Wohlfahrtsabwägung zwischen quadratischen Wohlfahrtskosten der Besteuerung und konstanten Wohlfahrtskosten des Zahlungsausfalls modelliert wurde. Beides erscheint realistisch.

Die Debt-Management-Literatur trägt diesen Einsichten Rechnung und empfiehlt, den absoluten Schuldenbetrag, der in jedem Zeitpunkt fällig wird, zu minimieren. Bei gegebener Schuldenhöhe erfordert diese Minimierung eine möglichst langfristige und möglichst gleichmäßige Finanzierung der Staatsschuld, die zu möglichst gleichmäßigen Tilgungszahlungen in allen zukünftigen Zeitpunkten führt.[143]

Der Begriff der Staatsschuld ist dabei möglichst weit auszulegen. Da Haftungszusagen für private Banken oder Versicherungen das Profil der staatlichen Verbindlichkeiten nachhaltig verändern können, empfiehlt Becker (1999) verschuldeten Regierungen, über das *repayment smoothing* hinaus ihre Haftungszusagen sowie das Finanzgebaren der davon begünstigten Einrichtungen bei ihren Debt-Management-Entscheidungen zu berücksichtigen.

Alesina/Prati/Tabellini (1990, S. 110-113) leiten zudem die Eintrittswahrscheinlichkeit einer Kapitalmarktkrise, deren Vorliegen hier wie in den meisten

143 Vergl. Alesina/Prati/Tabellini (1990, S. 115) und Giavazzi/Pagano (1990, S. 139f.).

default-Modellen als exogen gegeben angenommen wurde, aus dem Rückzahlungsprofil der Staatsschuld ab. Je stärker sich die Rückzahlungsverpflichtungen an einem Zeitpunkt kumulieren, desto größer ist nach Alesina/Prati/Tabellini (1990) an diesem Zeitpunkt die Wahrscheinlichkeit, daß die Überwälzung der Staatsschuld fehl schlägt.

Aufgrund der vorausschauenden Erwartungen werden rationale Wirtschaftssubjekte daher auch schon in früheren Perioden nicht mehr bereit sein, dieser Regierung Kredit zu gewähren. Nur ein ausgeglichenes Tilgungsprofil kann den Gläubigern die Angst vor Rückzahlungsspitzen nehmen und die Erwartung eines gesicherten Schuldendienstes durchsetzen (Vergl. Alesina/Prati/Tabellini, 1990, S. 115).

Abbildung 26 zeigt das Tilgungsprofil der Bundesrepublik Deutschland, welches, wenn man von den unmittelbar bevorstehenden Rückzahlungen in den Jahren 2002 und 2003 absieht, einen relativ gleichmäßigen und in die Zukunft hin leicht abfallenden Verlauf aufweist. Die hohen Rückzahlungen in den unmittelbar bevorstehenden Jahren erklären sich durch die hohen Neuverschuldung unmittelbar nach der Wiedervereinigung und durch den Einsatz verschiedener kurzfristiger Verschuldungsinstrumente. Die Refinanzierung dieser Tilgungen durch neue kurz- und mittelfristige Anleihen wird dazu führen, daß sich das Tilgungsprofil langsam nach rechts verschiebt.

Abbildung 26: Zukünftige Tilgungszahlungen der Bundesrepublik Deutschland

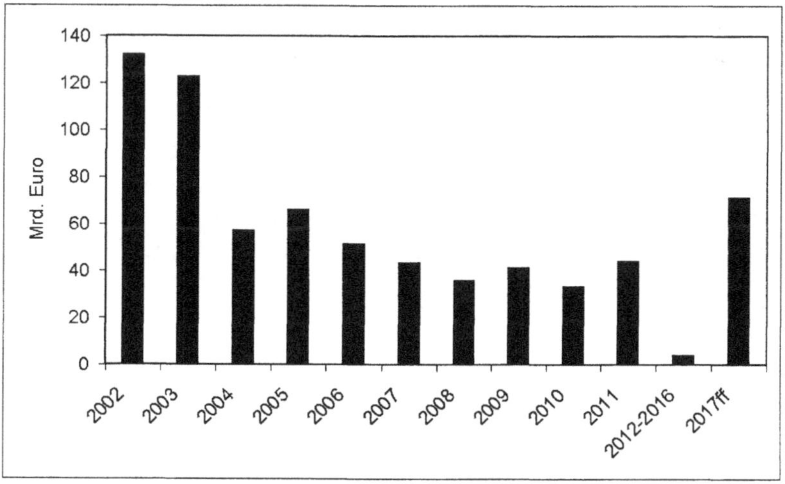

Quelle: Bundeswertpapierverwaltung, Stand: 31. Dezember 2001.

3.5. Implikationen für die Europäische Währungsunion

3.5.1. Debt spill-overs in Währungsunionen

Die bisherigen Überlegungen haben deutlich gemacht, daß gewinnmaximierende Anleger in Gegenwart einer sicheren Alternativanlage auf die Existenz von *default*-Risiken reagieren, indem sie von den unsicheren Schuldnern Risikoprämien verlangen (Vergl. Kapitel 3.2.3.). Da ein *default* mit hohen Kosten verbunden ist, sollten Staaten diese Verteuerung der Kreditaufnahme bei der Wahl ihrer Schuldenhöhe berücksichtigen (Vergl. Kapitel 3.2.7.). Die Kreditaufnahme eines intertemporal optimierenden Schuldners ist dabei um so kleiner, je größer die Zinskosten sind.

Zwar stehen einer Disziplinierung der Fiskalpolitik durch die Kapitalmärkte zahlreiche theoretische Argumente wie Unvollkommenheiten des Kapitalmarkts und Unvollkommenheiten des politischen Prozesses entgegen (Vergl. Kapitel 3.2.6.); Heinemann/Winschels empirische Untersuchung (2001) bestätigt jedoch, daß Staaten in der Vergangenheit zumindest teilweise auf die Verteuerung ihrer Finanzierungskosten reagiert habe (Vergl. Kapitel 3.3.2.).

In Bundesstaaten tritt neben die grundsätzlichen Argumente gegen die Funktionsfähigkeit der *market based fiscal discipline* noch der Einwand des Haftungsverbunds.[144] Wie Kapitel 3.2.5. zeigte, reflektieren die Risikozuschläge eines Schuldners nicht das tatsächliche Ausfallrisiko, wenn die Kapitalmärkte für den Krisenfall mit dem Beistand eines zahlungskräftigen Dritten rechnen. Ausschlaggebend für die Risikozuschläge ist daher bei *bail-out*-Erwartungen die gemeinsame Kreditwürdigkeit von Schuldner und Bürgen sowie die Wahrscheinlichkeit des Haftungseintritts.[145]

Ähnliches gilt für Währungsunionen, die einen Haftungsverbund darstellen oder von den Kapitalmärkten als Haftungsverbund wahrgenommen werden.[146] Erwarten die Kapitalmärkte, daß die anderen Staaten einem in Zahlungsschwierigkeiten geratenen Staat beistehen, wird die Kreditwürdigkeit jedes Teilstaates eine Funktion des Verschuldungsverhaltens aller übrigen Teilstaaten sein.

---

144 Mit dem Versagen der *market based fiscal discipline* als Folge eines Haftungsverbunds beschäftigen sich u.a. Lane (1993, S. 64-70) und Ziegenhorn (1999, S. 177ff.), Rolf (1996, S. 51ff.) sowie kurz Issing (1993, S. 187).

145 In Kapitel 3.2.5. wurde der Bürge der Einfachheit halber als risikofrei angesehen.

146 Vergl. Lane (1993, S. 64-70), Ziegenhorn (1999, S. 177ff.), Rolf (1996, S. 51ff.) sowie Issing (1993, S. 187).

Die marktbasierte Schuldnerdisziplinierung kann daher nicht oder nur sehr eingeschränkt funktionieren, da aufgrund des Haftungsverbundes für das finanzpolitische Fehlverhalten eines Teilnehmerstaates alle übrigen Staaten mit abgestraft werden. Mit anderen Worten besteht eine erhebliche negative Externalität, da unter dem fiskalischen Fehlverhalten eines Mitgliedsstaates der gesamte Haftungsverbund leidet.[147]

Die empirische Literatur bestätigt mittlerweile diese *debt spill-overs*. So zeigen Landon/Smith (2000), daß die Kreditwürdigkeit der kanadischen Provinzen um so schlechter ist, je höher sich die kanadische Zentralregierung verschuldet.

Auch die positiven Wirkungen eines Haftungsverbunds konnten empirisch nachgewiesen werden.[148] So zeigt Ziegenhorns Untersuchung der marktbasierten Schuldnerdisziplinierung in der Europäischen Währungsunion, daß sich die Länder Österreich, Finnland und Schweden nach dem Beitritt zur Europäischen Union 1995 einem deutlich höheren maximalen Kreditangebot gegenüber sahen als vorher (Vergl. Ziegenhorn, 1999, S. 167, 169 und 173).

Die Fernwirkungen schlechter Haushaltspolitik sowie die Zerstörung der marktbasierten Schuldnerdisziplinierung durch *bail-out*-Erwartungen wurden für die Europäische Währungsunion intensiv diskutiert. So bezweifeln Heinemann (1995, S. 608ff.), Rolf (1996, S. 51ff.), Wagner (1995, S. 159ff.) sowie Issing (1993, S. 187), daß in der europäischen Währungsunion die Disziplinierung der Fiskalpolitik durch die Finanzmärkte funktionieren könnte.

Alle genannten Arbeiten beziehen sich dabei ausschließlich auf die Leistungsfähigkeit der Kapitalmärkte zur Disziplinierung der Schuldenniveaupolitik. Auf den wichtigen Beitrag dagegen, der potentiell von den von der Schul-

---

147 Interessanterweise sind auch positive externe Effekte in einem Haftungsverbund denkbar. Reagieren die Anleger auf die Verschuldung eines Staates damit, daß sie Anlagemittel in andere Staaten des gleichen Haftungsverbunds verlagern, können die Risikozuschläge der anderen Staaten zurückgehen. Landon/Smith (2000, S. 639 und S. 650) zeigen für die kanadischen Provinzen, daß eine Verschlechterung der Kreditwürdigkeit von Ontario ceteris paribus die Kreditwürdigkeit der anderen Provinzen erhöht. Die Hauptlast des Haftungsverbunds scheint die Zentralregierung zu tragen, während die Provinzen von den Kapitalmärkten relativ zur größten Provinz (Ontario) positiver beurteilt werden (yardstick-comparison). Jeder Verschlechterung der Kreditwürdigkeit von Ontario erhöht ceteris paribus die relative Kreditwürdigkeit der anderen Provinzen. Analog argumentiert Dornbusch (1997, S. 223), daß in einer Europäischen Währungsunion ohne Haftungsverbund ein italienisches Schuldenproblem zu einer größeren Nachfrage nach deutschen Staatsanleihen und damit c.p. zu niedrigeren deutschen Zinsen führt. Die Wirksamkeit dieses *safe-heaven*-Konzepts setzt allerdings voraus, daß kein Haftungsverbund vorliegt.

148 Zur Frage, ob die Europäische Union trotz explizierter *no-bailout*-Klausel im EG-Vertrag ein Haftungsverbund ist, vergl. Kapitel 3.5.3.

denstruktur induzierten Risikozuschlägen auf die Disziplinierung der Schuldenstrukturpolitik ausgehen könnte, geht keiner der zitierten Autoren ein. Dabei ist, wie im folgenden dargelegt werden soll, die kapitalmarktbasierte Schuldnerdisziplinierung auch in hohem Maße für die Schuldenstrukturpolitik relevant. Aus theoretischer Sicht erscheinen die Funktionsvoraussetzungen für eine Disziplinierung der Schuldenstrukturpolitik durch Risikozuschläge sogar noch besser als die Voraussetzungen einer Disziplinierung der Schuldenniveaupolitik.

Wegen der hohen Bedeutung der Schuldenstrukturpolitik für die jährliche Bruttoinanspruchnahme des Kapitalmarkts ist zum einen zu vermuten, daß das *default*-Risiko und damit die Risikozuschläge besonders sensibel auf Veränderungen der Schuldenstruktur reagieren (Vergl. Kapitel 3.4. sowie das Modell von Alesina/Prati/Tabellini (1990)). Zum anderen ist zu erwarten, daß die Schuldenstruktur der europäischen Staaten auf Veränderungen der Risikozuschläge wesentlich schneller und stärker reagiert als die Schuldenhöhe.

Anders als die Schuldenhöhe wird die Schuldenstruktur nicht in einem komplizierten politischen Prozeß, in dem Kostenträger und Entscheidungsträger auseinanderfallen können, bestimmt, sondern von einer kleinen Gruppe von unmittelbar verantwortlichen Entscheidungsträgern mit einer klar definierten Zielsetzung gewählt.

Da diese Zielsetzung nach eigener Aussage der staatlichen Schuldenmanager[149] – sowie auch nach ökonometrischen Untersuchungen ihres tatsächlichen Entscheidungsverhaltens[150] – im wesentlichen aus Zinskostenminimierung besteht, dürfte die Schuldenstrukturpolitik relativ schnell und konsequent auf Veränderungen der Risikozuschläge reagieren. In die Schuldenniveau-Entscheidung fließen die Zinskosten aufgrund der in Kapitel 3.2.6. diskutierten Unzulänglichkeiten des politischen Prozesses dagegen nur sehr eingeschränkt ein.

Die Auslagerung des Debt Managements an eigenständige Schuldenagenturen, die in den 90er Jahren in zahlreichen europäischen Ländern in privater Rechtsform gegründet wurden,[151] sowie die damit einhergehende Stärkung des Ziels der Zinskostenminimierung dürfte die Reaktion der Schuldenstrukturpoli-

149 Vergl. BMF (2002, S. 75): "Ziel der Finanzagentur ist die nachhaltige Reduktion der Zinsausgaben des Bundes" sowie Leong (1999, S. 1): "The primary objective of UK debt management policy is to minimise cost over the long term".

150 Vergl. Burgtorf (2002).

151 In den 90er Jahren haben Belgien, Finnland, Irland, Österreich und Portugal ihr staatliches Debt Management an privatrechtliche Agenturen übertragen. Vergl. BMF (2002, S. 74).

tik auf Marktsignale noch weiter verstärkt haben.[152] Die theoretischen Voraussetzungen für eine Berücksichtigung der Risikozuschläge bei der Schuldenstrukturpolitik sind damit sehr günstig – jedenfalls vermutlich besser als bei der Schuldenniveaupolitik, für die Heinemann/Winschel (2001) einen Einfluß empirisch nachgewiesen haben.

Die tatsächliche Bedeutung von Risikozuschlägen für die Schuldenstrukturpolitik kann hier allerdings nicht abschließend geklärt werden.[153] Diese Arbeit möchte jedoch den wichtigen Hinweis geben, daß, wenn der Disziplinierung der Schuldenstrukturpolitik durch den Kapitalmarkt Bedeutung zu kommt, daß dann eine Verminderung dieser Disziplinierung durch einen Haftungsverbund zu einer Ausweitung der Kurzfristverschuldung führt.

Bevor aber diese Aussage in einem einfachen Modell der Schuldenstrukturpolitik bewiesen werden kann (Vergl. Kapitel 3.6.), müssen zwei Einwände entkräftet werden, die der Diskussion eines Schuldenstrukturmodells mit Risikozuschlägen und Haftungsverbund entgegenstehen. Diese Einwände lauten: In Europa kann es nicht zu Schuldenkrisen kommen und die Europäische Währungsunion ist kein Haftungsverbund.

3.5.2. Besteht in Europa die Gefahr einer Schuldenkrise?

Die an der europäischen Währungsunion teilnehmenden Staaten weisen ausnahmslos eine hohe bzw. sehr hohe Kreditwürdigkeit auf (Vergl. Tabelle 18). Dennoch kann die Gefahr einer Schuldenkrise in Europa nicht völlig ausgeschlossen werden, da die europäischen Staaten – wie viele andere Schuldner – in hohem Maße auf einen ungehinderten Kapitalmarktzugang angewiesen sind. Diese Fähigkeit, sich jederzeit neue Kredite zu verschaffen, hängt jedoch, wie

152 Unter dem Gesichtspunkt der marktbasierten Schuldnerdisziplinierung mag die Gründung von eigenständigen Schuldenmanagern positiv zu bewerten sein. Kritischer fällt die Beurteilung der damit verbundenen Stärkung des Ziels der Zinskostenminimierung aus, da diese sich vermutlich nur durch eine Ausweitung der kurzfristigen Verschuldung verwirklichen lassen wird. Vergl. Fleck (2000, S. 808f.) sowie Sachverständigenrat (2000, S. 101, Kasten 4). Eine Ausweitung der kurzfristigen Verschuldung kann aber problematisch sein, da sie tendenziell die Variabilität der zukünftigen Zinszahlungen sowie die Kosten und die Eintrittswahrscheinlichkeit von Schuldenkrisen erhöht (Vergl. Alesina/Prati/Tabellini, 1990). Auch ist kurzfristige Verschuldung nach Einschätzung der Deutschen Bundesbank potentiell geeignet, die Geldpolitik zu stören (Vergl. Deutsche Bundesbank, 1995a, S. 30f. und Deutsche Bundesbank, 1997, S. 29f.).

153 Insbesondere die empirische Überprüfung muß zukünftigen Arbeiten überlassen bleiben.

von Calvo (1988) und Alesina/Prati/Tabellini (1990) gezeigt wurde, in hohem Maße von den Erwartungen der Kapitalanleger über die zukünftige Zahlungsfähigkeit ab. Kippen diese Erwartungen, können daraus sehr schnell sich selbst erfüllende Krisen werden, welche selbst solvente Staaten zu einem Zahlungsausfall zwingen können.

Tabelle 18: Die langfristige Kreditwürdigkeit der EWU-Staaten

	Moody's	**Standard&Poor's**
Belgien	Aa1	AA+
Deutschland	Aaa	AAA
Finnland	Aaa	AAA
Frankreich	Aaa	AAA
Griechenland	A1	A
Irland	Aaa	AAA
Italien	Aa2	AA
Luxemburg	Aaa	AAA
Niederlande	Aaa	AAA
Österreich	Aaa	AAA
Portugal	Aa2	AA
Spanien	Aaa	AA+

Quelle: Homepage der jeweiligen Rating-Agenturen, Stand: 01. Februar 2003.

Bezogen auf die Verschuldungssituation in Europa gilt, daß die europäischen Staaten – wenn man von Luxemburg absieht – eine Staatsverschuldung von 40-110 Prozent des BIP aufweisen (Vergl. Abbildung 27). Bei dieser Verschuldung handelt es sich, wie in den Modellen von Alesina/Prati/Tabellini (1990) und in Kapitel 3.4.4. dieser Arbeit unterstellt, um eine revolvierende Verschuldung. Fällige Anleihen müssen durch neue Anleihen ersetzt werden. Größere Spielräume für Netto-Tilgungen sind in den europäischen Haushalten nicht vorgesehen.

Abbildung 27: Die Verschuldung der EU-Staaten

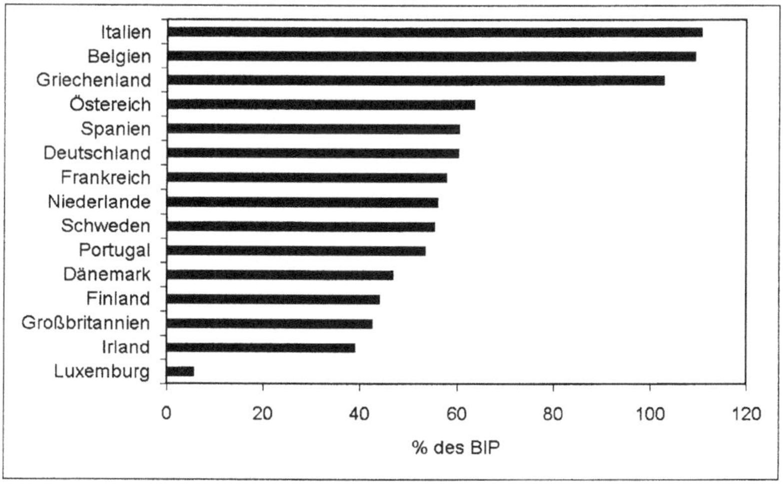

Quelle: Europäische Kommission, Stand: 31. Dezember 2000.

Die Höhe der jährlich fällig werdenden Anleihen kann dabei den Umfang des gesamten Staatshaushalts der jeweiligen Länder erreichen. Unterstellt man beispielsweise eine durchschnittliche Anleihelaufzeit von 4 Jahren, müssen bei einer Staatsverschuldung von 60 % des Bruttoinlandsprodukts jedes Jahr fällige Anleihen in Höhe von 15 % des BIP zurückgezahlt werden. Bei einer Anleihelaufzeit von 3 Jahren und einer Staatsverschuldung von 120 % ergäbe sich analog eine Schuld von 40 % des BIP, die jedes Jahr neu aufgenommen und zurückgezahlt werden müßte. Zahlungen in dieser Größenordnung können aber unmöglich aus dem laufenden Haushalt eines Staates geleistet werden. Zur Erfüllung ihrer Zahlungsverpflichtungen sind die europäischen Staaten daher in hohem Maße auf einen jederzeitigen Kapitalmarktzugang und das uneingeschränkte Vertrauen der Anleger in ihre zukünftige Zahlungsfähigkeit angewiesen (Vergl. Tabelle 19 für die Bedeutung der Kreditaufnahme zu Tilgungszwekken in der Bundesrepublik Deutschland).

Zweifel an der zukünftigen Rückzahlungskraft eines Staates reduzieren die Bereitschaft, diesem Staat heute Kredit zu gewähren. Da ohne Netto-Tilgungen die heutige Kreditaufnahme aber Voraussetzung dafür ist, daß die Schulden der Vergangenheit zurückgezahlt werden können, kann jeder Zweifel an der zukünftigen Zahlungsfähigkeit zu einer sich selbst verstärkenden Vertrauenskrise, einem *debt-run* und damit letztlich zu einem Zahlungsausfall führen.

Tabelle 19: Tilgungen, Tilgungsquellen und Kreditaufnahme des Bundes

Jahr	Brutto-Kreditaufnahme	Tilgungen			Netto-Neuverschuldung laut Bundeshaushalt
		Tilgungen insgesamt	davon Tilgungen aus		
			Neukrediten	sonst. Quellen	
1998	124,3	95,5	95,5	--	28,8
1999	147,5	125,8	121,4	4,4	26,1
2000	131,5	125,9	107,7	18,2	23,8
2001	135,5	150,7	112,7	38,0	22,8

Quelle: Jahresberichte der Bundesschuldenverwaltung 1998-2001. Alle Angaben in Mrd. €.

Die Tilgungen "aus sonstigen Quellen" speisen sich im wesentlichen aus dem Bundesbankgewinn sowie aus den Erlösen der Versteigerung der UMTS-Lizenzen. Der Bundesbankgewinn, sofern er 7 Mrd. DM übersteigt, wird zur Schuldentilgung verwendet. Von den UMTS-Erlösen wurden im Jahr 2000 Schulden in Höhe von 17,7 Mrd. € sowie im Jahr 2001 Schulden in Höhe von 33,1 Mrd. € getilgt (Vergl. BSW, 2001, S. 16).

Schuldenkrisen weisen dabei ähnlich wie Bankpaniken sich selbst erfüllende Erwartungsmechanismen auf (Vergl. Alesina/Prati/Tabellini, 1990, S. 105f.). Beobachtet ein Einleger, daß die anderen Anleger die sofortige Rückzahlung ihrer Einlagen verlangen, ist es auch für ihn rational, seine Gelder abzuziehen, selbst wenn er ursprünglich keine Zweifel an der Solvenz der Bank hatte.[154] Die Reaktion des Anlegers ist rational, da er weiß, daß die kumulierten Rückzahlungswünsche der anderen Anleger den Wert der Bank reduzieren. Die Rückzahlungen zwingen die Bank, ihre illiquiden Aktiva deutlich unter Wert aufzulösen. Ein *bank run* kann daher bei einer eigentlich solventen Bank eine Insolvenz auslösen.[155]

Analog kann ein *debt run* solvente Staaten zu einem Zahlungsausfall zwingen. Unter einem solventen Staat wird hierbei ein Staat verstanden, bei dem der Barwert der zukünftigen Primärüberschüsse den Barwert der Verschuldung übersteigt. Ungeachtet der Erfüllung dieser Solvenzbedingung ist ein Staat mit

154 Vergl. Alesina/Prati/Tabellini (1990, S. 105f.) sowie Diamond/Dybvig (1983).

155 Dies wird als die klassische Rechtfertigung für einen lender of last ressort oder eine staatliche Einlagenversicherung angesehen (Vergl. Diamond/Dybvig, 1983). Eine marktliche Alternative zum lender of last ressort könnte ein Optionsrecht der Bank darstellen, die Rückzahlung von Einlagen auf einen späteren Zeitpunkt zu verschieben (Vergl. White, 1989).

einem hohen Anteil revolvierender Verschuldung darauf angewiesen, fällige Anleihen durch die Aufnahme neuer Kredite zurückzuzahlen. Schlägt diese Anleiheemission fehl, ist der betreffende Staat trotz der für die Zukunft geplanten Primärüberschüsse nicht in der Lage, seine heute fälligen Verpflichtungen zu erfüllen. Er hat ein Liquiditätsproblem.

Die Alternative einer Steuerfinanzierung angesichts einer Weigerung des Kapitalmarkts, neue Anleihen eines betreffenden Staates zu zeichnen, stellt sich im Krisenfall in der Praxis vermutlich nicht. Zum einen wären die Wohlfahrtsverluste der Besteuerung wegen der Höhe der benötigten Mittel (15-40 % BIP) prohibitiv hoch, zum anderen stehen zeitliche Aspekte einer Steuerfinanzierung entgegen. Da jede Steuererhebung einer Rechtsgrundlage bedarf, erfordert eine Steuererhöhung einen gewissen zeitlichen Vorlauf. Eine Steuererhöhung würde daher vermutlich erst im nächsten Haushaltsjahr die benötigten Einnahmen erbringen – zu spät, um damit kurzfristige Liquiditätsengpässe auszugleichen. Vorausschauende Ermächtigungen der Regierung, angesichts von Schuldenkrisen die Steuern zu erhöhen oder etwaige im Rahmen eines *advance refunding* (Vergl. Hardys, 1970) aufgebaute Guthaben, liegen jedoch nicht vor.

Auch die Europäische Zentralbank dürfte einem betroffenen Staat wegen des Verbots der Staatsfinanzierung durch Art. 101, Abs. 1 Maastricht-Vertrag keine Liquidität als *lender of last ressort* zur Verfügung stellen.[156] Angesichts des Fehlschlagens einer Anleihe-Revolvierung und der Unmöglichkeit einer Steuer- oder Notenbankfinanzierung bliebe einem von einer Vertrauenskrise betroffenen Staat daher nur die Möglichkeit eines *defaults*. Alternativ könnten höchstens die nicht von dem *debt-run* betroffenen, anderen Staaten des Währungsgebiets dem betroffenen Staat durch eine eigene Anleiheemission oder Schuldenübernahme Liquidität zur Verfügung stellen.

---

156 Eine interessante Umgehungsmöglichkeit könnte sich daraus ergeben, daß öffentliche Banken dem betroffenen Staat die nötige Liquidität zur Verfügung stellen und sich ihrerseits bei der Europäischen Zentralbank refinanzieren. Je nach Größe der fälligen Anleihen wäre aber zu prüfen, ob die öffentlichen Banken überhaupt so viel Liquidität bereitstellen können bzw. ob die EZB bereit wäre, die Refinanzierungskontingente der betreffenden Banken so stark zu erweitern.

3.5.3. Ist Europa ein Haftungsverbund?

Nach Artikel 103, Absatz 1, Satz 2 des EG-Vertrags[157] haftet kein Mitgliedsstaat der Europäischen Union für die Verbindlichkeiten eines anderen Mitgliedsstaates (Vergl. ebenda). Auch eine Haftung oder ein Schuldeneintritt durch die Europäische Gemeinschaft sind explizit ausgeschlossen (Vergl. EG-Vertrag, Artikel 103, Absatz 1, Satz 1).

Diese sogenannte *no-bail-out*-Klausel wurde 1992 zusammen mit den Bestimmungen zur Wirtschafts- und Währungsunion im Maastricht-Vertrag vereinbart, um die Disziplinierung der staatlichen Schuldner durch die Kapitalmärkte zu stärken.[158] Die Vertragspartner schlossen dadurch aus, daß eine gemeinsame Haftung die Konsequenzen der nationalen Verschuldungspolitik für die einzelnen Staaten abmildert und Anreize zu einer übermäßigen Verschuldung setzt.[159] Diese sollte verhindert werden, da von einer hohen Staatsverschuldung erhebliche Gefahren für die Geldwertstabilität ausgehen können.[160]

Durch die Gründung der Europäischen Zentralbank und die Schaffung einer gemeinsamen Währung wollten die Vertragsparteien zwar eine geldpolitische Einheit bilden, doch in den in nationaler Autonomie verbleibenden Politikbereichen sollten die Folgen der gewählten Politiken klar zurechenbar bleiben. Zu diesen im Bereich nationaler Verantwortung belassenen Politikbereichen gehörte (und gehört, wenn man von den Beschränkungen des Stabilitäts- und Wachstumspakts absieht) auch die Fiskal- und Schuldenpolitik.

Wegen der großen Gefahr, die von einer hohen staatlichen Verschuldung für den Geldwert ausgeht, leistet die *no-bail-out*-Klausel durch die Verminderung der Verschuldungsanreize einen wichtigen Beitrag zur Sicherung der Geldwertstabilität. Sie wird daher neben der Unabhängigkeit der Notenbank und der quantitativen Beschränkung der Schuldenhöhe als dritte wichtige Bedingung für die langfristige Sicherung der Geldwertstabilität in Europa angesehen.[161] Fraglich ist allerdings, ob auch in einer schweren Finanzierungskrise an ihr festgehalten würde.

---

157 Die Artikelzählung des Vertrags zur Gründung der Europäischen Gemeinschaft wurde durch den Amsterdamer Vertrag verändert. Diese Arbeit folgt der neuen, seit 1997 geltenden Zählung.

158 Vergl. Fuest (1993b, S. 542), Schwarze (2000, S. 1268), Gnan (1997, S. 3/93ff.).

159 Vergl. Horstmann/Schneider (1994, S. 361ff.)

160 Vergl. Issing (1993, S. 185ff.) Siehe bezüglich des Zusammenhangs von Staatsverschuldung und Inflation auch Solveen (1996) und die dort angegebene Literatur.

161 Vergl. Gnan (1997, S. 3/93).

Nationale Entscheidungskompetenz impliziert bekanntlich nicht, daß sich die Handlungsfolgen auf die jeweiligen Nationalstaaten beschränken. Droht einem europäischen Staat die Zahlungsunfähigkeit, weil wegen Zweifeln an seiner Bonität ein ausreichender Absatz staatlicher Wertpapiere nicht gelingt, können die wirtschaftlichen Folgen ganz Europa treffen.[162] Aufgrund von Reputationsexternalitäten und einer Veränderung der Risikowahrnehmung und der Risikobereitschaft der privaten Kapitalanleger können Zahlungsschwierigkeiten eines EU-Staates auch für die anderen Mitgliedsstaaten die Kreditaufnahme verteuern. Diese *contagion* ist aus zahlreichen Finanzkrisen in Schwellenländern bekannt.[163] Zusätzlich besteht aufgrund der großen Bedeutung, die staatliche Wertpapiere für viele institutionelle Anleger besitzen (Vergl. Abbildung 28), die Gefahr, daß sich ein staatlicher Zahlungsausfall – je nach Ausmaß der Finanzierungsschwierigkeiten – zu einer Banken- und Versicherungskrise ausweitet.[164] Wegen der engen wirtschaftlichen Verflechtungen würde sich eine solche Krise schnell auf ganz Europa ausbreiten. Die politischen und materiellen Kosten eines Festhaltens am Haftungsausschluß könnten daher schnell größer werden als die Kosten eines Haftungseintritts. Zahlreiche Autoren erwarten daher nicht, daß in einer Schuldenkrise an der *no-bail-out*-Klausel festgehalten würde.[165]

Ökonomisch betrachtet, ist die Frage nach einer Schuldenübernahme ein Zeit-Inkonsistenzproblem: Vor Eintritt einer Schuldenkrise ist es optimal, keine gegenseitige Haftung für die Verbindlichkeiten zu übernehmen, um die disziplinierende Wirkung der Eigenverantwortung wirken zu lassen. Nach Eintritt einer Schuldenkrise können sich die übrigen Mitgliedsstaaten besser stellen, wenn sie die drohende Zahlungsunfähigkeit eines Mitgliedsstaates abwenden. Antizipieren rationale Wirtschaftssubjekte jedoch diese Veränderung der optimalen Politik, ist die Ankündigung eines Haftungsausschlusses von Anfang an nicht glaubwürdig.[166]

---

162 Vergl. Heinemann (1995, S. 609f.) und Ziegenhorn (1999, S. 185f.).

163 Vergl. Donges (1999) und Gerlach/Smets (1995).

164 Arnold/Lemmen (2001) weisen dabei darauf hin, daß die europäischen Banken und Versicherung bezüglich ihrer Bestände an Staatsanleihen schlecht diversifiziert sind und, wie Abbildung 29 zeigt, überwiegend Anleihen ihres Heimatstaates halten. Eine bessere Diversifizierung, die sich in einem gemeinsamen europäischen Kapitalmarkt ohne großen Kostenaufwand herstellen ließe, wäre dabei geeignet, die Auswirkungen von staatlichen Zahlungsschwierigkeiten deutlich zu reduzieren. Dies würde c.p. die Anreize für den *bailout* eines zahlungsunfähigen Staates erheblich senken.

165 Vergl. Effenberger (2001, S. 3). Auch Issing (1993, S. 186) befürchtet, daß im Krisenfall die *no-bailout*-Klausel umgangen werden könnte.

166 Vergl. Heinemann (1995, S. 608ff.) und Ziegenhorn (1999, S. 185f.).

Abbildung 28: Inländische Staatsanleihen als Bank-Aktiva

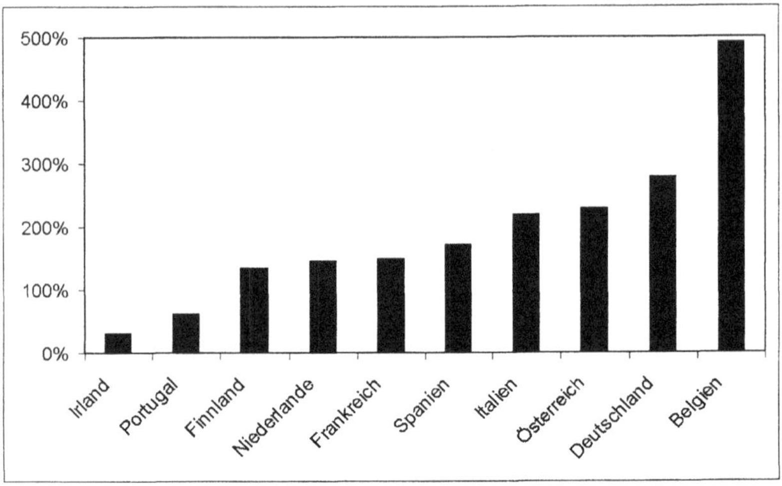

Quelle: Arnold/Lemmen, 2001, S. 106, Stand: Jahresdurchschnitt 1999. Die Grafik zeigt die von Banken gehaltenen Staatsschulden ihres jeweiligen Heimatlandes im Verhältnis zum Eigenkapital der betreffenden Banken. Bis auf Irland und Portugal würde ein vollständiger default des Heimatlandes das gesamte Bank-Eigenkapital aufzehren.

Die Glaubwürdigkeit des Haftungsausschlusses wird zusätzlich dadurch beeinträchtigt, daß Beistandsleistungen im europäischen Vertragswerk bereits explizit vorgesehen sind.[167] So läßt Art. 100, Abs. 2 EG-Vertrag ausdrücklich einen finanziellen Beistand der Gemeinschaft an ein Mitgliedsland zu, wenn dieses "aufgrund außergewöhnlicher Ereignisse, die sich seiner Kontrolle entziehen, von Schwierigkeiten betroffen oder von gravierenden Schwierigkeiten ernstlich bedroht" ist (Vergl. ebenda). Der Beistand ist auf Vorschlag der EU-Kommission einstimmig im Ministerrat zu beschließen. Sind die gravierenden Schwierigkeiten auf Naturkatastrophen zurückzuführen, so genügt die qualifizierte Mehrheit (Vergl. EG-Vertrag, Art. 100, Abs. 2, Satz 2). Diese Einschränkung für den Fall von Naturkatastrophen impliziert, daß der Vertrag auch finanziellen Beistand für Ereignisse vorsieht, die keine Naturkatastrophen sind. Beobachter halten es daher für denkbar, daß auch eine schwere Kapitalmarktkrise,[168] die einem Land die Revolvierung seiner fälligen Staatsschuld unmöglich

167 Vergl. Heinemann (1995, S. 609).

168 Ökonomisch betrachtet handelt es sich nicht um eine Krise, sondern um ein Funktionieren der Marktmechanismen, wenn unsolide Schuldner rationiert werden.

Abbildung 29: Home-bias *in der Anlagepolitik von Banken*

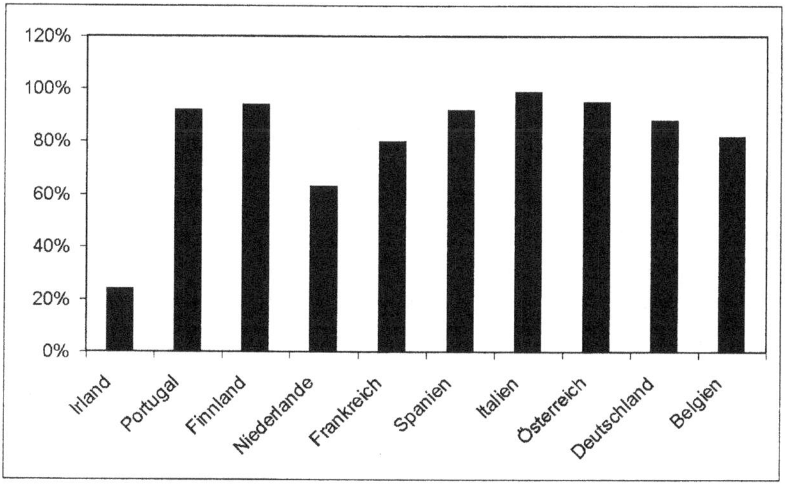

Quelle: Arnold/Lemmen, 2001, S. 106, Stand: Jahresdurchschnitt 1999. Die Grafik zeigt, welcher Anteil der von Banken gehaltenen EWU-Staatsanleihen auf Staatsanleihen ihres jeweiligen Heimatlandes entfällt. Wie man sieht, weisen nur irische Banken eine nennenswerte Diversifikation auf.

macht, von den europäischen Politikern als "außergewöhnliches Ereignis" außerhalb der Kontrolle des betreffenden Mitgliedslandes angesehen wird[169] und daß die aufgrund der zwei konfligierenden Vertragsvorschriften "Beistand" (Art. 100, Abs. 2) und "Haftungsausschluß" (Art. 103) erforderliche Rechtsgüterabwägung zugunsten eines Beistands ausgeht. Dies gilt um so mehr, als nach Pipkorn (1994) die Möglichkeit von finanziellem Beistand in den EG-Vertrag aufgenommen wurde, um den wirtschaftlich schwächeren Mitgliedsstaaten entgegenzukommen, die sich der *no-bail-out*-Klausel widersetzten. Ferner ist ein finanzieller Beistand zwischen den Mitgliedsstaaten für den Fall einer Zahlungsbilanzkrise ausdrücklich vorgesehen.[170] Die Glaubwürdigkeit der *no-bail-out-*

169 So Heinemann (1995, S. 609). Anderer Auffassung ist Dornbusch (1997, S. 223), der ein italienisches Schuldenproblem für ein italienisches Problem hält.

170 Vergl. Art. 119, EG-Vertrag, in dem es u.a. heißt: "Ist ein Mitgliedsstaat hinsichtlich seiner Zahlungsbilanz von Schwierigkeiten betroffen oder ernstlich bedroht, die sich entweder aus einem Ungleichgewicht seiner Gesamtzahlungsbilanz oder aus der Art der ihm zur Verfügung stehenden Devisen ergeben, [...], so prüft die Kommission unverzüglich die Lage dieses Staates [...] . Erweisen sich die von einem Mitgliedsstaat ergriffenen und die von der Kommission angeregten Maßnahmen als unzureichend [...] so

Klausel wird darüber hinaus dadurch geschwächt, daß sie, wie Heinemann (1995, S. 608f.) bemerkt, in Widerspruch zum Geist der europäischen Verträge steht, die an mehreren Stellen die europäischen Staaten zu Solidarität aufrufen. So hat nach Art. 2 EG-Vertrag die Europäische Gemeinschaft die Aufgabe, "die Solidarität zwischen den Mitgliedsstaaten zu fördern", und der EU-Vertrag weist der Europäischen Union die Aufgabe zu, "die Beziehungen zwischen den Mitgliedsstaaten [...] kohärent und solidarisch zu gestalten" (Vergl. EU-Vertrag, Art. 1 Satz 4).[171] Hieraus ließe sich im Krisenfall leicht ein politisches Argument für ein Tätigwerden der Gemeinschaft ableiten.

Abgesehen von Art. 100, Abs. 2 EG-Vertrag sind zahlreiche weitere Instrumente denkbar, mit denen eine zum Handeln entschlossene Gemeinschaft einem angeschlagenen Mitgliedsstaat helfen kann. Der Beistand kann dabei in vielen Fällen bereits vor Ausbruch einer akuten Krise eingeleitet werden: Neben projektgebundenen Zuweisungen aus dem EU-Haushalt, einer stärkeren Berücksichtigung des betreffenden Landes im Rahmen der Struktur- und Kohäsionsfonds und Krediten der Europäischen Investitionsbank sind prinzipiell auch der Ankauf von Wertpapieren des betreffenden Landes (im Sekundärmarkt) durch die Europäische Investitionsbank und die Förderbanken der Mitgliedsstaaten denkbar.[172]

Auch der Europäische Zentralbank könnte im Zuge eines solchen *bail-out*s eine Rolle zufallen. Zwar sind direkte Notenbankkredite der Europäischen Zentralbank und den nationalen Notenbanken durch Art. 101 EG-Vertrag untersagt, doch kauft die Europäische Zentralbank im Rahmen ihrer Wertpapierpensions-

---

empfiehlt die Kommission dem Rat nach Anhörung des in Artikel 114 bezeichneten Ausschusses einen gegenseitigen Beistand und die dafür geeigneten Methoden. [...] Der gegenseitige Beistand kann insbesondere erfolgen [...] c) durch Bereitstellung von Krediten in begrenzter Höhe seitens anderer Mitgliedsstaaten; hierzu ist ihr Einverständnis erforderlich."

171 Formaljuristisch ist "Europäische Union" die zusammenfassende Bezeichnung der drei Säulen der europäischen Integration. Die erste Säule bilden dabei die drei Gemeinschaften: Europäische Gemeinschaft (vormals: Europäische Wirtschaftsgemeinschaft), Europäische Atomgemeinschaft und Europäische Gemeinschaft für Kohle und Stahl. Letztere ist am 23. Juli 2002 ausgelaufen. Die zweite Säule stellt die gemeinsame Außen- und Sicherheitspolitik, die dritte Säule die gemeinsame Innen- und Rechtspolitik da. Umgangssprachlich wird seit dem Inkrafttreten des Maastricht-Vertrags nicht mehr zwischen den drei Gemeinschaften und den weiteren Säulen unterschieden, sondern nur noch von der Europäischen Union gesprochen.

172 Vergl. Fuest (1993b, S. 545), der die Gefahr eines Mißbrauchs der supranationalen Umverteilungsmechanismen anspricht, sowie Heinemann (1995, S. 610ff.), der u.a. auf die Frage einer Umgehung der *no-bailout*-Klausel durch die Kreditgewährung der Europäischen Investitionsbank eingeht.

geschäfte staatliche Wertpapiere auf Zeit an. Die Entscheidung, welche Wertpapiere der Notenbank zur Zentralbankgeldbeschaffung verkauft werden, liegt dabei – solange die EZB keine Kontingentierung vornimmt – bei den einzelnen Geschäftsbanken. Falls diese der Europäischen Zentralbank überproportional viele Wertpapiere eines krisengefährdeten Landes anbieten, könnte die EZB – eventuell ohne dies aktiv zu wollen – eine mittelbare, verdeckte Staatsfinanzierung leisten.[173] Angesichts des hohen Umfangs der Wertpapierpensionsgeschäfte könnte diese verdeckte Staatsfinanzierung beträchtliche Summen erreichen. Darüber hinaus ist denkbar, daß die Europäische Zentralbank Anleihen des betroffenen Landes direkt im Sekundärmarkt erwirbt. Solche Ankäufe ohne gleichzeitige Rückkaufsvereinbarung (sogenannte *outright purchases*) im Sekundärmarkt sind der Europäischen Zentralbank zur Liquiditätssteuerung erlaubt (Vergl. EZB-Protokoll, Art. 18, Abs. 1). Eine weite Auslegung und umfangreiche Anwendung dieser Vorschrift in einer Krisensituation könnte daher, wenn die EZB dies will, für den betroffenen Staat die gleichen Wirkungen entfalten wie eine direkte Finanzhilfe.

Welche Implikationen haben diese Überlegungen für die Bemessung von Risikozuschlägen in Europa? Wie sich die europäischen Staaten im Falle einer Schuldenkrise eines Mitgliedsstaates verhalten, läßt sich a priori nicht mit Sicherheit sagen. Unmittelbar entscheidend für die Frage, ob konsequente Zinskostenminimierung in einem europäischen Kapitalmarkt zu einer übermäßigen Kurzfristverschuldung führt, ist allerdings auch nicht, ob die europäischen Staaten im Falle einer Schuldenkrise tatsächlich die *no-bail-out*-Klausel brechen (umgehen), sondern ob die privaten Marktteilnehmer dies ex-ante erwarten. Für die Risikozuschläge, welche die Aufteilung der Gesamtschuld auf die einzelnen Laufzeitenbereiche determinieren, sind allein die Erwartungen der Kapitalmarktteilnehmer relevant und nicht bestimmte, erst ex-post vorliegende Informationen. Die großen Anreize, die Europa hätte, und die prinzipiell vorhandenen Möglichkeiten, auch ohne expliziten Bruch der *no-bail-out*-Klausel einem in Finanzierungsschwierigkeiten geratenen Staat zu helfen, lassen es daher als

173 Allerdings ist fraglich, ob es aus Sicht der Banken sinnvoll (gewinnmaximierend) wäre, die Wertpapiere eines krisenbedrohten Landes im Rahmen von Pensionsgeschäften an die EZB zu verkaufen, da bei Wertpapierpensionsgeschäften gleichzeitig mit dem Verkauf eine Rückkaufsverpflichtung abgeschlossen wird. Durch diese Rückkaufsverpflichtung würden die handelnden Banken auf Termin und zu einem Preis, der nahe am heutigen Preis liegt, die Wertpapiere eines Landes erwerben, von dem sie Schwierigkeiten bei der Schuldenbedienung erwarten.

denkbar erscheinen, daß der Kapitalmarkt Europa als Haftungsverbund ansieht oder dem gegenseitigen Beistand im Falle einer Schuldenkrise zumindest eine hohe Realisationswahrscheinlichkeit zubilligt.[174]

Diese Einschätzung wird auch durch die Entwicklung der Anleihespreads verschiedener Beitrittsländer gestützt. Ziegenhorns Schätzungen des Kreditangebots zeigen, daß das Kreditangebot für Österreich, Finnland und Schweden durch den Beitritt zur Europäischen Union im Jahr 1995 über verschiedene Schätzspezifikationen hinweg signifikant gestiegen ist (Vergl. Ziegenhorn, 1999, S. 167, 169, 172f.). Anscheinend ist es aus Sicht des Kapitalmarkts besser, zur Europäischen Union zu gehören als nicht. Die Vorteile einer EU-Mitgliedschaft müssen dabei beachtlich sein, da die genannten Länder alle zu "Nettozahlern" wurden. Dies hätte ihre Kreditwürdigkeit c.p. schwächen und nicht stärken sollen.

3.6. Ein einfaches Modell strukturbasierter Risikozuschläge

Zinskostenminimierung kann in einer Währungsunion zu einer übermäßigen Kurzfristverschuldung führen, falls das Vorliegen eines Haftungsverbundes risikoadäquate Zinszuschläge für die einzelnen Emittenten verhindert. Diese Aussage soll im folgenden anhand eines einfaches Modells gezeigt werden. Dazu wird in Kapitel 3.6.1. ein einfaches Modell einer durch Risikozuschläge beeinflußten Laufzeitenwahl entwickelt, welches in Kapitel 3.6.2. für den Fall einer Währungsunion erweitert wird.

3.6.1. Nationale Autonomie

Beschreibung des Modells

Ein Staat kann zur Finanzierung seiner Staatsschuld $\boldsymbol{B} = \boldsymbol{B}^K + \boldsymbol{B}^L$ zwischen kurzfristigen und langfristigen Anleihen wählen. Dabei sei $\boldsymbol{B}^K$ die durch kurzfristige und $\boldsymbol{B}^L$ die durch langfristige Anleihen finanzierte Staatsschuld. Kurzfristige

174 Die These, daß der Kapitalmarkt die Europäische Währungsunion als Haftungsverbund ansieht, wird vertreten von Effenberger (2001, S. 3), Heinemann (1995, S. 609f.) und Rolf (1996, S. 60f.). Anderer Auffassung sind Dornbusch (1997, S. 223) sowie Ziegenhorn (1999, S. 179-193), der darauf hinweist, daß die Anleger nicht sicher sein können, daß im Krisenfall ein Haftungseintritt erfolgt.

Anleihen werden mit r_k, langfristige Anleihen mit r_l verzinst. Der Schuldenstrukturparameter ϕ bezeichnet den Anteil der kurzfristigen Verschuldung an der Gesamtverschuldung. Es gilt:

$$\phi = \frac{B^K}{B^K + B^L} = \frac{B^K}{B} \tag{3.6.-1}$$

Die Schuldenhöhe B sei konstant und exogen gegeben.[175] Bezüglich der zu zahlenden Zinssätze r_k und r_l gelte:

$$r_k = \bar{r} + \delta\phi^2 \tag{3.6.-2}$$

$$r_l = \bar{r} + c + \delta\phi^2 \tag{3.6.-3}$$

wobei $\bar{r}$ ein konstanter Basiszins und ϕ die gewählte Schuldenstruktur ist. c bezeichnet den Abstand des kurzfristigen vom langfristigen Zinssatz, wenn keine Risikozuschläge existieren. c ist gewissermaßen ein Maß für die Neigung der Zinsstrukturkurve (Liquiditätspräferenz der Anleger). δ ist ein Parameter, welcher die Stärke des durch die kurzfristige Verschuldung bedingten Risikozuschlags angibt. Der Risikozuschlag steigt dabei mit dem Quadrat der Kurzfristverschuldung an. Bezüglich der Schuldenhöhe zeigte Ziegenhorn (1999, S. 173f.), daß die Risikozuschläge überlinear mit der Schuldenhöhe ansteigen. In Analogie zu diesem Ergebnis wird daher hier auch für die Schuldenstruktur ein überlinearer Zusammenhang unterstellt.[176] Der Risikozuschlag wirkt ferner gleichmäßig auf den kurzfristigen und den langfristigen Zinssatz; dies unterstellt implizit, daß die Käufer von langfristigen und kurzfristigen Anleihen mit gleicher Wahrscheinlichkeit von einem Zahlungsausfall getroffen werden können.

Der durch die Gleichungen (3.6.-2) und (3.6.-3) beschriebene Kapitalmarkt weist somit eine ansteigende Zinsstrukturkurve ($r_l > r_k$) sowie schuldenstrukturbedingte Risikozuschläge ($\delta\phi^2$) auf. Die Regierung maximiert die Wohlfahrtsfunktion:

$$W = \Omega - \frac{1}{2}\pi^2 - \frac{1}{2}\tau^2 \tag{3.6.-4}$$

wobei $\tau = g + r_k\phi B + r_l(1-\phi)B$

175 Diese Annahme erlaubt in den Gleichungen (3.6.-2) und (3.6.-3) die Risikozuschläge ausschließlich als Funktion der Schuldenstruktur zu modellieren.

176 Ein linearer Zusammenhang zwischen Kurzfristverschuldung und Risikozuschlag würde die Aussage des Modells nicht verändern.

Anders als in Kapitel 2 dieser Arbeit sei im folgenden eine vollkommen unabhängige Zentralbank unterstellt, die $\pi = 0$ sichert. Die Annahme einer unabhängigen Zentralbank erlaubt die Konzentration auf das Ziel der Zinskostenminimierung. Die Zielfunktion der Regierung vereinfacht sich dadurch zu:

(3.6.-5) $$W = \Omega - \frac{1}{2}\tau^2$$

Parameter des Modells

Einen Überblick über die Parameter des Modells gibt Tabelle 20.

Tabelle 20: Die Parameter des Modells – Schuldenstruktur und Risikozuschläge

endogene Parameter	exogene Parameter
ϕ, r_k, r_l, W .	δ, $\bar{r}$, c, g, π, B .

Quelle: Eigene Darstellung.

Lösung des Modells

Die Minimierung der Wohlfahrtsverluste der Besteuerung ist bei gegebener Schuldenhöhe B und gegebenem Staatskonsum g äquivalent zur Minimierung des Durchschnittszinssatzes θ (Vergl. Proposition 5).

(3.6.-6) $$\text{Min } \theta = r_k\phi + r_l(1-\phi)$$

Einsetzen der Gleichungen (3.6.-3) und (3.6.-4) in die Zielfunktion (3.6.-6) ergibt:

(3.6.-7) $$\theta = \left(\bar{r} + \delta\phi^2\right)\phi + \left(\bar{r} + c + \delta\phi^2\right)(1-\phi)$$

was sich vereinfacht zu:

(3.6.-8) $$\theta = \bar{r} + c(1-\phi) + \delta\phi^2$$

Die Bedingung 1. Ordnung für einen Extremwert lautet:

(3.6.-9) $$\frac{\partial\theta}{\partial\phi} = -c + 2\delta\phi = 0$$

Wegen $\frac{\partial^2\theta}{\partial\phi^2} = 2\delta > 0$ handelt es sich um ein Minimum.

Die zinskostenminimierende Schuldenstruktur bestimmt sich daher als:

(3.6.-10) $$\phi = \frac{c}{2\delta}$$

Interpretation der Modellergebnisse

Die zinskostenminimierende Schuldenstruktur ist eine Funktion der Liquiditätspräferenz (c) und der Kurzfrist-Aversion des Kapitalmarkts (δ). Der zinskostenminimierende Anteil kurzfristiger Staatsanleihen ist dabei um so größer, je steiler die Zinsstrukturkurve ist (d.h. je vorteilhafter die kurzfristige Verschuldung ist) und je geringer die Risikozuschläge ausfallen (d.h. je "preiswerter" die Kurzfristverschuldung ist).

$$\frac{\partial\phi}{\partial c} = \frac{1}{2\delta} > 0 \qquad \frac{\partial\phi}{\partial\delta} = -\frac{c}{2\delta^2} < 0$$

Dieses einfache Modell fängt daher die Abwägungsentscheidungen, denen sich ein staatlicher Schuldenmanager gegenüber sieht, gut ein.

Staatliche Fristentransformation

Ist der Abstand zwischen dem kurzfristigen und dem langfristigen Zinssatz hinreichend groß ($c > 2\delta$), ist der zinskostenminimierende Anteil der kurzfristigen Verschuldung größer eins ($\phi > 1$). Aufgrund von $B = B^K + B^L$ bedeutet dies, daß der Staat im kurzfristigen Laufzeitensegment mehr Geld aufnimmt, als er zur Finanzierung seiner Gesamtverschuldung B benötigt ($B^K > B$) und das überschüssige Kapital im langfristigen Laufzeitensegment anlegt. Wie eine Bank würde der Staat in diesem Fall Fristentransformation betreiben und kurzfristige Passiva in langfristige Aktiva umwandeln.[177]

3.6.2. Währungsunion

In einer Währungsunion identischer Staaten stellen sich die Rahmenbedingungen für die staatliche Optimierungsentscheidung anders dar: Die Veränderung der Zinssätze, denen sich ein Land im Zuge der Variation seiner Kurzfristverschuldung gegenüber sieht, hängt nun davon ab, ob die anderen Staaten für das betreffende Land haften, falls es zu einer Schuldenkrise kommt. Bildet die Währungsunion einen Haftungsverbund, ist für die Bestimmung der Risikozuschläge nicht mehr die Schuldenstruktur eines einzelnen Mitgliedsstaates, sondern die durchschnittliche Schuldenstruktur aller Staaten entscheidend.[178] Haftet jedes Teilnehmerland dagegen weiterhin für sich selbst, bleiben die länderspezifischen Risikozuschläge als Funktion der länderspezifischen Schuldenstruktur erhalten. Besteht Unsicherheit über das Vorliegen eines Haftungsverbundes, sei hier angenommen, daß sich der Risikozuschlag als das mit der *bail-out*-Wahrscheinlichkeit a gewichtete Mittel aus länderspezifischem und gemeinschaftlichem Risikozuschlag bestimmt.

Für die Zinssätze r_1^k und r_1^l, denen sich ein Land 1 im kurzen und langen Laufzeitensegment gegenüber sieht, gilt daher in der Währungsunion:

$$r_1^k = \bar{r} + (1-a)\delta\phi^2 + a\delta\left[\frac{\phi + (n-1)\bar{\phi}}{n}\right]^2 \qquad (3.6.\text{-}11)$$

$$r_1^l = \bar{r} + c + (1-a)\delta\phi^2 + a\delta\left[\frac{\phi + (n-1)\bar{\phi}}{n}\right]^2 \qquad (3.6.\text{-}12)$$

wobei n die Anzahl der an der Währungsunion teilnehmenden Staaten, ϕ die Schuldenstruktur des betrachteten Landes, $\bar{\phi}$ die Schuldenstruktur aller übrigen Staaten und a die Wahrscheinlichkeit eines Haftungseintritts bezeichnet.

177 In der Praxis könnte diese Fristentransformation etwa in Form von langfristigen Mittelstandskrediten und Investitionsbeihilfen erfolgen.

178 Vergl. die Ausführungen zu *debt spill-overs* in einem Haftungsverbund in Kapitel 3.4.3.

Lösung des Modells

a) Unkoordinierte Währungsunion

Entscheiden die nationalen Schuldenmanager autonom, erfolgt die Lösung des Modells durch die Bestimmung des *Nash*-Gleichgewichts. Welche Laufzeitenstruktur würde ein Land 1 optimalerweise wählen, wenn alle anderen Staaten den Anteil $\overline{\phi}$ gewählt haben?

Gegeben die Definitionsgleichungen (3.6.-11) und (3.6.-12) für den kurz- bzw. langfristigen Zinssatz, bestimmt sich der Durchschnittszins $\theta_1 = r^k\phi + r^l(1-\phi)$ für Land 1 als:

$$
\begin{aligned}
\theta_1 = {} & \bar{r}\phi + (1-a)\delta\phi^3 + a\delta\phi\left[\frac{\phi+(n-1)\overline{\phi}}{n}\right]^2 \\
& + \bar{r} + c + (1-a)\delta\phi^2 + a\delta\left[\frac{\phi+(n-1)\overline{\phi}}{n}\right]^2 \\
& - \bar{r}\phi - c\phi - (1-a)\delta\phi^3 - a\delta\phi\left[\frac{\phi+(n-1)\overline{\phi}}{n}\right]^2
\end{aligned}
\tag{3.6.-13}
$$

Gleichung (3.6.-13) vereinfacht sich zu:

$$
\theta_1 = \bar{r} + c(1-\phi) + (1-a)\delta\phi^2 + a\delta\left[\frac{\phi+(n-1)\overline{\phi}}{n}\right]^2 \tag{3.6.-14}
$$

Wie Gleichung (3.6.-14) zeigt, bestimmt sich in einer Währungsunion der Durchschnittszins, den ein Land zahlen muß, auch aus dem fremden Verschuldungsverhalten ($\overline{\phi}$), der Stärke der *bail-out*-Erwartungen (a) und der Größe der Währungsunion (n).

Optimiert jedes Land für sich, lautet die Bedingung 1. Ordnung für ein Wohlfahrtsoptimum:

$$
\frac{\partial\theta_1}{\partial\phi} = -c + 2(1-a)\delta\phi + 2a\delta\left[\frac{\phi+(n-1)\overline{\phi}}{n^2}\right] = 0 \tag{3.6.-15}
$$

Wegen $\frac{\partial^2\theta_1}{\partial\phi^2} = 2(1-a)\delta + \frac{2a\delta}{n^2} > 0$ handelt es sich dabei um ein Minimum.

Die optimale Reaktion auf das Verschuldungsverhalten der anderen Staaten bestimmt sich durch:

$$\phi = \frac{c - 2a\delta n^{-2}(n-1)\overline{\phi}}{2(1-a)\delta + 2a\delta n^{-2}} \tag{3.6.-16}$$

Ein Land verschuldet sich um so kurzfristiger, je steiler die Zinsstrukturkurve ist (c) und je langfristiger sich die übrigen Staaten der Währungsunion verschulden.

Da im Gleichgewicht identische Staaten identische Schuldenstrukturen wählen, muß gelten: $\phi = \overline{\phi}$, so daß sich Gleichung (3.6.-16) vereinfacht zu:

$$\phi^U = \frac{c}{2(1-a)\delta + 2a\delta n^{-1}} = \frac{c}{2\delta\left[1 + a\left(n^{-1} - 1\right)\right]} \tag{3.6.-17}$$

Für $n = 1$ vereinfacht sich dies zum bekannten Ausdruck (Vergl. Gleichung 3.6-10) für die zinskostenminimierende Schuldenstruktur in einem Land:

$$\phi^{Autonomie} = \frac{c}{2\delta}. \tag{3.6.-10}$$

Gleiches gilt, falls die Währungsunion nicht als Haftungsverbund wahrgenommen wird ($a = 0$). In diesem Fall trägt jedes Land die vollen Konsequenzen seiner Kurzfristverschuldung und wählt die gleiche Schuldenstruktur wie in nationaler Autonomie.

b) Koordinierte Währungsunion

In einer koordinierten Währungsunion maximiert ein zentraler Planer die Wohlfahrtssumme der Teilnehmerstaaten. Die Maximierung der Wohlfahrtssumme ist dabei äquivalent zur Minimierung der durchschnittlichen Zinsbelastung eines repräsentativen Staates (Vergl. Proposition 5).

Die Zinsbelastung eines Staates in der Währungsunion war durch Gleichung (3.6.-14) gegeben:

$$\theta_1 = \overline{r} + c(1-\phi) + (1-a)\delta\phi^2 + a\delta\left[\frac{\phi + (n-1)\overline{\phi}}{n}\right]^2 \tag{3.6.-14}$$

Für $\phi = \overline{\phi}$ (identische Staaten wählen in der Währungsunion identische Schuldenstrukturen), vereinfacht sich Gleichung (3.6.-14) zu:

$$\begin{aligned} \theta_1 &= \overline{r} + c(1-\phi) + (1-a)\delta\phi^2 + a\phi\delta^2 \\ &= \overline{r} + c(1-\phi) + \delta\phi^2 \end{aligned} \qquad (3.6.\text{-}18)$$

Die Bedingung 1. Ordnung lautet:

$$\frac{\partial \theta^W}{\partial \phi} = -c + 2\delta\phi = 0 \qquad (3.6.\text{-}19)$$

Wegen $\frac{\partial^2 \theta^W}{\partial \phi^2} = 2\delta > 0$ handelt es sich dabei um ein Minimum.

Der zentrale Planer wählt daher die Schuldenstruktur:

$$\phi^K = \frac{c}{2\delta} \qquad (3.6.\text{-}20)$$

Der Anteil kurzfristiger Verschuldung ist daher um so größer, je steiler die Zinsstrukturkurve ist (c) bzw. um so kleiner, je stärker kurzfristige Verschuldung vom Kapitalmarkt durch Risikozuschläge bestraft wird (δ). Wie ein Vergleich der Gleichungen (3.6.-10) und (3.6.-20) zeigt, ist die optimalen Schuldenstruktur in Autonomie und in der koordinierten Währungsunion identisch.

3.6.3. Interpretation der Modellergebnisse

In einer Währungsunion, die als Haftungsverbund wahrgenommen wird, besteht ein Anreiz zu einer übermäßigen Kurzfristverschuldung, der durch eine zentrale Koordinierung der Schuldenstrukturpolitik beseitigt werden kann. Alternativ lassen sich die Fehlanreize nur durch einen vollständig glaubwürdigen Ausschluß des Haftungsverbunds beseitigen. Dies sind die zentralen Ergebnisse des hier betrachteten Modells.

In dem hier analysierten Modell muß ein Staat aufgrund von Risikozuschlägen um so höhere Zinsen bezahlen, je kurzfristiger er sich verschuldet. In einer Währungsunion, die einen Haftungsverbund bildet, ist dagegen für die Bemessung der Risikozuschläge die durchschnittliche Schuldenstruktur maßgeblich.

Da in einer Währungsunion die Erhöhung der Kurzfristverschuldung eines Staates die durchschnittliche Schuldenstruktur nur geringfügig verändert, führt in der Währungsunion die Zunahme der Kurzfristverschuldung eines Staates ceteris paribus zu einem wesentlich geringeren Zinsanstieg als in nationaler Autonomie. Die Grenzkosten der Kurzfristverschuldung sind daher für einen Staat in der Währungsunion kleiner als in nationaler Autonomie. Jeder einzelne Staat fragt daher in der Währungsunion mehr Kurzfristverschuldung nach als in nationaler Autonomie (Vergl. Proposition 1).[179] Der gewählte Anteil kurzfristiger Verschuldung ist dabei um so größer, je größer die Wahrscheinlichkeit a ist, daß die übrigen Staaten einem in Zahlungsschwierigkeiten geratenen Staat zu Hilfe eilen (Proposition 2). Nur wenn überhaupt keine *bail-out*-Erwartungen existieren ($a = 0$), besteht kein Anreiz zu übermäßiger Kurzfristverschuldung. Der gewählte Anteil entspricht dann dem Kurzfristanteil in nationaler Autonomie (Vergl. den Hinweis bei Gleichung 3.6.-17).

Sobald aber mit einer positiven Wahrscheinlichkeit ($a > 0$) davon ausgegangen wird, daß ein Haftungsverbund vorliegt, läßt sich das Autonomie-Ergebnis nur durch eine zentrale Koordination der Schuldenstrukturpolitik erreichen. Der zentrale Planer internalisiert die Externalität der Kurzfristverschuldung und wählt die zinskostenminimierende Schuldenstruktur. Diese entspricht der in nationaler Autonomie gewählten Schuldenstruktur. Ein Zusammenhang zwischen der *bail-out*-Wahrscheinlichkeit und der gewählten Schuldenstruktur besteht in der koordinierten Währungsunion nicht (Proposition 2).

In der koordinierten Währungsunion ist der Anteil kurzfristiger Verschuldung, wie gesagt, kleiner als in der unkoordinierten Währungsunion. Da Kurzfristverschuldung von den Kapitalmärkten mit Risikoprämien bestraft wird, sind die Zinszahlungen in der unkoordinierten Währungsunion größer als in der koordinierten Währungsunion (Proposition 3). Analog zur Kurzfristverschuldung sind die Zinszahlungen dabei um so größer, je größer die *bail-out*-Erwartungen sind (Proposition 4).

Aufgrund der Wohlfahrtsverluste der Besteuerung ist die Wohlfahrt in diesem Modell um so größer, je kleiner die Zinszahlungen eines Staates sind (Proposition 5). Die Koordinierung der Schuldenstrukturpolitik erhöht daher in diesem Modell die Wohlfahrt, da sie die Zinsbelastung der an der Währungsunion teilnehmenden Staaten verringert. Analog ließe sich die Wohlfahrt auch durch eine Stärkung der *no-bail-out*-Klausel erhöhen. Um so unwahrscheinlicher ein

179 Die Propositionen werden am Ende des Kapitels bewiesen. Vergl. Seite 253ff. dieser Arbeit.

Haftungseintritt ist, desto größer ist die Wohlfahrt und desto kleiner ist der Anteil der kurzfristigen Verschuldung. Koordinierung und Haftungsausschluß sind äquivalente Instrumente, um eine wohlfahrtsoptimale Schuldenstruktur durchzusetzen.

3.6.4. Beweis der Propositionen

Proposition 1	Staaten wählen in einer unkoordinierten Währungsunion einen größeren Anteil kurzfristiger Verschuldung als in nationaler Autonomie.
Proposition 2	Der Anteil kurzfristiger Verschuldung ist in der unkoordinierten Währungsunion um so größer, je größer die *bail-out*-Erwartungen a sind. In der koordinierten Währungsunion besitzen die *bail-out*-Erwartungen keinen Einfluß auf die Schuldenstruktur.
Proposition 3	Die Zinsbelastung ist in einer koordinierten Währungsunion kleiner als in einer unkoordinierten Währungsunion.
Proposition 4	Der von den Staaten zu zahlende Durchschnittszins ist in der unkoordinierten Währungsunion um so größer, je größer die *bail-out*-Erwartungen sind.
Proposition 5	Die Wohlfahrt ist um so größer, je kleiner der auf die Staatsschuld zu entrichtende Durchschnittszins ist.

Proposition 1: Staaten wählen in einer unkoordinierten Währungsunion einen größeren Anteil kurzfristiger Verschuldung als in nationaler Autonomie:

$$\phi^U > \phi^A.$$

Beweis:

Der optimale Anteil kurzfristiger Verschuldung in der unkoordinierten Währungsunion bzw. in nationaler Autonomie war durch die Gleichungen (3.6.-17) bzw. (3.6.-10) gegeben.

(3.6.-17) $$\phi^{unkoordinierte\ Währungsunion} = \frac{c}{2\delta\left[1 + a\left(n^{-1} - 1\right)\right]}$$

(3.6.-10) $\phi^{Autonomie} = \frac{c}{2\delta}$

Subtrahieren zeigt:

(P1.1) $\phi^U - \phi^A = \frac{c}{2\delta[1 + a(n^{-1} - 1)]} - \frac{c[1 + a(n^{-1} - 1)]}{2\delta[1 + a(n^{-1} - 1)]}$

(P1.2) $\phi^U - \phi^A = \frac{-ca(n^{-1} - 1)}{2\delta[1 + a(n^{-1} - 1)]} = \frac{ca(1 - n^{-1})}{2\delta[1 + a(n^{-1} - 1)]}$

(P1.3) $\phi^U - \phi^A > 0$, da $1 - n^{-1} > 0$ für $n > 1$.

Staaten wählen in einer unkoordinierten Währungsunion daher einen höheren Anteil kurzfristiger Verschuldung als in nationaler Autonomie.

Proposition 2: Der Anteil kurzfristiger Verschuldung ist in der unkoordinierten Währungsunion um so größer, je größer die *bail-out*-Erwartung a ist. In der koordinierten Währungsunion besitzen die *bail-out*-Erwartungen keinen Einfluß auf die Schuldenstruktur.

Beweis:

Der optimale Anteil kurzfristiger Verschuldung in der unkoordinierten Währungsunion war durch Gleichung (3.6.-17) gegeben.

(3.6.-17) $\phi^U = \frac{c}{2\delta[1 + a(n^{-1} - 1)]}$

Ableiten ergibt:

(P2.1) $\frac{\partial \phi^U}{\partial a} = -\frac{2c(\delta n^{-1} - 1)}{[2\delta[1 + a(n^{-1} - 1)]]^2} = \frac{2c(1 - \delta n^{-1})}{[2\delta[1 + a(n^{-1} - 1)]]^2}$

(P2.2) $\frac{\partial \phi^U}{\partial a} > 0$, da $1 - n^{-1} > 0$ für $n > 1$.

(3.6.-10) $\phi^{Autonomie} = \phi^{Koordination} = \frac{c}{2\delta}$ => $\frac{\partial \phi^K}{\partial a} = 0$

Bail-out-Erwartungen haben daher nur in der unkoordinierten Währungsunion einen Einfluß auf die gewählte Schuldenstruktur.

Proposition 3: Die Zinsbelastung ist in einer koordinierten Währungsunion kleiner als in einer unkoordinierten Währungsunion.

Beweis:

Nach Proposition 1 galt: $\phi^{unkoordiniert} > \phi^{Autonomie} = \phi^{Koordination}$.

Für die Zinsbelastung als Funktion der Schuldenstruktur gilt nach Gleichung (3.6.-18):

(3.6.-18) $\theta = \bar{r} + c - c\phi + \delta\phi^2$

Ableiten zeigt: $\frac{\partial \theta}{\partial \theta} = -c + 2\delta\phi$.

$\frac{\partial \theta}{\partial \theta} > 0$ für $\phi > \frac{c}{2\delta}$

Eine Ausweitung der Kurzfristverschuldung über den Anteil der koordinierten Währungsunion hinaus erhöht daher die Zinsbelastung.

Proposition 4: Der von den Staaten zu zahlende Durchschnittszins ist in der unkoordinierten Währungsunion um so größer, je größer die *bail-out*-Erwartungen sind.

Beweis:

Der Durchschnittszins in der Währungsunion war gegeben durch Gleichung (3.6.-18):

(3.6.-18) $\theta_1 = \bar{r} + c - c\phi + \delta\phi^2$

Mit $\phi^{Währungsunion} = \frac{c}{2\delta\left[1 + a\left(n^{-1} - 1\right)\right]}$ (Gleichung 3.6.-17)

folgt für die unkoordinierte Währungsunion:

(P4.1) $$\theta_1^U = \bar{r} + c - \frac{c^2}{2\delta\left[1 + a\left(n^{-1} - 1\right)\right]} + \delta \frac{c^2}{\left[2\delta\left(1 + a\left(n^{-1} - 1\right)\right)\right]^2}$$

Ableiten zeigt:

(P4.2) $$\frac{\partial \theta_1^U}{\partial a} = \frac{2c^2\delta\left(n^{-1} - 1\right)}{\psi^2} - \frac{c^2\delta * 4\delta\left[1 + a\left(n^{-1} - 1\right)\right] * 2\delta\left(n^{-1} - 1\right)}{\psi^4}$$

wobei $\psi = 2\delta\left[1 + a\left(n^{-1} - 1\right)\right]$

(P4.3) $$\frac{\partial \theta_1^U}{\partial a} > 0 \text{ da } \frac{2c^2\delta\left(n^{-1} - 1\right)}{\psi^2} > \frac{8c^2\delta^3\left[1 + a\left(n^{-1} - 1\right)\right]\left(n^{-1} - 1\right)}{\psi^4}$$

Beweis:

(P4.4) $$\frac{2c^2\delta\left(n^{-1} - 1\right)}{\psi^2} > \frac{8c^2\delta^3\left[1 + a\left(n^{-1} - 1\right)\right]\left(n^{-1} - 1\right)}{\psi^4}$$

(P4.5) $\Leftrightarrow\ 2c^2\delta\psi^4 < 8c^2 4\delta^3\left[1 + a\left(n^{-1} - 1\right)\right]\ \psi^2$ da $n^{-1} - 1 < 0$ für $n > 1$.

(P4.6) $\Leftrightarrow\ \psi^2 < 4\delta^2\left[1 + a\left(n^{-1} - 1\right)\right]$

Mit Rücksubstitution von $\psi = 2\delta\left[1 + a\left(n^{-1} - 1\right)\right]$ folgt:

(P4.7) $4\delta^2\left[1 + a\left(n^{-1} - 1\right)\right]^2 < 4\delta^2\left[1 + a\left(n^{-1} - 1\right)\right]$

(P4.8) $\Leftrightarrow\ 1 + a\left(n^{-1} - 1\right) < 1$

(P4.9) $\Leftrightarrow\ 1 - a\left(1 - n^{-1}\right) < 1$

Diese Aussage ist für $a > 0$ (*bail-out*-Erwartungen) und $n > 1$ (Währungsunion) stets erfüllt.

Proposition 5: Die Wohlfahrt ist um so größer, je kleiner der auf die Staatsschuld zu entrichtende Durchschnittszins ist.

Beweis:

Die Wohlfahrt war durch Gleichung (3.6.-4) gegeben.

(3.6.-4) $$W = \Omega - \frac{1}{2}\pi^2 - \frac{1}{2}\tau^2$$

Bei unabhängiger Zentralbank ($\pi = 0$) gilt für die Wohlfahrt Gleichung (3.6.-5):

(3.6.-5) $$W = \Omega - \frac{1}{2}\tau^2 \text{ wobei } \tau = g + r_k\phi B + r_l(1-\phi)B$$

Mit der Definition des Durchschnittszinssatzes als $\theta = r_k\phi + r_l(1-\phi)$ läßt sich die Wohlfahrtsfunktion (3.6.-5) schreiben als:

(P5.1) $$W = \Omega - \frac{1}{2}(g + \theta B)^2$$

Ableiten zeigt:

(P5.2) $$\frac{\partial W}{\partial \theta} = -(g + \theta B)B = -gB - \theta B^2 < 0$$

Die Wohlfahrt ist daher um so größer, je kleiner der durchschnittliche, auf die Staatsschuld zu entrichtende Zinssatz ist (Annahme $\theta > 0$).

3.7. Zusammenfassung von Kapitel 3

In einer Währungsunion, die als Haftungsverbund wahrgenommen wird, führt Zinskostenminimierung zu einer übermäßigen Kurzfristverschuldung. Dies ist das zentrale Ergebnis des vorstehenden Kapitels.

Die einführende Diskussion in die *market based fiscal discipline* zeigte, daß Kapitalmärkte durch Risikozuschläge, die sie von unsicheren Schuldnern verlangen, einen wichtigen Beitrag zur Disziplinierung der Fiskalpolitik leisten. Zwar wurden Risikozuschläge als Funktion der Schuldenstruktur empirisch bisher noch nicht untersucht; aus theoretischer Sicht bestehen jedoch gewichtige Gründe dafür, daß – neben der Schuldenhöhe – auch die Schuldenstruktur eine wesentliche Determinante des *default*-Risikos und damit der Risikozuschläge ist. Die Bedeutung der Schuldenstruktur folgte dabei direkt aus ihrer Eigenschaft, den Umfang der jedes Jahr fälligen Tilgungszahlungen zu bestimmen.

Die Diskussion in Kapitel 3.5.1. ergab ferner, daß mit hoher Wahrscheinlichkeit die Schuldenstrukturpolitik wesentlich schneller und stärker auf Veränderungen der Risikozuschläge reagiert als die Schuldenniveaupolitik. Es steht daher zu vermuten, daß die Kapitalmärkte einen wichtigen Beitrag zur Vermeidung einer übermäßigen Kurzfristverschuldung leisten.

Die Analyse eines einfachen Modells zeigte dann, daß diese disziplinierende Wirkung in einer Währungsunion verloren geht, wenn die Währungsunion von den Kapitalmärkten als Haftungsverbund angesehen wird.

Dieses Ergebnis resultierte daraus, daß die Wahrnehmung der Währungsunion als Haftungsverbund für jeden einzelnen Schuldner die Grenzkosten der Kurzfristverschuldung reduziert. Der Anteil kurzfristiger Verschuldung und der daraus folgende Risikozuschlag sind daher in einer Währungsunion größer als in nationaler Autonomie. Da die Zinsbelastung der Staaten aufgrund der Risikozuschläge mit dem Anteil der kurzfristigen Verschuldung steigt, ist die Zinsbelastung der Staaten um so größer, je stärker die Währungsunion als Haftungsverbund wahrgenommen wird.

Hinsichtlich der Europäischen Währungsunion ergab die Diskussion, daß Europa mit hoher Wahrscheinlichkeit als Haftungsverbund anzusehen ist, obwohl dies durch den Maastricht-Vertrag ausdrücklich ausgeschlossen wurde. Zu groß erscheinen die Kosten eines staatlichen Zahlungsausfalls für die anderen europäischen Staaten und zu groß erscheinen die Umgehungsmöglichkeiten der *no-bail-out*-Klausel, als das ein vollständiger Haftungsausschluß glaubwürdig wäre.

Geht die disziplinierende Wirkung der Kapitalmärkte verloren, kann in dem analysierten Modell eine gemeinsame Begrenzung der Kurzfristverschuldung die Zinskosten für alle beteiligten Staaten reduzieren.

Alternativ kann auch eine weitere Stärkung des Haftungsausschlusses die Fehlanreize reduzieren und die kurzfristige Verschuldung in Richtung auf das in nationaler Autonomie gewählte Niveau hin reduzieren.[180] Die Wohlfahrt der beteiligten Staaten ist dabei um so größer, je glaubwürdiger die *no-bail-out*-

180 Eine Maßnahme zur Stärkung des Haftungsauschlusses könnte die von Fuest (1993a, S. 140ff.) geforderte Errichtung eines europäischen Konkursverfahrens für Staaten sein.

Klausel ist. Ist eine *no-bail-out*-Klausel jedoch aufgrund der hohen Kosten eines staatlichen Zahlungsausfalls nicht glaubwürdig (Zeit-Inkonsistenz-Problem), bleibt nur die Koordinierung der Schuldenstrukturpolitik, um ein Wohlfahrtsoptimum zu ereichen.

4. Zur Koordinierung der Schuldenstrukturpolitik in Europa

4.1. Die verbleibende Aufgabenstellung

In den Kapiteln 2 und 3 dieser Arbeit wurde die Vorteilhaftigkeit einer Koordinierung der Schuldenstrukturpolitik in einer Währungsunion modelltheoretisch untersucht. Hier sind nun die Implikationen dieser Modelle für die Koordinierung der Schuldenstrukturpolitik in Europa darzulegen und dem tatsächlichen Stand der Koordinierung gegenüberzustellen (Kapitel 4.2. bzw. 4.3.).

Da die Bedingungen, unter denen sich die Koordinierung als vorteilhaft erweist, schon in den jeweiligen Modell-Kapiteln herausgearbeitet wurden, wird hier besonderes Gewicht auf die Frage gelegt, warum es eventuell empfehlenswert sein könnte, trotz der diskutierten Vorteile auf eine Koordinierung zu verzichten bzw. ob die entwickelten Modelle Anhaltspunkte dafür bieten, warum der Maastricht-Vertrag auf die Vereinbarung von verbindlichen Schuldenstruktur-Vorschriften verzichtet haben könnte (Kapitel 4.3.2.).

Neben der wichtigen, von Huber (1998) erstmals angesprochenen Frage nach dem Koordinierungsbedarf der Laufzeitenstrukturen, dessen Untersuchung im Mittelpunkt dieser Arbeit steht, werden von Politikern und Kapitalmarktpraktikern weitere Aspekte des Debt Managements hinsichtlich einer engeren europäischen Koordinierung diskutiert. Auf diese Fragestellungen, zu denen eine Koordinierung der Emissionstermine oder die Gründung einer europäischen Debt-Management-Agentur gehören, wird in Kapitel 4.4. eingegangen. Gemäß dem Thema der vorliegenden Arbeit wird dabei insbesondere zu prüfen sein, ob eine stichhaltige ökonomische Begründung für den postulierten Koordinierungsbedarf vorliegt. Kapitel 4.5. gibt einen kurzen Überblick über existierende Kooperationen in der Kapitalaufnahme und stellt die Zusammenarbeit der deutschen Bundesländer sowie der schweizer Gemeinden vor. Den Abschluß bilden eine Diskussion der Überlegungen zum gemeinsamen Kapitalmarktauftritt von Bund und Ländern. Kapitel 4.6. faßt zusammen.

4.2. Die Schlußfolgerungen der diskutierten Modelle

4.2.1. Die Vorteilhaftigkeit der Koordination

Wenn in einer Währungsunion die nationale Schuldenstrukturpolitik eines Staates Auswirkungen auf die Wohlfahrt der anderen Staaten besitzt, kann die Koordinierung der Schuldenstrukturpolitik die Wohlfahrt der beteiligten Staaten steigern. Dieses Ergebnis wurde anhand der Wirkungen, die von der Laufzeitenstruktur auf die Inflationsrate (Kapitel 2) sowie auf die nominalen Kosten der Kreditaufnahme (Kapitel 3) ausgehen, hergeleitet. Kapitel 2 zeigte, daß, wenn die Zentralbank nicht vollkommen unabhängig ist, langfristige Verschuldung in einer Währungsunion zu einer höheren Inflationsrate als in nationaler Autonomie führt. Dieses Ergebnis folgte daraus, daß die einzelnen Staaten bei der Wahl ihrer Schuldenstruktur nur die Wirkungen ihres Debt-Managements auf ihre eigene Wohlfahrt, nicht aber auf die Wohlfahrt der anderen Teilnehmerstaaten berücksichtigten. Diese Ineffizienz kann, wie gezeigt, durch eine Koordinierung der Schuldenstrukturpolitik, welche die externen Effekte der Schuldenstruktur internalisiert und die Inflationsrate in der Währungsunion reduziert, vermieden werden. Die Vorteilhaftigkeit der Koordination ist dabei um so größer, je größer die Währungsunion ist und je stärker die Inflationswirkungen der langfristigen Verschuldung sind (d.h. je geringer die Unabhängigkeit der Zentralbank ist).[181]

Die Wirkungen der Schuldenstruktur auf das *default*-Risiko wurden in Kapitel 2 nicht betrachtet. Diesen Aspekt greift Kapitel 3 auf. Um sich auf die Analyse der Wirkungen des Haftungsverbunds auf das Ausfallrisiko konzentrieren zu können, wurde in Kapitel 3 dabei in Gegensatz zu Kapitel 2 eine vollkommen unabhängige Zentralbank unterstellt, welche Preisniveaustabilität garantiert. In diesem – sich hinsichtlich der Stellung der Zentralbank von Kapitel 2 unterscheidenden – Modellrahmen zeigte sich, daß die Minimierung des Revolvierungsrisikos eine möglichst langfristige Kreditaufnahme erfordert. Da die Zentralbank als vollkommen unabhängig angenommen wurde, gingen von dieser Verlängerung der Anleihelaufzeit keine wohlfahrtsmindernden Inflationsef-

181 Die Unabhängigkeit der Zentralbank wurde nicht direkt modelliert. Allerdings kann die Inflationsaversion als Parameter für die Unabhängigkeit der Zentralbank aufgefaßt werden, da sie bestimmt, wie stark eine Laufzeitenverlängerung die Inflationsrate erhöht. Vergl. den Hinweis in Kapitel 2.2., daß sich durch die Variation des Parameters α Zwischenstufen zwischen *perfektem commitment* und *no commitment* abbilden lassen sowie Kapitel 2.5.3.d, welches den Parameters α als Stabilitätskultur interpretiert.

fekte aus.[182] Besteht nun ein (vermuteter) Haftungsverbund, verringern sich, wie in Kapitel 3.6. analysiert, die Grenzkosten der kurzfristigen Verschuldung, da sich der Risikozuschlag über alle Teilnehmer des Haftungsverbunds verteilt. Da diese Externalität im nationalen Entscheidungskalkül der einzelnen Staaten nicht berücksichtigt wird, verschulden sie sich alle Teilnehmerstaaten zu kurzfristig. Eine Koordination der Schuldenstrukturpolitik, welche die gewählte Anleihelaufzeit erhöht, steigert die Wohlfahrt aller Länder. Die Vorteilhaftigkeit einer Koordination ist dabei um so größer, je größer die Währungsunion und je unglaubwürdiger die *no-bail-out*-Klausel ist (Vergl. Kapitel 3.6.).

Die Integration der Prolongationsrisiken in ein Debt-Management-Modell mit abhängiger Zentralbank, also die simultane Betrachtung der Revolvierungs- und Inflationsrisiken muß angesichts des bereits erreichten Komplexitätsgrads der hier analysierten Modelle zukünftigen Arbeiten überlassen bleiben. Hier kann nur festgehalten werden, daß in einer Währungsunion mit abhängiger Zentralbank und konstantem Realzins die Inflationsanreize der Schuldenstruktur durch eine koordinierte Verkürzung der Anleihelaufzeit reduziert werden können, während in einer Währungsunion mit unabhängiger Zentralbank und schuldenstrukturbedingten Risikozuschlägen die Minimierung der Prolongationsrisiken eine gemeinsame Verlängerung der Anleihelaufzeit erfordert. Die Entscheidung darüber, welche Art der Koordinierung der Schuldenstrukturpolitik in Europa daher wohlfahrtssteigernd wäre, hängt somit von der Beurteilung der Unabhängigkeit der Europäischen Zentralbank ab. Die simultane Reduktion der langfristigen und der kurzfristigen Verschuldung ist bei konstanter Schuldenhöhe nicht möglich. [183]

---

182 Wäre die Zentralbank allerdings nicht vollkommen unabhängig, bestünde die Gefahr, daß analog der in Kapitel 2 angestellten Überlegungen mit der langfristigen Verschuldung die Inflationsrate ansteigt. Gleichzeitig nimmt mit der Zentralbank-Unabhängigkeit allerdings das *Default*-Risiko ab, da sich die Regierung in diesem Fall der Notenpresse bedienen könnte, um fällige, auf inländische Währung lautende Anleihen zurückzuzahlen. Nachlassende Zentralbank-Unabhängigkeit substituiert daher aus Anlegersicht *Default*-Risiko durch Inflationsrisiko (Vergl. Lemmen, 1999, S. 1).

183 Ein potentieller Lösungsweg könnte die Trennung von Anleihelaufzeit und Zinsbindungsfrist sein. In diesem Fall würde die optimale Schuldenstruktur eine möglichst lange Anleihelaufzeit empfehlen, um das Prolongationsrisiko zu minimieren, sowie gleichzeitig eine möglichst kurze Zinsbindungsfrist vorgeben, um die Anreize für Überraschungsinflation zu reduzieren. Hinsichtlich der Einsatzmöglichkeiten von variabel verzinsten Anleihen besteht allerdings noch erheblicher Forschungsbedarf. Zum einen erschwert bei variabel verzinsten Staatsschulden die Unsicherheit der zukünftigen Zinsentwicklung die Planbarkeit des Budgets. Zum anderen wäre zu prüfen, wie stark Zinszahlungen, die aufgrund der hohen Korrelation zwischen allgemeinem Zinsniveau und Konjunkturzyklus prozyklisch wirken, den Konjunkturzyklus verstärken. Zwar

4.2.2. Hindernisse der Koordination

Einer Koordinierung der Schuldenstrukturpolitik analog der hier erarbeiteten Modelle stehen allerdings in Europa zwei wichtige Hindernisse entgegen: Zum einen muß die optimale Koordination nicht die Zustimmung aller Teilnehmerländer finden, da in Europa erhebliche Unterschiede hinsichtlich der Schuldenhöhe existieren; zum anderen besteht Unsicherheit über den tatsächlichen Zusammenhang von Schuldenstruktur und Inflationsrate.

Wie in Kapitel 2.4. gezeigt wurde, finden bei Unterschieden in der Schuldenhöhe länderspezifische Schuldenstrukturvorschriften nicht die Zustimmung der hoch verschuldeten Länder, während einheitliche Schuldenstrukturvorschriften nicht die Zustimmung der niedrig verschuldeten Länder finden. Die großen Unterschiede, die zwischen den europäischen Ländern hinsichtlich der Schuldenhöhe existieren, stehen daher einer Koordinierung der Schuldenstrukturpolitik entgegen.

Doch selbst wenn der Widerstand der hoch verschuldeten Länder gegen länderspezifische Schuldenstrukturvorschriften durch Transferzahlungen der niedrig verschuldeten Länder überwunden werden könnte, wäre immer noch nicht klar, wie die Koordinierung auszusehen hätte. So besteht, wie die Modellkritik in Kapitel 2.6. zeigte, zwischen der Deutschen Bundesbank und der angelsächsisch geprägten, modelltheoretischen arbeitenden Debt-Management-Literatur ein bedeutender Widerspruch hinsichtlich der Richtung der Wirkungen der Schuldenstruktur auf die Inflationsrate. Das in dieser Arbeit (Kapitel 2) entwikkelte Modell folgte in seinem Annahmen der angelsächsischen Literatur und stützt die These, daß langfristige Nominalverschuldung tendenziell inflationstreibend wirkt. Dennoch konnten die polit-ökonomischen Argumente der Deutschen Bundesbank in Kapitel 2.6. nicht völlig entkräftet werden. Die tatsächliche Richtung des Zusammenhangs zwischen Schuldenstruktur und Inflationsrate muß aber mit hoher Zuverlässigkeit bekannt sein, um verbindliche Schuldenstrukturvorschriften einführen zu können.

---

wird heute allgemein nicht mehr vertreten, daß sich mit der Schuldenstrukturpolitik der Konjunkturzyklus steuern ließe, doch sollte der Einsatz von Finanzierungsinstrumenten, die offen prozyklisch wirken, vermieden werden. Eventuell sind daher aus Stabilisierungsgründen Anleihen mit fester Nominalverzinsung, die bei stochastischer Inflation (Konjunktur) wie automatische Stabilisatoren wirken, vorzuziehen. Alternativ zur Trennung von Anleihelaufzeit und Zinsbindungsfrist ließe sich eine simultane Reduktion der Kurzfrist- und der Langfristverschuldung auch durch einen Schuldenabbau erreichen (Vergl. dazu Kapitel 4.2.4.).

4.2.3. Alternativen zur Debt-Management-Koordination

Unabhängig von der Frage, wie der genaue Zusammenhang zwischen Schuldenstruktur und Inflationsrate aussieht, wurde in der bisherigen Analyse deutlich, daß die Abhängigkeit der Zentralbank sowie (im Fall der Prolongationsrisiken bei unabhängiger Zentralbank) das Vorliegen von *bail-out*-Erwartungen die Ursachen für die Fehlanreize sind, welche in einer Währungsunion die Wohlfahrt reduzieren und die durch die Koordination beseitigt werden sollen.

Wie Kapitel 2.2. zeigte, ist bei vollkommender Notenbank-Unabhängigkeit (*commitment*-Fall) die Schuldenstrukturpolitik irrelevant. Die Inflationsrate wäre in diesem Fall unabhängig von der Schuldenstruktur. Ein Anreiz zu einer übermäßigen Langfrist-Verschuldung bestünde damit auch in einer Währungsunion nicht. Analog gäbe es in einer Währungsunion keinen Anreiz zu einer übermäßigen Kurzfristverschuldung, wenn keine *bail-out*-Erwartungen vorläge. Eine Notwendigkeit für eine Koordinierung der Schuldenstrukturpolitik bestünde daher nicht, wenn die Zentralbank vollkommen unabhängig und jeglicher Haftungsverbund absolut glaubwürdig ausgeschlossen wäre.

Aus der Einsicht, daß die Vorteilhaftigkeit der Koordination eine direkte Folge fehlender Zentralbank-Unabhängigkeit und mangelnder Glaubwürdigkeit der *no-bail-out*-Klausel ist, folgt aber, daß sich durch die Stärkung der Zentralbank-Unabhängigkeit und durch die Stärkung des Haftungsausschlusses die gleichen Ziele erreichen lassen, wie durch eine Koordinierung der Schuldenstrukturpolitik.

Unbestritten kann eine verantwortungsvolle Schuldenstrukturpolitik einen hohen Beitrag zur Sicherung der Preisniveaustabilität sowie zur Vermeidung von Schuldenkrisen leisten. Angesichts der großen Unsicherheiten über die optimale Schuldenstruktur und angesichts der fehlenden Akzeptanz der optimalen Koordination erscheint es allerdings lohnend, alternativ oder zusätzlich Maßnahmen zu verfolgen, über deren Zielbeitrag keine Unsicherheit besteht. Eine Erhöhung der Zentralbank-Unabhängigkeit und eine Stärkung der Glaubwürdigkeit der *no-bail-out*-Klausel sind dabei in den hier analysierten Modellen unzweifelhaft dazu geeignet, die Inflationsrate bzw. die Zinsbelastung und das *default*-Risiko zu reduzieren. Sollten daher in einer Währungsunion Fehlanreize die einzelstaatliche Optimierung beeinträchtigen, erscheint die Stärkung der Zentralbank-Unabhängigkeit sowie die Stärkung der Glaubwürdigkeit der *no-bail-out*-Klausel als beachtenswerte Alternativen zu einer Koordinierung der Schuldenstrukturpolitik.

4.2.4. Zur Bedeutung der Schuldenniveaupolitik

Eine wichtige Erkenntnis der in dieser Arbeit untersuchten Modelle war ferner, daß die Stärke der Fehlanreize eine Funktion der Schuldenhöhe ist. So reagiert die Zentralbank in dem in Kapitel 2 betrachteten Modell c.p. mit einer um so höheren Inflationsrate auf jede gewählte Schuldenstruktur, je größer die Schuldenhöhe ist.

Die Reaktionsfunktion der Zentralbank ist bestimmt durch Gleichung 2.2.-3:

(2.2.-3) $$\pi = \frac{\beta m B}{\alpha}$$

Ableiten ergab: $\frac{\partial \pi}{\partial B} = \frac{\beta m}{\alpha} > 0$ $\frac{\partial^2 \pi}{\partial m \partial B} = \frac{\beta}{\alpha} > 0$

Auch die Risikozuschläge auf die Staatsanleihen sind, wie die zitierten empirischen Untersuchungen zeigen, eine Funktion der Schuldenhöhe (Vergl. Kapitel 3.3.). Die für die Gefahr von Schuldenkrisen besonders relevante jährliche Brutto-Inanspruchnahme des Kapitalmarkts bestimmt sich dabei als Quotient aus Schuldenhöhe und Laufzeit: $\frac{B}{l}$. Außer durch eine Verlängerung der Laufzeit läßt sich daher eine Reduktion des Prolongationsrisikos, der Wahrscheinlichkeit von Schuldenkrisen und eine Reduktion der Höhe der Risikozuschläge auch durch eine Verringerung der Schuldenhöhe erreichen. Der Schuldenabbau hätte dabei gegenüber der Laufzeiten-Koordinierung den Vorteil, daß die Verminderung der Gesamtschuld gleichzeitig sowohl die Inflationsanreize als auch die Prolongationsrisiken der Schuld reduziert. Mit einer Koordinierung ließe sich dieses Ergebnis nicht ohne weiteres erzielen, da die Verminderung der Inflationsanreize, wie gezeigt, eine Laufzeitenverkürzung, die Begrenzung des Prolongationsrisikos dagegen eine Laufzeitenverlängerung erfordern würde. Die Schuldenreduktion beseitigt dabei zwar nicht die in den Modellen diskutierten Fehlanreize der Währungsunion. Sie wäre aber geeignet, das Ausmaß dieser Fehlanreize erheblich zu reduzieren.

Auch unabhängig von der Frage der Koordinierung bzw. zusätzlich zur diskutierten Koordinierung der Schuldenstrukturpolitik ist eine Verringerung des Schuldenniveaus in dem in Kapitel 2 analysierten Modellrahmen sinnvoll, da der Schuldenabbau die Anreize für eine Überraschungsinflation mindert. Der

Schuldenabbau wirkt daher auch in der koordinierten Währungsunion wohlfahrtssteigernd.

Beweis: Die Wohlfahrt eines Landes in der koordinierten Währungsunion war gegeben durch Gleichung (2.3.-26) aus Kapitel 2.3.:

$$W_i = \Omega - \beta(g + rB) - \frac{1}{2}\frac{\beta^2 B^2 \hat{m}^2}{\alpha + \beta^2 B^2} \qquad (2.3.\text{-}26)$$

Ableiten nach der Schuldenhöhe B ergibt:

$$\begin{aligned} \frac{\partial W_i}{\partial B} &= -\beta r - \frac{1}{2}\left[\frac{\left(2\beta^2 B\hat{m}^2\right)\left(\alpha + \beta^2 B^2\right) - \left(\beta^2 B^2 \hat{m}^2\right)\left(2\beta^2 B\right)}{\left(\alpha + \beta^2 B^2\right)^2}\right] \\ &= -\beta r - \frac{1}{2}\left[\frac{2\alpha\beta^2 B\hat{m}^2}{\left(\alpha + \beta^2 B^2\right)^2}\right] < 0 \end{aligned} \qquad (4.3.\text{-}1)$$

Wie bereits in Kapitel 2 deutlich wurde, beseitigt die Koordinierung nur die (zusätzlichen) Inflationsanreize, die durch den Eintritt in die Währungsunion entstehen. Die grundlegenden Inflationsanreize, die sich aus dem fehlenden *commitment* der Geldpolitik ergeben, werden durch die Koordinierung nicht beseitigt. Diese Inflationsanreize, die im Gleichgewicht zu einer positiven Inflationsrate und zu einer kürzeren als der optimalen Schuldenstruktur $\hat{m}$ führen, lassen sich nur durch ein *commitment* der Zentralbank oder durch einen allgemeinen Schuldenabbau erreichen. Weil der Schuldenabbau die Bedeutung des Zeit-Inkonsistenzproblems abschwächt, erhöht er auch in einer koordinierten Währungsunion die Wohlfahrt. Ein allgemeiner Schuldenabbau kann daher als Alternative zur Koordinierung der Schuldenstrukturpolitik angesehen werden. Eine Koordinierung der Schuldenstrukturpolitik ist allerdings umgekehrt keine Alternative zu einem allgemeinen Schuldenabbau.[184]

184 Dies wäre nur eine vollständige Unabhängigkeit der Notenbank (*perfektes commitment*). In diesem Fall wäre sowohl die Schuldenstruktur- als auch die Schuldenniveaupolitik unerheblich für die Inflationsrate. So lange sich dieses Maß an perfekter Notenbank-Unabhängigkeit allerdings nicht erzielen läßt, wirkt ein Schuldenabbau in dem betrachteten Modell wohlfahrtssteigernd.

4.3. Der heutige Stand der Koordination

4.3.1. Stand der Koordination

Eine formale Koordination der Schuldenstrukturpolitik in Europa findet derzeit nicht statt.[185] Die staatlichen Emittenten der Europäischen Union entscheiden eigenverantwortlich und souverän über Emissionstermine, Finanzierungsinstrumente und Laufzeitenstruktur. Insbesondere existieren in Europa keine verbindlichen Schuldenstruktur-Vorschriften, die den Maastrichter Schuldenniveau-Kriterien vergleichbar wären. Die Schuldenstrukturpolitik ist ausschließlich eine nationale Aufgabe.

Als Forum für einen informellen Meinungsaustausch besteht allerdings seit Dezember 1997 eine Arbeitsgruppe aus Vertretern der Finanzministerien bzw. Schuldenagenturen aller 15 EU Staaten sowie je eines Vertreters der Europäischen Zentralbank und der Europäischen Kommission. Diese "Economic and Financial Committee Group on EU Government Bills and Bonds", die nach ihrem Vorsitzenden Gregoire Brouhns[186] auch Brouhns-Gruppe genannt wird, wurde gegründet, um Fragen in Zusammenhang mit der Umstellung der europäischen Staatsverschuldung auf Euro zu diskutieren.[187] Auch nach der erfolgreichen Einführung des Euro trat die Arbeitsgruppe weiter regelmäßig zusammen. Eine formale Beschuß- oder Regelungskompetenz für Fragen des europäischen Debt Managements besitzt diese Gruppe allerdings nicht.

Nach eigener Aussage beschränkt sich die Arbeit der Brouhns-Gruppe auf die Erstellung und Veröffentlichung von Studien zu technischen Aspekten des Debt Managements sowie auf die Zusammenstellung von Statistiken.[188] Marktteilnehmer schreiben allerdings dem informellen Informationsaustausch innerhalb der Brouhns-Gruppe eine gewisse Bedeutung für die in den letzten Jahren auf freiwilliger Basis erfolgte Angleichung der Emissionstechniken in Euroland zu.[189]

Zu den von der Brouhns-Gruppe erstellten Statistiken gehört ein regelmäßiger europäischer Emissionskalender, der die nationalen Emissionskalender, so-

185 Stand: Januar 2003.
186 Gregoire Brouhns ist Generalsekretär im belgischen Finanzministerium.
187 Vergl. den Internet-Auftritt der Brouhns-Gruppe: http://europa.eu.int/comm/economy_finance/ efc_en.htm.
188 Vergl. den Internet-Auftritt der Brouhns-Gruppe (URL: siehe Fußnote 187).
189 Vergl. Giovannini-Gruppe (2001, S.1), die ihre Aussage allerdings später (S. 5) relativieren.

weit sie vorliegen, zusammenfaßt. Eine Vorab-Information der anderen europäischen Schuldenmanager vor Veröffentlichung des deutschen Emissionskalenders findet dabei nicht statt. "Alle Marktteilnehmer erhalten diese Informationen zum gleichen Zeitpunkt."[190] Der Emissionskalender der Brouhns-Gruppe für das erste Quartal 2003 wird in Abbildung 30 wiedergegeben.

Abbildung 30: Der Emissionskalender der Brouhns-Gruppe

Tabel 1: Indicative calender of bond issuance in the EU, January to March 2003 [1]

	January	February	March
1			
2			
3			
4			
5		Germany, Spain	Germany, Spain
6		France, Spain	France, Spain
7			
8	Germany, Spain		
9	France, Spain		
10			
11		Austria, Netherlands	Austria, Greece, Netherlands
12		Finland, Sweden	Germany, Sweden
13	Italy	Italy	Italy
14	Netherlands		
15	Germany, Sweden, UK		
16			
17			
18			
19			
20		France, Ireland	France, Ireland
21	Austria		
22	Finland		
23	France		
24			
25			
26		Sweden, UK*	Germany, Sweden, UK*
27	Belgium	Italy	
28			Italy
29	Germany, Sweden		
30	Italy		
31			Belgium

* subject to confirmation following the Chancellor's decision on the Budgetary timetable.

Quelle: Brouhns-Gruppe (2003).

190 Antwort der Bundesrepublik Deutschland Finanzagentur auf eine Anfrage des Verfassers, 17. März 2003.

4.3.2. Warum verzichtet die EWU auf Schuldenstrukturvorschriften?

Wie im vorstehenden Kapitel gesagt wurde, enthält der Maastricht-Vertrag keine Vorgaben für die Schuldenstrukturpolitik. Über die Gründe, die dazu geführt haben, die Schuldenstrukturpolitik in nationaler Verantwortung zu belassen, kann nur spekuliert werden. Hier soll allerdings darauf hingewiesen werden, daß die in dieser Arbeit diskutierten Modelle eine rationale Begründung für diese Kompetenzuordnung anbieten können.

Um eine Schuldenstrukturvorschrift vereinbaren zu können, muß man, banal gesprochen, wissen, was man vorgeben möchte. Die Diskussion der Inflationsanreize in Kapitel 2 ergab, daß eine Begrenzung der langfristigen Verschuldung die Wohlfahrt erhöht. Die Diskussion der Prolongationsrisiken in Kapitel 3 zeigte hingegen, daß eine Reduktion der kurzfristigen Verschuldung die Wohlfahrt steigert. Die von der Deutschen Bundesbank vorgebrachten politikökonomischen Argumente weckten Zweifel daran, ob der Zusammenhang zwischen Schuldenstruktur und Inflationsrate wirklich so beschaffen ist, wie ihn die internationale Debt-Management-Literatur postuliert (Vergl. Kapitel 2.6.3.). Die Entscheidung, welche Verschuldungsinstrumente eingesetzt werden sollen, ist daher mit erheblichen Unsicherheiten behaftet. Diese Unkenntnis der optimalen Schuldenstruktur könnte ein Grund für den Verzicht auf verbindliche Schuldenstrukturvorschriften sein.

Darüber hinaus zeigte Kapitel 2.4. dieser Arbeit, daß, selbst wenn Einigkeit über die grundlegenden Zusammenhänge besteht, die optimale länderspezifische Koordination ohne Transferzahlungen nicht die Zustimmung der hoch verschuldeten Staaten findet. Hochverschuldete Staaten stellen sich in einer unkoordinierten Währungsunion besser als bei einer länderspezifischen Koordination, bei der sie – verursachergerecht – die Hauptlast der Inflationsvermeidung zu tragen hätten. Angesichts der großen Unsicherheiten über die optimale Schuldenstruktur und angesichts der erheblichen Unterschiede in der Schuldenhöhe kann es daher rational sein, auf Schuldenstrukturvorschriften zu verzichten und stattdessen eine Schuldenniveaubeschränkung, einen Haftungsausschluß und ein hohes Maß an Notenbank-Unabhängigkeit zu vereinbaren. Zentralbank-Unabhängigkeit, Schuldenabbau und Haftungsausschluß sind, wie hier gezeigt wurde, gute, wenn nicht gar überlegene, Substitute für eine Koordinierung der Schuldenstrukturpolitik.

4.4. Weitere Aspekte der Debt-Management-Koordinierung

Im Mittelpunkt dieser Arbeit stand die Untersuchung des Koordinierungsbedarfs der Laufzeitenstruktur. Neben der Koordinierung der Schuldenstruktur werden allerdings seit einigen Jahren weitere Aspekte des Debt Managements unter dem Gesichtspunkt einer europäischen Koordinierung diskutiert. Diese Aspekte sollen im folgenden behandelt werden.

4.4.1. Abstimmung der Emissionstermine

Der Markt für europäische Staatsanleihen ist ein freier Markt, in dem die einzelnen europäischen Emittenten bei der Wahl ihrer Emissionszeitpunkte keinen Beschränkungen unterliegen. Seit einigen Jahren fordern allerdings der Bundesverband deutscher Banken (2000, S. 11) und verschiedene Autoren wie Favero/ Missale/Piga (2000, S. 45) und Rehm (2001, S. 342) die europäischen Staaten auf, sich bei der Wahl ihrer Emissionszeitpunkte abzustimmen.[191]

Da Kapitalanleger nicht jederzeit über unbeschränkte Mittel verfügen, so das Argument, würde das zufällige Zusammentreffen mehrerer großer Anleiheemissionen die Aufnahmefähigkeit des Kapitalmarkts überfordern und nach Auffassung der genannten Autoren zu erheblichen, kurzfristigen Zinssteigerungen führen. Diese kurzfristigen Zinssteigerungen würden die Kapitalaufnahme der europäischen Staaten verteuern. Darüber hinaus könnten sie die Preisbildung auf den Märkten für private Anleihen erschweren, da die Verzinsung der privaten Anleihen typischerweise relativ zu der Verzinsung der staatlichen Anleihen angegeben wird. Bei hohen Zinsschwankungen auf dem Markt für staatliche Anleihen hätten die Händler der privaten Anleihen Schwierigkeiten zu unterscheiden, welche Bewegungen auf eine generelle Veränderung des Zinsniveaus hindeuteten, der sie folgen müßten, und welche Bewegungen Ausdruck eines emittentenspezifischen Überangebots seien. Diese Schwierigkeiten sowie die Erhöhung der staatlichen Kapitalkosten könnten nach Ansicht des Bundesverbands deutscher Banken (2000, S. 11) durch eine europäische Koordinierung der Emissionstermine, welche die benötigte Mittelaufnahme gleichmäßig über das Jahr hinweg verteilte, vermieden werden.[192]

---

191 Auch die OECD (1999, S. 169) und Mylonas et al. (2000) stehen einer solchen Koordinierung nicht prinzipiell entgegen.

192 In der Bundesrepublik Deutschland existiert eine derartige Koordination. Hier koordiniert der *Ausschuß für Kreditfragen der öffentlichen Hand* die Kreditwünsche der deut-

Nach Auffassung des Verfassers ist dieses Argument für eine Koordinierung der Emissionszeitpunkte allerdings mit großer Vorsicht aufzunehmen. Bisher ist die These einer größeren Zinsvolatilität aufgrund unkoordinierter Anleiheemission empirisch nicht untersucht oder bestätigt worden. Erhöhte Zinsvolatilität und erhöhte Kosten der Kapitalaufnahme wurde bisher ausschließlich in Zusammenhang mit der Veröffentlichung neuer makroökonomischer Daten nachgewiesen.[193] Die von den Befürwortern einer zeitlichen Koordination angeführten Belege beschränken sich auf "Kapitalmarkt-Anekdoten". So verweist der Bundesverband deutscher Banken auf ein einziges Beispiel des Zusammenfallens mehrerer großer Emissionen im Januar 2000, ohne zu sagen, wie groß die durch die hohe Mittelaufnahme ausgelöste Zinssteigerung war (Vergl. BdB, 2000, S. 11).

Doch auch aus anderen Gründen ist Skepsis gegenüber dem Zinsvolatilitäten-Argument angebracht: Wenn die durch ein Zusammenfallen mehrerer Emissionen ausgelösten kurzfristigen Zinssteigerungen wirklich bedeutsam wären, sollten Spekulanten diese Gewinnmöglichkeit erkennen und durch kurzfristige Kapitalbereitstellung dazu beitragen, die Zins-Ausschläge zu glätten.

Doch selbst wenn es keine Spekulanten gäbe, erscheint es äußerst unwahrscheinlich, daß es ohne formale Koordination zu regelmäßigen "Marktüberforderungen" käme. Würde das Zusammenfallen großer Emissionen tatsächlich zu erheblichen Zinssteigerungen führen, hätten die staatlichen Emittenten einen starken Anreiz, sich gegenseitig aus dem Weg zu gehen. Konsequente einzelwirtschaftliche Zinskostenminimierung müßte daher eine Marktüberforderung wirksam verhindern. Die Vermeidung von Kollisionen wird dabei durch die Veröffentlichung von Emissionskalendern erleichtert.

---

schen Gebietskörperschaften. Diesem durch § 18 des Gesetzes zur Förderung der Stabilität und des Wachstums der Wirtschaft vom 8. Juni 1967 (BGBl. I S. 582) eingerichteten Ausschuß gehören Vertreter des Finanz- und Wirtschaftsministeriums, Vertreter aller Bundesländer sowie der Spitzenorganisationen der Städte und Gemeinden an. Ein Vertreter der Deutschen Bundesbank nimmt als Beobachter an den Besprechungen teil (Vergl. Deutsche Bundesbank, 2000, S. 31f.). Der Ausschuß stellt jeweils für das kommende Vierteljahr die Anleihewünsche der Gebietskörperschaften zusammen und erstellt einen indikativen Emissionsfahrplan, der allerdings nicht veröffentlicht wird. Ziel der Abstimmung ist nach Aussage der Deutschen Bundesbank, eine Überforderung des Kapitalmarkts durch eine Kumulation von öffentlichen Emissionen zu vermeiden (Vergl. Deutsche Bundesbank, 2000, S. 31f.).

193 Vergl. die Arbeit von Rossi (1998), der staatlichen Emittenten empfiehlt, die Anleiheemissionen und die Veröffentlichung marktrelevanter Daten zeitlich zu trennen, da Emittenten aufgrund der Unsichersicherheit vor solchen Veröffentlichungen schlechtere Verkaufskurse realisieren würden.

Um Anlegern Planungssicherheit zu geben und durch die langfristige Disposition der Anleger den Absatz ihrer Wertpapiere zu sichern, legen die meisten staatlichen Schuldenmanager regelmäßig Emissionskalender vor, in denen sie die Anleiheemissionen der nächsten Monate ankündigen.[194] Die sequentielle Bekanntgabe der Emissionskalender ermöglicht es den nationalen Schuldenmanagern, die bereits bekannten Termine der anderen Schuldenmanager bei der Wahl ihrer eigenen Emissionstermine zu berücksichtigen. Auch ist das Emissionsverhalten der anderen Schuldenmanagern aus früheren Perioden bekannt.

Besteht nun aus Emittentensicht ein starkes Interesse, sich gegenseitig aus dem Weg zu gehen, bildet sich in einem mehrperiodigen, sequentiellen Spiel ein europäischer Emissionskalender heraus, der auch ohne formale Koordination eine Überforderung des Kapitalmarkts vermeidet. Statt des regelmäßigen Zusammenfallens großer Emissionen müßten wir daher eine hohe Streuung der staatlichen Emissionstermine beobachten; eine Streuung, die das Ergebnis einer informellen Abstimmung ist, die über den Markt stattfindet und vom Eigeninteresse der Emittenten geleitet wird.

Wer diese wettbewerbliche Selbstorganisation durch eine formale Koordination, also ein Aushandeln des Emissionskalenders am grünen Tisch, ersetzen wollte, müßte demonstrieren, welche gesamtwirtschaftlichen Vorteile die Abkehr von dem bisherigen Verfahren besitzen sollte. Dieser Nachweis wurde – trotz des vielfachen Hinweises auf angebliche Zinsvolatilitäten – nach Einschätzung des Verfassers bisher nicht erbracht.

Die hier angedeutete Herausbildung eines europäischen Emissionskalenders durch wechselseitige Berücksichtigung des Emissionsverhaltens der anderen Schuldenmanager scheint dabei durch die Realität bestätigt zu werden. Wie ein Blick auf den europäischen Emissionskalender der Brouhns-Gruppe zeigt, verteilen sich die Emissionstermine relativ gleichmäßig über das ganze Quartal (Vergl. Abbildung 30). In dem betrachteten Zeitraum gibt es keinen Tag, an dem zwei der drei großen Euro-Emittenten Deutschland, Frankreich und Italien gleichzeitig den Markt in Anspruch nehmen (Vergl. Abbildung 30). Die International Financing Review resümiert daher, daß "die Emission der Euro-

194 Vergl. zu den Vorteilen langfristiger Emissionskalender und dem seit einigen Jahren anhaltenden Trend in diese Richtung OECD (1999, S. 169), Giovannini (1997) und Piga (1998).

Staatsanleihen derart gut organisiert sei, daß der Eindruck entsteht, daß eine Art von informellem (Emissions-)Kalender in Kraft wäre".[195]

Die vom Bundesverband deutscher Banken (2000, S. 11) ebenfalls bemängelte erhöhte Kapitalaufnahme der europäischen Staaten zu Jahresanfang[196] erscheint darüber hinaus ungeachtet eventueller Zinsvolatilitäten sinnvoll, da zu Jahresbeginn mit einem erhöhten Mittelangebot zu rechnen ist. So weisen Kapitalsammelstellen und große institutionelle Anleger typischerweise zu Jahresbeginn die höchsten Mittelzuflüsse auf. Auch aufgrund der Zinszahlungen für das zurückliegende Jahr besteht in den ersten Jahreswochen in der Regel ein erhöhter Anlagebedarf (Vergl. Abbildung 32, welche die monatlichen Zinszahlungen der Bundesrepublik Deutschland im Jahr 2002 darstellt).[197]

Die zu beobachtende Häufung der Mittelaufnahme im 1. Quartal (Vergl. Abbildung 31) stellt daher kein Marktversagen da, das durch intelligente Koordination zu beseitigen wäre, sondern ist eine vernünftige Anpassung der Emittenten an die zeitliche Marktsegmentation. Die Forderung nach einer gleichmäßigen Verteilung der Mittelaufnahme über das ganze Jahr hinweg geht somit sowohl an den haushalterischen Erfordernissen der europäischen Staaten (Zinstermin Januar) als auch an den Bedürfnissen der Kapitalanleger (Wiederanlage) vorbei.

Unabhängig von der Verteilung der Mittelaufnahme ist es erstaunlich, daß die Forderung nach einer stärkeren Koordinierung der Emissionstermine von privaten Marktteilnehmern erhoben wird, von denen man annehmen sollte, daß sie in ihrer Eigenschaft als Kapitalanleger nichts gegen höhere Zinsen einzuwenden hätten. Der Wunsch nach Koordination muß nach Einschätzung des Verfassers jedoch nicht zwingend ein Hinweis darauf sein, daß diese Marktteilnehmer unter Zinsvolatilitäten leiden. Denkbar ist auch, daß sich die privaten Marktteilnehmer durch eine europäische Koordinierung eine weniger aktivistische und damit besser prognostizierbare Emissionspolitik der europäischen Staaten erhoffen. Langfristige Klarheit über zukünftige Emissionen erlaubt An-

---

195 Vergl. International Financing Review, 11. Januar 2003, S. 17: "Issuance of euro-denominated government bonds is so well organised that the impression prevails that a kind of informal calendar has been put in place."

196 Insgesamt lagen die Bruttoemissionen an Staatsanleihen im Euroraum mit 71 Mrd. € im Januar 2000 ca. 73 % über dem (erwarteten) Jahresdurchschnitt von 41 Mrd. € pro Monat (Quelle: BdB, 2000, S. 11). Das hohe Emissionsvolumen im Januar macht sich dabei auch in den Quartalsdaten bemerkbar. Abbildung 31 gibt die Höhe der Brutto-Emissionen von Staatsanleihen im Euroraum für die vier Quartale des Jahres 2002 an.

197 Ein ähnlich hoher Anlagebedarf ergibt sich in Deutschland im Juli, da die Zinsen auf die Bundesanleihen halbjährlich gezahlt werden (Vergl. Abbildung 32).

legern, die Verfügbarkeit ihrer Kapitalmittel auf die kommenden Emissionstermine hin abzustimmen. Diese Berechenbarkeit ließe sich jedoch auch ohne europäische Koordination, durch die frühzeitige Veröffentlichung von nationalen Emissionskalendern sicherstellen.

Abbildung 31: Brutto-Emissionen von Staatsanleihen im Euroraum

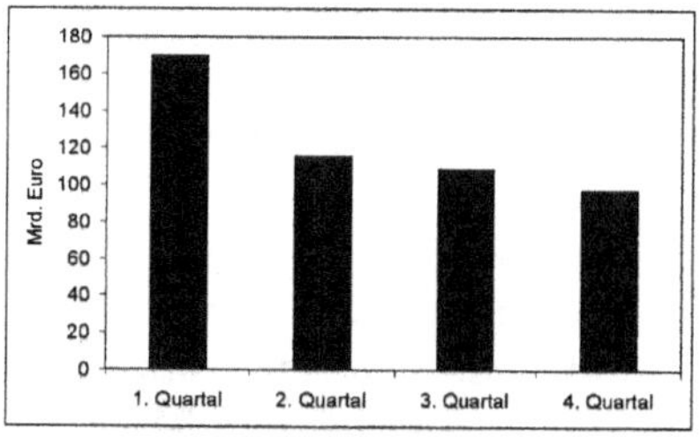

Quelle: Schroder Salomon Smith Barney; Daten für das Jahr 2002, zitiert nach F.A.Z. 22. Januar 2003.

Abbildung 32: Zinszahlungen der Bundesrepublik Deutschland

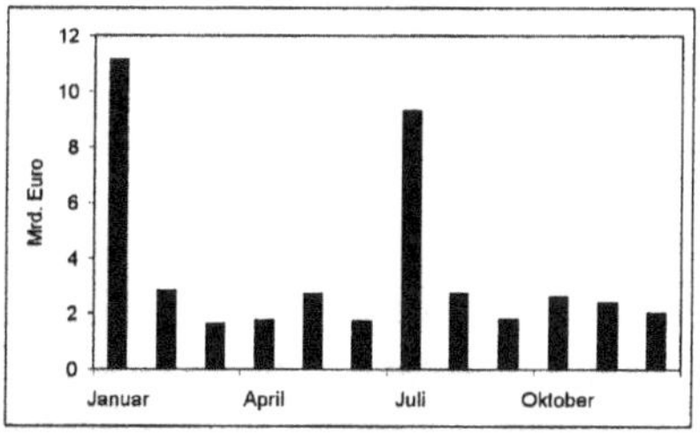

Quelle: Bundesrepublik Deutschland Finanzagentur GmbH; Zinszahlungen der Bundesrepublik Deutschland und ihrer Sondervermögen im Jahr 2002.

Die Skepsis gegen eine zentrale Koordinierung der Emissionstermine erscheint dabei vor allem deshalb angebracht, weil ein Emittentenkartell nicht nur die Wahlmöglichkeiten der Kapitalanleger verringert, sondern auch einen erheblichen Verlust an finanzpolitischer Autonomie für die betroffenen Staaten implizieren würde.[198] Für den Fall nämlich, daß mehrere europäische Staaten zum gleichen Zeitpunkt den Kapitalmarkt in Anspruch nehmen möchten, erfordert eine Koordinierung der Emissionstermine a) eine zentrale und verbindliche Entscheidung darüber, wie aufnahmefähig der Markt ist, b) Regeln und Verfahren für die Entscheidung, welchen Emittenten Vorrang zu geben ist bzw. c) wie die einzelnen Emissionswünsche in der Höhe zu kürzen sind, falls das angestrebte Emissionsvolumen die unter (a) ermittelte Aufnahmefähigkeit übersteigt. Da die Durchführung des Haushaltsplans die sichere Deckung des Finanzbedarfs voraussetzt, impliziert eine enge Koordination der Emissionstermine einen erheblichen Verlust an finanzpolitischer Autonomie, wobei der Verfasser nicht

198 Dieser Gesichtspunkt wird besonders von der Bank für Internationalen Zahlungsausgleich betont. Vergl. BIS (2000, S. 127).

erkennen kann, welche Vorteile diesem Souveränitätsverlust gegenüber stehen sollen.

Doch selbst wenn es gesamtwirtschaftliche Vorteile gäbe, erscheint fraglich, ob eine enge Koordinierung der Emissionstermine politisch durchsetzbar wäre. Es darf unterstellt werden, daß Anleger eine Präferenz für liquide Anleihen von Emittenten höchster Bonität besitzen. Die Vorteile eines Emittentenkartells, d.h. der Minderung der direkten Konkurrenz, dürften daher vor allem den kleineren Emittenten und den Emittenten mit niedrigerer Kreditwürdigkeit zugute kommen, die bei direktem Wettbewerb höhere Zinsen zahlen müßten, um Kapitalanleger von den deutschen und französischen (höchste Bonität) bzw. italienischen (größtes Marktsegment) Staatsanleihen weg zu locken.[199]

Die großen Emittenten Deutschland und Frankreich sowie eventuell auch Italien könnten dagegen durch ein Emittentenkartell nichts gewinnen. Ihre Zustimmung erscheint daher fraglich. Da eine Koordinierung ohne die drei größten Emittenten Deutschland, Frankreich und Italien, die zusammen etwa 75 % des EWU-Emissionsvolumens emittieren, wenig Sinn machen würde, ist eine formale Koordinierung der Emissionstermine nach Einschätzung des Verfassers in naher Zukunft wenig wahrscheinlich.

Falls dennoch einzelne Länder der Auffassung sind, daß sich ihre Zinskosten durch eine koordinierte Schuldenpolitik verringern ließen, müssen sie Maßnahmen unterhalb der Gemeinschaftsebene suchen, um die Kosten ihrer Kreditaufnahme zu reduzieren. Dies könnte die Emission gemeinsamer Anleihen sein.

4.4.2. Gemeinsame Anleihen der kleineren Länder

Anleger präferieren Wertpapiere, die sie jederzeit ohne größeres Kursrisiko wieder veräußern können. Diese Liquiditätspräferenz bedingt, daß die Emittenten von kleinen, nur wenig gehandelten Anleihen höhere Zinsen als die Emittenten von großen, rege gehandelten Wertpapieren zahlen müssen.[200] Die Giovannini-Gruppe[201] prüfte daher den Vorschlag, daß die kleineren europäischen Staaten

199 Vergl. BIS (2000, S. 127), Rehm (2001, S. 341f.) und Giovannini-Report (2000, S. 1).

200 Vergl. zum Zusammenhang von Liquidität und Wertpapierpreisen Kempf (1999) sowie die dort angegebene Literatur.

201 Die Giovannini-Gruppe ist eine bei der Generaldirektion Wirtschaft und Finanzen angesiedelte Arbeitsgruppe unter Vorsitz von Alberto Giovannini (Unifortune Asset Management SGR), der Vertreter zahlreicher großer Banken, der Europäischen Zentralbank und der EU-Kommission angehören. Die Arbeitsgruppe studiert aktuelle Kapitalmarkt-

gemeinsame Anleihen emittieren, um sich preiswerter verschulden zu können.[202] Diesem Vorschlag stehen allerdings zahlreiche juristische und vor allem ökonomische Gründe entgegen, auf die im folgenden kurz eingegangen werden soll.

Um wirklich die Liquidität zu erhöhen, dürften die gemeinsamen Anleihen nicht aus einzelnen, den beteiligten Ländern klar zurechenbaren Tranchen bestehen, sondern müßten gesamtschuldnerisch emittierte, un-unterscheidbare, eben gemeinsame Wertpapiere sein, die von allen beteiligten Staaten garantiert würden. Damit bilden die gemeinsam emittierenden Staaten de facto und bezüglich der betreffenden Anleihen auch de jure einen Haftungsverbund, was in Gegensatz zur *no-bail-out*-Klausel des Maastricht-Vertrags stünde, nach der kein Staat für die Schulden eines anderen Mitgliedsstaates haftet.

Unabhängig von der rechtlichen Zulässigkeit wären gemeinsame Anleihen allerdings unter anreizökonomischen Gesichtspunkten höchst problematisch, da sie geeignet wären, die disziplinierenden Wirkungen der Finanzmärkte für die Fiskalpolitik der beteiligten Staaten zu mindern. Wie Kapitel 3.2.5. gezeigt hat, führt individuelles, fiskalpolitisches Fehlverhalten in einem Haftungsverbund zu deutlich geringeren Zinskostensteigerungen als in Autonomie. Der Anreiz, solide zu wirtschaften, ginge daher durch gemeinsame Anleihen zurück.[203]

Doch selbst wenn sich die juristischen und anreizökonomischen Gründe entkräften ließen, bliebe fraglich, ob gemeinsame Anleihen wirklich die Zinskosten reduzieren könnten. Viel deutet darauf hin, daß für die Bestimmung der Liquiditätsprämien neben dem Volumen der einzelnen Anleihen weitere Faktoren relevant sind, zu denen neben der Gläubigerstruktur und der Existenz unterstützender Termin-Märkte auch die Höhe der insgesamt ausstehenden Schuld zählt. Es ist daher durchaus denkbar, daß gemeinsame hochvolumige Anleihen der kleineren Länder nicht zu einem deutlichen Abbau der Liquiditätsprämien führen, da die Anleger die Sicherheit eines liquiden Handels in deutschen Bundesanleihen nicht aus dem Emissionsvolumen einer einzelnen Bundesanleihe, sondern aus der insgesamt ausstehender Schuld ziehen. Eine gezielte Ausweitung der Brutto-Staatsverschuldung zur Sicherung günstigerer Finanzierungskondi-

---

fragen und berät die Europäische Kommission in Finanzmarktfragen. Vergl. den Internet-Auftritt der Giovannini-Gruppe:
http://europa.eu.int/comm/economy_finance/giovannini_en.htm.

202 Diese Sichtweise unterstellt, daß die zwischen Deutschland und den zahlreichen kleineren EWU-Mitgliedsstaaten beobachtbaren Zinsdifferenzen überwiegend auf Liquiditätsunterschiede und nicht auf Unterschiede in der Kreditwürdigkeit zurückzuführen sind.

203 Gleicher Auffassung ist Rehm (2001, S. 340).

tionen sollte sich aber strikt verbieten. Abbildung 33 und Abbildung 34 geben einen Überblick über die relativen Zinskostennachteile bzw. das Volumen der Wertpapierverschuldung der Europäischen Staaten.

Abbildung 33: EWU-Länderspreads

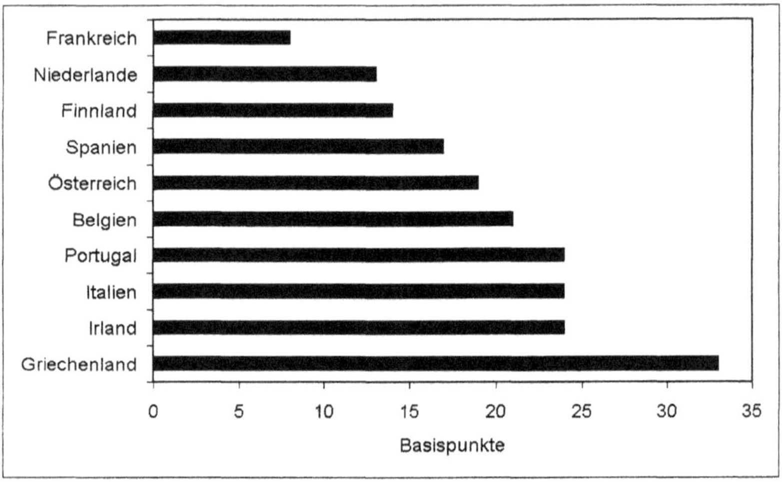

Quelle: F.A.Z., 7. Mai 2002. Die Abbildung zeigt die durchschnittlichen Renditezuschläge 10jähriger Staatsanleihen der EWU-Länder gegenüber vergleichbaren Bundesanleihen. Allgemein gilt die Kreditwürdigkeit des Emittenten als Determinante der Spreads. Neben der Bonität ist allerdings auch die Liquidität der emittierten Anleihen eine wichtige Einflußgröße. Wie die Abbildung zeigt, weisen Irland und Italien annähern gleiche Spreads auf, obwohl Irland (AAA) ein höheres Rating als Italien (AA) besitzt. Die identischen Spreads trotz unterschiedlicher Kreditwürdigkeit erklären sich aus dem wesentlich größeren Volumen ausstehender italienischer Staatsanleihen. Die hohe Liquidität des italienischen Staatsanleihemarkts kompensiert den Bonitätsnachteil Italiens. Einen Überblick über das ausstehende Anleihevolumen verschiedener europäischen Staaten gibt Abbildung 34. Die Bonitätseinschätzungen der Rating-Agenturen Moody's und Standard&Poor's sind in Tabelle 18 auf Seite 234 zusammengestellt.

4.4.3. Gründung einer europäischen Debt-Management-Agentur

Eng verbunden mit der Frage gemeinsamer Anleihen ist die 1999 von dem damaligen EU-Währungskommissar de Silguy vorgeschlagene Gründung einer europäischen Debt-Management-Agentur, welche für alle Teilnehmer der euro-

Abbildung 34: Ausstehende Wertpapiere staatlicher Schuldner

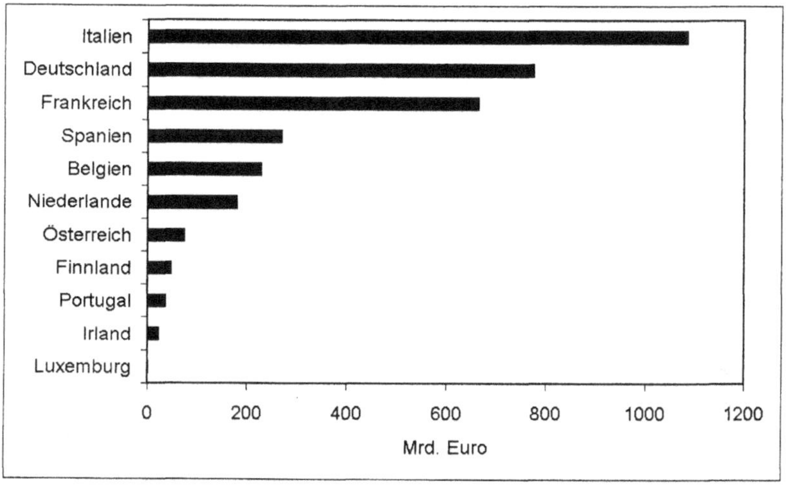

Quelle: BIZ, Bundesverband deutscher Banken, Stand: Jahresende 1999.

päischen Währungsunion die Emission der Staatsanleihen übernehmen sollte. De Silguy versprach sich von dieser Agentur eine Verringerung der Fragmentation des europäischen Kapitalmarkts und vor allem für die kleinen Emittenten eine Reduktion der Zinskosten:

> *"Member States could create a single body responsible for issuing a large part of euro zone government bonds. This approach could largely eliminate market fragmentation and ensure lower interest rates for issuers. The potential benefits for countries in terms of lower debt servicing costs could easily outweigt the apparent loss of national control. The advantages would be greatest for small countries which today face high interest rate premia because of liquidity constraints in their national bond markets."*
>
> Yves-Thibault de Silguy,
> Vortrag vor der Corporation of London, 26. Juli 1999

Prinzipiell sind verschiedene Ausgestaltungsvarianten einer solchen europäischen Debt-Management-Agentur denkbar, die eng mit der Frage nach den Ziele einer solchen Debt Management Integration verknüpft sind. Sollte die Agentur beispielsweise die Fragmentation des europäischen Kapitalmarkts reduzieren und durch liquidere Anleihen ein Einsparpotential bei den Zinskosten eröffnen, müßte sie einheitliche, von allen EWU-Staaten gemeinsam garantierte Anleihen emittieren. Dies stünde – wie oben am Beispiel der gemeinsamen Anleihen der kleineren Länder dargelegt – in Widerspruch zur *no-bail-out*-Klausel des Maastrichter Vertrags.

Sollte hingegen durch die Zentralisation von Verwaltungsfunktionen und die Bündelung von Know-how lediglich ein für die Nationalstaaten tätiges Emissionshaus gegründet werden, ist fraglich, ob die relativ geringen Kosteneinsparungen einer solchen Maßnahme den dafür notwendigen Verzicht auf nationale Souveränität rechtfertigen würden. Da die Schuldenstrukturpolitik von den einzelnen Emittenten derzeit intensiv eingesetzt wird, um sich im europäischen Kapitalmarkt zu profilieren und von den anderen Emittenten beispielsweise durch indexierte Anleihen, Emissionskalender, besondere Zuteilungsverfahren oder Marktpflegeoperationen abzusetzen, würde auch eine sehr begrenzte Delegation von Aufgaben einen hohen Souveränitätsverzicht implizieren. Angesichts der verglichen mit der jährlichen Brutto-Schuldenaufnahme relativ kleinen Transaktionskosten erscheint das Einsparpotential, das sich durch eine Zentralisation der Emissions- und Marktpflegeoperationen erzielen ließe, zu gering, um die Zusammenlegung der Debt Manager zu rechtfertigen. Vor allem dürfte einer Zentralisation aber entgegen stehen, daß der Innovationsmotor Wettbewerb verloren ginge. Problematisch wäre außerdem, daß, wenn mehrere europäische Staaten gleichzeitig den Kapitalmarkt in Anspruch nehmen möchten, die Aufteilung der vorhandenen Ressourcen der gemeinsamen europäischen Finanzagentur zu Konflikten führen könnte, die dann nicht mehr über den Markt entschieden würden. Aus Sicht des Verfasser geben Zinskostenreduktion und Liquiditätssteigerung daher keine überzeugende Argumente zur Gründung einer europäischen Debt-Management-Agentur ab. Allenfalls erscheint eine weitere Vernetzung der nationalen und europäischen Clearing- und Settlement-System denkbar, welche die Verwaltung und den Handel der emittierten Anleihen vereinfachen würde (Vergl. Rehm, 2001, S. 340).

4.5. Beispiele von Kooperationen in der Kapitalaufnahme

Der Vorschlag einer gemeinsamen Anleihe-Emission der kleineren europäischen Staaten kann sich auf das Vorbild der deutschen Bundesländer sowie der schweizer Gemeinden stützen, die seit 1996 bzw. 1971 gemeinsame Anleihen emittieren. Diese beiden Kooperationen sollen daher in einem kurzen Exkurs beleuchtet werden. Darüber hinaus gibt es Überlegungen, die Zinskosten der deutschen Bundesländer durch einen gemeinsamen Kapitalmarktauftritt mit dem Bund zu senken. Diese Überlegungen werden anschließend diskutiert.

4.5.1. Gemeinsame Anleihen der deutschen Bundesländer

Seit August 1996 haben verschiedene Bundesländer mehrere gemeinsame Anleihen emittiert. Bei diesen sogenannten "gemeinsamen Länder-Jumbos" handelt es sich um hochvolumige Sammelanleihen, bei denen die beteiligten Bundesländer Zins- und Tilgungsleistungen entsprechend ihrem jeweiligen Anteil am Gesamtvolumen übernehmen. Mit Emissionsvolumina von 0,75 bis 1,5 Mrd. € bleiben die Länder-Sammelanleihen allerdings noch immer deutlich unter den Bundesanleihen, die in der Regel in Tranchen von 5 bis 10 Mrd. Euro emittiert werden. An der ersten gemeinsam begebenen Länderanleihe im August 1996 beteiligten sich die Länder Berlin, Hamburg, Hessen, Nordrhein-Westfalen, Rheinland-Pfalz, Schleswig-Holstein und Sachsen-Anhalt (Vergl. Berliner Zeitung / o.V., 30.07.1996). Die Anleihe hatte ein Volumen von knapp 3 Mrd. DM. Bemerkenswert ist, daß sich zu dieser Emission Länder mit sehr unterschiedlicher Kreditwürdigkeit zusammengeschlossen haben. (Vergl. beispielsweise die Pro-Kopf-Verschuldung der Länder Hessen und Berlin in Abbildung 35 auf S. 283. Diese unterschiedliche Kreditwürdigkeit drückt sich auch in den Bonitätsbeurteilungen der internationalen Rating-Agenturen aus. Vergl. die nachfolgende Tabelle, in der die von Moody's und Standard&Poor's verliehenen Ratings zusammengestellt sind). Trotz dieser erheblichen Bonitätsunterschiede versprechen sich alle beteiligten Länder durch die gemeinsame Anleihebegebung Zinskostenvorteile gegenüber ihren sonstigen, vom Emissionsvolumen her deutlich kleineren Emissionen (Vergl. Berliner Zeitung / o.V., 30.07.1996).

4.5.2. Gemeinsame Anleihen der schweizer Gemeinden

Auch die schweizer Gemeinden sind bemüht, durch gemeinsame Anleihen ihre Zinsbelastung zu verringern.[204] 1971 wurde die *Emissionszentrale der Schwei-*

---

204 Vergl. die Selbstdarstellung der Emissionszentrale der Schweizer Gemeinden im Internet an: URL: http://www.esg-ccs.ch/profile/index-de.html.

zer Gemeinden (ESG) in der Rechtsform einer eingetragenen Genossenschaft gegründet, um kleineren und mittleren Gemeinden und kommunalen Zweckverbänden den Zugang zum Kapitalmarkt zu eröffnen (Vergl. ESG, 2002a). Seit 1971 hat die ESG durch 81 – meist 10jährige – Anleihen und 39 Privatplazierungen 7,0355 Mrd. Schweizer Franken für ihre Mitgliedsgemeinden aufgenommen (Vergl. ESG, 2002b). Diese langfristige Kreditaufnahme stellt laut ESG (2002a) für die beteiligten Gemeinden eine Art Sockelfinanzierung dar.

Tabelle 21: Die Kreditwürdigkeit deutscher Bundesländer

	Standard&Poor's	**Moody's**
Baden-Württemberg	AAA	Aaa
Bayern	AAA	Aaa
Berlin	---	Aa3
Brandenburg	AA	Aa2
Bremen	---	---
Hamburg	AA	---
Hessen	AAA	---
Mecklenburg-Vorpommern	---	---
Niedersachsen	---	---
Nordrhein-Westfalen	AA+	Aa1
Rheinland-Pfalz	AA	---
Saarland	---	---
Sachsen	AA	---
Sachsen-Anhalt	AA	Aa3
Schleswig-Holstein	---	---
Thüringen	---	---

Quelle: Homepage der jeweiligen Rating-Agentur (langfristige Ratings).
URL: http://www.standardandpoors.com, http://www.moodys.com, Stand: 1. Februar 2003.

Abbildung 35: Die Pro-Kopf-Verschuldung der deutschen Bundesländer

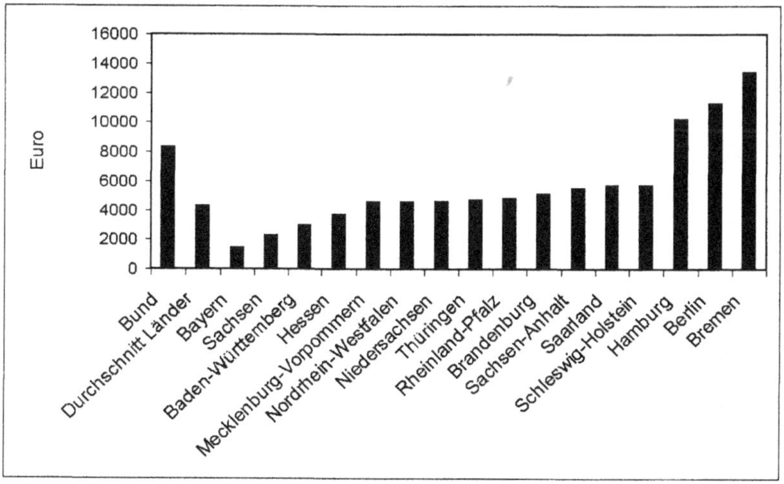

Quelle: Bundesministerium der Finanzen, Stand: 31. Dezember 2001.

Die Emission der einzelnen Anleihen erfolgt dabei im Namen der Emissionszentrale, jedoch im Auftrag und für die Rechnung der beteiligten Gemeinden und Zweckverbände (Vergl. ESG, 2002a). Nach einem festgelegten Schlüssel werden die aufgenommenen Mittel und sämtliche bei einer Emission anfallenden Kosten anteilig auf die beteiligten Gemeinden verteilt. Zinszahlungen und Kapitalrückzahlungen sind von den beteiligten Gemeinden entsprechend der erhaltenen Kapitalquote zu leisten.

Für den Fall, daß eine Gemeinde fällige Zahlungen nicht leisten kann, ist eine Versicherungslösung und subsidiär ein wechselseitiger, aber begrenzter Haftungsverbund vorgesehen: Als Erst-Risiko-Versicherer hat sich durch einen privatrechtlichen Versicherungsvertrag die Zürich Versicherungsgesellschaft verpflichtet, innerhalb von 3 Tagen bis zu 10 % des Nennwerts einer ESG-Anleihe zu finanzieren, falls ein oder mehrere Gemeinden ausfallen (Vergl. ESG, 2002c). Für diese Versicherungslösung erhält die Zürich Versicherungsgesellschaft eine frei ausgehandelte (marktliche) Vergütung, sowie – im Versicherungsfall – ein unbefristetes Regreßrecht gegenüber den zahlungsunfähigen Gemeinden.

Für den Fall, daß die Zahlungsausfälle 10 % der Anleihesumme überschreiten, bürgt jede an der Emission beteiligte Gemeinde anteilig für den Zahlungsausfall bis maximal in Höhe ihrer eigenen Quote an der betreffenden Anleihe. Diese Regelung begrenzt das Haftungsrisiko jeder Gemeinde auf maximal noch einmal den aufgenommenen Betrag.

Von Standards & Poor's werden die durch den Versicherungsvertrag mit der Zürich-Versicherungsgesellschaft abgesicherten Anleihen mit "AA" bewertet (Vergl. ESG, 2002c). Dies entspricht dem Standards & Poor's Rating von Italien und Portugal.[205]

4.5.3. Überlegungen zu Bund-Länder-Kooperationen

Die deutschen Bundesländer versuchen, wie in Kapitel 4.6.1. dargestellt, durch gemeinsame Anleihen ihre Zinskosten zu verringern. Trotz der Kooperationen der Länder bei der Kapitalaufnahme können Bundesanleihen allerdings noch immer günstiger emittiert werden als Länderanleihen. Einen Eindruck vom Ausmaß dieses Zinszuschlags geben Tabelle 22 sowie Abbildung 36. Um die Finanzierungskosten der Länder weiter zu verringern, fordern daher verschiedene Landespolitiker einen gemeinsamen Kapitalmarktauftritt der Länder mit dem Bund (Vergl. Bachmann, 2002). Seit 1998 prüft eine Arbeitsgruppe aus Vertretern der Finanzministerien der Länder und des Bundes, ob die Bundesländer durch einen gemeinsamen Kapitalmarktauftritt mit dem Bund ihre Finanzierungskosten wirklich verringern könnten und was die Vor- bzw. Nachteile einer solchen Bund-Länder-Kooperation wären. Ergebnisse dieser Beratungen sind bisher nicht bekannt. Ob es zu einem gemeinsamen Kapitalmarktauftritt kommt und wie dieser ausgestaltet wäre, ist noch völlig offen.

Welche Maßnahmen allerdings geeignet wären, die Zinskosten der Länder zu reduzieren, hängt entscheidend davon ab, welche Ursachen für die Zinsdifferenz zwischen Bund und Ländern verantwortlich sind. Neben Unterschieden in der Liquidität und Unterschieden in der Kreditwürdigkeit ist hierbei auch an die fehlende Einbeziehung der Länderanleihen in den Zins-Terminhandel zu denken (Vergl. Rehm, 2001, S. 335). Anders als Bundesanleihen können die Anleihen der Bundesländer nicht zur Bedienung der sehr aktiv gehandelten Zins-Terminkontrakte eingesetzt werden. Ihnen fehlt daher die zusätzliche Nachfrage, die bezüglich der Bundesanleihen vom Terminhandel ausgeht. Falls die fehlende Einbeziehung in den Terminhandel den Hauptgrund für die Renditedifferenz

205 Quelle: http://www.standardandpoors.com/RatingsActions/RatingsLists/Sovereigns/SovereignsRatingsList.html, Stand: 05. September 2002.

darstellt, ließen sich beträchtliche Zinskostenvorteile für die Länder durch eine Veränderung der Lieferbedingungen der Terminbörse erzielen. Fraglich ist allerdings, ob die Terminbörse zu einer solchen Regeländerung bereit wäre, da wegen des geringeren Marktvolumens und der teilweise geringeren Bonität Länderanleihen durchaus nicht als perfekte Substitute zu den Bundesanleihen gelten.

Abbildung 36: Renditeaufschlag von Länderanleihen gegenüber Bundesanleihen

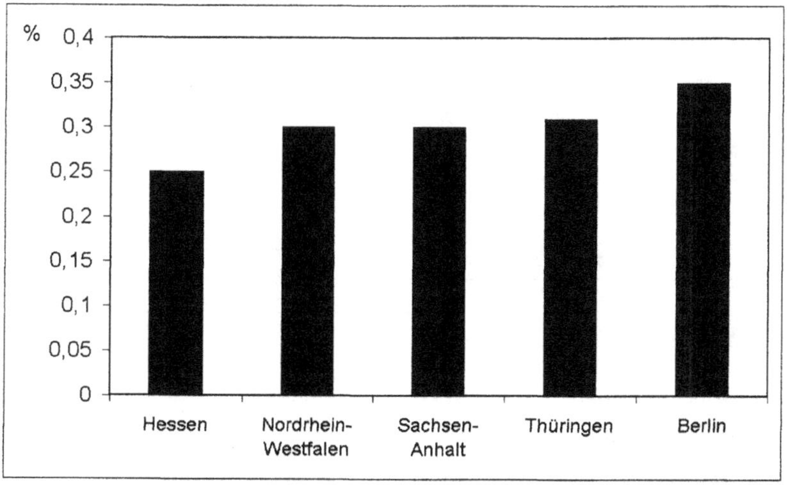

Quelle: Goldman Sachs; zitiert nach F.A.Z. 19.10.2001. Die Abbildung zeigt den Renditeaufschlag von fünf im Laufe des Jahres 2001 emittierten Länderanleihen (Laufzeit: 10 Jahre) gegenüber vergleichbare Bundesanleihen.

Ist hingegen nicht die fehlende Einbeziehung in den Terminhandel, sondern die geringere Kreditwürdigkeit der Bundesländer die Hauptursache für den Zinskostennachteil,[206] ließen sich für die Länder bessere Finanzierungskonditionen nur durch eine Übernahme des Länder-Kreditrisikos durch den Bund er-

206 Für die These, daß Unterschiede in der Kreditwürdigkeit zwischen Bund und Ländern eine maßgebliche Determinante der Zinsunterschiede sind, spricht, daß – bei vergleichbarer Liquidität und durchgängig fehlender Einbeziehung in den Terminmarkt – auch zwischen unterschiedlichen Länderanleihen Zinsdifferenzen existieren. Diese Zinsunterschiede korrelieren mit der Schuldenhöhe und betrugen 1995 zwischen Sachsen-Anhalt und Bayern fast 30 Basispunkte. Interessant ist dabei, daß der Länderfinanzausgleich einer unterschiedlichen Bewertung der Kreditwürdigkeit der deutschen Bundesländer nicht entgegenzustehen scheint. Vergl. Ziegenhorn (1998, S. 190f.).

zielen.[207] Diese Übernahme könnte entweder durch eine explizite Bürgschaft oder durch eine Emission auf eigene Rechnung mit anschließender Weitergabe der aufgenommenen Kapitalmittel an die Länder geschehen.

Tabelle 22: Der Zinsabstand deutscher Bundesländer zum Bund

	1993	1994	1995	1996	1997	Durchschnitt
Baden-Württemberg	33	27	22	12	14	21,6
Bayern	20	26	23	16	8	18,6
Berlin	24	24	24	22	12	21,2
Brandenburg	21	26	25	22	14	21,6
Bremen	19	27	25	20	13	20,8
Hamburg	17	19	23	23	16	19,6
Hessen	21	34	29	32	22	27,6
Mecklenburg-Vorpommern	23	29	23	24	20	23,8
Niedersachsen	8	25	22	14	6	15
Nordrhein-Westfalen	18	33	27	18	15	22,2
Rheinland-Pfalz	15	17	23	15	18	17,6
Saarland	---	25	24	21	12	20,5
Sachsen	22	16	19	21	21	19,8
Sachsen-Anhalt	34	25	26	28	14	25,4
Schleswig-Holstein	23	13	21	22	21	20
Thüringen	24	48	30	22	7	26,2
Durchschnitt	21,47	25,88	25,73	22,13	15,53	22,77

Quelle: Lemmen, 1999, S. 22. Lemmen (1999) gibt den Zinsabstand deutscher Bundesländer zu vergleichbaren Anleihen des Zentralstaats für die Jahre 1993 bis 1997 an. Nach 1997 weiteten sich die Bund-Länder-Spreads zum Teil deutlich aus.

Auch die Unterschiede in der Liquidität, die ebenfalls eine wichtige Ursache von Zinsdifferenzen sind, ließen sich nur durch eine Übernahme der Länderanleihen in das Bundesschuldenportefolio verringern. Die dadurch bewirkte Erhöhung der Liquidität seiner eigenen Papiere könnte dabei durchaus im Interesse des Bundes liegen, der sich in einem harten Wettbewerb mit Frankreich um die

207 Eine Übersicht über die Einschätzung der Kreditwürdigkeit verschiedener deutschen Bundesländer durch internationale Rating-Agenturen bietet Tabelle 21 auf Seite 282.

Stellung des Benchmark-Emittenten in der Europäischen Währungsunion befindet.[208]

Um Benchmark-Emittent zu werden, muß ein Emittent beste Kreditsicherheit und höchste Liquidität bieten. Frankreich und Deutschland genießen beide die höchste Bonitätseinschätzung, doch da sich Frankreich tendenziell etwas kurzfristiger verschuldet als Deutschland, weist Frankreich einen größeren und liquideren Markt an kurz- und mittelfristigen Wertpapieren auf (Vergl. OECD, 1999, S. 168). Im Bereich der 2 bis 5jährigen Anleihen konnte Frankreich daher in den letzten Jahren wiederholt geringfügig niedrigere Zinsen bezahlen als Deutschland.[209]

Eine Integration der Verschuldung der Länder in das Schuldenmanagement des Bundes würde es der Bundesrepublik Deutschland daher ermöglichen, ohne Verkürzung der Durchschnittslaufzeit auch im kurzen und mittelfristigen Laufzeitensegment einen liquideren Markt als Frankreich anzubieten. Dies könnte die Benchmark-Stellung der Bundesrepublik auch in diesem Bereich durchsetzen und die Kreditaufnahme tendenziell verbilligen.

Trotz dieses potentiellen Gewinns des Bundes dürften die größten Vorteile eines gemeinsamen Kapitalmarktauftritts allerdings den Ländern zufallen, die sich – sofern der Bund den Zinskostenvorteil weiterreicht – entsprechend der Zinsdifferenz billiger finanzieren können. Die Zinskostenersparnis der Länder schätzt der Bundesverband deutscher Banken bei einer vollständigen Übertragung der Kapitalmarktverschuldung der Länder auf den Bund auf bis zu 1 Mrd. € pro Jahr (Vergl. BdB, 2001, S. 10). Der größte Teil hiervon würde dabei den Ländern mit vergleichsweise geringer eigener Bonität, vergleichsweise geringer Liquidität und einem hohen Anteil von Wertpapierschulden zufallen (Vergl. für den Anteil der Wertpapierschuld Abbildung 37, S. 288).

Unter dem Gesichtspunkt eines lebendigen Fiskalföderalismus, in dem Kompetenz und Haftung zusammenfallen, und unter dem Gesichtspunkt der grundgesetzlich garantierten Finanzautonomie der Länder erscheint ein gemeinsamer Kapitalmarktauftritt von Bund und Ländern allerdings höchst problematisch. Auch darf der Liquiditätseffekt für die Bundesanleihen nicht überbewertet

208 Vergl. OECD (1999, S. 168f.), Frith-Powell (2002, S. 59ff.) und Hepke (2000, S. 16f.).

209 Vergl. BdB (1999, S. 10ff.). Italien scheidet aus dem Wettbewerb um die Benchmark-Position aus. Die Kapitalmarkt-Verschuldung des italienischen Zentralstaats ist zwar mehr als doppelt so groß wie die der Bundesrepublik Deutschland (ohne Länder und Gemeinden), doch weist Italien wegen seiner hohen Staatsverschuldung eine niedrigere Bonität als Deutschland und Frankreich auf.

Abbildung 37: Anteil der Wertpapierschulden an der Gesamtverschuldung

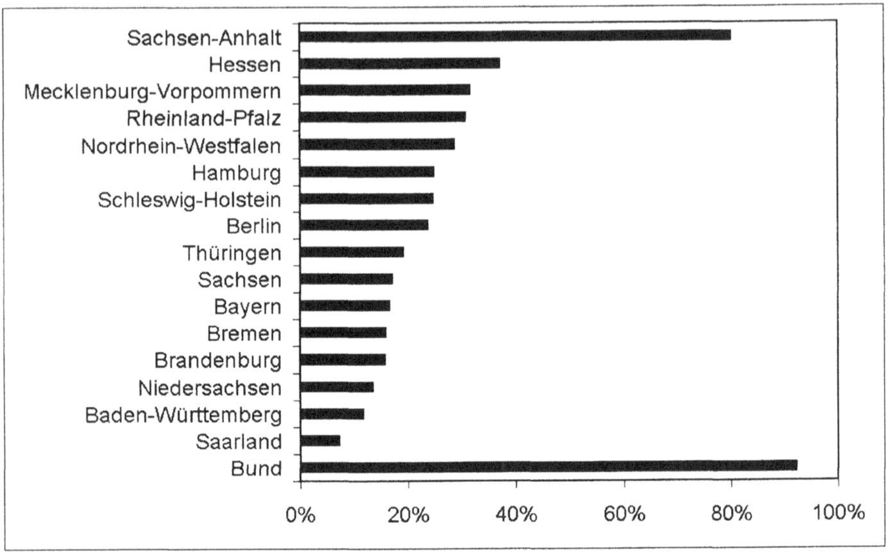

Quelle: Bundesministerium der Finanzen, Stand: 31. Dezember 2001.

werden. Wie Abbildung 37 zeigt, machen handelbaren Wertpapiere, wenn man von Sachsen-Anhalt absieht, nur etwa 10-40% der Länderschulden aus. Eine vollständige Integration der ausstehenden Länderanleihen von ca. 89,9 Mrd. Euro in das Bundesschuldenportfolio von 643,3 Mrd. Euro würde daher, wie Abbildung 38 verdeutlicht, den Wert der ausstehenden Bundesschuld nur um ca. 14,0 Prozent erhöhen (Stand: 31. Dezember 2001). Völlig ungeklärt ist derzeit auch, welche Auswirkungen eine Übernahme des Länder-Kreditrisikos für die Bonität des Bundes hätte.

Für den Fall schließlich, daß der Bund sich darauf beschränkt, als Agent die Plazierung der Länderanleihen zu übernehmen, können analog der Koordinierung der Emissionstermine in Europa Interessenkonflikte zwischen den Emissionswünschen der einzelnen Auftraggeber (Bund und Länder) auftreten, die dann nicht mehr über den Markt, sondern in einem politischen Prozeß geklärt werden müßten.

Abbildung 38: Die Schulden von Bund und Ländern

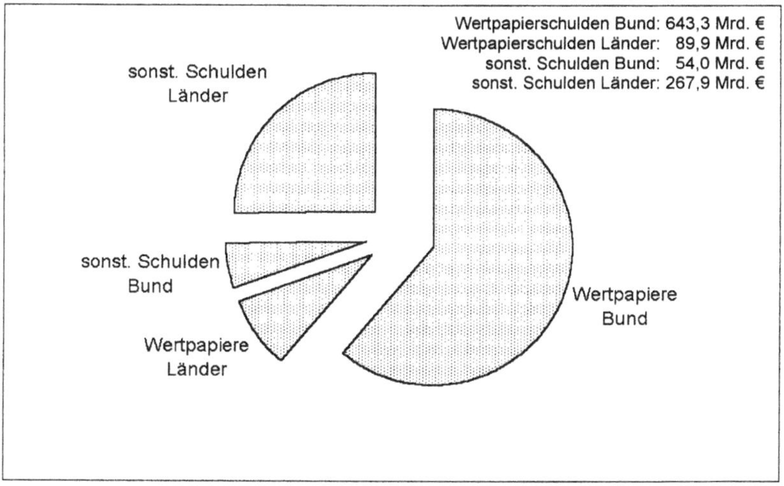

Quelle: Bundesministerium der Finanzen, Stand: 31. Dezember 2001.

4.5.4. Gemeinsame Anleihen – ein Vorbild für die EWU?

Bezüglich der Emission gemeinsamer Anleihen der europäischen Staaten ist aus Sicht des Verfassers allerdings fraglich, ob die positiven Erfahrungen der deutschen Bundesländern und der schweizer Gemeinden wirklich ein Vorbild abgeben können. Die deutschen Bundesländer (und analog die schweizer Gemeinden) sind durch ihre gemeinsame Zugehörigkeit zur Bundesrepublik Deutschland (bzw. Schweiz) alle Teil des selben Staates und bilden eine historisch gewachsene Solidargemeinschaft. Auch ohne gemeinsame Anleihe sind die deutschen Bundesländer durch den Länderfinanzausgleich, durch die Maßgabe einheitlicher Lebensverhältnisse des Grundgesetzes sowie nicht zuletzt durch die Zugehörigkeit zur Bundesrepublik Deutschland eng miteinander verbunden. Die Emission gemeinsamer Anleihen stellt hier aus Sicht des Verfassers einen wesentlich kleineren Integrationsschritt dar als ein vergleichbares Unterfangen der Mitgliedsländern der Europäischen Währungsunion, die trotz enger kultureller und wirtschaftlicher Verflechtungen unterschiedliche Nationalstaaten sind. Da sich die *default*-Risiken der europäischen Staaten wegen der wesentlich größeren Emissionsvolumina zudem vermutlich nicht wie in der Schweiz durch eine privatrechtliche Versicherungslösung auffangen ließen, würde die Emission gemeinsamer Anleihen genau den Haftungsverbund begründen, den der Maastricht-Vertrag aus gutem Grund vermeiden wollte.

4.6. Zusammenfassung von Kapitel 4

In den vorangegangenen Kapiteln 2 und 3 wurden die Wirkungen der Schuldenstrukturpolitik auf die Inflationsrate (Kapitel 2) und auf die Kosten der Kreditaufnahme (Kapitel 3) untersucht. In diesem Kapitel wurden die Politikempfehlungen der diskutierten Modelle einander gegenübergestellt. Dabei zeigte es sich, daß aus den Modellen der Kapitel 2 und 3 unterschiedliche Empfehlungen für die Schuldenstrukturpolitik folgen. Während die Reduktion der Anreize zur Überraschungsinflation die Vermeidung langfristiger Nominalverschuldung erfordert, bedingt die Vermeidung von Schuldenkrisen eine möglichst langfristige Staatsfinanzierung.

Dieser Widerspruch ist durch eine partialanalytische Untersuchung nicht aufzulösen. Daher wurden in Kapitel 4.2. alternative Wege gesucht, um die durch eine Koordinierung der Schuldenstrukturpolitik angestrebten Ziele zu erreichen. Die Diskussion ergab, daß auch ein Ausbau der Unabhängigkeit der Zentralbank sowie eine Stärkung der Glaubwürdigkeit der *no-bail-out*-Klausel die Mängel einer unkoordinierten Schuldenstrukturpolitik tendenziell verringern können. Auch ein allgemeiner Schuldenabbau diente in beiden Modellen diesem Ziel.

Die Unsicherheit hinsichtlich der optimalen Schuldenstruktur und die in den Kapitel 2.4. und 2.5. diskutierte mangelnde Zustimmungsfähigkeit der optimalen Koordination wurden in Kapitel 4.3. als denkbare Gründe dafür genannt, daß im Maastricht-Vertrag darauf verzichtet wurde, Vorgaben für die Schuldenstruktur zu vereinbaren. Die stattdessen vereinbarte Begrenzung der Schuldenhöhe sowie die Festschreibung eines hohen Maßes an Zentralbankunabhängigkeit und eines Haftungsaufschlusses wurden als konsistent mit den Politikempfehlungen, die sich aus den Modellen dieser Arbeit abgeleiten lassen, erkannt.

Außer der Koordination der Laufzeitenstruktur, deren Untersuchung im Mittelpunkt dieser Arbeit steht, werden von Politikern und Kapitalmarktpraktikern weitere Aspekte des Debt Managements hinsichtlich einer engeren europäischen Koordinierung diskutiert. Um die Diskussion der Schuldenstrukturpolitik in Europa in dieser Hinsicht abzurunden, wurden diese Vorschläge, zu denen eine zentrale Koordinierung der Emissionstermine, die Gründung einer europäischen Debt-Management-Agentur und die Emission von gemeinsamen Anleihen der kleineren Länder gehören, in Kapitel 4.4. vorgestellt und kritisch hinterfragt.

Dabei zeigte es sich, daß die genannten Vorschläge daran kranken, daß sie nicht geeignet sind, durch die Beseitigung von Externalitäten oder Ineffizienten die Gesamtwohlfahrt zu erhöhen, sondern daß im Gegenteil die Gefahr besteht, daß die Umsetzung dieser Vorschläge zu neuen Fehlanreizen führen könnte, welche langfristig die Schulden und Zinszahlungen erhöhen würden.

Die diskutierten Vorschläge bieten daher keine überzeugende – über die in dieser Arbeit diskutierten Argumente hinausgehende – Rechtfertigung für eine Koordinierung der Schuldenstrukturpolitik in Europa. Es spricht daher nichts dagegen, einen ungehinderten Wettbewerb der nationalen Emittenten zuzulassen.

5. Zusammenfassung der Arbeit und Schluß

Ist in einer Währungsunion identischer Staaten die Zentralbank nicht völlig unabhängig, kann die Koordination der Schuldenstrukturpolitik die Inflationsrate senken und die Wohlfahrt für alle Staaten erhöhen. Dies wurde von Huber (1998) gezeigt. In dieser Arbeit wurde die Schuldenstrukturpolitik für eine Währungsunion *unterschiedlicher* Staaten untersucht. Dabei wurden Unterschiede in der Schuldenhöhe und Unterschiede in der Inflationsaversion betrachtet. Zusätzlich wurden die Wirkungen der Schuldenstruktur auf die staatlichen Ausfallrisiken und die Frage, ob hieraus ein Koordinationserfordernis erwächst, untersucht.

Die modelltheoretische Analyse der Wirkungen der Schuldenstrukturpolitik auf die Inflationsrate in Kapitel 2 ergab dabei, daß, wenn die Zentralbank nicht vollkommen unabhängig ist, auch bei unterschiedlichen Staaten eine Koordinierung die Inflationsrate in der Währungsunion senkt und die Wohlfahrtssumme steigert. Um die Wohlfahrtssumme zu maximieren, muß die Koordination allerdings den Unterschieden in der Schuldenhöhe Rechnung tragen und länderspezifische Schuldenstrukturen vorgeben. Die optimalen länderspezifischen Schuldenstrukturen erfordern dabei, daß ein Land um so größere Anstrengungen zur Vermeidung der inflationstreibenden Verschuldungsinstrumente unternimmt, je höher es verschuldet ist. Da in den analysierten Modellen die langfristige Verschuldung Inflationsanreize setzt, impliziert die länderspezifische Koordination, daß sich ein Land um so kurzfristiger verschulden muß, je höher es verschuldet ist. Unterschiede in den Präferenzen erfordern dagegen keine länderspezifische Schuldenstrukturpolitik. Die Orientierung an den durchschnittlichen Präferenzen genügt, um die Wohlfahrtssumme zu maximieren.

Der prinzipiellen Vorteilhaftigkeit der Koordination steht allerdings bei Unterschieden in der Schuldenhöhe ein wichtiger Interessengegensatz der beteiligten Länder gegenüber. Ohne Transferzahlungen können sich die an der Währungsunion beteiligten Staaten nicht auf ein Koordinationsregime einigen. Gegenüber der unkoordinierten Währungsunion verbessern sich hoch verschuldete Staaten nur durch die Einführung einer einheitlichen Koordination, niedrig verschuldete Staaten dagegen nur durch eine länderspezifische Koordination. Die Einführung der länderspezifischen Koordination erfüllt dabei zwar das Kaldor-

Hicks-Kriterium, da sie die Wohlfahrtssumme steigert. Die Einführung der Koordination ist jedoch keine Pareto-Verbesserung, weil nicht jedes Land gegenüber der unkoordinierten Währungsunion besser gestellt wird. Analog gilt bei Unterschieden in der Inflationsaversion, daß sich nur das Land mit der höheren Inflationsaversion in der koordinierten Währungsunion besser stellt. Länder mit relativ geringer Inflationsaversion erreichen in einer unkoordinierten Währungsunion eine höhere Wohlfahrt und stimmen der Einführung einer Koordination nicht zu. Dieses Ergebnis beruht darauf, daß in einer unkoordinierten Währungsunion das inflationsaversere Land aus seiner einzelstaatlichen Optimierung heraus die Hauptlast der Inflationsvermeidung trägt, während sich in der koordinierten Währungsunion auch das Land mit der geringen Inflationsaversion an den Kosten der Inflationsvermeidung beteiligen muß.

In Kapitel 3 wurden die Auswirkungen der Schuldenstrukturpolitik auf die aus der Revolvierungsnotwendigkeit der staatlichen Schuld erwachsenden *default*-Risiken betrachtet. Um die Analyse leicht nachvollziehbar zu halten, wurde dabei von den Inflationswirkungen der Schuldenstruktur abstrahiert. Anders als Kapitel 2 unterstellte Kapitel 3 eine vollkommen unabhängige Zentralbank, welche perfekte Preisniveaustabilität sichert. Diese Annahme erlaubte die Konzentration auf die aus den Rückzahlungsverpflichtungen und Revolvierungsnotwendigkeiten erwachsenden *default*-Risiken. Bei der Anwendung der hieraus gewonnenen Erkenntnisse auf eine Währungsunion wurde deutlich, daß in einem Haftungsverbund ein Anreiz zu einer übermäßigen Kurzfristverschuldung besteht.

Kapitel 3 zeigte, daß rationale Anleger in Gegenwart einer sicheren Alternativanlage nur dann bereit sind, Anleihen mit einer Rückzahlungswahrscheinlichkeit kleiner eins zu kaufen, wenn sie für die übernommenen Risiken durch Risikozuschläge, d.h. höhere Zinsen, entschädigt werden. Da die Schuldenstruktur bei konstanter Schuldenhöhe die jährliche Bruttoinanspruchnahme des Kapitalmarkts bestimmt, ist der Anteil der kurzfristigen Verschuldung eine wichtige Determinante des *default*-Risikos. Ein Staat muß daher bei gegebener Schuldenhöhe um so höhere Risikozuschläge zahlen, je kurzfristiger er sich verschuldet.

In einer Währungsunion, die von den Kapitalmärkten mit einer gewissen Wahrscheinlichkeit als Haftungsverbund angesehen wird, ist für die Bemessung der Risikozuschläge eines Landes auch das Verschuldungsverhalten der anderen Staaten relevant. Die Grenzkosten der Kurzfristverschuldung sind daher für jedes einzelne Land um so niedriger, je größer die Wahrscheinlichkeit ist, daß die übrigen Staaten einem in Zahlungsschwierigkeiten geratenen Staat finanziell aushelfen.

Einzelstaatliche Zinskostenminimierung führt daher in einer Währungsunion zu einem um so größeren Anteil kurzfristiger Verschuldung, je größer die *bail-out*-Erwartungen des Kapitalmarkts sind. Bei *bail-out*-Erwartungen verschulden sich identische Staaten in einer Währungsunion kurzfristiger als in nationaler Autonomie und müssen aufgrund der Risikozuschläge höhere Durchschnittszinsen bezahlen. Die Koordinierung der Schuldenstrukturpolitik kann, wie gezeigt wurde, diesen Fehlanreiz beseitigen und für alle Staaten die Risikozuschläge und Zinskosten senken. Die Koordinierung führt dabei zu einer gemeinsamen Verlängerung der Anleihelaufzeit.

In der Summe läßt sich daher festhalten, daß bei abhängiger Zentralbank in einer Währungsunion die Anleihelaufzeit reduziert werden muß, um die Inflationsanreize zu senken (Kapitel 2); während bei unabhängiger Zentralbank die Anleihelaufzeit verlängert werden kann, um die Gefahr von Schuldenkrisen zu verringern (Kapitel 3). Je nach Ausmaß der Unabhängigkeit der Notenbank sind daher die Inflationsrisiken gegen die Prolongationsrisiken der Schuldenstruktur abzuwägen.

Da zusätzlich in Kapitel 2 anhand der Wirkungen der Schuldenstruktur auf die Inflationsrate gezeigt wurde, daß bei Unterschieden in der Schuldenhöhe das optimale Koordinierungsregime ohne Transferzahlungen nicht die Zustimmung aller Länder findet, wurden in Kapitel 4 potentielle Alternativen zur Koordinierung der Schuldenstrukturpolitik diskutiert. Dabei zeigte es sich, daß der ökonomische Grund für die suboptimalen Schuldenstrukturen bei einzelstaatlicher Optimierung hinsichtlich der Inflationswirkungen in der fehlenden Unabhängigkeit der Zentralbank und hinsichtlich der *default*-Risiken in der Wahrnehmung der Währungsunion als Haftungsverbund liegt. Eine Stärkung der Zentralbank-Unabhängigkeit und eine Stärkung der Glaubwürdigkeit der *no-bail-out*-Klausel sind deshalb geeignet, das Ausmaß der Fehlanreize und damit die Notwendigkeit einer Koordinierung zu reduzieren. Auch eine Verringerung der Schuldenhöhe ist in beiden Modellen geeignet, die Stärke der Fehlanreize zu senken.

Neben der Koordinierung der Schuldenstrukturen, also der Aufteilung der Gesamtschuld auf unterschiedliche Finanzierungsinstrumente, werden in der politischen Diskussion zahlreiche weitere Aspekte des Debt Managements unter dem Gesichtspunkt einer europäische Zusammenarbeit diskutiert. Um die Arbeit in dieser Hinsicht abzurunden, wurden diese Vorschläge in Kapitel 4.4. vorgestellt und kritisch hinterfragt. Gemäß der Zielsetzung dieser Arbeit wurde dabei insbesondere geprüft, ob eine ökonomisch stichhaltige Begründung für die Forderung nach Koordinierung vorliegt. In Widerspruch zu der bisherigen Diskussion konnte die Erörterung in dieser Arbeit allerdings keine Argumente dafür liefern, daß eine Abstimmung der Emissionstermine, die Emission gemeinsamer Anleihen oder die Gründung einer europäischen Debt-Management-Agentur geeignet wären, die Wohlfahrt der europäischen Staaten zu erhöhen. Im Gegenteil wurde deutlich, daß diese Ansätze die Gefahr bergen, die *no-bail-out*-Klausel zu unterlaufen bzw. ein aus ordnungspolitischer Sicht bedenkliches Emittentenkartell aufzubauen. Fehlanreize konnten durch diese Maßnahmen nicht beseitigt werden. Es spricht somit aus Sicht des Verfassers nichts dagegen, bei der Emission von Staatsanleihen in Europa einen ungehinderten Wettbewerb zwischen den einzelnen staatlichen Emittenten zuzulassen. Statt den Diskussionsschwerpunkt durch koordinierte Emissionstermine oder gemeinsame Anleihen auf minimale Zinskostensenkungen zu legen, welche durch eine Aufweichung der *no-bail-out*-Klausel die fiskalpolitische Disziplin in Frage stellen, erscheint es dem Verfasser wichtiger, klare Strukturen beizubehalten, die den einzelnen Schuldnern eine eindeutige Verantwortung für ihre Schuldenpolitik zuweisen.

Welche Schlußfolgerungen sind damit aus dieser Arbeit insgesamt für die Koordinierung der Schuldenstrukturen zu ziehen? Sind dem Maastrichter Schuldenniveaukriterium vergleichbare Schuldenstrukturvorschriften hinzuzufügen, um den Fehlanreizen der Währungsunion entgegen zu treten?

In der Summe ergeben die modelltheoretischen Analysen der Kapitel 2 und 3 ein differenziertes Bild. Die Koordinierung der Schuldenstrukturpolitik konnte zwar unter gewissen Bedingungen als wohlfahrtsteigernd herausgearbeitet werden. Bei Unterschieden in der Schuldenhöhe findet das optimale Koordinierungsregime allerdings nicht die Zustimmung aller Teilnehmerstaaten. Problematischer noch als die fehlende Zustimmungsfähigkeit, welche sich durch Transferzahlungen herbeiführen ließe, ist jedoch, daß keine – über unterschiedliche Modellrahmen hinweg stabile – optimale Schuldenstruktur ermittelt werden konnte. Je nach Stellung der Zentralbank sind Inflations- oder Prolongationsrisiken relevant und führen zu unterschiedlichen Politikempfehlungen. Bezüglich der aus dieser Arbeit abzuleitenden Handlungsempfehlungen rücken daher die Alternativen zu einer Koordinierung der Schuldenstrukturpolitik, die in Kapitel 4.2. herausgearbeitet wurden, besonders in das Blickfeld. Die durch die Koordinierung der Schuldenstrukturpolitik angestrebten Ziele lassen sich, wie dort festgestellt wurde, auch durch eine Stärkung der Zentralbank-Unabhängigkeit, durch eine Stärkung der Glaubwürdigkeit der *no-bail-out*-Klausel sowie durch einen allgemeinen Schuldenabbau erreichen.

Angesichts des bereits erreichten hohen Maßes an Unabhängigkeit für die Europäische Zentralbank und angesichts der bereits im Maastricht-Vertrag festgeschriebenen *no-bail-out*-Klausel erscheint der nachhaltige Schuldenabbau als diejenige aus der vorliegenden Arbeit abzuleitende Politikempfehlung, die bisher noch am wenigsten verwirklicht wurde und auf die daher zukünftig das größte Augenmerk zu legen ist. Zwar wurde am Rande dieser Arbeit auch deutlich, daß beispielsweise eine bessere Diversifikation der von Banken gehaltenen Staatsanleihen die Kosten eines staatlichen Zahlungsausfalls für das Bankensystem verringern könnte. Dies würde ceteris paribus die Notwendigkeit eines *bail-outs* reduzieren und damit die Glaubwürdigkeit der *no-bail-out*-Klausel steigern. Die Diversifikation der Bank-Aktiva fällt jedoch in erster Linie in den Zuständigkeitsbereich der jeweiligen Banken und wirft Fragen über den Untersuchungsgegenstand dieser Arbeit hinaus auf.

Für die staatlichen Emittenten bleibt daher als Ergebnis der vorliegenden Untersuchung vor allem festzuhalten, daß sich die Koordinierung der Schuldenstruktur nur deshalb als vorteilhaft herausstellte, weil eine Verschuldung vorliegt, von der Gefahren für die Geldwertstabilität ausgehen bzw. die Kapitalanleger die Möglichkeit von Schuldenkrisen und entsprechenden Risikozuschlägen in den Blick nehmen läßt. Verursachergerechter als die Koordination der Schuldenstrukturpolitik ist daher eine nachhaltige Verringerung der Staatsschuld. Hier liegen nach Einschätzung des Verfassers die besten Ansatzpunkte, um zum Gelingen der Europäischen Währungsunion beizutragen.

Literaturverzeichnis

Adams, Henry C. (1893), *Public Debts – An Essay in the Science of Finance*, New York.

Agell, Jonas, Mats **Persson** und Benjamin M. **Friedman** (Hrsg.) (1992), *Does Debt Management Matter?*, Oxford.

Alesina, Alberto und Guido **Tabellini** (1987), Rules and Discretion with Non-coordinated Monetary and Fiscal Policies, in: *Economic Inquiry*, Vol. 25, No. 4, S. 619-30.

Alesina, Alberto, Mark **de Broeck**, Alessandro **Prati** und Guido **Tabellini** (1992), Default Risk on Government Debt in OECD Countries, in: *Economic Policy*, Vol 15. October 1992, S. 428-463.

Alesina, Alberto, Alessandro **Prati** und Guido **Tabellini** (1990), Public Confidence and Debt Management – a Model and a Case Study of Italy, in: Dornbusch, Rudiger und Guido Draghi (Hrsg.), *Public Debt Management – Theory and History*, Cambridge/New York, S. 94-117.

Andel, Norbert und Nikolaus **Kostitsis** (1982), Debt Management, in: *Handwörterbuch der Wirtschaftswissenschaften*, Bd. 9, Stuttgart u.a.O., S. 735-748.

Angeletos, George-Marios (2002), Fiscal Policy with Noncontingent Debt and the Optimal Maturity Structure, in: *Quarterly Journal of Economics*, Vol. 117, No. 3, S. 1105-31.

Arnold, Ivo und Jan **Lemmen** (2001), The Vulnerability of Banks to Government Default Risk in the EMU, in: *International Finance*, Vol. 4, No. 1, S. 101-125.

Aschauer, David (1989), Is Public Expenditure Productive?, in: *Journal of Monetary Economics*, Vol. 23, No. 2, S. 171-198.

Bachmann, Monika (2002), *Huckepack-Anleihen schaffen Spielräume – Eichel sollte mit den Ländern über gemeinsame Kreditaufnahme verhandeln*, Presseerklärung der CDU Saar vom 5. Juni 2002, Saarbrücken [URL: http://www.cdu-saar.de/presse].

Balino, Tomas J.T. (1995), Central Bank Independence and Coordination of Monetary Policy and Public Debt Management, in: *Policies for Growth –*

The Latin American Experience, Proceedings of a Conference held in Mangaratiba, Rio de Janeiro, Brazil, March 16-19, 1994, IMF, Washington, D.C.

Barro, Robert J. (1993), *Macroeconomics*, 4. Auflage, New York.

Barro, Robert J. (1995), Optimal Debt Management, National Bureau of Economic Research, *Working Paper No. 5327*, Cambridge, MA.

Barro, Robert J. (1997), Optimal Management of Indexed and Nominal Debt, National Bureau of Economic Research, *Working Paper No. 6197*, Cambridge, MA.

Barro, Robert J. und David B. **Gordon** (1983), A Positive Theory of Monetary Policy in a Natural Rate Model, in: *Journal of Political Economy*, Vol. 91, S. 589-610.

Bastable, C. F. (1903), *Public Finance*, 3. Auflage, London.

Bayoumi, Tamim A., Morris **Goldstein** und Geoffrey **Woglom** (1995), Do Credit Markets Discipline Sovereign Borrowers? Evidence from US States, CEPR, *Discussion Paper No. 1088.* Zugl. veröffentlicht in: *Journal of Money, Credit, and Banking*, Vol. 27, No. 4, S. 1046-1059.

BdB (1999), Staatliche Wertpapiere im Wettbewerb, in: *Argumente zum Finanzmarkt*, Schriftenreihe des Bundesverband deutscher Banken, Berlin.

BdB (2000), Das Management der Staatsschulden in der EWU, in: *Argumente zum Finanzmarkt*, Schriftenreihe des Bundesverband deutscher Banken, Berlin.

BdB (2001), Gemeinsamer Kapitalmarktauftritt von Bund und Ländern?, in: *Argumente zum Finanzmarkt*, Schriftenreihe des Bundesverband deutscher Banken, Berlin.

Beard, Thomas R. (1963/64), Counter-Cyclical Debt Management – A Suggested Interpretation, in: *Southern Economic Journal*, Vol. 30, S. 244-252.

Beard, Thomas R. (1964/65), Counter-Cyclical Debt Management – Reply, in: *Southern Economic Journal*, Vol. 31, S. 253-256.

Becker, Torbjörn (1999), Public Debt Management and Bailouts, *IMF Working Paper No. 103*, IMF, Washington, D.C.

Beetsma, Roel M.W.J. und A. Lans **Bovenberg** (1995), Does Monetary Unification Lead to Excessive Debt Accumulation?, *Center for Economic Policy Research, Discussion Paper 1299*, London.

Beetsma, Roel M.W.J. und A. Lans **Bovenberg** (1997), Central Bank Independence and Public Debt Policy, in: *Journal of Economic Dynamics and Control*, Vol. 21, S. 873-894.

Bender, Helga (1988), *Die Auswirkungen staatlicher Schuldenstrukturpolitik auf die Funktionsfähigkeit des deutschen Kapitalmarktes*, Dissertation, Mannheim, 1988.

Berger, Walter (1990), *Financial Innovations in International Debt Management – An Institutional Analysis*, Wiesbaden. (Zugl. Dissertation, Konstanz, 1990).

Berliner Zeitung / o.V. (1996), Gemeinsame Länderanleihe, in: *Berliner Zeitung*, Ressort Wirtschaft, 30. 07.1996.

BIS (2000), *70th Annual Report of the Bank for International Settlements*, Bank für Internationalen Zahlungsausgleich, Basel.

Bishop, Graham (1992), The EC's Public Debt Disease – Discipline with Credit Spreads and Cure with Price Stability, in: Fair, Donald E. und Christian de Boissieu, *Fiscal Policy, Taxation and the Financial System in an Increasingly Integrated Europe*, Dordrecht u.a.O.

Bishop, Graham, Dirk **Damrau** und Michelle **Miller** (1989), *1992 and Beyond – Market Discipline CAN Work in the EC Monetary Union*, Salomon Brothers, London.

Blanchard, Olivier J. (1990), Suggestions for a New Set of Fiscal Indicators, *OECD Working Papers*, No. 79, Paris 1990.

Blommestein, Hans J. und Eva C. **Thunholm** (1997), Institutional and Operational Arrangements for Coordinating Monetary, Fiscal, and Public Debt Management in OECD Countries, in: Sundararajan, V., Peter Dattels und Hans J. Bloomestein (Hrsg.), *Coordinating Public Debt and Monetary Management*, IMF, Washington, D.C., S. 57-76.

BMF (1968), Staatliches Debt Management im Ausland, in: Bundesministerium der Finanzen, *Finanzbericht 1969*, Bonn, S. 244-259.

BMF (2002), Bundesrepublik Deutschland-Finanzagentur GmbH, in: *Monatsbericht des Bundesministeriums der Finanzen*, Heft 7 (Juli 2000), Berlin, S. 73-76.

Bofinger, Peter, Carsten **Hefeker** und Kai **Pfleger** (1998), *Stabilitätskultur in Europa – theoretische Grundlagen, empirische Befunde, Bedeutung für die EWU*, Stuttgart.

Bofinger, Peter, Julian **Reischle** und Andrea **Schächter** (1996), *Geldpolitik – Ziele, Institutionen, Strategien und Instrumente*, München.

Bohn, Henning (1988), Why Do We Have Nominal Government Debt?, in: *Journal of Monetary Economics*, Vol. 21, S. 127-140.

Bohn, Henning (1990), Tax Smoothing with Financial Instruments, in: *American Economic Review*, Vol. 80, No. 5, S. 1217-30.

Bohn, Henning (1996), *Comments on the UK Debt Structure*, Working Paper, 23. September 1995, überarbeitet: 6. März 1996 [URL: http://www.econ.ucsb.edu/~bohn/UKdebt.pdf, 13.01.2003]

Boothe, P. und B. **Reid** (1992), Debt Management Objectives for a Small Open Economy, in: *Journal of Money, Credit, and Banking*, Vol. 24, S. 43-60.

Bröker, Günther (1993), *Government Securities and Debt Management in the 1990s*, OECD Financial Affairs Division, Paris.

Brouhns-Gruppe (2002), *Economic and Financial Committee Group on EU Government Bills and Bonds*, URL: http://europa.eu.int/comm/economy_finance/ efc_en. htm, 07. September 2002.

BSV (2001), *Jahresbericht der Bundesschuldenverwaltung – 2001*, Bad Homburg v.d.H.

Buchanan, James M. und Richard E. **Wagner** (1977), *Democracy in Deficit – The Political Legacy of Lord Keynes*, New York u.a.O.

Bücker, Thomas (1993), *Finanzinnovationen und kommunale Schuldenwirtschaft – zum Einsatz von Swapgeschäften und Swapderivaten im Schuldenmanagement von Gemeinden*, Baden-Baden. (Zugl. Dissertation, Frankfurt am Main, 1992).

Bühler, Wolfgang und Marliese **Uhrig-Homburg** (2000), Rendite und Renditestruktur am Rentenmarkt, in: von Hagen/von Stein (Hrsg.), *Geld-, Bank- und Börsenwesen*, S. 298- 337, 40. Auflage, Stuttgart.

Bulow, Jeremy und Keneth **Rogoff** (1989), Sovereign Debt – Is to forgive to forget?, in: *American Economic Review*, Vol. 79, S. 43-50.

Burgtorf, Ulrich (2002), *Determinants of the Public Debt Structure in EMU-Countries during the 80s and 90s*, mimeo, Universität zu Köln, Köln.

Burgtorf, Ulrich (2003), *The Time-Inconsistency Problem of Short-Term Government Debt*, mimeo, Universität zu Köln, Köln.

Calvo, Guillermo A. (1988), Servicing the Public Debt – The Role of Expectations, in: *American Economic Review*, Vol. 78, No. 4, S. 647-661.

Calvo, Guillermo A. und Mervyn **King** (1998), The Debt Burden and its Consequences for Monetary Policy, *Proceedings of a Conference held by the International Economic Association* held at the Deutsche Bundesbank, Frankfurt. IEA Conference Volume No. 118.

Calvo, Guillermo A. und Pablo E. **Guidotti** (1990), Indexation and Maturity of Government Bonds – An Explanatory Model, in: Dornbusch, Rudiger und Mario Draghi (Hrsg.), *Public Debt Management – Theory and History*, Cambridge/New York, S. 52-82.

Calvo, Guillermo A. und Pablo E. **Guidotti** (1992), Optimal Maturity of Nominal Government Debt – An Infinite-Horizon Model, in: *International Economic Review*, Vol. 33, No. 4, S. 895- 919.

Calvo, Guillermo A. und Pablo E **Guidotti** (1993), Management of the Nominal Public Debt – Theory and Applications, in: Verbon, Harrie A. A. und Frans A. A. M. van Winden (Hrsg.), *The Political Economy of Government Debt*, Amsterdam u.a.O, S. 207-232.

Calvo, Guillermo A., Pablo E. **Guidotti** und Leonardo **Leiderman** (1991), Optimal Maturity of Nominal Government Debt – The First Tests, in: *Federal Reserve Bank of San Francisco Economic Letters*, Vol. 35, S. 415-421.

Campbell, J. Summer (1995), Some Lessons from the Yield Curve, in: *Journal of Economic Perspectives*, Vol 9, S. 129-152.

Cantor, Richard und Frank **Packer** (1996), Determinants and Impact of Sovereign Credit Ratings, in: *Federal Reserve Bank of New York Economic Policy Review*, Vol. 2, No. 2, S. 37-54.

Capeci, John (1994), Local Fiscal Policies, Default Risk, and Municipal Borrowing Costs, in: *Journal of Public Economics*, Vol. 53, S. 73-89.

Caselli, Francesco, Alberto **Giovannini** and Timothy **Lane** (1998), Fiscal Discipline and the Cost of Public Debt Service – Some Estimates for OECD Countries, *IMF Working Paper 98/55*, Washington, D.C.

Caspritz, Klaus (1972), *Debt Management als Instrument monetärer Stabilisierungspolitik*, Dissertation, Hamburg.

Cassard, Marcel und David **Folkerts-Landau** (1997), Risk Management of Sovereign Assets and Liabilities, *IMF Working Paper No. 166*, IMF, Washington, D.C.

Chari, Varadarajan V. und Patrick J. **Kehoe** (1998), On the Need for Fiscal Constraints in a Monetary Union, *Working Paper 589, Federal Reserve Bank of Minneapolis*, Research Department, Minneapolis/USA.

Chiang, Alpha C. (1984), *Fundamental Methods of Mathematical Economics*, 3. Auflage, London u.a.O.

Chrystal, Alec, Andrew **Haldane** und James **Proudman** (1999), Government Debt Structure and Monetary Conditions, in: *Bank of England Quarterly Bulletin*, November 1999, S. 393-396.

Cohen, Jacob (1951a), Distributional Effects of the Federal Debt, in: *Journal of Finance*, Vol. 6, S. 267-275.

Cohen, Jacob (1951b), On the Theory and Measurement of Treasury Interest Saving, in: *Southern Economic Journal*, Vol. 17, S. 257-269.

Cohen, Jacob (1955), A Theoretical Framework for Treasury Debt Management, *American Economic Review*, Vol. 45, S. 320 – 340.

Cole, Harold L (1992), Sovereign Default, in: *The New Palgrave Dictionary of Money and Finance*, S. 495-496, London.

Commission on Money and Credit (1961) (CMC), Money and Credit – Their Influence on Jobs, Prices, and Grwoth, *The Report of the Commission on Money and Credit*, Englewood Cliffs, N.J./USA, 1961.

Committee for Economic Development (1954) (CED), Managing the Federal Debt – A Statement on National Policy by the Research and Policy Committee of the *Committee for Economic Development*. New York, 1954.

Committee on the Working of the Monetary System (1964), Report – presented to Parliament by the *Cancellor of the Exchequer* by Command of Her Majesty, London.

Cook, Timothy und Thomas **Hahn** (1989), The Effect of Changes in the Federal Funds Rate Target on Market Interest Rates in the 1970s, in: *Journal of Monetary Economics*, Vol. 24, S. 331-351.

Cottarelli, Carlo (1997), Treasury Bill Auctions – Issues in Design, in: Sundararajan, V., Peter Dattels und Hans J. Bloomestein (Hrsg.), *Coordinating Public Debt and Monetary Management*, IMF, Washington, D.C., S. 190-208.

Cottarelli, Carlo und Mauro **Mecagni** (1990), The Risk Premium on Italian Government Debt – 1976-88, in: *IMF Staff Papers*, Vol. 37, No. 4, S. 865-880.

Danne, Hans-Jürgen (1964), *Die Koordination der Schuldenpolitik der öffentlichen Hand*, Dissertation, Köln.

Dattels, Peter (1997), Microstructure of Government Securities Markets, in: Sundararajan, V., Peter Dattels und Hans J. Bloomestein (Hrsg.), *Coordinating Public Debt and Monetary Management*, IMF, Washington, D.C., S. 209-282.

De Broeck, Mark (1997), The Financial Structure of Government Debt in OECD Countries – An Examination of the Time-Consistency Issue, in: *Journal of Monetary Economics*, Vol. 39, No. 2, S. 279-301.

De Broeck, Mark, Dominique **Guillaume** und Emmanuel **Van der Stichele** (1998), Structural Reform in Government Bond Markets, *IMF Working Paper No. 108*, Washington, D.C.

De Haan, Jakob, Bernd J. **Sikken** und Andrew Hilder (1995), On the Relationship Between the Debt Ratio and Debt Maturity, in: *Applied Economics Letters*, Vol. 2, S. 484-486.

De Silguy, Yves-Thibault (1999), The Euro – The Key to Europe's Lasting Success in the Global Economy, *Speech given at the Corporation of London*, 26 July 1999.

Deutsche Bundesbank (1994a), Geschäftsbericht 1994, Frankfurt am Main.

Deutsche Bundesbank (1994b), Geldmarktsteuerung der Deutschen Bundesbank, in: *Monatsbericht der Deutschen Bundesbank*, 46. Jg., Heft 5 (Mai 1994), S. 61-75.

Deutsche Bundesbank (1995a), Verbriefungstendenzen im deutschen Finanzsystem und ihre geldpolitische Bedeutung, in *Monatsbricht der Deutschen Bundesbank*, 47. Jg., Heft 4 (April 1995), S. 19-33.

Deutsche Bundesbank (1995b), *Die Geldpolitik der Deutschen Bundesbank*, Sonderveröffentlichung der Deutschen Bundesbank Nr. 7, Frankfurt am Main.

Deutsche Bundesbank (1997), Die Entwicklung der Staatsverschuldung seit der deutschen Vereinigung, in: *Monatsbricht der Deutschen Bundesbank*, 49. Jg, Heft 3 (März 1997), S. 17-32.

Deutsche Bundesbank (2000), *Der Markt für deutsche Bundeswertpapiere*, 3. Auflage, Frankfurt am Main.

Deutsche Bundesbank (2001), Realzinsen – Entwicklungen und Determinanten, in: *Monatsbericht der Deutschen Bundesbank*, 53. Jg., Heft 7 (Juli 2001), S. 33-50.

Diamond, Douglas W und Philip H. **Dybvig** (1983), Bank Runs, Deposit Insurance and Liquidity, in: *Journal of Political Economy*, Vol. 91, S. 401-419.

Dieckheuer, Gustav (1984), Direkte Auslandsneuverschuldung als Instrument staatlicher Schuldenstrukturpolitik – eine modelltheoretische Wirkungsanalyse für feste und flexible Wechselkurse, *Volkswirtschaftliche Diskussionsbeiträge*, Beitrag Nr. 26, Universität Bamberg, Bamberg.

Dill, Claus-Michael (1981), *Staatliche Schuldscheindarlehen – Ein Beitrag zur öffentlichen Schuldenstrukturpolitik*, Berlin. (Zugl. Dissertation, München, 1981).

Donges, Juergen B. (1999), *Globale Finanzmärkte, Währungskrisen und aufstrebende Volkswirtschaften*, in: Zeitschrift für Wirtschaftspolitik, 48. Jg., Heft 2, S. 129-146.

Dornbusch, Rüdiger (1997), Fiscal Aspects of Monetary Integration, in: *American Economic Review, Papers and Proceedings*, Vol. 87, No. 2, S. 221-223.

Dornbusch, Rudiger und Mario **Draghi** (1990), *Public Debt Management – Theory and History*, New York.

Drudi, Francesco und Raffaela **Giordano** (2000), Default Risk and Optimal Debt Management, in: *Journal of Banking and Finance*, Vol. 24, S. 861-891.

Drudi, Francesco und Alessandro **Prati** (1999), Signaling Fiscal Regime Sustainability, *IMF Working Paper No. 86*, Washington, D.C. Zugl. abgedruckt in: *European Economic Review*, Vol. 44, No. 10, S. 1897-1930.

Eaton, Jonathan, Mark **Gersovitz** und Joseph E. **Stiglitz** (1986), The Pure Theory of Country Risk, in: *European Economic Review*, Vol. 30, S. 481-513.

Ebert, Kurt (1976), Recht und Technik der Bundesschuld, in: Bruns, Georg und Karl Häuser (Hrsg.), *Öffentliche Verschuldung und Kapitalmarkt*, Schriftenreihe des Instituts für Kapitalmarktforschung, J.W. Goethe-Universität, Frankfurt am Main, S. 61-86.

Edwards, Sebastian (1984), LDC Foreign Borrowing and Default Risk, in: *American Economic Review*, Vol. 74, No. 4, S. 726-734.

Edwards, Sebastian (1986), The Pricing of Bonds and Bank Loans in International Markets – An Empirical Analysis of Developing Countries' Foreign Borrowing, in: *European Economic Review*, Vol. 30, S. 565-589.

Effenberger, Dirk (2001), EWU-Staatsanleihen – Zinsdifferenzen und Ursachen, in: *Aktuelle Themen*, 26. Juli 2001, Deutsche Bank Research, S. 2-5.

Eichengreen, Barry und Ashoka **Mody** (2000), Would Collective Action Clauses Raise Borrowing Costs?, *NBER Working Paper No. 7458*, National Bureau of Economic Research, Boston.

Eichengreen, Barry und Richard **Portes** (1986), Debt and Default in the 1930s – Causes and Consequences, in: *European Economic Review*, Vol. 30, S. 599-640.

Eichengreen, Barry und Jürgen **von Hagen** (1995), Fiscal Policy and Monetary Union – Federalism, Fiscal Restrictions, and the No-Bailout Rule, in: Siebert, Horst (Hrsg.), *Monetary Policy in an Integrated World Economy*, Tübingen, S. 211-231.

EMI (1997), *The Single Monetary Policy in Stage Three*, General Documentation on ESCB Monetary Policy instruments and Procedures, Frankfurt am Main.

English, William B. (1996), Understanding the Costs of Sovereign Default – American State Debt in the 1840's, in: *American Economic Review*, Vol. 86, No. 1, S. 259-275.

ESG (2002a), Emissionszentrale der Schweizer Gemeinden, Profil – Firmengeschichte, URL: http://www.esg-ccs.ch/profile/ss01-de.html [5. September 2002].

ESG (2002b), Emissionszentrale der Schweizer Gemeinden, Profil – Eckdaten, URL: http://www.esg-ccs.ch/profile/index-de.html [5. September 2002].

ESG (2002c), Emissionszentrale der Schweizer Gemeinden, Kernkompetenzen, Sicherheit/Bonität, URL: http://www.esg-ccs.ch/corebusiness/ss04-de.html [5. September 2002].

Europäische Kommission (2002), *Statistical Annex of European Economy*, Directorate General Economic and Financial Affairs, Spring 2002, Brüssel.

EZB (1999), Die stabilitätsorientierte geldpolitische Strategie des Eurosystems, in: *Monatsbericht der Europäischen Zentralbank*, 1. Jg., Heft 1 (Januar 1999), S. 43-56.

Favero, Carlo A., Francesco **Giavazzi** und Luigi **Spaventa** (1996), High Yields – The Spread on German Interest Rates, *NBER Working Paper No. 5408*, Cambridge.

Favero, Carlo A., Alessandro **Missale** und Gustavo **Piga** (2000), EMU and Public Debt Management – One Money, One Debt?, *CEPR Policy Paper 3*, CEPR, London.

Ferguson, James M. (Hrsg.) (1964), *Public Debt and Future Generations*, Chapel Hill (USA).

Fleck, Friedel (2000), Zur Neuordnung des Debt Management des Bundes, in: *Zeitschrift für das gesamte Kreditwesen*, 53. Jg., Heft 15, S. 22-24.

Folkerts-Landau, David (1985), The Changing Role of International Bank Lending in Development Finance, in: *IMF Staff Papers*, Vol. 32, No. 2, S. 317-363.

Friedman, Milton (1960), *A Program for Monetary Stability*, New York.

Friedman, Richard M. (1959), Principles of Debt Management – Comment, in: *American Economic Review*, Vol. 49, S. 401-403.

Frith-Powell, Helena (2002), *Battle for the Benchmark*, in: The Banker, No. 920, October 2002, S. 59-64.

Fuest, Clemens (1993a): Budgetdefizite in einer Europäischen Währungsunion – Bedarf es gemeinsamer Verschuldungsregeln?, in: *Zeitschrift für Wirtschaftspolitik*, 42. Jg., Nr.2, S. 123-149.

Fuest, Clemens (1993b): Stabile fiskalpolitische Institutionen für die Europäische Währungsunion, in: *Wirtschaftsdienst*, 73. Jg, Heft 10, S. 539-545.

Gaines, Tilford Craig (1962), *Techniques of Treasury Debt Management*, New York.

Gandenberger, Otto (1977), Ziele und Strategien der staatlichen Schuldenpolitik – Eine Besprechung des Buches von Georg H. Milbradt: Ziele und Strategien des Debt Management, in: *Finanzarchiv*, Jg. 36, S. 162-175.

Gennari, Elena und Raffaela **Giordano** (2001), *Optimal Debt Maturity under EMU*, Working Paper, Banca d'Italia, Research Department, Rom.

Gerlach, Stefan und Frank **Smets** (1995), *Contagious Speculative Attacks*, in: European Journal of Political Economy, Vol. 11, No. 1, S. 45-63.

Giavazzi, Francesco und Marco **Pagano** (1990), Confidence Crisis and Public Debt Management, in: Dornbusch, Rudiger und Guido Draghi (Hrsg.), *Public Debt Management – Theory and History*, Cambridge/New York, S. 125-143.

Giovannini, Alberto (1997), Government Debt Management, in: *Oxford Review of Economic Policy*, Vol. 13, No. 4, S. 43-52.

Giovannini, Alberto und Gustavo **Piga** (1992), Understanding the High Interest Rates on Italien Government Securities, *CEPR Discussion Paper No. 720*, London.

Giovannini-Gruppe (2000), Co-Ordinated Public Debt Issuance in the Euro Area – Report of the Giovannini Group, 8. November 2000, URL: http://europa.eu.int/comm/economy_finance/publications/giovannini/giovannini081100en.pdf [1.11.2002].

Gnan, Ernest (1997), Kommentar zu Artikel 104 b EG-Vertrag, in: Groeben, Hans von der, Jochen Thiesing und Claus-Dieter Ehlermann (Hrsg.), *Kommentar zum EU-/EG-Vertrag*, 5. Auflage, Baden-Baden.

Goldstein, Morris und Geoffrey **Woglom** (1991), Market-Based Fiscal Discipline in Monetary Unions – Evidence from the U.S. Municipal Bond Market, *IMF Working Paper 91/89*, Washington, D.C. Zugl. abgedruckt in: *Establishing a Central Bank: Issues in Europe and Lessons from the US*, Canzoneri, Matthew B. und Vittorio Grilli (Hrsg.), Cambridge u.a.O., 1992, S. 228-269.

Goodhart, Charles A.E. (1997), Two Concepts of Money, and the Future of Europe, *LSE Financial Markets Group Special Paper*, No. 96, London School of Economics, London.

Graap, Felicitas (1997), *Zur Schuldenstrukturgestaltung eines Stadtstaates – eine empirische Analyse am Beispiel Hamburgs*, Hamburg. (Zugl. Dissertation, Hamburg, 1996).

Gramlich, Edward M. (1976), The New York City Fiscal Crisis – What Happened and What is to be Done?, in: *American Economic Review*, Papers and Proceedings, Vol. 66, S. 415-429.

Grossman, Herschel I. und John B. **Van Huyck** (1988), Sovereign Debt as a Contingent Claim – Excusable Default, Repudiation, and Reputation, in: *American Economic Review*, Vol. 78, S. 1088-1097.

Hadrys, Paul (1970), *Techniken des Debt Management in den Vereinigten Staaten von Nordamerika unter besonderer Berücksichtigung des "Advance Refunding", Dissertation*, Berlin.

Hanke, Thomas und Norbert **Walter** (1998), *Der Euro – Kurs auf die Zukunft*, 4. Auflage, Frankfurt am Main.

Hansen, Alvin H. (1959), *The Public Debt Reconsidered – A Review Article*, in: *Review of Economics and Statistics*, Vol. 41, S. 370-378.

Hansmeyer, Karl-Heinrich und Klaus **Mackscheidt** (1970), Die fiskalische Komponente einer Politik des Debt Management, in: *Kredit und Kapital*, 3. Jg., S. 241-259.

Harff, Christoph (2000), *Indexierte Staatsanleihen und Geldpolitik*, Berlin. (Zugl. Dissertation, Kiel, 2000).

Harris, Seymour E. (1949), How to Manage the National Debt, in: *Review of Economics and Statistics*, Vol. 31, S. 15-17.

Häuser, Karl (1981), Kapitalmarktpolitik durch Zentralbank und Debt Management, in: Ehrlicher, Werner (Hrsg.), *Geldpolitik, Zins und Staatsverschuldung*, Schriftenreihe des Vereins für Socialpolitik, Bd. 111, Berlin, S. 131-153.

Heinemann, Friedrich (1994), Bailout- und Bonitätseffekte in der Wirtschafts- und Währungsunion, in: *Zeitschrift für Wirtschafts- und Sozialwissenschaften*, Vol. 115, S. 605-622.

Heinemann, Friedrich und Viktor **Winschel** (2001), Public Deficits and Borrowing Costs – The Missing Half of Market Discipline, *ZEW Discussion Paper*, No. 01-16, Mannheim.

Hepke, Nanna (2000), Battle for the Benchmark is on, in: *Financial Times*, Frankfurt/London, 10. November 2000, abgedruckt in: Deutsche Bundesbank, *Auszüge aus Presseartikeln,* Nr. 55, 15. November 2000, S. 16-17.

Hessler, Heinz-Dieter (1965), *Die Wirkungen staatlicher Anleihen auf die monetäre Struktur der Volkswirtschaft*, Dissertation, Köln.

Horgan, Michael (1997), Ireland – Institutional Arrangements for Monetary and Debt Management Policy and Their Coordination, in: *Coordinating Public Debt and Monetary Management*, Sundararajan, V., Peter Dattels und Hans J. Bloomestein (Hrsg.), IMF, Washington, D.C., S. 312-317.

Horne, James C. van (1966), Interest-Rate Risk, Expectations, the Shape of the Yield Curve, and Monetary Policy, in: *Review of Economics and Statistics*, Vol. 48, S. 211-215.

Horne, James C van und David A. **Bowers** (1967/68), The Liquidity Impact of Debt Management, in: *Sothern Economic Journal*, Vol. 34, S. 526-537.

Horstmann, Winfried und Friedrich **Schneider** (1994), Deficits, Bailouts and Free Riders – Fiscal Elements of a European Constitution, in: *Kyklos*, Vol. 47, S. 355-383.

Huber, Bernd (1998), Credibility, Seigniorage, and Government Debt in a Monetary Union, in: Calvo, Guillermo und Mervyn King (Hrsg.): *The Debt Burden and its Consequences for Monetary Policy*, Proceedings of a Conference held by the International Economic Association at the Deutsche Bundesbank, Frankfurt (Germany), New York, S. 233-249.

Hügle, Bernd (1966), *Debt Management und Geldpolitik*, Dissertation, Freiburg

Hunter, J.S.H. (1969), The Roosa Doctrine and the Shiftability Thesis – Application to Debt Management in the United Staates, in: *Weltwirtschaftliches Archiv*, Vol. 103, S. 110-130.

Illing, Gerhardt (2000), Zentralbankverfassungen, in: *Obst/Hintner – Geld-, Bank- und Börsenwesen*, Jürgen von Hagen und Johann Heinrich von Stein (Hrsg.), Stuttgart, S. 1620-1639.

IMF and **World Bank** (2001), *Guidelines for Public Debt Management*, Paper prepared by the Staffs of the International Monetary Fund and the World Bank, Washington, D.C.

Irmler, Heinrich (1976), Die Zentralbank als "fiscal agent" des Bundes und der Länder, in: Bruns, Georg und Karl Häuser (Hrsg.), *Öffentliche Verschuldung und Kapitalmarkt*, Schriftenreihe des Instituts für Kapitalmarktforschung, J.W. Goethe-Universität, Frankfurt am Main, S. 89-108.

Irmler, Heinrich (1977), Einige Gedanken zum Debt Management, in: *Zeitschrift für das gesamte Kreditwesen*, 30. Jg., Heft 2, S. 65-68.

Issing, Otmar (1993), Disziplinierung der Finanzpolitik in der Europäischen Währungsunion, in: Duwendag, Dieter und Jürgen Siebke, *Europa vor dem Eintritt in die Wirtschafts- und Währungsunion*, Schriftenreihe des Vereins für Socialpolitik, Bd. 220, S. 181-194.

Issing, Otmar (1995), *Einführung in die Geldtheorie*, 10. Auflage, München.

Jany, Reinhard (1989), *Staatliche Schuldenstruktur und Bedingungen der Unternehmensfinanzierung*, Dissertation, Göttingen.

Juchem, Norbert (2001), Bundesrepublik Deutschland-Finanzagentur GmbH: ein Meilenstein für die Kapitalmarktaktivitäten des Bundes?, in: *Zeitschrift für das gesamte Kreditwesen*, 54. Jg., Heft 14, S. 783-784.

Jurke, Gisela (1972), *Grundlagen des Debt Management unter besonderer Berücksichtigung der Bestimmungsgründe zur Erklärung der Zinsstruktur*, Dissertation, Berlin.

Keare, Douglas H. und William L. **Silber** (1965), The Monetary Effect of Long-Term Debt Finance, in: *American Economic Review*, Vol. 55, S. 510-512.

Kempf, A. (1999), *Wertpapierliquidität und Wertpapierpreise*, Habilitationsschrift, Mannheim.

Kern, Helmut (1981) Monetäre Wirkungen der Staatsverschuldung – Konsequenzen für das Debt Management, Schriftenreihe der Hochschule Speyer, Bd. 83, Berlin. (Zugl. Dissertation, Speyer, 1981).

Kernbauer, Hans (1997), Modernes Staatsschuldenmanagement, in: Matis, Herbert und Dieter Stiefel (Hrsg.), *Krise des Steuerstaats – Steuerstaat in der Krise?*, Wien, S. 251-264.

Kitterer, Wolfgang (1988), Staatsverschuldung und intertemporale Allokation, in: *Jahrbücher für Nationalökonomik und Statistik*, Band 204, Heft 4, S. 346-363.

Kitterer, Wolfgang (1993), Rechtfertigung und Risiken einer Finanzierung der deutschen Einheit durch Staatsverschuldung, in: Hansmeyer, Karl-Heinrich (Hrsg.), *Finanzierungsprobleme der deutschen Einheit*, Schriften des Vereins für Socialpolitik, Bd. 229/1, Berlin, S. 39-76.

Kitterer, Wolfgang (1998), Öffentliche Finanzen und Notenbank, in: Deutsche Bundesbank (Hrsg.), *Fünfzig Jahre Deutsche Mark, Notenbank und Währung in Deutschland seit 1948*, München, S. 199-256.

Klein, Benedikt (1971), *Die Wirkungen des Debt Management auf die Liquidität der Wirtschaftssubjekte (unter besonderer Berücksichtigung des Bankensektors) und seine Bedeutung für das volkswirtschaftliche Wachstum*, Dissertation, Gießen.

Koch, Walter A. S. (1971a), Debt Management bei wachsender Staatsschuld, in: *Zeitschrift für das gesamte Kreditwesen*, 24. Jg., Heft 10, S. 398-401.

Koch, Walter A. S. (1971b), Debt Management – seine rechtlichen Grundlagen, in: *Zeitschrift für das gesamte Kreditwesen*, 24. Jg., Heft 11, S. 448-454.

Koch, Walter A. S. (1972), *Die Gläubigerstruktur als Ansatzpunkt für ein Debt Management*, Schriften zur wirtschaftswissenschaftlichen Forschung, Bd. 48, Meisenheim am Glan (Zugl. Dissertation, Kiel, 1971).

Koch, Walter A. S. und Wolf **Schäfer** (1976), Some Problems of Debt Management in Open Economies, in: *Diskussionsbeiträge aus dem Institut für Finanzwissenschaft der Universität Kiel*, Nr. 1, Kiel.

Krueger, Anne O. (2002a), Should Countries like Argentina be able to Declare Themselves Bankrupt? – A Commentary, in: *El Pais,* January, 18th, 2002 [URL: http://www.imf.org/external/np/vc/2002/011802.htm].

Krueger, Anne O. (2002b), *A New Approach to Sovereign Debt Restructuring*, International Monetary Fund, Washington, D.C. [URL: http://www.imf.org/external/pubs/ft/exrp/sdrm/eng/index.htm].

Kuh, Edwin und John R. **Meyer** (1963), Investment, Liquidity, and Monetary Policy, in: *Impacts of Monetary Policy*, Commission on Money and Credit, Englewood Cliffs, N.J., S. 339-474.

Kydland, Finn E. und Edward C. **Prescott** (1977), Rules Rather Than Discretion – The Inconsistency of Optimal Plans, in: *Journal of Political Economy*, Vol 87, S. 473-492.

Lahnstein, Manfred (1981), Zum Kredit-Management des Bundes, in: Simmert, Diethard B. und Kurt-Dieter Wagner (Hrsg.), *Staatsverschuldung kontrovers*, Köln, S. 317-327.

Laird, William E. (1963), The Changing Views on Debt Management, in: *Quarterly Review of Economics and Business*, Vol. 3, S. 7-17.

Landon, Stuart und Constance E. **Smith** (2000), Government Debt Spillovers and Creditworthiness in a Federation, in: *Canadian Journal of Economics*, Vol. 33, No. 3, S. 634-661.

Landschoot, Astrid Van (2001), Sovereign Credit Spreads and the Composition of the Government Budget, Working Paper, Universität Gent, Nr. 121, November 2001.

Lane, Timothy D. (1993), Market Discipline, in: *IMF Staff Papers*, Vol. 40, No. 1, S. 53-88.

Lawrence, Robert L. (1964/65), Counter-Cyclical Debt Management – Comment, in: *Southern Economic Journal*, Vol. 31, S. 251-253.

Leibfritz, Willi (1980), Staatliche Schuldenpolitik, Zum Gutachten des wissenschaftlichen Beirats beim Bundesministerium der Finanzen, in: *Ifo Studien – Zeitschrift für empirische Wirtschaftsforschung*, 26. Jg., Heft 1-2, S. 241-251.

Lemmen, Jan (1999), Managing Government Default Risk in Federal States, *Financial Market Group Special Paper*, No 116, London School of Economics, London.

Lemmen, Jan und Charles **Goodhart** (1999), Credit Risk and European Government Bond Markets – A Panel Data Econometric Analysis, in: *Eastern Economic Journal*, Vol. 25, No. 1, S. 77-107.

Leong, Donna (1999), Debt Management – Theory and Practice, *Treasury Occasional Paper No. 10*, United Kingdom Treasury, London.

Lønning, Ingunn M. (2000), Default Premia on European Government Debt, in: *Weltwirtschaftliches Archiv*, Vol. 136, No. 2, S. 259-283.

Maier, Philipp, Jan-Egbert **Sturm** und Jakob **de Haan** (2002), Political Pressure on the Bundesbank – an Empirican Investigation using the Havrilesky Approach, in: *Journal of Macroeconomics*, Vol. 24, S. 103-123.

Malkiel, Burton G. (1962), Expectations, Bond Prices, and the Term Structure of Interest Rates, in: *The Quarterly Journal of Economics*, Vol. 76, S. 197-218.

Mandilaras, Alexandros (2002), Public Debt and Inflation: The Cross-Countries Evidence, *Working Paper*, 17.01.2002, University of Surrey, Großbritannien.

Mandilaras, Alexandros und Paul **Levine** (2001). Public Debt and Inflation – the Role of Inflation-Sensitive Instruments, in: *The Manchester School Papers in Money*, Macroeconomics and Finance Supplement, Vol. 69, S. 1-21.

Mankiw, N. Gregory (1997), *Macroeconomics*, 3. Auflage, New York.

McKinnon, Ronald I. (1998), Monetary Regimes, Government Borrowing Constraints, and Market-Preserving Federalism – Implications for EMU, in: T. Courchene (Hrsg.), *The Nation State in a Global / Information Era: Policy Challenges*, Queen's University, John Deutsch Institute, S. 143-161.

Meade, J.E. (1960), The Public Debt Reconsidered – A Reply, in: *Review of Economics and Statistics*, Vol. 42, S. 325-326.

Meiselmann, David (1962), *The Term Structure of Interest Rates – Expectations and Behavior Patterns*, Princeton, N.J./USA.

Metcalf, Gilbert E. (1993), Federal Taxation and the Supply of State Debt, in: *Journal of Public Economics*, Vol. 51, No. 1, S. 269-285.

Milbradt, Georg H. (1975), *Ziele und Strategien des Debt Management – ein Beitrag zur Theorie der optimalen Schuldenstruktur des Staates unter Einbeziehung der Notenbank*, Dissertation, Münster.

Milbradt, Georg H. (1976), Soll die Schuldenpolitik zur Bundesbank?, in: *Wirtschaftsdienst*, 56. Jg., Heft 12, S. 629-632.

Milbradt, Georg H. (1979), Debt Management, in: Ewald Nowotny (Hrsg.), *Öffentliche Verschuldung*, Stuttgart und New York, S. 75-86.

Milbradt, Georg H. (1981), Debt Management, in: Simmert, Diethard B. und Kurt-Dieter Wagner (Hrsg.), *Staatsverschuldung kontrovers*, Köln, S. 301-316.

Miller, Robin (1997), Canada: Debt Management Policy and Operating Practices, in: *Coordinating Public Debt and Monetary Management*, Sundararajan, V., Peter Dattels und Hans J. Bloomestein (Hrsg.), IMF, Washington, D.C., S. 372-390.

Missale, Alessandro (1992), Debt and Maturity – The Evidence, in: *IGIER Working Paper No. 12*, Innocenzo Gasparini Institute of Economic Research, Mailand, Italien.

Missale, Alessandro (1997), Managing the Public Debt – The Optimal Taxation Approach, in: *Journal of Economic Surveys*, Vol. 11, No. 3, S. 235-265.

Missale, Alessandro (1999), *Public Debt Management*, Oxford.

Missale, Alessandro (2000), Optimal Debt Management with a Stability and Growth Pact, IGIER (Innocenzo Gasparini Institute for Economic Research), Bocconi University, *Working Paper No. 166*. (Zugl. veröffentlicht in: *Public Finance and Management* [E-Journal], Vol. 1, No. 1, 2001, URL: http://www.spaef.com).

Missale, Alessandro und Olivier Jean **Blanchard** (1994), The Debt Burden and Debt Maturity, in: *American Economic Review*, Vol. 84, No.1, S. 309-319.

Missale, Alessandro und Elisabetta **Falcetti** (2000), Public Debt Indexation and Denomination with an Independent Central Bank, IGIER (Innocenzo Gasparini Institute for Economic Research), Bocconi University, *Working Paper No. 169*, Florenz.

Missale, Alessandro, Francesco **Giavazzi** und Pierpaolo **Benigno** (1997), Managing the Public Debt in Fiscal Stabilizations – The Evidence, *NBER Working Paper No. 6311*, Cambridge.

Missale, Alessandro, Francesco **Giavazz** und Pierpaolo **Benigno** (2002), How Is the Debt Managed? Learning from Fiscal Stabilizations, in: *Scandinavian Journal of Economics*, September 2002, Vol. 104, No. 3, S. 443-69.

Modigliani, Franco und Richard **Scutch** (1967), Debt Management and the Term Structure of Interest Rates – An Empirical Analysis of Recent Experience, in: *Journal of Political Economy*, Vol. 75, S. 569-589.

Moody's (2003), Sovereign Bond Default, Rating Transitions, and Recoveries 1985-2002, *Special Comment*, February 2003, London.

Mooslechner, Peter (1991), Effizienz des Debt Management – Fiskalische Kriterien und Stabilitätspolitische Strukturmerkmale am Beispiel der Österreichischen Bundesfinanzschuld, *Forschungsbericht 9114*, Österreichisches Institut für Wirtschaftsforschung, Wien.

Mueller, Dennis (1976), Public Choice – A Survey, in: *Journal of Economic Literature*, Vol. 14, No. 2, S. 395-434.

Mueller, Dennis (1997), Perspectives on Public Choice – A Handbook, Cambridge, UK.

Munnell, Alicia H. (1992), Infrastructure Investment and Economic Growth, in: *Journal of Economic Perspectives*, Vol. 6 No. 4 S. 189-198.

Musgrave, Richard A. (1948), Credit Controls, Interest Rates, and Management of Public Debt, in: *Income, Employment and Public Policy*, Essays in Honor of Alvin H. Hansen, New York, S. 221-254.

Musgrave, Richard A. (1949), Debt Management and Inflation, in: *Review of Economics and Statistics*, Vol. 31, S. 25-29.

Mylonas et al. (2000), [Paul Mylonas, Sebastian Schich, Thorsteinn Thorgeirsson und Gert Wehinger], New Issues in Public Debt Management – Government Surpluses in Several OECD Countries, the Common Currency in Europe and Rapidly Rising Debt in Japan, *OECD Working Paper No 239*, OECD Economics Department, Paris.

Neumann, Manfred (1980), Probleme der öffentlichen Schuldenpolitik – Debt Management, in: Der Langfristige Kredit, 31. Jg., Heft 11, S. 336 – 343.

Nevin, Edward (1961), Debt Management – A General Report, in: *Public Finance*, Vol. 16, S. 9-26.

o.V./Symposium (1949), How to Manage the National Debt, in: *Review of Economics and Statistics*, Vol. 31, S.15-32.

Oates, Wallace E. (1972), Fiscal Federalism, New York u.a.O.

Oates, Wallace E. (1999), An Essay on Fiscal Federalism, in: *Journal of Economic Literature*, Vol. 37, S. 1120-1149.

OECD (1999), Public Debt Management at the Cross-Roads, in: *OECD Economic Outlook*, Vol. 66, S. 161-177.

Okun, Arthur M. (1964), Monetary Policy, Debt Management and Interest Rates – A Quantitativ Appraisal, in: *Stabilization Policies*, A Series of Research Studies Prepared for the Commission on Money and Credit, Englewood Cliffs, N.J., S. 331-380.

Pagano, Marco (1988), The Management of Public Debt and Financial Markets, in: Giavazzi, Francesco und Luigi Spaventa (Hrsg.), *High Public Debt – The Italian Experience*, Cambridge u.a.O.

Pampel, Ralf (1993), *Finanzinnovationen im Debt-Management*, Wiesbaden. (Zugl.: Dissertation, Darmstadt, 1992).

Park, Dongkyu (2001), Government Deficit and Substitutability between Debt Instruments, in: *Journal of the Korean Economy*, Spring 2001, Vol. 2, No. 1, S. 137-52.

Pecci, Lorenzo und Gustavo **Piga** (1995), Does Debt Management Matter? A Market-Oriented Response from the Italian Case, in: *Economic and Financial Review*, Spring 1995, S. 29-36.

Peng, Jun (2002) Managing the Risk of Variable-Rate Debt in the Public Sector, in: *Municipal Finance Journal*, Vol. 23, No. 4, S. 1-16.

Pieske, Eckard (1983), Die Kreditaufnahmepolitik des Bundes, in: Bruns, Georg und Karl Häuser, *Der nicht-organisierte Kapitalmarkt*, Schriftenreihe des Instituts für Kapitalmarktforschung, J.W. Goethe-Universität, Frankfurt am Main, S. 55-75.

Piga, Gustavo (1998), In Search of an Independent Province for the Treasuries – How Should Public Debt Be Manageed?, in: *Journal of Economics and Business*, Vol. 50, S. 257-275.

Piga, Gustavo (2001), *Derivatives and Public Debt Management*, Report Published in Coorporation with the Council on Foreign Relations, New York, 13. November 2001 [URL: http://www.isma.org/surveys/latest.html]

Pipkorn, Jörn (1994), Legal Arrangements in the Treaty of Maastricht for the Effectiveness of the Economic and Monetary Union, in: *Common Market Law Review*, Vol. 31, S. 263-291.

Poterba, James M. und Kim **Rueben** (1999), State Fiscal Institutions and the U.S. Municipal Bond Market, in: Porterba, James M. und Jürgen von Hagen (Hrsg.), *Fiscal Institutions and Fiscal Performance*, Chicago, S. 181-207.

Raida, Helmut (1975), Öffentlicher Kredit nur noch Debt Management?, in: *Der langfristige Kredit*, 26. Jg., Heft 21-22, S. 693-697.

Rehm, Hannes (2001), Management der öffentlichen Schuld – Befund, Probleme, Perspektiven, unter Mitarbeit von Sigrid Matern-Rehm, Stuttgart.

Rickert, Bernd und Walter **Müller** (1996), Neue Instrumente für das Schuldenmanagement der öffentlichen Hand?, in: *Wirtschaftsdienst*, 76. Jg., Nr. 8, S. 431-440.

Ritscher, Jan-Paul (2002), *Der Einsatz von Finanzderivaten unter einer modernisierten Schuldenstrukturpolitik des Bundes*, Frankfurt am Main u.a.O. (Zugl. Dissertation, Hamburg, 2001).

Rogoff, Kenneth und Jeromin **Zettelmeyer** (2002), Bankruptcy Procedures for Sovereigns – A History of Ideas 1976-2001, in: *IMF Staff Papers*, Vol. 49, No. 3, S. 470-507.

Rolf, Ulrich (1996), *Fiskalpolitik in der Europäischen Währungsunion – Marktdisziplinierung, Transfers und Verschuldungsanreize*, Heidelberg.

Rolph, Earl R. (1957), Principles of Debt Management, in: *American Economic Review*, Vol. 47, S. 302-320.

Rolph, Earl R. (1959), Principles of Debt Management – Reply, in: *American Economic Review*, Vol. 49, S. 404-405.

Rolph, Earl R. (1961), Debt Management – Some Theoretical Aspects, in: *Public Finance*, Vol. 16, S. 105-120.

Romer, David (1996), *Advanced Macroeconomics*, New York.

Rossi, Enzo (2002), *Debt Management, Zentralbank-Unabhängigkeit und Politik: eine theoretische und empirische Untersuchung*, Bern u.a.O. (Zugl.: Dissertation, Bern, 2000).

Rossi, Marco (1998), Economic Announcements and The Timing of Public Debt Auctions, *IMF Working Paper No. 44*, IMF, Washington, D.C.

Sachverständigenrat (2000), Neuordnung des Schuldenmanagements des Bundes, in: *Chancen auf einen höheren Wachstumspfad*, 37. Jahresgutachten des Sachverständigenrates zur Begutachtung der gesamtwirtschaftlichen Entwicklung, Kasten 4, S. 101.

Sarte, Pierre-Daniel G. (1998), Fisher's Equation and the Inflation Risk Premium in a Simple Endowment Economy, in: *Federal Reserve Bank of Richmond Economic Quarterly*, Vol. 84, No. 4, S. 53-72.

Scheven, Gerhard von (1989), Bemerkungen zum Debt Management des Bundes, in: *Der Langfristige Kredit*, 40. Jg., Heft 16, S. 12-18.

Schlesinger, Helmut, Manfred **Weber** und Gerhard **Ziebarth** (1993), *Staatsverschuldung – ohne Ende?*, Darmstadt.

Schlesinger, James L. (1962), The Sequell to Bills Only, in: *Review of Economcis and Statistics*, May 1962, S. 184-89.

Schmitz, Wolfgang (1981), Der Einfluß der Schuldenpolitik des Staates auf die Geldpolitik der Zentralbank, in: Ehrlicher, Werner (Hrsg.), Geldpolitik, Zins und Staatsverschuldung, *Schriftenreihe des Vereins für Socialpolitik*, Bd. 111, Berlin, S. 155-190.

Schwarze, Jürgen (Hrsg.) (2000), *EU-Kommentar*, Baden-Baden.

Scott, R. (1965), Liquiditiy and the Term Structure of Interest Rates, in: *Quarterly Journal of Economics*, Vol. 79, S. 135-145.

Selgin, George A. und Lawrence H. **White** (1994), How Would the Invisible Hand Handle Money?, in: *Journal of Economic Literature*, Vol. 32, S. 1718-1749.

Seltzer, Lawrence H (1949), Notes on Managing the Public Debt, in: *Review of Economics and Statistics*, Vol. 31, S. 17-21.

Shirras, G. Findlay (1936), *Science of Public Finance*, Band 2, 3. Auflage, London.

Sievert, Olaf (1981), Debt Management ohne Zielkonflikt, in: Ehrlicher, Werner (Hrsg.), Geldpolitik, Zins und Staatsverschuldung, *Schriftenreihe des Vereins für Socialpolitik*, Bd. 111, Berlin, S. 191-208.

Simon, Carl P. und Lawrence **Blume** (1994), *Mathematics for Economists*, New York/London.

Simons, Henry C. (1944), On Debt Policy, in: *Journal of Political Economy*, Vol 52, S. 356-361.

Simons, Henry C. (1946), Debt Policy and Banking Policy, in. *Review of Economics and Statistics*, Vol. 28, S. 85-89.

Smith, Warren L. (1956), On the Effectiveness of Monetary Policy, in: *American Economic Review*, Vol. 46, S. 588-606.

Smith, Warren L. (1960), *Debt Management in the United States*, Joint Economic Committee, Congress of the United States, Study Paper Nr. 19, Washington, D.C.

Stein, Herbert (1958), Managing the Federal Debt, in: *Journal of Law and Economics*, Vol. 1, October 1958, S. 97-104.

Sundararajan, V., Peter **Dattels** und Hans J. **Bloomestein** (1997), Coordinating Public Debt and Monetary Management, IMF, Washington, D.C.

Taylor, John B. (1981), On the Relation between the Variability of Inflation and the Average Inflation Rate, in: *Carnegie-Rochester Conference Series on Public Policy*, Vol. 15, S. 57-86.

Taylor, John B. (2002), Sovereign Debt Restructuring – A U.S. Perspective, Speech at the Conference on 'Sovereign Debt Workouts: Hopes and Hazards?', Institute for International Economics, Washington, DC.
[URL: http://www.ustreas.gov/press/releases/po2056.htm]

Telser, L. G. (1967), A Critique of Some Recent Empirical Research on the Explanation of the Term Structure of Interest Rates, in: *Journal of Political Economy*, Vol. 75, S . 546-561.

Thomson, William (2001), A Guide for the Young Economist, Cambridge, USA.

Tietmeyer, Hans (1996), Auf dem Weg zur Währungsunion, in: Tietmeyer, Hans, *Währungsstabilität für Europa. Beiträge, Reden und Dokumente zur Europäischen Währungsintegration aus vier Jahrzehnten*, herausgegeben vom Zentralbankrat der Deutschen Bundesbank, Baden-Baden, S. 431-439.

Tietmeyer, Hans (1998), Die Geldpolitik der Europäischen Zentralbank, in: Hans E, Büschgen (Hrsg.), *Finanzplatz Deutschland an der Schwelle zum 21. Jahrhundert*, Frankfurt am Main.

Tobin, James (1963), An Essay on Principles of Debt Management, in: *Fiscal and Debt Management Policies*, A Series of Research Studies Prepared for the Commission on Money and Credit, Englewood Cliffs, N.J., S. 143-218.

Tremer, Gerhard (1979), Laufzeitenstrukturpolitik zwischen Wunsch und Wirklichkeit, in: *Der langfristige Kredit*, 30. Jg., Heft 9, S. 269-270.

Ullmann, Klaus (1968), Debt Management und Schuldenpolitik des Bundes, in: *Zeitschrift für das gesamte Kreditwesen*, Heft 22, S. 1058-1060.

von Hagen, Jürgen (1991), A Note on the Empirical Effectiveness of Formal Fiscal Restraints, in: *Journal of Public Economics*, Vol. 44, S. 199-210.

von Hagen, Jürgen (1998), EMU: Political Economic Issues and Challenges, Center for European Integration Studies, University of Bonn, *Paper prepared for the 11 Simposio De Moneda Y Credito*, Oktober 1998, Madrid.

Wagner, Helmut (1995), *Europäische Wirtschaftspolitik – Perspektiven einer Europäischen Wirtschafts- und Währungsunion*, Berlin u.a.O.

Wallace, Neil (1967), The Term Structure of Interest Rates and the Maturity Composition of the Federal Debt, in: *Journal of Finance*, Vol. 22, S. 301-312.

Wallich, Henry C. (1946), Debt Management as an Instrument of Economic Policy, in: *American Economic Review*, Vol. 36, No. 3, S. 292-310.

White, Lawrence J. (1989), The Reform of Federal Deposit Insurance, in: *Journal of Economic Persepctives*, Vol. 3, S. 11-29.

Wiese, Jörg A. (2000), *Public Debt Management in der Europäischen Union – langfristige Wirkungen staatlicher Finanzierungsstrategien*, Wiesbaden. (Zugl.: Dissertation, Köln, 1999).

Willms, Manfred (1968), Der Einsatz der Staatsschuld als geldpolitisches Instrument, in: *Kredit und Kapital*, 1. Jg., Heft 1, S. 405-438.

Wiss. Beirat BMF (1979), Gutachten zur Schuldenstrukturpolitik des Staates, vorgelegt vom Wissenschaftlicher Beirat beim Bundesministerium der Finanzen, in: *Schriftenreihe des Bundesministeriums der Finanzen*, Heft 27, Bonn.

Ziegenhorn, Burkhard (1998), Bonitätsrisiken von Staatsschuldtitel in der Europäischen Union und Marktdisziplinierung, in: Lange, Carsten, Armin Rohde und Horst M. Westphal, *Monetäre Aspekte der europäischen Integration*, Festschrift für Prof. Friedrich Geigant, Berlin, S. 167- 177.

Ziegenhorn, Burkhard (1999), Market-based Fiscal Discipline – Disziplinierung staatlicher Schuldner durch den Kapitalmarkt, Frankfurt am Main u.a.O. (Zugl.: Dissertation, Hannover, 1998).

Gesetze und Verordnungen

EG-Vertrag (1997), *Vertrag zur Gründung der Europäischen Gemeinschaft*, in der Fassung vom 2. Oktober 1997.

EU-Vertrag (1997), *Vertrag über die Europäische Union*, vom 7. Februar 1992 in der Fassung vom 2. Oktober 1997.

EZB-Protokoll (1992), *Protokoll über die Satzung des Europäischen Systems der Zentralbanken und der Europäischen Zentralbank*, Protokoll Nr. 9 der Protokolle zum Vertrag zur Gründung der Europäischen Gemeinschaft.

Stabilitätsgesetz (1967), Gesetz zur Förderung der Stabilität und des Wachstums der Wirtschaft vom 8. Juni 1967 (BGBl. I S. 582).

FSC
www.fsc.org
MIX
Papier | Fördert
gute Waldnutzung
FSC® C083411

Kolibri 360 GmbH
Ferdinand-Jühlke-Straße 7
99095 Erfurt, Deutschland
produktsicherheit@kolibri360.de

Druck:
CPI Druckdienstleistungen GmbH
im Auftrag der
Kolibri 360 GmbH
Ferdinand-Jühlke-Str. 7
99095 Erfurt